Jahrbuch für hallische Stadtgeschichte 2006

Jahrbuch für hallische Stadtgeschichte 2006

Herausgegeben im Auftrag des
Vereins für hallische Stadtgeschichte e. V.
von Ralf Jacob

Verlag Janos Stekovics

Die Drucklegung erfolgte mit freundlicher Unterstützung der Stadt Halle (Saale).

Bibliographische Information Der Deutschen Bibliothek
Die Deutsche Bibliothek verzeichnet diese Publikation in der Deutschen Nationalbibliographie;
detaillierte bibliographische Daten sind im Internet über http://dnb.ddb.de abrufbar.

IMPRESSUM

Herausgeber
Ralf Jacob, Stadtarchiv Halle (Saale)

Redaktionskollegium
Ralf Jacob, Erik Neumann, Irene Roch-Lemmer, Michael Rockmann, Stephan Selzer, Alexander Sperk

Titelgestaltung
Susann Ondrej-Meyerhuber

Layout, Satz
Janos Stekovics, Susann Ondrej-Meyerhuber

© 2006, Verlag Janos Stekovics
Das Werk einschließlich aller seiner Teile ist urheberrechtlich geschützt. Jede Verwertung außerhalb der engen Grenzen des Urheberrechtsgesetzes ist ohne Zustimmung der Rechtsinhaber unzulässig und strafbar.
Das gilt insbesondere für Vervielfältigungen, Übersetzungen, Mikroverfilmungen und die digitale Speicherung sowie Verarbeitung.

ISSN 1612-8192
ISBN 978-3-89923-133-5

Inhaltsverzeichnis

Vorwort   7

AUFSÄTZE

Petra Weigel
„Zu der minneren bruder hant"
Wirksamkeit und Umfeld des Franziskanerordens in Halle im hohen und späten Mittelalter   11

Jan Brademann und Gerrit Deutschländer
Herrschaft und Ritual im Zeichen der Reformation
Die Karwoche des Jahres 1531 in Halle   29

Holger Zaunstöck
Die Brautnacht; oder die Fensterkanonade.
Der permanente Konflikt zwischen Stadtbürgern und Studenten im Raum der Stadt des 18. Jahrhunderts   61

Dieter Dolgner
Der Steintorturm, Kronprinz Friedrich Wilhelm und Karl Friedrich Schinkel
Ein unrühmliches Kapitel hallescher Denkmalpflege   77

Werner Piechocki und Roland Kuhne
Gemeinsinn soll Früchte tragen
Die Verleihungen der Ehrenbürgerschaft durch die Stadt Halle   107

QUELLEN

Ute Willer
„Denke, wenn Du dieses liest, daß Du nicht vergessen bist"
Frauenstammbücher im Stadtarchiv Halle   173

Uwe Lammers
Der Poet und die harsche Hand des Krieges
Eine unbekannte Quelle zu Napoleons Einmarsch in Halle 1806   199

STRASSEN, PLÄTZE, DENKMÄLER

Erik Neumann
„Vielleicht wird die Ludwig-Wucherer-Straße einmal Halles Kurfürstendamm."
Zur Geschichte eines gründerzeitlichen Straßenzuges   219

Joachim Wussow
Das Julius-Kühn-Denkmal   231

ARBEITSBERICHTE

Marcus Conrad
Der Geschäftsverkehr des hallischen Buchhändlers Johann Justinus Gebauer
in der Zeit zwischen 1750 und 1765 — 237

JUBILÄEN

Sabine Meinel
500 Jahre Roter Turm — 247

Klaus Krüger
Ein kleines Hallisches Heiltum
Die Reliquien aus der Spitze des Roten Turms in Halle — 253

Ralf-Torsten Speler
Der hallische Universitätszeichenlehrer und Kunstpädagoge
Christian Friedrich Prange (1756–1836)
Zum 250. Geburtstag — 261

Hans-Dieter Zimmermann
Wilhelm Dittenberger (1840–1906)
Zum 100. Todestag eines bedeutenden Gelehrten und engagierten Kommunalpolitikers — 265

TAGUNGSBERICHTE

Karin Stukenbrock
„Stadt und Gesundheit. Soziale Fürsorge in Halle vom 18. bis zum 20. Jahrhundert"
Tagungsbericht zum 6. Tag der hallischen Stadtgeschichte am 3. Dezember 2005 — 273

REZENSIONEN

Roland Kuhne
Christof Römer (Hg.): Mitteldeutsches Jahrbuch für Kultur und Geschichte — 275

Christian Hirte
Dirk Schaal: Rübenzuckerindustrie und regionale Industrialisierung.
Der Industrialisierungsprozess im mitteldeutschen Raum 1799–1930 — 277

Elisabeth Schwarze-Neuß
Reinhold Hoyer: Jedichte un Brosa uff althall'sch.
Mit einem Nachwort und einem Wortregister hg. von Manfred Lemmer — 280

Jan Brademann
Veronika Albrecht-Birkner: Francke in Glaucha. Kehrseiten eines
Klischees (1692–1704) — 281

Enno Bünz
Werner Freitag: Halle 806 bis 1806. Salz, Residenz und Universität — 283

INFORMATIONEN

Jahresbericht des Stadtarchivs Halle für das Jahr 2005 — 287

Autorenverzeichnis — 295

Abbildungsverzeichnis — 297

Vorwort

Liebe Leserinnen und Leser,

das Jahrbuch für hallische Stadtgeschichte, dessen vierten Band Sie in den Händen halten, hat sich in nur kurzer Zeit von den ersten Überlegungen und Ideen im Jahre 2002 bis heute – zusammen mit der Buchreihe unseres Vereins, den Forschungen zur hallischen Stadtgeschichte – zum zentralen, regelmäßig erscheinenden und epocheübergreifenden Publikationsort für die Historie unserer Stadt entwickelt. Es wird dabei nicht nur in Halle, sondern auch darüber hinaus in Deutschland rezipiert. Mit seiner breit angelegten Struktur aus wissenschaftlichen Aufsätzen, Quellenpräsentationen, Darstellungen zur Geschichte von Straßen, Plätzen und Denkmälern in der Stadt, Arbeitsberichten, der Rubrik zu den Jubiläen und einem Teil mit Tagungsberichten und Rezensionen spiegelt es die ganze Breite stadtgeschichtlicher Forschungen und Aktivitäten wider. Das Jahrbuch steht so in der Mitte eines Kommunikationsfeldes unterschiedlichster Personen und Institutionen, deren Wege hier zusammenführen: Es dokumentiert geleistete Arbeiten und gibt Anregungen für künftige Forschungen. Und es soll sich – so der Wunsch aller Beteiligten – gleichsam zu einem kontinuierlich wachsenden Wissensspeicher entwickeln.

Dass wir das Jahrbuch im 1200-jährigen Jubiläumsjahr unserer Stadt zudem in erweitertem Umfang präsentieren können, ist uns eine besondere Freude. Dies lässt uns zum einen in die Jahreswende 2000/2001 zurückblicken, in der der Verein für hallische Stadtgeschichte als die erste institutionalisierte Plattform mit gezieltem Blick auf das damals noch vor uns liegende Jubiläumsjahr 2006 seine Arbeit aufnahm. Und zum anderen lässt es uns zugleich nach vorn schauen in dem Bewusstsein, dass Stadtgeschichte sich nicht in der Präsenz eines Themenjahres erschöpft, sondern sich nachhaltig in langfristiger Perspektive entfaltet.

Als besondere Bereicherung des Jahrbuchs kann der Aufsatz über das Wirken der hallischen Ehrenbürger gelten, welcher zugleich eine Erweiterung in Folge des Stadtjubiläums und auf Initiative des Stadtrates zustande kam, der 2006 als bürgerliches Selbstverwaltungsorgan auf eine 175-jährige Geschichte zurückblicken kann.

Dies verweist zurück auf die Gegenwart und lässt uns Dank sagen. Dieser gilt unseren Partnern der zurückliegenden Jahre, die auch, so hoffen wir, diejenigen der Zukunft sein werden: der Stadt Halle für die großzügige Unterstützung und dem Verlag Janos Stekovics für sein großes Interesse an diesem für Halle ganz neuen verlegerischen Projekt. Darüber hinaus gilt unser Dank Ralf Jacob, der das Jahrbuch im Auftrag des Vereins herausgibt, seinem Team im Stadtarchiv sowie dem Redaktionskollegium für ihre engagierte Arbeit.

Halle, im Juni 2006

Thomas Müller-Bahlke
Holger Zaunstöck
Vorsitzende des Vereins für hallische Stadtgeschichte

AUFSÄTZE

Siegelabdruck und -umzeichnung des Franziskanerkonvents Halle, 1440.
Das Siegel des 15. Jahrhunderts zeigt den dornengekrönten Christus an der Martersäule, mit der Geißel zur Rechten und einem Palmzweig zur Linken.

Petra Weigel

„Zu der minneren bruder hant"
Wirksamkeit und Umfeld des Franziskanerordens in Halle im hohen und späten Mittelalter

1923 wurde ein junger Kunsthistoriker an der Philosophischen Fakultät der Universität Halle mit einer Dissertation promoviert, die gleichermaßen zu einem Klassiker der stil- und entwicklungsgeschichtlich ausgerichteten Kunstwissenschaft und der Bettelordensforschung werden sollte. In seine Studie über die Kirchen der Dominikaner und Franziskaner in Deutschland bezog Richard Krautheimer auch die in seinem engsten Hallenser Gesichtsfeld liegende einstige Kirche der Dominikaner in die formgeschichtliche Entwicklung der deutschen Sakral- und Mendikantenbauten ein. Auf eine Betrachtung der Franziskanerkirche musste er indes gänzlich verzichten, denn sie war seit fast 100 Jahren aus dem Stadtbild verschwunden.[1] Die Franziskaner waren es jedoch nicht – im Gegenteil. Genau in jenen Jahren, in denen Krautheimer sich mit weitem Blick der Architektur der deutschen Bettelordenskirchen zuwandte, gründeten die Franziskaner 1920 an der katholischen Pfarrkirche zur Hl. Dreieinigkeit in der Lauchstädter Straße ihre nunmehr dritte, bis heute existierende Niederlassung in Halle. Dieser kleine Konvent steht in einer – wenn auch zweimal unterbrochenen – Tradition des Franziskanerordens in Halle, die über 750 Jahre in das frühe 13. Jahrhundert zurückreicht.[2]

---

1 Richard Krautheimer: Die Kirchen der Bettelorden in Deutschland. Deutsche Beiträge z. Kunstwissenschaft 2. Köln 1925; Wolfgang Schenkluhn: Richard Krautheimer und die Architektur der Bettelorden. In: 100 Jahre Kunstgeschichte an der Martin-Luther-Universität Halle-Wittenberg. Personen und Werke. Hallesche Beiträge z. Kunstgeschichte 5/6. Halle 2004, S. 83–92.
2 Kurze Überblicke über die Ansiedlungsphasen geben Lucius Teichmann: Die Franziskanerklöster in Mittel- und Ostdeutschland 1223–1993. Studien z. kathol. Bistums- u. Klostergeschichte 37. Leipzig 1995, S. 113–115; Markus Hunecke: Die Minderbrüder in Halle. In: Dieter Berg (Hg.): Franziskanisches Leben im Mittelalter. Studien zur Geschichte der rheinischen und sächsischen Ordensprovinzen. Saxonia Franciscana 3. Werl 1994, S. 63–69.

Die Geschichte des Ordens wurzelt in der von religiösen Armuts-, Laien- und Ketzerbewegungen geprägten Krisen- und Umbruchssituation des späten 12. Jahrhunderts. Sie nimmt ihren Anfang 1206/07 in Umbrien, als in Assisi der Kaufmannssohn Franziskus Bernadone mit samt seiner Kleidung auch sein bisheriges Leben ablegte, um hinfort in rigoroser Entsagung und vollkommener Demut dem Vorbild Jesu Christi zu folgen.[3] Aus den sich um Franziskus Versammelnden, die sich selbst als „fratres minores" – „mindere Brüder" bezeichneten, erwuchs binnen zweier Jahrzehnte eine machtvolle religiöse Bewegung, die Papst Honorius III. 1219 als Orden anerkannte und deren Regel er 1223 bestätigte. Von jenen, die sich ihm anschlossen, forderte Franziskus radikale Armut und strengsten Gehorsam gegenüber Gott, dem Papst und dem General, der an der Spitze des Ordens stand. In ihrer Frühphase verzichteten die Franziskaner zunächst auf die traditionelle monastische Lebensweise – die schützende, durch Besitz und feste Einkünfte der Gemeinschaft fundierte Sesshaftigkeit in einem Kloster – und verkündeten in Nachfolge der Apostel wandernd, bettelnd und in ärmlichsten Behausungen lebend das Wort Gottes in der Welt. Päpstliche Privilegien sicherten die Lebensform der Franziskaner ab. Die Päpste gewährten ihnen umfassende Beicht-, Predigt- und Begräbnisrechte, die nicht mehr an Pfarrei- und Diözesangrenzen gebunden waren, sodass dem herkömmlich mit der Seelsorge beauftragten Pfarrklerus mächtige Konkurrenten erwuchsen.

Binnen weniger Jahrzehnte breiteten sich die Franziskaner von Mittelitalien aus. Schon 1221 überschritten sie die Alpen und errichteten in Deutschland, wo sie ihrer fehlenden bzw. kärglichen Fußbekleidung wegen auch „nudipedes" – „Barfüßer" genannt wurden, erste Niederlassungen – zunächst in Bayern und im Rhein-Main-Gebiet, ab 1223 in den Städten Niedersachsens, wo in Magdeburg, Goslar, Braunschweig und Halberstadt ihre ersten Konvente ent-

---

3   Einen ersten Zugang zur Ordensgeschichte bieten die Artikel „Franziskaner" bzw. „Franziskus" in: Lexikon des Mittelalters 4, 1989/1999, Sp. 800–822 bzw. Sp. 830–835; Weiterhin Helmut Feld: Franziskus von Assisi. München 2001.

standen, 1224/25 erreichten sie Thüringen.⁴ In den dreißiger und vierziger Jahren erschlossen sie den Raum zwischen Saale und Elbe mit weiteren Gründungen, denen Halle zuzurechnen ist. Hier ließen sich die Franziskaner vor 1247 nieder, erbauten an der Stelle des heutigen Hauptgebäudes der Universität Kloster und Kirche⁵ und entfalteten eine breite Wirksamkeit, die 1564 mit der Aufhebung des Klosters für zunächst mehr als 150 Jahre zu Ende ging.

Möchte man mehr über diese drei Jahrhunderte umfassende mittelalterliche Tradition des Franziskanerordens in

Die unterstrichenen Konvente gehörten der Kustodie Magdeburg an.

---

4 Ursula Braasch-Schwersmann: Die Ausbreitung der Franziskaner in Deutschland bis 1225. In: Sankt Elisabeth. Fürstin, Dienerin, Heilige. Aufsätze. Dokumentation. Katalog, Sigmaringen 1981, Nr. 54, S. 385–387.
5 Patrozinium von Kirche und Konvent sind unbekannt. Auf dem nur fragmentarisch überlieferten Konventssiegel von 1314 (Landeshauptarchiv Sachsen-Anhalt, MD, Rep. U 1, XXII Nr. 5, UB Halle 2 Nr. 536) sind lediglich zwei sitzende Figuren zu erkennen. Ich danke Herrn Dr. Ralf Lusiardi, Magdeburg, für die schnelle und freundliche Hilfe. Dies lässt einen Wechsel zu dem seit dem 14. Jahrhundert modern werdenden Corpus-Christi Patrozinium vermuten, wofür auch Kreuz- und Krippenreliquien sprechen könnten, die anlässlich der Kirchendacherneuerung 1479 in den Turmknopf eingeschlossen wurden; Johann Christoph von Dreyhaupt: Pagus neletici et nudzici, oder ausführliche diplomatisch-historische Beschreibung des [...] Saal-Creyses, 2 Teile. Halle 1749/50 (1755), hier 1 S. 796 nach Gottfried Olearius: Halygraphia Topo-Chronologica. Leipzig 1667, S. 208 f.

Halle erfahren, steht man einer nur fragmentarischen Quellenüberlieferung gegenüber,[6] weshalb die Geschichte des Konvents nur in Umrissen zu fassen ist.[7] Richtet man an diese Überlieferung die Fragen der modernen Ordensgeschichtsforschung nach Stellung und Wirksamkeit der Franziskaner in der hoch- und spätmittelalterlichen Gesellschaft, dann erweist sie sich dennoch als überaus aussagekräftig.[8] In dieser Perspektive spiegelt die bruchstückhafte Geschichte des hallischen Konvents zentrale Probleme der franziskanischen Ordensgeschichte, wie diese wiederum erst den Blick zu schärfen vermögen für die Bedeutung des Konvents im Ordensverband, die spannungsvolle Integration der Franziskaner in die geistliche Stadt- und Territorialherrschaft der Magdeburger Erzbischöfe und die vielfachen Vernetzungen ihrer Gemeinschaft mit der städtischen Gesellschaft Halles und dem ländlichen Umfeld.

---

6 Neben den von Lemmens und Schlager ausgewerteten ordensadministrativen Quellen ist für die Überlieferung bis 1403 bzw. 1460 heranzuziehen: Urkundenbuch [= UB] der Stadt Halle, ihrer Stifter und Klöster, Arthur Bierbach (Bearb.), Teil 1 (806–1300), Teil 2 (1301–1350). Geschichtsquellen d. Provinz Sachsen u. d. Freistaates Anhalt 10, 20. Magdeburg 1930, 1939; Teil 3/1 (1351–1380), Teil 3/2 (1381–1403). Quellen z. Geschichte Sachsen-Anhalts 2, 5. Halle 1954, 1957 bzw. Die Hallischen Schöffenbücher, Gustav Hertel (Bearb.), Teil 1 (1266–1400), Teil 2 (1401–1460). Geschichtsquellen d. Provinz Sachsen u. angrenzender Gebiete 14/1, 2. Halle 1882, 1887; für das 15. Jahrhundert: Denkwürdigkeiten des Hallischen Rathsmeisters Spittendorff, Julius Opel (Bearb.). Geschichtsquellen d. Provinz Sachsen u. angrenzender Gebiete 11. Halle 1880, und die Anm. 5 genannte älteste Stadtgeschichtsschreibung von Olearius und Dreyhaupt. Letztere tragen auch wichtige Zeugnisse aus der Zeit der Reformation zusammen, ergänzend dazu: Leonhard Lemmens (Hg.): Aus ungedruckten Franziskanerbriefen des 16. Jahrhunderts. Reformationsgeschichtl. Studien u. Texte 20. Münster 1911; Ders.: Briefe und Urkunden des 16. Jahrhunderts zur Geschichte der sächsischen Franziskaner. In: Beiträge z. Geschichte der Sächs. Franziskanerprovinz 4/5, 1911/12, S. 43–100; Franz Schrader (Hg.): Die Visitationen der katholischen Klöster im Erzbistum Magdeburg durch die evangelischen Landesherren 1561–1651. Theologische Gutachten, Visitationsprotokolle und andere Akten. Reformationsgeschichtl. Studien u. Texte 99. Münster 1969.

7 Eine monographische Einzeldarstellung ist Desiderat, eine Zusammenschau aller Zeugnisse wünschenswert. Die ältere Stadtgeschichtsschreibung (Hertzberg, Schultze-Galléra) schreibt lediglich Olearius und Dreyhaupt aus, die beste und materialreichste Überblicksdarstellung bietet immer noch Walter Nissen: Studien zur Geschichte des geistigen Lebens in der Stadt Halle in vorreformatorischer Zeit, 1. Teil: Die Ordensgeistlichkeit als Träger der wissenschaftlichen Bildung in der Stadt, Diss. phil. Halle 1938, S. 103–162. Zu einzelnen Phasen der Konventsgeschichte vgl. im weiteren: Mähl, Wittek, Weigel und Delius.

8 Exemplarisch und mustergebend – auch für diesen Beitrag – ist Hans-Joachim Schmidt: Bettelorden in Trier. Wirksamkeit und Umfeld im hohen und späten Mittelalter. Trierer Historische Forschungen 10. Trier 1986.

Als 1247 die hallischen Franziskaner in das Licht der Geschichte traten, war ihr Kloster bereits Schauplatz eines Provinzialkapitels, einer jährlich oder zweijährlich abgehaltenen Versammlung der Vertreter aller Konvente der 1230/39 gebildeten sächsischen Franziskanerprovinz (Saxonia),[9] auf der über die Besetzung der Ämter – des Provinzialministers, der Kustoden (Vorsteher kleinerer Verwaltungseinheiten innerhalb der Provinz) und der Guardiane (Vorsteher der einzelnen Niederlassungen) – entschieden, über Regeln und Statuten der Provinz beraten, Rechts- und Disziplinarfälle verhandelt wurden. Demnach muss sich zu diesem Zeitpunkt in Halle schon ein voll ausgebildeter Konvent mit einem Guardian – der erstmals 1290 in der Überlieferung begegnet – existiert haben, der die infrastrukturellen, finanziellen und administrativen Herausforderungen eines derartigen Großereignisses zu bewältigen vermochte. Die Ansiedlung der Franziskaner in Halle ist daher einige Jahre vorzudatieren und bettet sich ein in jene nach Osten gerichtete Gründungswelle von Franziskanerkonventen, die seit den dreißiger Jahren von den ältesten niedersächsischen und thüringischen Stützpunkten ausging.

Mehr noch ist zu vermuten, dass die Ansiedlung von Magdeburg aus erfolgte. Magdeburg bildete seit 1228 als Sitz eines überregionalen Ordensstudiums zusammen mit Erfurt den administrativen und geistigen Zentralkonvent der Provinz und war schon vor 1340 Vorort einer Kustodie von sieben Niederlassungen, zu denen auch Halle gehörte.[10] Dass

---

9 Leonhard Lemmens: Die Provinzialminister der alten sächsischen Provinz. In: Beiträge z. Geschichte d. Sächs. Franziskanerprovinz 2, 1909, S. 1–12, hier S. 3. – Die bis 1230 alle deutschen Franziskanerkonvente umfassende Provinz Theutonia wurde in eine rheinische (die späteren Provinzen Colonia und Argentina) und eine sächsische Provinz aufgegliedert, die sich seit 1239 über die deutschen Nord- und Ostseegebiete, Niedersachsen, Mitteldeutschland und Schlesien erstreckte. Die Saxonia zählte Mitte des 15. Jahrhunderts zwölf Kustodien mit mehr als 80 Konventen. Zur Geschichte der Provinz: Dieter Berg (Hg.): Spuren franziskanischer Geschichte. Chronologischer Abriß der Geschichte der Sächsischen Franziskanerprovinzen von ihren Anfängen bis zur Gegenwart, Bernd Schmies, Kirsten Rakemann (Bearb.). Saxonia Franciscana Sonderbd. Werl 1999.
10 Die Kustodie Magdeburg umfasste die Konvente Magdeburg, Zerbst, Halle, Aschersleben, Barby, Wittenberg, Burg; Patricius Schlager: Verzeichnis der Klöster der sächsischen Franziskanerprovinzen. In: Franziskanische Studien 1, 1914, S. 230–242, S. 234; Dreyhaupt: Pagus 1, S. 797 f. Nr. 223 (zu 1440): „Bruder Johannes Custer der soben closter der custodien czu Magdeburg".

diese Kustodie schon im 13. Jahrhundert bestand, belegt ein 1279 genannter „custos Magdeborgensis".[11] Überraschend ist deshalb, dass 1286 ein Bruder Ludwig und 1289 ein Bruder Konrad von Königsberg als „custodes Hallensis" erwähnt werden.[12] Hat man – zumindest kurzfristig – in den achtziger Jahren an die Erhebung Halles zum Vorort einer weiteren Kustodie gedacht? Dies ließe auf eine erhebliche Bedeutung und zentrale Stellung des Klosters im Provinzverband schließen, was weitere Zeugnisse zu bekräftigen scheinen: Aus Halle kam wahrscheinlich mit Bruder „Borchardus de Hallis" einer der frühen Provinziale der Saxonia (1282–1295, 1299–1307), womit dieser erste, nach Halle benannte Franziskaner auch zugleich eines der höchsten Ämter der Ordenshierarchie bekleidete.[13] Bis Anfang des 15. Jahrhunderts war Halle überdurchschnittlich häufig Tagungsort der Provinzialkapitel. Ein 1290 erstmals bezeugter Lesemeister (Lektor) verweist zudem darauf, dass sich in Halle schon früh ein Partikularstudium zur Ausbildung von Priestern und Predigern befunden haben muss.[14] Zu diesen Lektoren gehörte wiederum einer der hochrangigsten Männer der Provinz – Werner von Ribnitz, der vor seinem Lektorat in Halle (1332) Lesemeister in Erfurt und 1322 bis 1325 Provinzial der Saxonia gewesen war.[15]

Auch wenn die Franziskaner kirchenrechtlich allein dem Papst unterstanden, war ihre öffentliche Predigttätigkeit und die Gründung ihrer Konvente nur möglich durch die Herren der Städte, in denen sie sich ansiedelten, und durch den wohlwollenden Beistand der zuständigen Bischöfe, die sich, auch aufgrund nachdrücklicher Aufforderungen seitens der Päpste, in der Frühphase der Ausbreitung des Ordens als dessen

---

11 Lemmens: Provinzialminister, S. 4.
12 UB Halle 1 Nr. 384; Mecklenburgisches Urkundenbuch, Bd. 3: 1281–1296. Schwerin 1865, Nr. 2021. – Entgegen Nissen: S. 153, können diese Amtsinhaber nicht als Guardiane angesprochen werden.
13 Lemmens: Provinzialminister, S. 3 f.
14 UB Halle 1 Nr. 411, 2 Nr. 654, 3/1 Nr. 780, 3/2 Nr. 1392; Lemmens: Provinzialminister, S. 3 f.; Nissen: S. 157. Nach Erfurt (14), Magdeburg (13) und Halberstadt (10) war Halle zusammen mit Leipzig und Berlin neunmal Tagungsort.
15 UB Halle 2 Nr. 643–646 (in der gesamten Literatur bisher immer verwechselt mit Werner von Appenburg, 1328–1354 Provinzial); Lemmens: Provinzialminister, S. 5.

besondere Förderer erwiesen.[16] Diözesanbischof und Stadtherr zugleich waren in Halle die Magdeburger Erzbischöfe, die deshalb in der Entstehungsphase des Konvents als dessen wichtigste und einflussreichste Mitbegründer anzusehen sind. Denn nur einer der drei magdeburgischen Erzbischöfe der ersten Hälfte des 13. Jahrhunderts[17] kann den Franziskanern das sich wahrscheinlich noch in unmittelbarer erzbischöflicher Hand befindende, unbebaute Gelände an der nordöstlichen Stadtmauer übertragen haben. Wie für die meisten der sächsischen Franziskanerklöster existiert hierfür keine urkundliche oder chronikalische Überlieferung, doch zeigt sich die Nähe des Konvents zu den Erzbischöfen in einem der frühesten Zeugnisse des Klosters: 1290 traten die höchsten Vertreter des Konvents, Guardian und Lektor, als erste Zeugen in einem Schiedsspruch des in erzbischöflicher Stellvertretung Recht sprechenden Archidiakons des „bannus Hallensis" auf.[18]

Die erzbischöfliche Förderung der Ansiedlung der Franziskaner war von eng ineinander greifenden stadtherrschaftlichen, seelsorgerischen und religiösen Motiven bestimmt. Das neue Kloster diente dem verdichtenden innerstädtischen Ausbau der „villa" Halle, die durch ihre Solquellen seit dem frühen 12. Jahrhundert zum zweitwichtigsten Macht- und Wirtschaftszentrum des magdeburgischen Erzstiftes aufstieg. Kirche und Kloster entstanden innerhalb eines Areals, das schon im 12. Jahrhundert in den Befestigungsring einbezogen, aber erst seit dem 13. Jahrhundert dichter aufgesiedelt wurde und allmählich mit den älteren, westlich gelegenen Siedlungskernen Halles verschmolz.[19] In diesem Areal bildete

---

16 Zu den päpstlichen Bullen, die bis zur Mitte des 13. Jahrhunderts an die Ortsbischöfe und den Pfarrklerus zur Unterstützung der Predigt- und Seelsorgetätigkeit sowie der Konventsgründungen der Franziskaner ergingen, siehe Berg (Hg.): Spuren, S. 29, 31, 35, 55.
17 In Frage kommen Albrecht I. von Käfernburg (1205–1232), unter dem sich zeitgleich die Franziskaner und Dominikaner in Magdeburg ansiedelten, der aus der Woldenburger Grafenfamilie stammende Burkhard I. (bis 1235) oder Wilbrand (bis 1254), der vielfach an die Kloster- und Kirchenpolitik seines Vorgängers und Bruders Albrecht anknüpfte.
18 UB Halle 1 Nr. 411; 3/2 Nr. 1392 (zu 1394).
19 Volker Herrmann: Die Entwicklung von Halle (Saale) im frühen und hohen Mittelalter. Topographie und Siedlungsentwicklung im heutigen Stadtgebiet von Halle (Saale) vom 7. bis zur Mitte des 12. Jahrhunderts aus archäologischer Sicht. Veröffentlichungen d. Landesamtes f. Archäologie Sachsen-Anhalt 56. Halle 2001; zuletzt: Werner Freitag, Andrea Thiele: Halle 806 bis 1806: Salz, Residenz und Universität. Eine Einführung in die Stadtgeschichte. Halle 2006.

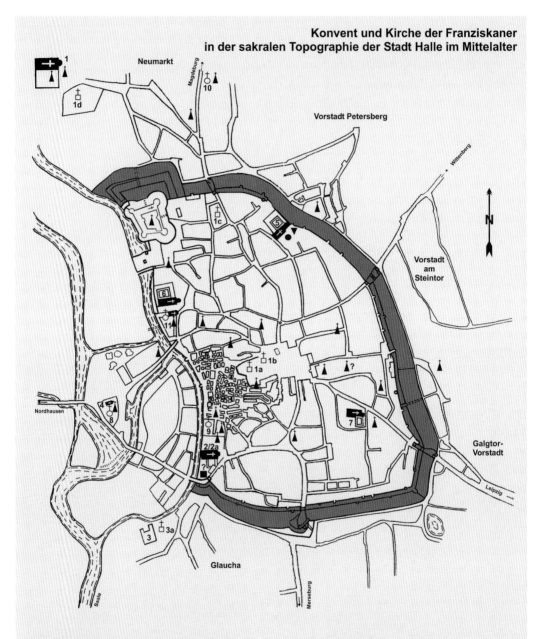

der Franziskanerkonvent – nach der 1211 erstmals erwähnten Pfarrkirche St. Ulrich – das zweite religiöse Zentrum, dessen Angehörige sich wegen ihrer radikal an den evangelischen Idealen der Armut und Demut ausgerichteten, vorbildhaften christlichen Lebensform höchster Reputation und größten Zulaufes erfreuten. Integrierend wirkten die Franziskaner und die ihnen vor 1271 nachfolgenden Dominikaner deshalb im besonderen Maße für die von der Armutsbewegung erfassten frommen Laien, die als Beginen und Begarden tätige Nachfolge Christi in der Welt suchten. So ist auch in Halle das Phänomen zu beobachten, dass sich vor allem in der Nähe der Bettelordensklöster semireligiöse Gemeinschaften und Drittordenskonvente konzentrierten.[20]

Verglichen mit den älteren geistlichen Institutionen Halles – den Augustinerchorherren der Stifte Neuwerk und St. Moritz und den fünf Pfarrkirchen – zeichneten sich Franziskaner und Dominikaner durch ein alternatives, zeitgemäßeres Predigt- und Seelsorgeangebot aus. Ihre Konvente entwickelten sich deshalb noch im 13. Jahrhundert zu städtischen Kultzentren, die den Pfarrkirchen nahezu gleichrangig waren, sie in ihrer Anziehungskraft häufig jedoch überflügelten.[21] Diese moderne Konkurrenz wurde bereits 1224 vom Chronisten des Augustinerchorherrenstiftes St. Peter auf dem Lauterberg nördlich von Halle anlässlich der Ankunft der Bettelorden in Magdeburg sensibel wahrgenommen. Auch in Halle sollten die mit erheblichen finanziellen Zuwendungen verbundenen außerordentlichen Predigt-, Beicht- und Begräbnisrechte der Mendikanten zu

---

20 Für Halle existieren aussagekräftige mittelalterliche Zeugnisse eines – offensichtlich dichten – Semireligiösentums, das Jörg Voigt in seiner demnächst abgeschlossenen Jenaer Dissertation zum Beginenwesen im thüringisch-sächsischen Raum in den Blick nimmt. Die Kartierung der semireligiösen Gemeinschaften in der Karte S. 18 basiert auf der Auswertung von UB Halle 3/1 Nr. 1094b; Schöffenbücher 2 Nr. 1023; Dreyhaupt: Pagus 1, S. 754 Nr. 115, S. 824 f.; Schrader: S. 36 f.

21 Zur kirchlich-religiösen Entwicklung Halles im Mittelalter siehe Michael Scholz: Das Kirchenwesen der Stadt Halle im Mittelalter und seine Verwandlung im 16. Jahrhundert. In: Holger Zaunstöck (Hg.): Halle zwischen 806 und 2006. Neue Beiträge zur Geschichte der Stadt. Forschungen zur hallischen Stadtgeschichte 1, Halle 2001, S. 61–79; zur Funktion von Bettelordensniederlassungen innerhalb und jenseits städtischer Pfarrstrukturen Isnard Wilhelm Frank: Das mittelalterliche Dominikanerkloster als paraparochiales Kultzentrum. In: Rottenburger Jahrbuch f. Kirchengeschichte 17, 1998, S. 123–142.

immer wieder aufflammenden Streitigkeiten führen, die der Stifts- und Pfarrklerus, der um eine Schmälerung seiner Einnahmen fürchtete, bis vor das erzbischöfliche und päpstliche Gericht trug.[22]

Herausragendes Ziel der Bettelorden bildeten die Städte. Hier traf ihr seelsorgerisches Wirken auf die spirituellen Bedürfnisse einer sich auf engstem Raum sozial differenzierenden städtischen Gesellschaft. So waren es auch in Halle neben Adelsfamilien des Umlandes und erzbischöflichen Ministerialenfamilien vor allem aufstrebende Handwerker-, Pfänner- und Ratsfamilien, die zu den wichtigsten und beständigsten Förderern der Franziskaner gehörten. Sie stifteten „zu der minneren bruder hant", ließen ihre Verwandten bei den Franziskanern begraben und unterstützten Familienangehörige, die in den Konvent eintraten.[23] Seit 1296 fielen Grundstücke und Höfe an die Franziskaner, die – um das Armutsgebot des Ordens zu wahren – von geistlichen Freunden oder Schaffnern treuhänderisch verwaltet wurden und der Arrondierung des Klostergeländes dienten.[24] Waren es in der Anfangszeit zumeist unregelmäßig fließende Almosen (Nahrungsmittelspenden, Schenkungen von Gebrauchsgegenständen wie beispielsweise Braugerätschaften),[25] die neben dem Bettel die Haupteinnahmen des Konvents bildeten, kamen seit dem frühen 14. Jahrhundert feste Einkünfte (Immobilienrenten und Zinsrechte), Geldlegate und Liegenschaften wie Salzpfannen hinzu, für deren Gegenwert die Franziskaner Messen und das Totengedächtnis ihrer Stifter

---

22 Ernst Ehrenfeuchter (Hg.): Chronicon Montis Sereni, Monumenta Germaniae Historica, Scriptores 23. Hannover 1874, S. 130–230, hier S. 220 f. = Chronik vom Petersberg, übers. u. erl. v. Wolfgang Kirsch. Halle 1996, S. 211 f. - Zu den Auseinandersetzungen zwischen Bettelorden und Pfarrklerus in Halle: UB Halle 2 Nr. 747 (zu 1345), Dreyhaupt: Pagus 1, S. 755 Nr. 134 (zu 1437).

23 Angelika Mähl: Kirche und Stadt in Halle a. S. im 14. Jahrhundert. Diss. phil. Berlin 1974, S. 106 f., 122, 126, 142. Im Unterschied zu den Dominikanern ist eine direkte Beteiligung hallischer Bürger an der Klostergründung in den Quellen nicht nachzuweisen; UB Halle 1 Nr. 378. – Zum einzigen aus der Überlieferung bekannten Stiftergrabmal eines Angehörigen der Adelsfamilie von Dieskau, der 1497 im Kreuzgang begraben wurde, Olearius: Halygraphia, S. 215 f., Dreyhaupt: Pagus 2, S. 204. – Die bisher vollständigste Liste von Konventsangehörigen bietet Nissen: S. 153–162, ergänzend dazu UB Halle 3/1 Nr. 1009. Über die Größe des Konvents liegen nur für das 16. Jahrhundert Zahlen vor: 1528 lebten 37, bei der Visitation 1561 noch 8 Brüder im Kloster; Lemmens: Franziskanerbriefe, S. 83 Nr. 33; Schrader: S. 36.

24 Schöffenbücher 1 Nr. 612; UB Halle 3/2 Nachträge Nr. 446a–b, 545a.

25 UB Halle 2 Nr. 489; 3/2 Nachträge Nr. 494a, 638a.

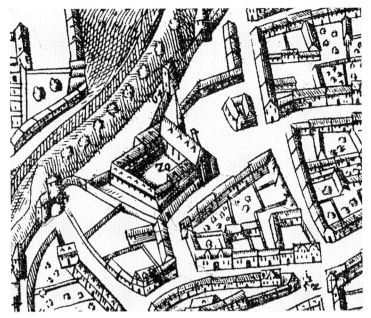

Halle (Saale), Stadtplan aus der Vogelperspektive. Ausschnitt mit Franziskanerkloster; Stich von Johannes Kost und Nikolaus Keyser, vor 1637, überarbeitet von F. D. Bretschneider, 1667, aus: Joh(ann) Gottfr(ied) Olearius: Halygraphia aucta & continuata, Orts- und Zeitbeschreibung der Stadt Hall in Sachsen [...], Hall in Sachsen 1679.

übernahmen.[26] Um diese Seelgerätstiftungen, die zunehmend die wichtigste Existenzgrundlage des Konvents bildeten, mit den Armutsforderungen der Regel zu vereinbaren, wurden sie ordensrechtlich als ewige Almosen definiert und von ordensfremden, aber den Franziskanern nahestehenden Personen verwaltet. Erst aufgrund dieser umfangreichen Zuwendungen konnten die Franziskaner die von ihnen erwarteten seelsorgerisch-liturgischen Pflichten erfüllen, für die ihre Niederlassung das räumliche Zentrum bildete. Der nur noch aus frühneuzeitlichen Ansichten bekannte Sakralbau – eine zweischiffige Hallenkirche mit eingezogenem Rechteckchor und Dachreiter – scheint schon um 1300 weitgehend fertig gestellt gewesen zu sein.[27] Inventarlisten, die 1561 anlässlich der Aufhebung des Klosters entstanden, verzeichnen eine

---

26 Dreyhaupt: Pagus 1, S. 797 f. Nr. 223, 805 Nr. 56; UB Halle 1 Nr. 459; 3/1 Nr. 863; 3/2 Nachträge Nr. 581a; Landeshauptarchiv Sachsen-Anhalt, Magdeburg, Rep. U 4a (zu 1424 VI 26: Memorialstiftung über eine halbe Pfanne Deutsch).

27 Nur wenige baugeschichtliche Daten sind überliefert. Mitte des 15. Jahrhunderts wurden Arbeiten am Kreuzgang vorgenommen, in den siebziger und achtziger Jahren folgten umfangreiche Kirchendacherneuerungen; Olearius: Halygraphia, S. 208 f., 212; Dreyhaupt: Pagus 1, S. 796. – Zur Jubiläumsmedaille von 1765 Christian Gottlieb August Runde: Chronik der Stadt Halle 1750–1835, Bernhard Weißenborn (Bearb.), Halle 1933, S. 271 f.; Emporium. 500 Jahre Universität Halle-Wittenberg. Katalog der Landesausstellung Sachsen-Anhalt 2002. Halle (Saale) 2002, S. 27 (I.1./4).

überaus reiche Kirchenausstattung.²⁸ Unter den zahlreichen Paramenten, vergoldeten liturgischen Gerätschaften, Gemälden und Skulpturen befand sich auch ein von der Adelsfamilie von Dieskau gestiftetes Bildnis des stigmatisierten Franziskus, das noch Mitte des 17. Jahrhunderts in dem nun als Stadtschule genutzten Kirchen- und Klostergebäude hing.²⁹

Franziskaner und städtische Gesellschaft waren demnach auch in Halle auf das engste aufeinander bezogen. Darüber wird häufig übersehen, dass die Minoriten wie alle Bettelorden weit über die Stadtmauern hinaus wirkten. Sie erschlossen das ländliche Umfeld der Städte durch ein dichtes System von Termineistationen, die Ordensangehörige regelmäßig anliefen, um zu predigen, Seelsorge zu leisten und Almosen zu sammeln. So bildete auch das Franziskanerkloster Halle das Zentrum eines größeren Termineibezirks, von dessen Knotenpunkten bisher allein die Station in Könnern bekannt ist.³⁰

Die Rahmenbedingungen, unter denen die Franziskaner in Halle wirkten, und die vielfachen Interessen, in die ihr Konvent eingebunden war, sind in Konfliktsituationen am deutlichsten greifbar. Unkalkulierbar waren beispielsweise die Auswirkungen der innerstädtischen Auseinandersetzungen zwischen der Pfännerschaft und den Innungen und Zünften in den siebziger Jahren des 15. Jahrhunderts, in denen die Franziskaner als Vermittler letztlich scheiterten, zwischen die streitenden Parteien gerieten und ihr Konvent von der antipfännerschaftlichen Opposition förmlich besetzt wurde.³¹ Mehr noch sind diese Verflechtungen in jenen Krisenzeiten und Reformumbrüchen des 15. und frühen 16. Jahrhunderts sichtbar, in denen die Anziehungskraft der

---

28 Dreyhaupt: Pagus 1, S. 797.
29 Olearius: Halygraphia, S. 215 f., 496 f., zur Familie von Dieskau siehe auch Anm. 23.
30 Dreyhaupt: Pagus 1, S. 800 Nr. 227. Zum Termineiwesen der Bettelorden: Thomas Nitz: Dominikaner auf dem Lande. Das Termineiverzeichnis des Erfurter Predigerklosters. In: Zeitschrift d. Vereins f. Thüring. Geschichte 57, 2003, S. 251–276.
31 Zuletzt auf Grundlage der Denkwürdigkeiten Spittendorffs behandelt von Gudrun Wittek: Franziskanische Friedensvorstellungen und Stadtfrieden. Möglichkeiten und Grenzen franziskanischen Friedewirkens in mitteldeutschen Städten im Spätmittelalter. In: Dieter Berg (Hg.): Bettelorden und Stadt. Bettelorden und städtisches Leben im Mittelalter und in der Neuzeit. Saxonia Franciscana 1. Werl 1992, S. 153–178, hier S. 173–175.

Franziskaner durch zunehmende Entfernung von ihren idealistischen Anfängen nachließ, ihre Klöster wohlhabend wurden und ihre spirituellen Angebote den Bedürfnissen einer sich wandelnden Lebenswelt nicht mehr adäquat schienen.

Gegen die Anzeichen des Niedergangs franziskanischen Ordenslebens, der symptomatisch war für die tief greifende Krise, die Kirche und Welt des Spätmittelalters erfasst hatte, erstarkten seit den siebziger Jahren des 13. Jahrhunderts im Orden Reformkräfte. Sie wollten zur Observanz der Regel zurückkehren, die ursprüngliche strenge Armut durch Verzicht auf Renten, Zinsen und Immobilien wieder herstellen. Diese franziskanische Observanzbewegung bettet sich ein in einen Strom vielfältiger Erneuerungsbewegungen in Kirche und Ordensleben,[32] der in der Mitte des 15. Jahrhunderts seinen Höhepunkt erreichen und 1461 auch in Halle zur Reform des Franziskanerklosters führen sollte.[33] Zunächst jedoch verlief die Ausbreitung der von Frankreich und Italien ausgehenden Observanz aufgrund des Widerstandes der Ordensmehrheit (Konventualen) schleppend. Mitte der 1440er Jahre waren lediglich drei der über 80 sächsischen Konvente zur Observanz übergegangen.

Die Wende kam in der zweiten Hälfte der vierziger Jahre. 1446 erkannte Papst Eugen IV. die Observanten als einen von den Ordensstrukturen weitestgehend autonomen Reformverband an. Fortan konnten sie eigene Kapitel abhalten und Obere (Vikare) wählen, auf die die Provinziale keinen disziplinarischen Zugriff mehr hatten. Vor diesem Hintergrund bildete sich auch in der Saxonia ein eigenständiger Observantenverband (Vikarie), der seit 1451 durch den charismatischen Führer der italienischen Observanten Johannes Kapistran gefestigt wurde. Während einer spektakulären Predigtreise, die große Teile der sächsischen Provinz erfasste, mahnte Kapistran zu Umkehr und sittlicher Erneuerung und warb für Re-

---

32 Grundlegend ist Kaspar Elm: Verfall und Erneuerung des Ordenswesens im Spätmittelalter. Forschungen und Forschungsaufgaben. In: Untersuchungen zu Kloster und Stift. Veröffentlichungen d. Max-Planck-Instituts f. Geschichte 68, Studien z. Germania Sacra 14. Göttingen 1980, S. 188–238.
33 Zum folgenden siehe die ausführliche Darstellung von Petra Weigel: Ordensreform und Konziliarismus. Der Franziskanerprovinzial Matthias Döring (1427–1461). Jenaer Beiträge z. Geschichte 7. Frankfurt/M. u. a. 2005, S. 239–274.

form und Franziskanerobservanz. Im Zuge dieses perfekt organisierten Propagandafeldzuges entstanden in der sächsischen Provinz neue Reformklöster und wurden zahlreiche Laien für die Erneuerung franziskanischen Ordenslebens sensibilisiert – auch in Halle, wo Kapistran im Oktober 1452 Station machte. Dem späteren Bericht des Rates zufolge gaben zahlreiche Einwohner Halles ihr bisherigen Leben auf, folgten Kapistran und traten seinem Reformverband bei.

Zu Erneuerungsforderungen gegenüber den hallischen Franziskanern kam es zu Beginn der fünfziger Jahre jedoch noch nicht, obwohl seit 1445 an der Spitze der Erzdiözese Magdeburg mit Friedrich von Beichlingen ein Mann stand, der zu den bedeutendsten bischöflichen Reformern seiner Zeit zu zählen ist. Friedrich, der seit seinem Amtsantritt konsequent Anstrengungen unternahm, alle geistlichen Niederlassungen des Erzstiftes unter Rückgriff auf deren jeweils modernste Reformrichtungen zu erneuern, scheiterte zunächst am Widerstand der Bettelorden und einer zurückhaltenden päpstlichen Politik der Nachfolger Eugens IV. Die Wahl Papst Pius' II. jedoch, der die observanten Reformverbände im besonderen unterstützte, eröffnete der Klosterreformpolitik Friedrichs seit September 1458 völlig neue Rahmenbedingungen. Kraft eines päpstlichen Privilegs, das ihm nunmehr auch die Reform der Bettelordensklöster seines Territoriums gestattete, konnte Friedrich mit offensichtlicher Unterstützung des Rates seit Ende 1460 auch die Neuordnung des hallischen Franziskanerkonvents angehen. Er übergab das Kloster dem Verband der sächsischen Observanten, dessen Vikar die Spitze des Konvents auswechselte, eine Kolonie reformierter Franziskaner nach Halle verpflanzte und die Besitz- und Eigentumsverhältnisse des Konvents entsprechend den Forderungen der Observanz umgestaltete. Das Termineihaus in Könnern wurde verkauft; Bücher, überflüssiges liturgisches Ausstattungsgut und vor allem Renten, Zinsen und Immobilien fielen an den Rat, der das Vermögen in den nachfolgenden Jahren veräußerte oder dem Erzbischof übergab. Die Verkaufssummen wurden für karitative Zwecke und die Erneuerung der Kirchen- und Klosterbauten verwendet.[34]

---

34 Zur Veräußerung des Solgutes siehe den interessanten Beleg in den Denkwürdigkeiten Spittendorffs, S. 37.

Die Herauslösung des hallischen Konvents aus dem Verband der Provinz, von dem Mitte 1461 auch Magdeburg betroffen wurde, führte zum bisher größten Konflikt zwischen den Observanten und der konventualen Ordensmehrheit der Saxonia. Doch alle Versuche der Provinzialleitung, die Abspaltung der reformierten Konvente zunächst durch Einlenken in der Armutsfrage, dann durch einen Rechtsprozess zu verhindern, scheiterten am energischen erzbischöflichen Erneuerungswillen, dem reformoffenen Rat Halles und der nachdrücklichen päpstlichen Parteinahme für die Observanz. 1462 ging der sächsischen Provinz mit der Niederlage ihres Prozesses vor der Kurie das reformierte hallische Kloster endgültig verloren. Zusammen mit Magdeburg gehörte Halle hinfort zum wachsenden Verband der sächsischen Observantenkonvente, in dem das Kloster schon 1462 als Tagungsort des Provinzialkapitels nunmehr zentrale Bedeutung für die Vikarie erhielt.[35]

Von der Reformstrenge des erneuerten Klosters gibt Fürst Wilhelm von Anhalt-Zerbst Zeugnis, der als Bruder Ludwig 1473 Franziskaner und später Guardian in Halle wurde und im Sinne der Observanz weit über die Provinz bis nach Dänemark wirkte. Es war jener Bruder Ludwig, den Luther in seinen Jugendjahren in Magdeburg betteln gesehen hatte und dessen radikale Abkehr von seinem adligen Stand der Reformator in seiner fundamentalen Kritik am Ordenswesen als ein durch das Papsttum fehlgeleitetes, falsches Beispiel christlicher Demut deutete.[36] Verkörpert der 1504 verstorbene Ludwig den asketischen, bußfertigen, bildungsfeindlichen Observanten, stand mit Augustin von Alveldt († um 1535) in den zwanziger Jahren des 16. Jahrhunderts dem hallischen Konvent ein Guardian vor, der zu den ersten und streitbarsten Kontroverstheologen der Reformationszeit zählt.[37] Vehement verteidigte er in seinen Schriften „Wyder

---

35 Weitere Kapitel in Halle wurden 1499 und 1535 abgehalten; Weigel: S. 261; Berg (Hg.): Spuren, S. 281.
36 Lemmens: Franziskanerbriefe, S. 8–22, 77–79 Nr. 1–9; Nissen: S. 112, 154. – Dr. Martin Luthers Werke. Kritische Gesamtausgabe, Bd. 38. Weimar 1912, S. 105; Tischreden, Bd. 6. Weimar 1921, Nr. 6859.
37 Nissen: S. 113, 155; Heribert Smolinsky: Augustin von Alveldt. In: Katholische Theologen der Reformationszeit 1. Katholisches Leben u. Kirchenreform im Zeitalter d. Glaubensspaltung 44. Münster 1984, S. 47–55.

den Wittenbergischen Abtgot Martin Luther" den alten Glauben und griff dabei zweifellos auch auf die umfangreiche, heute vollständig verlorene Bibliothek des Klosters zurück, die bei ihrer Inventarisation 1561 mehr als 420 Bände umfasste.[38] Diese in ihrem Umfang mit anderen großen mittelalterlichen Büchersammlungen vergleichbare Bibliothek belegt, dass Halle trotz der Bücherveräußerungen im Zuge der Reform 1461 ein bedeutender Studien- und Schulort geblieben sein muss, für den 1472 und 1479 Lektoren bezeugt sind.[39]

Die ambivalenten Beziehungen Martin Luthers zu diesen zwei bekanntesten Angehörigen des hallischen Konvents führen zugleich in die Zeit der Reformation, in der über der Frage nach einem Gott gerecht werdenden Glauben der bisherige Konsens zwischen dem erzbischöflichen Stadtherren und dem städtischen Rat schließlich zerbrechen und unter den Einwohnern Halles ein grundlegender Wandel religiöser Einstellungen und Erwartungen einsetzen sollte, an dessen Ende die Aufhebung des Franziskanerklosters stand.[40] Da der seit Ende des 15. Jahrhunderts in Halle residierende Erzbischof,[41] seit 1513 Albrecht V. von Brandenburg als einer der späteren Hauptkontrahenten Luthers, energisch und repressiv am alten Glauben festhielt, fand die evangelische Lehre in Halle zunächst kaum Anhänger; noch 1529 bekannte sich der Rat nachdrücklich zur katholischen Glaubenspraxis. Aufgrund dieser Machtkonstellation blieben die hallischen Franziskaner bis weit in die dreißiger Jahre fest in die städtische Gesellschaft integriert und waren kaum reformatori-

---

38 Nissen: S. 103–105; Schrader: S. 36.
39 Leonhard Lemmens: Eine Kapiteltafel unserer Provinz aus dem Jahre 1472. In: Beiträge z. Geschichte d. Sächs. Franziskanerprovinz, Jahrbuch 1907, S. 1–9, hier S. 2; Dreyhaupt: Pagus 1, S. 796.
40 Einblicke in diese letzte Phase geben Walter Delius: Die Reformationsgeschichte der Stadt Halle a. S. Beiträge z. Kirchengeschichte Deutschlands 1. Berlin 1953; Lemmens: Briefe, S. 69, 71 f., 90 f.; die Briefe und Berichte, die Augustin von Alveldt aus Halle an Fürsten Margareta von Anhalt sandte, Lemmens: Franziskanerbriefe, S. 35–44, 82–84 Nr. 28–36; zur Reformation in Halle jetzt auch Freitag/Thiele: S. 112–127.
41 Zu Halle als erzbischöfliche Residenz siehe Michael Scholz: Halle. In: Werner Paravicini (Hg.), Höfe und Residenzen im spätmittelalterlichen Reich. Ein dynastisch-topographisches Handbuch, 2 Teilbände. Residenzenforschung 15/I, 1–2. Ostfildern 2003, hier I/1 S. 246–248.

Franziskanerkloster Halle, Ansicht von Nordosten, 1765.
Gedenkmedaille zur zweiten Säkularfeier des Lutherischen Gymnasiums.

scher Kritik ausgesetzt. Nochmals stieg der Konvent zu einem der Hauptorte der rasant Klöster verlierenden sächsischen Provinz auf, bildete ein geistiges Zentrum der Gegner Luthers und Fluchtort der Franziskaner, die aus evangelisch werdenden Territorien vertrieben wurden.

Die Existenz des Klosters wurde erst 1541 zunehmend gefährdet, als sich Albrecht aus seiner Residenzstadt zurückzog und die Reformation in Halle Eingang fand. Sukzessive schränkte der Rat die Handlungs- und Wirkungsmöglichkeiten der Franziskaner ein, verbot ihnen zu predigen, Novizen aufzunehmen, untersagte den Bürgern, den Gottesdienst der Franziskaner zu besuchen, und forderte die Übergabe von Kloster und Kirche. Die letzte Phase setzte 1561 mit der Visitation des Klosters und Inventarisierung seiner Ausstattung ein; drei Jahre später, im September 1564, wurde das Kloster aufgehoben. Die verbliebenen vier Konventsangehörigen zogen nach Halberstadt, dem letzten Konvent der sächsischen Provinz des Mittelalters.

In den nachfolgenden Jahrhunderten wurde Halberstadt immer wieder Ausgangspunkt des erneuten Ausgriffs der Franziskaner in den nunmehr weitgehend lutherisch konfessionalisierten mitteldeutschen Raum.⁴² Von Halberstadt kehrten 1712 und 1920 auch die Franziskaner nach Halle zurück, wo heute vier Brüder in einer weitgehend säkularen Welt die franziskanische Idee uneigennütziger, tätiger christlicher Nächstenliebe mit Krankenhausseelsorge, Gemeinde- und Obdachlosenarbeit verwirklichen – freilich nicht mehr am Ort ihres einstigen mittelalterlichen Wirkens. Hier knüpfte man 1564, wenn auch unter völlig neuen Glaubensvorzeichen, an die Schul- und Studientraditionen des Franziskanerklosters und der anderen geistlichen Institutionen Halles an.⁴³ Kloster und Kirche boten bis Ende des 18. Jahrhunderts der aus den mittelalterlichen Kloster-, Stifts- und Pfarrschulen Halles hervorgehenden neuen Stadtschule Raum. Nach Niederlegung der Bauten bis 1828 erwuchs an ihrer Stelle das Hauptgebäude jener Universität, von der in den zwanziger Jahren des 20. Jahrhunderts mit Richard Krautheimers Dissertation einer der wichtigsten Impulse für die moderne Bettelordensforschung ausgehen sollte.

---

42 Teichmann: S. 111–113.
43 Runde: Chronik; Siegmar Schultze-Galléra: Topographie oder Häuser- und Straßengeschichte der Stadt Halle a. d. Saale, 1. Bd.: Altstadt. Halle 1920, S. 117–120.

Jan Brademann und Gerrit Deutschländer

Herrschaft und Ritual im Zeichen der Reformation
Die Karwoche des Jahres 1531 in Halle[1]

Das Osterfest des Jahres 1531 feierte Kardinal Albrecht von Brandenburg als Erzbischof von Magdeburg in seiner Residenzstadt Halle mit besonderem Aufwand. Dies wurde zurecht als Versuch gewertet, die Ausbreitung der lutherischen Lehre in der Saalestadt aufzuhalten, nachdem sich die Reformation in Magdeburg bereits durchgesetzt hatte.[2] Offenbar dachte Albrecht, den Alten Glauben in seiner Residenz festigen zu können, indem er das höchste Fest der Christenheit in eigener Person und mit großem Prunk feierte und gleichzeitig versuchte, die Stadtobrigkeit auf Linie zu bringen.[3]

Dass ein Erzbischof von Magdeburg das Osterfest in Halle feierte, war nicht selbstverständlich, denn das gesamte Mittelalter über hatten die Erzbischöfe dieses Hochfest in ihrer Kathedralstadt Magdeburg begangen. So auch Albrechts Vorgänger Erzbischof Ernst von Sachsen, obwohl er seit 1503 in der hallischen Moritzburg residierte. Albrecht hatte sich, bevor er die Nachfolge Ernsts antreten konnte, gegenüber dem Domkapitel verpflichten müssen, seine geistlichen Aufgaben an hohen Feiertagen im Magdeburger Dom

Albrecht von Brandenburg als heiliger Bischof, Initialminiatur aus dem 1524 vollendeten Missale Hallense von Nikolaus Glockendon.

---

1   Der Aufsatz ist dem Andenken an Ruth Friedrich (1917–2006) und Joachim Gerecke (1922–2006) gewidmet.
2   Walter Delius: Die Reformationsgeschichte der Stadt Halle a. S. Berlin 1953, S. 47; Hans-Joachim Krause: Albrecht von Brandenburg und Halle. In: Friedhelm Jürgensmeier (Hg.): Erzbischof Albrecht von Brandenburg (1490–1545). Ein Kirchen- und Reichsfürst der Frühen Neuzeit. Frankfurt am Main 1991, S. 296–356, hier S. 300; Friedhelm Jürgensmeier: Kardinal Albrecht von Brandenburg (1490–1545). Kurfürst, Erzbischof von Mainz und Magdeburg, Administrator von Halberstadt. In: Berthold Roland, Horst Reber (Hg.): Albrecht von Brandenburg. Kurfürst, Erzkanzler, Kardinal. 1490–1545. Ausstellungskatalog Mainz 1990, S. 22–41, hier S. 37.
3   Karl Christian Lebrecht Franke: Geschichte der Hallischen Reformation mit steter Berücksichtigung der allgemeinen deutschen Reformationsgeschichte. Eine Festschrift zur 300-jährigen evangelischen Jubelfeier der Stadt Halle. Halle 1841, S. 102.

persönlich wahrzunehmen.⁴ Nachdem in der Elbestadt die Reformation gesiegt hatte, war ihm dies nicht mehr ohne Weiteres möglich.

Über die Ostertage des Jahres 1531 in Halle gibt es einen ausführlichen Bericht aus der Feder eines Augenzeugen.⁵ In den für die Reformationszeit wichtigen Aufzeichnungen des hallischen Ratsherrn und Pfänners Ignatius Leuder findet sich darüber jedoch kein Wort.⁶ Ebenso in der „Summarischen Beschreibung" der Herrschaft Albrechts, die ein unbekannter Verfasser niedergeschrieben hat, nachdem der Kardinal die Stadt 1541 für immer verlassen hatte.⁷ Aufgezeichnet wurden die Ereignisse erst wieder am Ende des 16. Jahrhunderts⁸ und in den Annalen des Thomas Cresse aus dem frühen 17. Jahrhundert.⁹ Alle hier genannten Quellen berichten aus Sicht der Anhänger der Reformation und sind der hallischen Stadtgeschichtsforschung nicht unbekannt. Die Ereignisse sind bisher mehrfach geschildert und wiedergegeben, aber noch nicht eingehend untersucht worden, vor allem nicht im Hinblick auf die symbolische Kommunikation zwischen Stadt und Stadtherrn in der Reformationszeit. Mit der Kontextualisierung einer bisher nicht ausreichend gewürdigten Quelle soll im Folgenden das Funktionieren städtischer Herrschaftsrituale auf der Schwelle zwischen Mittelalter und Früher Neuzeit hinterfragt werden.

---

4   Wahlkapitulation vom 28. März 1514 bei Johann Christoph von Dreyhaupt: Pagus Neletici et Nudzici. Teil 1, Halle 1749, Nachdruck Halle 2002, S. 184–188, hier Art. 1, S. 184; Geschichte der Stadt Magdeburg, bearb. von Gustav Hertel, Friedrich Hülße. Magdeburg 1885, S. 308.
5   Landeshauptarchiv Sachsen-Anhalt, Abteilung Magdeburg (LHASA, MD), Rep. A2, Nr. 803, Bl. 1–7. Wahrscheinlich benutzt von Dreyhaupt: Pagus, Teil 1, S. 965–967.
6   Marienbibliothek Halle, Ms. 155, Nr. 3, Bl. 113–148.
7   Sächsisches Hauptstaatsarchiv (SächsHStA) Dresden, Loc. 8948/14: Summarische Beschreibung.
8   Marienbibliothek Halle, Ms. 155, Bl. 258–261. Gedruckt in: Hallisches patriotisches Wochenblatt 35 (1834), S. 202–208, 225–228 und bei Franke: Reformation, S. 249–253.
9   Stadtarchiv Halle, Hs. A1, Bd. 5, Bl. 152–154. Benutzt von Dreyhaupt: Pagus, Teil 1, S. 965–967; Erinnerungen aus der Geschichte der Stadt Halle. In: Provinzial-Blätter für die Provinz Sachsen 1840, Nr. 78–80, S. 309 f., 316 f. und 323 f.; Franke: Reformation, S. 102–106 und Gustav Friedrich Hertzberg: Geschichte der Stadt Halle an der Saale während des 16. und 17. Jahrhunderts (1513 bis 1717). Halle 1891, S. 87–90. Nach Franke auch bei Franz Wilhelm Woker: Geschichte der Norddeutschen Franziskaner-Missionen der Sächsischen Ordens-Provinz vom hl. Kreuz. Freiburg i. Br. 1880, S. 137 f.; Hugo Albertz: Der Dom und die Domgemeinde zu Halle a. S. Halle 1888, S. 85–88.

Im Spätmittelalter pflegten Rat und Stadtherr in Halle ein Verhältnis des gegenseitigen Einvernehmens, das bei verschiedenen Gelegenheiten, insbesondere beim Herrscherempfang, durch bestimmte Rituale demonstriert und in seinen Einzelheiten und Modalitäten immer wieder neu ausgehandelt wurde.[10] Als Kardinal Albrecht im Frühjahr 1531 nach mehr als fünfjähriger Abwesenheit in seine hallische Residenz zurückkehrte,[11] sah der Rat dies als willkommene Gelegenheit, seinen Stadtherrn durch ein Geschenk gnädig zu stimmen. Also beschlossen die Ratsherren, dem Kardinal einen vergoldeten Becher zu schenken, der mit Geld im Wert von 400 Gulden gefüllt war.[12] Ein feierlicher Empfang wurde dem Erzbischof jedoch nicht bereitet. 1514, als Albrecht nach seiner Wahl zum Erzbischof erstmals in Halle einzog, wurde er mit Kreuzen und Fahnen vom Moritztor bis auf den Marktplatz geleitet, ging zu Fuß in die alte Marienkirche und fiel vor dem Hochaltar auf die Knie, um danach aufzusitzen und durch die große Ulrichstraße auf die Moritzburg zu reiten.[13]

1531 empfing Albrecht bald nach seiner Ankunft eine Abordnung von zwölf Ratsherren auf der Moritzburg. Hier nahm er das Geschenk, das die Bürgerschaft als Ausdruck ihres Gehorsams überreichen wollte, dankend an und versprach ein gnädiger Herr zu sein. Durch seinen Kanzler ließ er der Ratsabordnung anschließend jedoch die Artikel verlesen, die auf dem Augsburger Reichstag von 1530 verabschiedet worden waren und denen zu Folge alle kirchlichen Bräuche beibehalten werden sollten, bis ein Konzil über die strittigen Fragen entschieden hätte. Mit betrübtem Herzen, so heißt es weiter, habe er vernommen, dass der Rat diese Anweisung bisher nicht befolgt hätte. In seiner Eigenschaft als Landesherr müsse er dies als Ungehorsam auffassen und

---

10 Vgl. hierzu ausführlich Jan Brademann: Autonomie und Herrscherkult. Adventus und Huldigung in Halle (Saale) in Spätmittelalter und Früher Neuzeit. Halle 2006.
11 Siehe zum Itinerar Albrechts von Brandenburg Michael Scholz: Residenz, Hof und Verwaltung der Erzbischöfe von Magdeburg in Halle in der ersten Hälfte des 16. Jahrhunderts. Sigmaringen 1998, S. 366–369.
12 Bei Franke: Reformation, S. 249, sind es 500 Gulden.
13 SächsHStA Dresden, Loc. 8948/14: Summarische Beschreibung, Bl. 2r.

hart bestrafen, doch wolle er gnädig sein, wenn alle Ratsherren das Abendmahl künftig wieder unter einer Gestalt nähmen.

Damit war gesagt, worauf es dem Erzbischof ankam. Er war gewillt, den Augsburger Reichsabschied durchzusetzen. Vor dem Reichstag von 1530 hatten Melanchthon, Justus Jonas und selbst Luther den Kardinal noch für einen gemäßigten Vertreter der Altgläubigen und Befürworter des Friedens gehalten, der dazu beitragen konnte, dass die evangelische Lehre wenigstens geduldet würde.[14] Auf den Verlauf der Religionsgespräche hatte Albrecht dann aber keinerlei Einfluss genommen und sich auch nicht für die Verlesung der Augsburger Bekenntnisschrift eingesetzt.[15] In seine Residenz zurückgekehrt, war er nicht länger bereit, die evangelische Lehre zu dulden. Den Rat von Halle hatte er auf sein Schloss bestellt, um ihn zur Ordnung zu rufen. Mit ihrem kostbaren Geschenk hatten die Ratsherren ihren Gehorsam zeigen wollen, doch Albrecht verlangte einen größeren Beweis. Beim bevorstehenden Osterfest, so forderte er die Ratsherren auf, sollten sie den Bürgern ein gutes Beispiel geben und das Abendmahl unter einer Gestalt nehmen. Offenbar hoffte der Kardinal, die gesamte Stadt würde zum Alten Glauben zurückkehren, wenn er den Rat auf seine Seite gebracht hätte. Im Gegenzug versprach Albrecht, die Stadt Halle weiterhin zu fördern und die bisherigen Auseinandersetzungen um den Glauben zu vergessen, lockte mit Vergebung und Gunstbeweisen, nachdem er zuvor mit Strafmaßnahmen gedroht hatte.

Wie sollten sich die Ratsherren verhalten? Dem Abendmahl kam in einer geistlichen Residenz besondere Bedeutung

---

14 Heinz Scheible (Hg.): Melanchthons Briefwechsel. Regesten Bd. 1, Stuttgart 1977, S. 388 (Juni 3) und S. 398 (Juni 30); D. Martin Luthers Werke, Kritische Gesamtausgabe (Weimarer Ausgabe), Briefwechsel, Bd. 5. Weimar 1934, S. 423 (Juni 30), S. 369 (Juni 18) und S. 440 (Juli 6); Weimarer Ausgabe, Bd. 30,1, S. 397–412.

15 Jürgensmeier: Kardinal Albrecht, S. 36; Vor allem Herbert Immenkötter: Albrecht von Brandenburg auf dem Augsburger Reichstag 1530. In: Jürgensmeier: Erzbischof Albrecht, S. 132–139, hier S. 136, gegen Delius: Reformationsgeschichte, S. 47; Franz Schrader: Kardinal Albrecht von Brandenburg, Erzbischof von Magdeburg, im Spannungsfeld zwischen alter und neuer Kirche. In: Reformation und katholische Klöster. Beiträge zur Reformation und zur Geschichte der klösterlichen Restbestände in den ehemaligen Bistümern Magdeburg und Halberstadt. Leipzig 1973, S. 11–34, hier S. 22.

zu, da der Bischof, der das Sakrament spendete, gleichzeitig die weltliche Obrigkeit repräsentierte. Die Herrschaft des Erzbischofs, der weltliche und geistliche Macht auf sich vereinte, beruhte zu einem wesentlichen Teil darauf, dass er nicht nur als gottgewollter Herrscher angesehen wurde, sondern vom Augenblick seiner Weihe an die höchste Stufe heilspendender Fähigkeiten besaß. Diese zeigte er zum Beispiel mit Weihe- und Segnungshandlungen, der Gewährung von Ablass und der Konsekration der Hostien. Mit Ritualen wie dem Hochamt und Prozessionen, in die solche Riten integriert waren und in denen sich die Menschen der Gnadenmacht des Bischofs anvertrauten, übte dieser große Macht aus.[16] Sie hielten den Glauben an seine sakrale Autorität wach, verliehen seinem Willen besonderen Nachdruck gegenüber all jenen, die sich nach dem Heil ihrer Seelen sehnten. Als kulturelle Geltungsbehauptungen zählten diese Symbolisierungen zu den spezifischen Legitimationsmechanismen dieser charismatischen Herrschaftsform und übten erheblichen Einfluss auf die Reproduktion und Erhaltung von gesellschaftlichen Wertvorstellungen und Sinnformationen aus.

Im Spätmittelalter gab es freilich nicht wenige Bischöfe, die sich vor allem der weltlichen Seite ihres Amtes zuwandten.[17] Am Ende des 15. Jahrhunderts finden wir jedoch vermehrt Amtsträger, die ihren geistlichen Auftrag ernst nahmen, sich reformerisch betätigten und ihr Selbstverständnis als Stellvertreter Christi in Festen und liturgischen Hand-

---

[16] Vgl. J. Jeffery Tyler: Lord of the Sacred City. The episcopus exclusus in Late Medieval an early modern Germany. Leiden u. a. 1999, bes. S. 103–149; Allgemein auch Arnold Angenendt: Geschichte der Religiosität im Mittelalter. Darmstadt 1997, S. 440–462; Divina Officia. Liturgie und Frömmigkeit im Mittelalter. Ausstellungskatalog Wolfenbüttel 2004, S. 227–317; Clemens Bergstedt, Heinz-Dieter Heimann (Hg.): Wege in die Himmelsstadt. Bischof – Glaube – Herrschaft 800–1550. Berlin 2005. Dem Erzbischof von Magdeburg kam im 15. Jahrhundert die Würde als Primas Germaniae zu. Vgl. Thomas Willich: Der Magdeburger *Primas Germaniae recte*. Fiktionen und Wirklichkeiten eines Kirchenamtes. In: Peter Moraw (Hg.): Akkulturation und Selbstbehauptung. Studien zur Entwicklungsgeschichte der Lande zwischen Elbe/Saale und Oder im späten Mittelalter. Berlin 2001, S. 347–390, hier S. 374 ff.

[17] Vgl. Hans-Jürgen Brandt: Fürstbischof und Weihbischof im Spätmittelalter. Zur Darstellung des sacri ministerii summa des reichskirchlichen Episkopats. In: Walter Brandmüller (Hg.): Ecclesia militans. Studien zur Konzilien- und Reformationsgeschichte. Bd. 2, Paderborn 1988, S. 1–16.

lungen symbolisierten. Gerade Kardinal Albrecht setzte sich liturgisch und ikonographisch als Priester in Szene, erfüllte die liturgischen Aufgaben seines Amtes sehr genau und machte sich die Repräsentationseffekte prunkvoller Kirchenkulte zu eigen.[18] Sein Kalkül, Repräsentation durch Prunk mit den „Seeleneffekten" des magischen Charismas (Max Weber) zu verbinden, ist erkennbar in einer Andeutung Albrechts gegenüber Wolfgang Capito aus dem Jahre 1521: Darin heißt es, er, Albrecht, opfere, weihe heilige Orte, lege den zu Konsekrierenden die Hand auf, verrichte alle Zeremonien sowie das gesamte devotionale Gepränge und halte dabei keine machbaren Anstrengungen und Aufwendungen zurück, damit er gleichsam wie durch die echte Anlockung die Seelen der Einfältigen zum richtigen Gottesdienst einladen könne.[19] In seiner Residenzstadt Halle standen seiner Würde in herausragendem Maße Heilszeichen und Heilsträger zur Seite. Hier verdichtete sich die Vorstellung seiner bischöflichen Mittlerschaft zu Gott architektonisch, topographisch und symbolisch.[20]

Politische Rituale sollten Einigkeit und Einmütigkeit demonstrieren und möglichst ohne Störungen ablaufen. Daher war es notwendig, sich im Vorfeld über die Durch-

---

18 Vgl. Hans Volz: Erzbischof Albrecht von Mainz und Martin Luthers 95 Thesen. In: Jahrbuch der hessischen kirchengeschichtlichen Vereinigung 13 (1962), S. 187–228, hier S. 199 ff.; Michael Wiemers: Sebald Behams Beicht- und Meßgebetbuch für Albrecht von Brandenburg: In: Andreas Tacke (Hg.): Kontinuität und Zäsur. Ernst von Wettin und Albrecht von Brandenburg. Göttingen 2005, S. 380–390; Ders.: 1533 in Halle: Johannes Carion zu Gast bei Albrecht von Brandenburg. In: Michael Rockmann (Hg.): „Ein höchst stattliches Bauwerk". Die Moritzburg in der hallischen Stadtgeschichte 1503–2003. Halle 2004, S. 95–106; Andreas Tacke: Das Hallenser Stift Albrechts von Brandenburg. Überlegungen zu gegen-reformatorischen Kunstwerken vor dem Tridentinum. In: Jürgensmeier: Erzbischof Albrecht, S. 357–380; Jörg Rogge: Zum Amts- und Herrschaftsverständnis von geistlichen Fürsten am Beispiel der Magdeburger Erzbischöfe Ernst von Wettin und Albrecht von Brandenburg (1480–1540). In: Tacke: Kontinuität und Zäsur, S. 54–70, hier S. 59 ff. Jetzt auch Andreas Tacke (Hg.): „Ich armer sundiger mensch". Heiligen- und Reliquienkult am Übergang zum konfessionellen Zeitalter. Göttingen 2006.
19 Zitiert nach Volz: Erzbischof Albrecht, S. 202 Anm. 52.
20 Tacke: Stift Albrechts; Tacke: Johannes Carion; Livia Cárdenas: Albrecht von Brandenburg – Herrschaft und Heilige. Fürstliche Repräsentation im Medium des Heiltumsbuches. In: Tacke: Reliquienkult, S. 239–270; Nine Miedema: Rom in Halle. Sieben Altäre der Stiftskirche Kardinal Albrechts von Brandenburg als Stellvertreter für die Hauptkirchen Roms? In: Tacke: Reliquienkult, S. 271–286; Christof L. Diedrichs: Ereignis Heiltum. Die Heiltumsweisung in Halle. In: Tacke: Reliquienkult, S. 314–360.

führung zu einigen, in der das Vereinbarte, der Herrschafts- oder Friedensvertrag, aber auch die Unterwerfung oder Vergebung, ausgedrückt und hergestellt wurde.[21] Durch solche Handlungen wurde die gesellschaftliche Ordnung stabilisiert, indem sie ihren Gliedern wohlgeordnet vorgeführt wurde und indem die Teilnehmer des Rituals auf das symbolisch Vergegenwärtigte verpflichtet wurden. Sakral aufgeladen waren solche Rituale, wenn Gott und die Heiligen, etwa im Eid, als Zeugen herangezogen oder göttlicher Beistand erfleht wurde. Umgekehrt erweist sich hier die Kommunion als religiöser Ritus, der zugleich eine politische Haltung bekräftigen und religiös aufladen, mithin eine politische Konsensgemeinschaft konstituieren sollte. Solche Rituale waren typisch für die vormoderne Gesellschaft, der eine Trennung von religiöser und politischer Sphäre fremd war. Auch beim feierlichen Einzug des Erzbischofs, in dem die erzbischöfliche Stadtherrschaft zum Ausdruck kam, wurde das Allerheiligste mitgeführt. Das Sakrament symbolisierte nicht nur die Heiligkeit der bischöflichen Herrschaft, gemahnte durch die Realpräsenz Christi zu Gehorsam und wirkte bereits über seinen Anblick Heil, sondern es versinnbildlichte gleichermaßen Konsens und Hierarchie.[22]

Um nun die Eintracht zwischen Stadt und Stadtherr zu verdeutlichen, sollte sich der Rat 1531 zunächst an der Palmsonntagsprozession beteiligen und dafür sorgen, dass die

---

21 Aus der Fülle der Literatur: Gerd Althoff: Zur Bedeutung symbolischer Kommunikation für das Verständnis des Mittelalters. In: Frühmittelalterliche Studien 31 (1997), S. 370–389; Ders.: Demonstration und Inszenierung. Spielregeln der Kommunikation in mittelalterlicher Öffentlichkeit. In: Frühmittelalterliche Studien 27 (1993), S. 27–50; Barbara Stollberg-Rilinger: Verfassung und Fest. Überlegungen zur festlichen Inszenierung vormoderner und moderner Verfassungen In: Hans-Jürgen Becker (Hg.): Interdependenzen zwischen Verfassung und Kultur. Berlin 2004, S. 7–37; Dies.: Symbolische Kommunikation in der Vormoderne. Begriffe – Thesen – Forschungsperspektiven. In: Zeitschrift für Historische Forschung 31 (2004), S. 489–527; Rudolf Schlögl (Hg.): Interaktion und Herrschaft. Die Politik der frühneuzeitlichen Stadt, Konstanz 2004; Thomas Weller: Theatrum praecedentiae. Zeremonieller Rang und gesellschaftliche Ordnung in der frühneuzeitlichen Stadt: Leipzig 1500–1800. Darmstadt 2006.
22 Klaus Tenfelde: Adventus. Zur historischen Ikonologie des Festzugs. In: Historische Zeitschrift 235 (1982), S. 45–84; Brademann: Autonomie und Herrscherkult, S. 75 ff. Ähnlich gelagert auch Klaus Schreiner: Nudis pedibus. Barfüßigkeit als religiöses und politisches Ritual. In: Gerd Althoff (Hg.): Formen und Funktionen öffentlicher Kommunikation im Mittelalter. Stuttgart 2001, S. 53–124.

Albrecht von Brandenburg bei der Fronleichnamsprozession in Halle (?), Miniatur aus dem 1524 vollendeten Missale Hallense von Nikolaus Glockendon, Ausschnitt.

Geistlichkeit hierbei nicht vom Pöbel beschimpft und der Baldachin über dem mitgeführten Sakrament nicht von losem Gesindel, sondern von sechs angesehenen Bürgern getragen würde. Der Rat sollte also jegliche Herabwürdigung und Störung des Zeremoniells verhindern. Diese Aufgabe gehörte zu den üblichen Leistungen des Rats, war bei hochfeierlichen und sakral aufgeladenen Festlichkeiten mitunter jedoch schwer zu erfüllen, da die Menge hier oft von großer Begeisterung ergriffen wurde.[23] Bereits vor der Reformation

---

23 Vgl. etwa Jacques Heers: Vom Mummenschanz zum Machttheater. Europäische Festkultur im Mittelalter. Frankfurt am Main 1986.

kam es vor, dass kirchliche Handlungen gestört oder gar verhöhnt wurden. 1531 dürfte es in Halle aber tatsächlich darum gegangen sein, die Prozession vor Übergriffen der Anhänger Luthers zu schützen. In diese Richtung weist auch, dass das Tragen des Baldachins, das bisher eine Ehrensache gewesen war, besonderer Regelungen bedurfte.

In vielen Städten war es üblich gewesen, dass der Rat bestimmte Bürger als Baldachinträger auswählte, die sich durch ihr Ansehen und moralische und politische Integrität auszeichnen mussten, da sie dem Leib des Herrn am nächsten waren. Häufig war dieser Dienst daher den Mitgliedern der städtischen Elite vorbehalten. Bei der Fronleichnamsprozession, die Albrecht am 16. Juni 1530 in Augsburg anführte, waren die sechs Baldachinträger allesamt sogar fürstlichen Ranges gewesen. Albrecht, der das Schaugefäß mit der geweihten Hostie getragen hatte, war begleitet worden von König Ferdinand und Kurfürst Joachim I. von Brandenburg, seinem Bruder.[24] Durch die Darstellung der Fronleichnamsprozession im *Missale Hallense* von 1524, das von dem Nürnberger Nikolaus Glockendon gestaltet wurde, haben wir eine ungefähre Vorstellung davon, wie der Erzbischof auch in der Palmsonntagsprozession unter dem Baldachin mit dem Allerheiligsten einhergeschritten sein mag.[25]

Der Baldachin diente dem Schutz und der Entrückung des anbetungswürdigen Sakraments und war gleichzeitig ein besonderes Herrschaftszeichen.[26] Bei Prozessionen wurde er über dem Allerheiligsten getragen, an dessen Stelle bei Königseinzügen der König als Gesalbter des Herrn selbst

---

24 Karl Eduard Förstemann (Hg.): Urkundenbuch zur Geschichte des Reichstages zu Augsburg im Jahre 1530. Bd. 1, Halle 1833, Neudruck Osnabrück 1966, S. 271; Friedrich Wilhelm Schirrmacher (Hg.): Briefe und Acten zu der Geschichte des Religionsgesprächs zu Marburg 1529 und des Reichstages zu Augsburg 1530. Gotha 1876, Neudruck Amsterdam 1968, S. 62; Immenkötter: Albrecht, S. 134.
25 Alfons Biermann: Die Miniaturhandschriften des Kardinals Albrecht von Brandenburg, (1514–1545). In: Aachener Kunstblätter 46 (1975), S. 15–310, hier S. 160 f.; Walter Serauky: Musikgeschichte der Stadt Halle. Bd. 1, Halle und Berlin 1935, S. 89 f.
26 Zur Bedeutung des Baldachins Sabine Felbecker: Die Prozession. Historische und systematische Untersuchungen zu einer liturgischen Ausdruckshandlung. Altenberge 1995, S. 260–264; Andreas Löther: Prozessionen in spätmittelalterlichen Städten. Politische Partizipation, obrigkeitliche Inszenierung, städtische Einheit. Köln, Weimar und Wien 1999, S. 126–130.

trat.²⁷ In der Fronleichnamsprozession des Erzbischofs waren Priestertum und Herrschertum ebenfalls vereint, denn der Erzbischof trug die Hostie. So war die Fronleichnamsprozession nicht nur kirchliches Fest, sondern diente immer auch der Repräsentation und der politischen Kommunikation.

Die Auswahl der Baldachinträger zeugt in jedem Fall von einem bestimmten politischen Willen.²⁸ Wir erfahren leider nicht, auf wen die Wahl des hallischen Rates letztlich fiel, bemerkenswert ist jedoch die Klage des Erzbischofs, es hätten sich in jüngster Zeit oftmals nur Hallknechte und ähnlich „leichtfertig volgk" als Träger eingefunden, in der Absicht, das Sakrament und den Erzbischof selbst zu schmähen.²⁹ Das kann zweierlei bedeuten: Entweder hatte der Rat bewusst unehrenhafte Personen ausgewählt oder er hatte ernste Schwierigkeiten, geeignete Männer zu finden, die das altkirchliche und von den Reformatoren als unchristlich gegeißelte Ritual ausgestalten helfen wollten. Die erste Möglichkeit wäre eine kaum zu überbietende Schmähung gewesen und ist aufgrund der bestehenden Kräfteverhältnisse im Rat eher unwahrscheinlich. Albrechts Klage lässt zumindest erkennen, dass die Akzeptanz altkirchlicher Frömmigkeitsformen innerhalb der Stadtgesellschaft nachgelassen hatte. Im späten 16. Jahrhundert wird überliefert, der Kardinal habe den Rat damals beauftragt, in der Karwoche Stadtknechte und Wächter vor dem Neuen Stift zu postieren, um „allerlei Aufläufe und Unrichtigkeit zu verhüten".³⁰ Wenn er dazu mahnte, die Baldachinträger mochten während ihres Dienstes ihre „Andacht" erkennen lassen, und betonte, dass die Prozession „trefflichster Ernst" sei,³¹ lässt dies ebenfalls erahnen, wie sehr die alten Riten bereits in Misskredit geraten waren.

Nachdem der Rat nun zugesagt hatte, für die Sicherheit der Palmsonntagsprozession zu sorgen, wiederholte der Kar-

---

27 Gerrit Jasper Schenk: Zeremoniell und Politik. Herrschereinzüge im spätmittelalterlichen Reich. Köln u. a. 2003, S. 455–472.
28 Ebd. S. 466 f.
29 LHASA, MD, Rep. A2, Nr. 803, Bl. 3r. Vgl. Franke: Reformation, S. 103.
30 Franke: Reformation, S. 252.
31 Ebd.

dinal seine Forderungen und gab anschließend jedem der anwesenden Ratsherren die Hand. Als die Abordnung aus dem Schloss zurückgekehrt war, wurde jedoch heftig darüber gestritten, ob der Erzbischof ein Recht hatte, die lutherischen Ratsherren zu zwingen, das Abendmahl unter einer Gestalt zu nehmen. Ihrem Stadt- und Landesherrn gegenüber waren die zwölf Ratsherren noch als Gemeinschaft aufgetreten, obwohl vier oder fünf von ihnen „Papisten", zwei oder drei unentschieden und der Rest lutherisch gesinnt waren.[32] Die Altgläubigen waren bereit, die Forderungen des Erzbischofs uneingeschränkt zu erfüllen. Die lutherischen Ratsherren schlugen dagegen vor, darum zu bitten, nicht gezwungen zu werden, gegen ihr Gewissen zu handeln. Gehorsam wollten sie sein, aber nur im Einklang mit Gott und dem eigenen Gewissen. Um guten Willen zu zeigen, wurde der Beschluss gefasst, alle Forderungen genau zu erfüllen, ohne geschlossen das Abendmahl unter einer Gestalt zu nehmen. Durch Verrat kam dieser Ratsbeschluss an den Hof und Albrecht bestellte die Ratsherren umgehend zu sich. Diesmal machte er klar, dass er keinesfalls über die Auslegung der Heiligen Schrift verhandeln und das Fernbleiben von der Kommunion nicht als Gewissenssache entschuldigen werde.

Am Palmsonntag, dem 2. April 1531, zog der Erzbischof wie geplant in einer Prozession vom Neuen Stift auf den Markt, wo sich die Geistlichkeit aller vier Stadtpfarrkirchen versammelt hatte und wo ein hölzernes Haus errichtet worden war, in dem ein Kruzifix stand. An der musikalischen Ausgestaltung der Prozession war auch die Stadt beteiligt, denn der Palmsonntagshymnus *Gloria laus* wurde vom Rathaus gesungen und von den Stadtpfeifern und dem Organisten Wolff Heinz auf dem Klavichord begleitet.[33] Das Rathaus war in das kirchliche Ritual integriert. Mit der Ratskapelle und den außen angebrachten Heiligenfiguren wies es selbst sakrale Merkmale auf.[34] Bei Huldigungen und anderen

---

32 LHASA, MD, Rep. A2, Nr. 803, Bl. 4v. Vgl. Franke: Reformation, S. 103.
33 Serauky: Musikgeschichte, Bd. 1, S. 90.
34 Angela Dolgner, Dieter Dolgner, Erika Kunath: Der historische Marktplatz der Stadt Halle/Saale. Halle 2001, S. 30–47.

Schwörritualen war es ein zentraler Ort gottgeweihter Legitimations- und Ausdrucksformen von Herrschaft. Die Einheit von Sakralgemeinde und politischer Gemeinde, für die in der Prozession um göttlichen Schutz und Beistand gefleht wurde, schien zu funktionieren.

Mitten auf dem Markt vollzog der Kardinal eine starke Demuts- und Bußgeste. Dreimal fiel er vor dem Kruzifix auf die Knie, um sich dann mit ausgestreckten Armen niederzulegen. Die Selbsterniedrigung wurde anschließend dadurch verstärkt, dass sich Albrecht durch zwei Geistliche mit Ruten schlagen ließ. Diese symbolische Züchtigung wurde durch den Gesang *Percutio pastorem* begleitet. Albrecht zelebrierte sich also gemäß den Bibelworten „Schlage den Hirten, dann werden sich die Schafe zerstreuen", an welche Jesus im Garten Gethsemane kurz vor seiner Gefangennahme erinnerte, um an die Kraft seiner Auferstehung zu gemahnen (Matth. 26, 31). Die Selbsterniedrigung erinnert aber auch an die Worte, die der Poet Riccardo Sbruglio dem jungen Albrecht gewidmet hatte, als dieser 1514 in Magdeburg eingezogen war: „Je größer du bist, desto demütiger verhältst du dich: Dadurch erscheinst du nicht nur als christlicher Bischof, sondern beinahe als zweiter Christus."[35] Albrecht wollte zeigen, dass er seinen geistlichen Auftrag und seine Amtswürde in der Nachfolge Christi ernst nahm. Um dies zu verdeutlichen, ließ er also die symbolische Züchtigung, die ansonsten am Dekan des Neuen Stifts vollführt wurde, an sich selbst vornehmen.[36] Das Demutsritual wurde aber gestört, als ein Hallknecht rief, man solle Albrecht lieber mit Dreschflegeln schlagen, worüber der Erzbischof sichtlich verärgert war.[37]

Den Morgen des Gründonnerstags verbrachte Albrecht mit der Weihe von Chrisma, die jedes Jahr an diesem Tag durchgeführt wurde. Das vor allem für die Firmung benö-

---

35 Riccardo Sbruglio: Principalis Marchiae Brandeburgensis Triumphus. Frankfurt an der Oder 1514, bei Gustav Bauch: Die Anfänge der Universität Frankfurt a. O. und die Entwicklung des wissenschaftlichen Lebens an der Hochschule (1506–1540). Berlin 1900, S. 118; deutsche Übersetzung bei Peter Walter: Albrecht von Brandenburg und der Humanismus. In: Roland: Albrecht von Brandenburg, S. 65–82, hier S. 77, Anm. 26.
36 Serauky: Musikgeschichte, Bd. 1, S. 97.
37 LHASA, MD, Rep. A2, Nr. 803, Bl. 6r. Vgl. Dreyhaupt: Pagus, Teil 1, S. 966; Franke: Reformation, S. 104.

tigte heilige Öl, das seine Wirkkraft erst durch die Weihe erhielt, wurde von Gläubigen aus der Stadt Magdeburg und den Suffraganbistümern Halberstadt, Meißen, Naumburg und Merseburg abgeholt, die in großen Scharen, geschätzt auf 2000 Menschen, nach Halle gekommen waren. Dies zeigt, dass die Osterfeierlichkeiten in Halle eine große Anziehungskraft ausübten, dass nicht alle altkirchlichen Handlungen in Frage gestellt waren. Selbst unser Augenzeuge bekennt, Albrecht habe die Weihehandlung „mit groster solemnitet als ich meyn lebenlangk gesehen" vorgenommen.[38]

Am Nachmittag des Gründonnerstags vollzog Albrecht eine weitere Handlung in der Nachfolge Christi, indem er seinen Geistlichen öffentlich die Füße wusch, so wie es Jesus vor dem letzten Mahle seinen Jüngern getan hatte. Diese Demutsgeste sollte wiederum ein sichtbares Zeichen für wahre geistliche Größe und christliche Nächstenliebe sein. Diesmal kam es zu keiner Störung des Rituals. Eine Begebenheit während der Karfreitagsmesse, über die meist schamvoll hinweggegangen wird, zeigt jedoch, wie angespannt die Lage war. In der Stiftskirche hatten sich alle Geistlichen jeweils zu fünft nebeneinander auf den Boden gelegt. Als sie wieder aufstanden, entfuhr einem alten Priester „eyn fortz", weswegen die Menge in großes Gelächter ausbrach.[39] Der Erzbischof war hierdurch verunsichert, vermutete einen Angriff auf seine Person, so wie am Palmsonntag. Als ihm aber der wahre Grund der Unruhe mitgeteilt wurde, brach auch er in schallendes Lachen aus.

Am Karfreitag erreichte Albrechts *imitatio Christi* ihren Höhepunkt, als er das Kreuz durch die Stiftskirche trug und dabei drei- oder viermal niedersank und es so andächtig hielt, dass ihm die Tränen kamen, „die augk ubergingen", wie es heißt.[40] Selbst wenn der Erzbischof damit einmal mehr seine Christusnachfolge zeigen wollte, können seine Tränen auch

---

38 Ebd.
39 Ebd. Vgl. Stadtarchiv Halle, Hs. A 1, Bd. 5, Bl. 153v; Dreyhaupt: Pagus, T. 1, S. 966; Erinnerungen, S. 317; Bei Franke: Reformation, ist diese Stelle ausgelassen.
40 LHASA, MD, Rep. A2, Nr. 803, Bl. 6v; Dreyhaupt: Pagus, T. 1, S. 966; Franke: Reformation, S. 105.

ein Ausdruck echter Ergriffenheit gewesen sein.[41] Politisches Kalkül schloss, zumal bei einer so zwiespältig beurteilten Person wie Albrecht, echten Glauben und echtes Sendungsbewusstsein nicht aus.

Auch am Sonnabend verrichtete der Erzbischof alle Weihe- und Amtshandlungen selbst, doch erst bei der Ostermesse sollte sich zeigen, ob der hallische Rat seinen Gehorsam unter Beweis zu stellen bereit war. Als die Ratsleute und Schöffen in die Stiftskirche zogen, trat Albrecht heran, so dass sie an ihm vorüberziehen mussten und er jedem einzelnen die Hand geben konnte. Hatte er den Rat aber wirklich im Griff? Bei der Prozession und beim Messopfer war seine priesterliche Rolle noch von allen anerkannt worden. Doch nun, bei der Kommunion, kam es zum Eklat: Acht bis zehn Personen, die dem weiteren Rat und dem Kreis der Ratsdiener angehörten, blieben fern und verneinten damit die Wirksamkeit der Konsekration, der vom Erzbischof bewirkten Vergegenwärtigung des Leibes und Blutes Christi. Dies geschah aus religiösen Gründen, musste aber, aufgrund der beschriebenen Struktur dieses Rituals, zwangsläufig zu politischen Verwicklungen führen.

Albrecht hielt inne und sah sich viermal um, verbarg ansonsten aber seinen Unmut. Erst am Donnerstag nach Ostern,[42] dem 13. April, bestellte er alle Mitglieder des sitzenden, des alten und des oberalten Rates auf das Rathaus. Der amtierende Ratsmeister, Thomas Schüler, und zwei frühere Ratsmeister, Kaspar Ludwiger und Hans Forwergk,[43] wurden von den übrigen Ratsleuten getrennt und in die Kämmerei geführt. Dort mussten sie – als Zeichen fürstlicher

---

41 Gerd Althoff: Der König weint. Rituelle Tränen in öffentlicher Kommunikation. In: Jan-Dirk Müller (Hg.): „Aufführung" und „Schrift" in Mittelalter und früher Neuzeit. Stuttgart 1996, S. 239–252; Ders.: Gefühle in der öffentlichen Kommunikation des Mittelalters. In: Claudia Benthien, Anne Fleig, Ingrid Kasten (Hg.): Emotionalität. Zur Geschichte der Gefühle. Köln, Weimar und Wien 2000, S. 82–99; Ders.: Freiwilligkeit und Konsensfassaden. Emotionale Ausdrucksformen in der Politik des Mittelalters. In: Klaus Herding, Bernhard Stumpfhaus (Hg.): Pathos, Affekt, Gefühl. Die Emotionen in den Künsten. Berlin und New York 2004, S. 145–161.
42 LHASA, MD, Rep. A2, Nr. 803, Bl. 6v: „uff den dorstag in den osterheiligen tagen". Stadtarchiv Halle, Hs. A1, Bd. 5, Bl. 154r; Dreyhaupt: Pagus, T. 1, S. 966 und Franke: Reformation, S. 105 haben Dienstag.
43 Bei Franke: Reformation, S. 253 als Hans Franck bezeichnet.

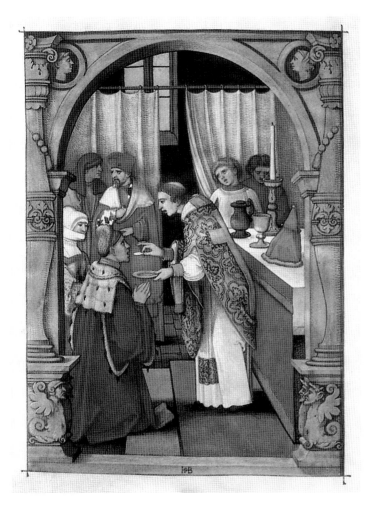

Darstellung der bischöflichen Kommunion aus dem Beicht- und Messgebetbuch des Kardinals Albrecht von Brandenburg, Miniatur von Hans Sebald Beham, 1531.

Ungnade – drei Stunden ausharren, bevor zwei dem Erzbischof ergebene Ratsmeister, Wenzel Kurbauch und Gregor Ockel, an sie heran traten. Unter Berufung auf die Regimentsordnung wurde verkündet, sie seien dem Erzbischof „nicht bequem", weswegen sie ihren Ratsstuhl räumen sollten. Nach einigen Wortwechseln, die unser Augenzeuge nicht mitteilen wollte, „dangkten dy drey perßon dem radte und gingen im namen gottes anheyme".[44] Es bleibt bemerkenswert, dass der Rat gegenüber dem Erzbischof anfangs geschlossen aufzutreten vermochte, obgleich seine Mitglieder in der Glaubensfrage gespalten waren. Die Auseinander-

---

44 LHASA, MD, Rep. A2, Nr. 803, Bl. 7r; Franke: Reformation, S. 105.

setzungen innerhalb des Rates machen deutlich, dass die Ratsherren grundsätzlich bestrebt waren, Einigkeit mit dem Stadtherrn zu demonstrieren.[45] Sie waren bemüht, dem Erzbischof mit einer Stimme gegenüber zu treten, denn dies entsprach ihrem traditionellen Selbstverständnis. An der Glaubensfrage musste dieses Bemühen jedoch scheitern.

Um den Schritt der lutherischen Ratsherren zu verstehen, ist ein Rückblick auf den Verlauf der Reformation in Halle vonnöten.[46] Seit 1525 hatte Albrecht einerseits restriktive Maßnahmen eingeleitet, war der Bürgerschaft andererseits jedoch mit einer Klerus- und Schulreform entgegengekommen. Obwohl die evangelische Bewegung in Halle schwach war, bestand innerhalb der Stadtgesellschaft sehr wohl ein Bedürfnis nach den neuen, von den Reformatoren gepredigten Frömmigkeitsformen der wortzentrierten, von Werkfrömmigkeit und Opferhandlung befreiten Heilszusage. Antiklerikale Protesthandlungen, in denen religiöse Symbole zerstört, liturgische Handlungen und Riten verhöhnt, gestört oder durch Gegenrituale ersetzt wurden,[47] blieben jedoch aus. In Halle überwogen stille Abwehrhaltungen. Die lutherisch „infizierten" Bürger, deren Zahl seit 1525 deutlich wuchs, entschieden sich für das „Auslaufen", das Aufsuchen von Gottesdiensten außerhalb der Stadt, und verringerten ihre Almosen- und Stiftungsbereitschaft,[48] was zu einer schleichenden Aushöhlung der altkirchlichen Institutionen führte. Während der Abwesenheit des Kardinals hatten einige Ratsleute zu Ostern 1526 das Abendmahl unter beiderlei Gestalt empfangen.[49]

---

45 Jan Brademann: Städtische Elite und der Fürst vor Ort. Beobachtungen zur Integration einer Residenzstadt in den frühmodernen Staat. In: Heiner Lück (Hg.): Christian Thomasius – Gelehrter Bürger in Leipzig, Frankfurt (Oder) und Halle. Erscheint Leipzig 2006.
46 Im Folgenden: Delius: Reformationsgeschichte; Werner Freitag: Residenzstadtreformation? Die Reformation in Halle zwischen kommunalem Selbstbewusstsein und bischöflicher Macht. In: Tacke (Hg.): Kontinuität und Zäsur, S. 91–118.
47 Robert W. Scribner: Ritual and Reformation. In: Ronnie Po-chia Hsia (Hg.): The German People and the Reformation. Ithaca und London 1988, S. 122–144.
48 Kardinal Albrecht klagte nach seiner Ankunft darüber, dass die Bürger fortgesetzt in den Saalkreis zögen, obwohl er ihrem Bedürfnis nach der Verkündigung des Wortes mit der Berufung besonders gelehrter Prediger entgegengekommen sei und die aufgesuchten Prediger den hiesigen nicht das Wasser reichen könnten. Vgl. Franke: Reformation, S. 250.
49 Delius: Reformationsgeschichte, S. 40.

Innerhalb der städtischen Führungsschicht blieb das offene Bekenntnis zum Luthertum dennoch die Ausnahme, denn es war bestimmten Hemmnissen unterworfen. Im mittelalterlichen Denken waren Sakramentsgemeinde und Stadtgemeinde identisch. Eine Uneinheitlichkeit der Gottesverehrung musste verhindert werden, denn sie schwächte das „*corpus christianum* im Kleinen" (Bernd Moeller). Gerade der Rat trug dafür Verantwortung. Im theologischen Diskurs überwog in Halle reformkatholisches Gedankengut, das durch den erst seit Beginn der 1530er Jahre publizistisch aktiven Ratsmeister Caspar Querhammer,[50] durch erzbischöfliche Räte, Reformkleriker und Stadtpfarrer, wie den 1528 an die Marienkirche berufenen Theologen Johann Sauer, Verbreitung fand. Aufgrund seines kollektiven Verantwortungsbewusstseins blieb der Rat die 1520er Jahre über auf Kooperationskurs mit dem Stadtherrn. Bei der Gründung des Neuen Stifts 1519/20 hatte der Rat das Präsentationsrecht der Vikarien erhalten und war der Kommunalisierung der Kirche auf einvernehmlichem Wege ein Stück näher gekommen. In Fragen unzureichender Sakraments- und Seelsorgekompetenz des städtischen Klerus wandte sich die Bürgerschaft in jenen Jahren direkt an den Kardinal.[51] 1529 bekannte sich der Rat zur neuen Stiftskirche, dem „Dom", als der hallischen Mutterkirche, in der nicht nur der Kardinal, sondern auch Hofräte und Ratsherren bestattet werden sollten.[52]

Dass sich Angehörige der städtischen Elite offen zum Luthertum bekannten, dürfte aber auch durch die Angst gehemmt worden sein, Amt und Einkommen zu verlieren. 1525 und 1529 hatte der Landesherr gezeigt, dass er unter Berufung auf sein Bestätigungsrecht bereit war, ihm miss-

---

50 Franz Schrader: Caspar Querhammer. Ein katholischer Laie nimmt Stellung zur Reformation. In: Remigius Bäumer (Hg.): Reformatio Ecclesiae. Beiträge zu kirchlichen Reformbemühungen von der Alten Kirche bis zur Neuzeit. Paderborn u. a. 1980, S. 367–400.
51 Delius: Reformationsgeschichte, S. 39.
52 Dreyhaupt: Pagus, T. 1, S. 910 f.; Paul Redlich: Cardinal Albrecht und das Neue Stift zu Halle. 1520–1541. Eine kirchen- und kunstgeschichtliche Studie. Mainz 1900, S. 46 f.

Martin Luther, *Trostunge an die Christen zu Halle vber Er Georgen yhres predigers tod*, Wittenberg 1527.

liebige Ratsmitglieder einfach abzusetzen.⁵³ Wie sehr er bemüht war, die Zuweisung von Ehre und Macht an das Bekenntnis zum Katholizismus zu binden, zeigt die Ernennung und Belehnung des Giebichensteiner Geleitsmannes Nikolaus Neunobel im Jahre 1530. Sie geschah unter der Bedingung, dass der künftige Amtsinhaber weiterhin das Abendmahl unter einer Gestalt empfange.⁵⁴ Auch das Schicksal, das der hallische Prediger Georg Winkler 1527 erlitten hatte, mahnte zu Besonnenheit. Winkler, der seit 1524 das *Sola-Scriptura*-Prinzip verkündet und wahrscheinlich seit 1525 das Abendmahl unter beiderlei Gestalt gereicht hatte, wurde 1527 von Albrecht nach Aschaffenburg gefordert und kam auf der Rückreise Ende Mai unter mysteriösen Umständen ums Leben. Der Verdacht, der Kardinal habe den Mord angeordnet, zog weite Kreise.

Warum kam es gerade 1531 zum offenen Bruch zwischen einigen Ratsmitgliedern und dem Landesherrn? Seit Frühjahr 1526 war Albrecht seiner Residenzstadt, mit der er noch immer Großes vorhatte, ferngeblieben. In der Zwischenzeit hatte sich die religionspolitische Lage verändert. Die Zeichen standen, im Reich und in der Stadt selbst, auf Konfrontation. War Luther zunächst der Meinung gewesen, der wahre Christ solle den Laienkelch nicht erstreiten, sondern das Abendmahl unter einer Gestalt leidend ertragen,⁵⁵ so hatte er sich im Lauf der 1520er Jahre von dieser Position verabschiedet. Als er sich im September 1527 nach dem Mord an Winkler in einem offenen Trostbrief an die Hallenser wandte, rief er zu Besonnenheit auf und nahm den Kardinal hinsichtlich der Mordanschuldigungen in Schutz.⁵⁶ Gleichzeitig

---

53 Unter dem Eindruck des Bauernkriegs hatten die hallischen Pfarrer 1525 von Kardinal Albrecht die Auswechslung von drei Ratsmeistern sowie freies Pfarrwahlrecht, das Abendmahl unter beiderlei Gestalt, die Besteuerung von Klerikern und die Etablierung eines Gemeinen Kastens gefordert. In den Punkten, die nicht die kirchliche Ordnung betrafen, war Albrecht diesen Forderungen nachgekommen. Zur Ratswahl 1529 ließ Albrecht, der seit Ende 1526 außerhalb der Stadt weilte, den als lutherisch gesinnt bekannten Pfänner Hans von Drachstedt gegen einen altgläubigen Kandidaten austauschen.
54 Delius: Reformationsgeschichte, S. 46.
55 Gerhard Müller: Um die Einheit der Kirche. Zu den Verhandlungen über den Laienkelch während des Augsburger Reichstages 1530. In: Erwin Iserloh, Konrad Repgen (Hg.): Reformata Reformanda. Festgabe für Hubert Jedin zum 17. Juni 1965, Münster 1965, S. 393–427, hier S. 393 f.
56 Weimarer Ausgabe, Schriften, Bd. 23, S. 401–434.

verteidigte er jedoch Winklers reformatorisches Anliegen und stellte dessen Haltung als vorbildhaft hin. Der Prediger habe „sein leben geringe geacht […] auff das er ym gehorsam erfunden wurde. Ist damit seinem rechten Herrn Jhesu Christo nachgefolget".[57] Er sei dem allein selig machenden Evangelium gefolgt und gestorben „aller meist umb des artickels willen, das er beide gestalt des sacraments hatt geleret und reichen wollen". Mit gutem Gewissen könne nun niemand mehr das Abendmahl unter einer Gestalt nehmen, weil er erzittern müsse vor den Einsetzungsworten Christi, die den Wein einbezogen (Matth. 26, 26–28). Am Ende stand Luthers Aufforderung an die Hallenser, für das wahre Abendmahlsverständnis zu streiten, in der Gewissheit, das geistliche Recht hinter sich zu haben.

Mit den Reichstagen zu Speyer 1529 und zu Augsburg 1530 verschärfte sich der religiöse Gegensatz im Reich. Gleichzeitig trat mit der *Confessio Augustana* die politische und dogmatische Formierung der evangelischen Bewegung in eine neue Phase. Während der Augsburger Verhandlungen kristallisierte sich endgültig heraus, dass für die Protestanten das Abendmahl ausschließlich unter beiderlei Gestalt erfolgen musste, während dies katholischerseits entschieden abgelehnt wurde.[58] Schon die Weigerung der Reichsstände, der Forderung Karls V. nachzukommen und an der Fronleichnamsprozession in Augsburg teilzunehmen, zeigt die entsprechende Argumentation: Bei der Prozession werde „das sacrament geteylt, und allein der leib oder das brot on das blut Christi und den kelch umbgetragen". Dies geschehe wider den Willen Gottes, da „doch Christus das gantz sacrament zu gleich zugebrauchen eingesetzt hat".[59] Die Obrigkeit solle es unterlassen, von denjenigen, die dies als ein Vergehen gegen Christi Willen erkannt hätten, zu verlangen,

---

57 Ebd. S. 408 f.
58 Eugène Honée: Die theologische Diskussion über den Laienkelch auf dem Augsburger Reichstag 1530. Versuch einer historischen Rekonstruktion. In: Nederlands Archief voor Kerkgeschiedenis 53 (1972/73), S. 1–96; Müller: Einheit; Gunther Wenz: CA XXII und der Streit um den Laienkelch. Ein historisches Beispiel misslungenen Ausgleichsbemühens. In: Herbert Immenkötter, Gunther Wenz (Hg.): Im Schatten der Confessio Augustana. Die Religionsverhandlungen des Augsburger Reichstages 1530 im historischen Kontext. Münster 1997, S. 50–70.
59 Förstemann: Urkundenbuch, Bd. 1, S. 269.

gegen ihr Gewissen zu handeln.[60] Die hierin ausgesprochene Gewissensfreiheit der Abendmahlsempfänger wurde jedoch durch den Reichstagsabschied nicht zugestanden. So war der Laienkelch zum „Symbol der neuen Lehre" geworden.[61]

Das Abendmahl unter einer Gestalt zu nehmen, war für Menschen, die Luthers Lehre als christliche Wahrheit erkannt hatten, mittlerweile inakzeptabel und musste, auch wenn es erzwungen war, als schwere Sünde auf ihrem Gewissen lasten. Welche Folgen dies haben konnte, hatte der Fall des erzbischöflichen Rates Johann Krause gezeigt. Dieser hatte in Halle gegen seine Überzeugung das Abendmahl unter einer Gestalt nehmen müssen. Danach befiel ihn eine Gewissensnot, die ihn – jedenfalls wurde dies so gedeutet – wenige Tage später, am 1. November 1527, in den Freitod trieb. Luther nahm regen Anteil an diesen Vorgängen. In seinen Augen hatte Krause durch die Gaukeleien des Teufels (*„praestigiis diaboli"*) geglaubt, Christus klage ihn vor Gott dem Vater wegen seiner Tat an. Durch die falsche Kommunion und die Machenschaften des Teufels habe Krause nicht erkannt, dass die Heilige Schrift Christus nicht als Richter, Versucher und Ankläger, sondern als Versöhner, Bitter, Tröster und Retter schildert und sei daher in den Tod gegangen.[62] Als Luther am 26. April 1528 eine zweite Trostschrift an die Christen in Halle richtete,[63] machte er deutlich, welche Haltung er von einem evangelischen Christen erwartete: Es nütze nichts, die falsche Kommunion zu ‚erleiden', „weil wir nicht müssen unrecht oder wider recht thun umb jemands willen, sondern Gott mehr denn den menschen gehorchen". Luther, der ein Widerstandsrecht eigentlich abgelehnt hatte, vertrat hier eine gewaltlose und passive „geistlich gebotene Resistenz". Wer die christliche Wahrheit erkennt, muss sie auch gegenüber der Obrigkeit vertreten, die zur Tyrannis wird, wenn sie Gewissenszwang ausübt.[64] Gegenüber Gott war der

---

60 Wenz: Laienkelch, S. 58; Honée: Laienkelch, S. 8 ff.
61 Müller: Einheit, S. 394.
62 Weimarer Ausgabe, Schriften, Bd. 40, 1, S. 320 (1531).
63 Weimarer Ausgabe, Briefwechsel, Bd. 4, S. 444 f; Redlich: Kardinal Albrecht, S. 58 und 61.
64 Dietrich Braun: Luther über die Grenzen des Staates 1523. In: Archiv für Reformationsgeschichte 78 (1987), S. 61–80, hier S. 77. Luther nennt folgerichtig Kardinal Albrecht den Hallensern gegenüber einen Tyrannen.

ermordete Prediger Winkler, wie Luther in seiner Trostschrift von 1527 ausgeführt hatte, trotz seiner abweichenden Abendmahlspraxis „gehorsam bis ynn den tod" geblieben.⁶⁵

Diejenigen Ratsherren, die nun 1531 die lutherische Abendmahlsauffassung teilten, beriefen sich dementsprechend auf ihr Gewissen, erinnerten an des Schicksal ihres Predigers Georg Winkler und wiesen die Pflicht zurück, sich der Obrigkeit in Glaubenssachen unterordnen zu müssen. Sie wollten dem Erzbischof „in euserlichen und billichen sachen undertenigsten gehorsam leysten" und baten, er möge „kein ungnedigs gefallen haben", wenn „dy in irem gewissen beswerten" Ratsherren nicht zur Kommunion kämen.⁶⁶ In dieser Auffassung folgten sie Luther, der bereits 1523 in seiner Schrift „Von weltlicher Obrigkeit, wie weit man ihr Gehorsam schuldig sei" den Fürsten die Grenzen ihrer Macht aufgezeigt hatte. Jede Obrigkeit war zwar von Gott gewollt und verlangte Gehorsam in irdisch-zeitlichen Dingen, aber einen christlichen Wahrheitsanspruch zu formulieren oder durchzusetzen, stand ihr nicht zu. Lediglich den äußeren Rahmen dafür sollte sie gewährleisten. In Glaubensdingen endete für Luther die weltliche Macht, denn „uber die seele kan und will Gott niemant lassen regirn den sich selbst alleyne".⁶⁷

Während der Ostermesse des Jahres 1531 demonstrierten die lutherischen Ratsherren dieses neue Verständnis von Untertänigkeit. Nachdem der Erzbischof sie zweimal ermahnt und jedem Einzelnen von ihnen die Hand gereicht hatte, kam es für ihn überraschend, dass einige wagten, die von ihm selbst gewandelte und ausgeteilte Hostie zu verschmähen. Sakrale Autorität und weltliche Obrigkeit waren für einen Teil der Ratsherren ganz offensichtlich nicht mehr identisch. Dem Kardinal war diese gesellschaftliche Ordnungsvorstellung fremd. In seinem traditionellen Selbstverständnis als Bischof führte er in seinen Territorien sowohl geistliches als auch weltliches Regiment. Er wollte den Rats-

---

65 Weimarer Ausgabe, Schriften, Bd. 23, S. 408 f.
66 LHASA, MD, Rep. A2, Nr. 803, Bl. 5v; Franke: Reformation, S. 104.
67 Zit. nach Braun: Grenzen, S. 66. Barbara Stollberg-Rilinger: Knien vor Gott – Knien vor dem Kaiser. Zum Ritualwandel im Konfessionskonflikt. In: Gerd Althoff (Hg.): Zeichen – Rituale – Werte. Münster 2004, S. 501–533, hier S. 526 ff.

herren das Sakrament „mit eigener handt allen zcu heil und […] zcu yrer selen seligkeit reichen […], dan er hette ye vor sy rechenschafft zcu geben, ßo weren si yme auch von gotte als der rechten ordentlichen oberkeit bevohlen".[68] Wer seinen Befehl, zur Kommunion zu erscheinen, missachtete, den konnte er nicht länger für einen gehorsamen Untertanen halten.

Albrecht war also fest entschlossen, dem Rat von Halle seine Macht zu zeigen. 1525 hatte er der Bürgerschaft unter dem Eindruck des Bauernkriegs noch Zugeständnisse machen müssen.[69] Damals hatte er versprochen, sich auf dem Reichstag für die Zulassung des Abendmahls unter beiderlei Gestalt einsetzen und die Regimentsordnung ändern zu wollen. Nach einigem Widerstand hatte er auch dem Wunsch entsprochen, drei missliebige Ratsherren und den Stadtsyndikus aus dem Rat zu entfernen. 1531 nun war der Spieß umgedreht. Der Fürst war selbst zur Konfrontation genötigt, weil er einem besonders starken „Zwang zur Konfessionalisierung" ausgesetzt war.[70] Als geistlicher Reichsfürst gehörte er zu jener Gruppe von Territorialherren, die, wenn sie nicht das Abenteuer einer Säkularisierung eingehen wollten, um ihrer Existenz willen die Reformation von ihren Landen fernzuhalten hatten, weil es nach Luthers Vorstellung nur weltliche Fürsten und davon gegebenenfalls zu sondernde Amtsträger in geistlichen Dingen geben durfte.[71] Albrechts Kirchenpolitik hatte daher seit 1525 auf die Herstellung ritueller und dogmatischer Einheitlichkeit und die Besserung des Priesterstandes abgehoben.[72] Auf diese

---

68 LHASA, MD, Rep. A2, Nr. 803, Bl. 3v.
69 Vgl. SächsHStA Dresden, Loc. 8948/14: Summarische Beschreibung, Bl. 19v–23v.
70 Wolfgang Reinhard: Zwang zur Konfessionalisierung? Prolegomena zu einer Theorie des konfessionellen Zeitalters. In: Zeitschrift für Historische Forschung 10 (1983), S. 257–277.
71 Eike Wolgast: Die deutschen Territorialfürsten und die frühe Reformation. In: Bernd Moeller (Hg.): Die frühe Reformation in Deutschland als Umbruch. Gütersloh 1998, S. 407–434, hier S. 416 ff.; Martin Brecht (Hg.): Martin Luther und das Bischofsamt. Stuttgart 1990.
72 Delius: Reformationsgeschichte, S. 45 ff.; Scholz: Residenz, S. 272 ff.; Ilonka Egert: Städtische Reformatorische Bewegungen in Mitteldeutschland. In: Jürgensmeier: Erzbischof Albrecht, S. 196–211, hier S. 206 ff.; Franz Schrader: Kardinal Albrecht von Brandenburg, Erzbischof von Magdeburg, im Spannungsfeld zwischen alter und neuer Kirche. In: Remigius Bäumer (Hg.): Von Konstanz nach Trient. Beiträge zur Geschichte der Kirche von den Reformkonzilien bis zum Tridentinum. München, Paderborn und Wien 1972, S. 419–445, hier S. 427 ff.

Maßnahmen musste nun die Herstellung einheitlicher Kirchendisziplin folgen. Bereits 1527 hatte Albrecht von seinen Hofräten die Teilnahme am Abendmahl unter einer Gestalt gefordert – mit den beschriebenen Folgen für Johann Krause. 1531 war er entschlossen, den Augsburger Reichsabschied, der alle reformatorischen Neuerungen verwarf, mit strenger Hand durchzusetzen. Die „Stabsdisziplinierung" erreichte nun auch die Ratsherren, die „als dy heupter allen andern undertanen und inwonern gute exempeln und zcw cristlicher lybe und andacht reitzunge und antzei[g]unge geben" sollten.[73]

Albrecht wusste vom Luthertum innerhalb des Rates, doch ließ er in der Abendmahlsfrage nicht mit sich handeln, wollte sich auf keine theologischen Diskussionen einlassen, sondern ließ verkünden, „man wollte mit ime davon nicht viel disputiren, dan s. kf. gd. dy weren gottlob des verstandes und hetten sich auch in der heiligen schrift umgesehen, das es ane noth were, inen des von syner underthanen bericht zcu werden".[74] Der Erzbischof ließ es, wahrscheinlich im Vertrauen auf den Zwang zum Konsens, auf den „zeremoniellen Ernstfall" ankommen. Die sehr bildliche Sprechweise unseres Berichterstatters, Albrecht sei, als zwischen acht und zehn Personen nicht zur Kommunion gekommen waren, „hart bewegt" worden und habe sich viermal umgeschaut, wo sie blieben,[75] lässt erahnen, wie wenig er bis zuletzt mit dieser Haltung gerechnet hatte. Die Ratspersonen wussten, was ihnen danach drohte, die Sorge um ihr Seelenheil ließ ihnen aber keine Wahl.

Von den acht bis zehn Verweigerern wurden allerdings nur drei bestraft, die zur Spitze der politischen und sozialen Führungsschicht gehörten. An ihnen, die zugleich einflussreiche und angesehene Pfänner waren,[76] ließ Albrecht ein Exempel statuieren, um gleichzeitig die Führungsriege der

---

73 LHASA, MD, Rep. A2, Nr. 803, Bl. 2v; Dreyhaupt: Pagus, T. 1, S. 965; Franke: Reformation, S. 102 f.
74 LHASA, MD, Rep. A2, Nr. 803, Bl. 5r; Franke: Reformation, S. 104.
75 LHASA, MD, Rep. A2, Nr. 803, Bl. 6v; Franke: Reformation, S. 105; Dreyhaupt: Pagus, T. 1, S. 966.
76 Dankenswerte Auskunft von Michael Hecht (Münster), der an einer Dissertation zur Pfännerschaft arbeitet. Michael Hecht: Geburtsstand oder Funktionselite? Überlegungen zum „Salzpatriziat" im Zeitraum von 1400 bis 1700. In: Werner Freitag (Hg.): Die Salzstadt. Alteuropäische Strukturen und frühmoderne Innovation. Bielefeld 2004, S. 83–116.

Ratsmeister, zu denen mit Gregor Ockel, Wenzel Kurbauch und Liborius von Delitzsch treue Katholiken gehörten, konfessionell zu vereinheitlichen. Die Bemerkung, dass mit Jacob Behr und Peter Eichhorn unschuldige, also wohl unerfahrene Ratsherren (*„innocentes consules"*) an ihrer Stelle in den Rat aufgerückt seien,[77] könnte jedoch ein Hinweis darauf sein, dass Albrecht bereits erhebliche Schwierigkeiten hatte, innerhalb der städtischen Führungsschicht glaubensfeste Katholiken zu finden. Dass Albrecht mit dem Licentiaten Nikolaus Leonis einen vom Luthertum wieder abgefallenen Bürger zum Ratsherren machte, der zuvor das Amt des Salzgrafen innegehabt hatte, fügt sich in dieses Bild, zumal er hiermit gegen die Festlegung der Willkür von 1482 verstieß, die ehemalige Salzgrafen oder Schultheißen von der Mitgliedschaft im Rat ausschloss.[78] Leonis übte das Amt des Bürgermeisters allerdings nur ein Jahr lang aus und starb bereits 1534.[79]

Um sein Festhalten am Alten Glauben zu demonstrieren, setzte Albrecht das Osterfest auch nach 1531 groß in Szene. Der Astronom Johann Carion, der sich Ostern 1533 im Gefolge des brandenburgischen Kurfürsten Joachim I. in Halle aufhielt, zeigte sich beeindruckt von der Pracht und den Zeremonien, die selbst die Kaiserkrönung übertroffen hätten.[80] Ostern 1536 weilte dann der junge Kurfürst Joachim II. von Brandenburg mit großem Gefolge in Halle. Die brandenburgischen Reiter sollen die gesamte Zeit in den Gassen gelegen und gesoffen und geprasst haben, die Osternacht wurde aber wiederum so feierlich begangen, dass Albrechts Leibarzt zu Carion meinte, nirgends auf der Welt, weder in Rom noch in Jerusalem, sei ein Fest jemals so herrlich und prächtig gefeiert worden. Der einst so überschwängliche Carion soll hierauf entgegnet haben, dass diese maßlose Selbstüberhebung bald ein Ende haben werde.[81]

---

77 LHASA, MD, Rep. A2, Nr. 803, Bl. 7r; Dreyhaupt: Pagus, T. 2, S. 967; Franke: Reformation, S. 106. – In der Dreyhauptschen Ratsliste tauchen beide Namen nicht auf. Dreyhaupt: Pagus, T. 2, S. 344.
78 Dreyhaupt: Pagus, T. 2, S. 313.
79 Dreyhaupt: Pagus, T. 1, S. 967.
80 Johannes Voigt (Hg.): Briefwechsel der berühmtesten Gelehrten des Zeitalters der Reformation mit Herzog Albrecht von Preußen. Königsberg 1841, S. 148–151; Seraphy: Musikgeschichte, Bd. 1, S. 90 f.; Wiemers: Carion.
81 SächsHStA Dresden, Loc. 8948/14: Summarische Beschreibung, Bl. 44r–45v; Scholz: Residenz, S. 177.

In den 1530er Jahren verschärfte Albrecht seinen religionspolitischen Kurs und förderte die reformkatholische „Gegenpropaganda". Michael Vehe nahm 1531 mit dem „Gesatz der nyessung des heiligen hochwirdigen Sacraments in eyner gestalt" Bezug auf den hier beschriebenen Abendmahlskonflikt und die daraus entstandene Verwirrung in der Gemeinde. Caspar Querhammer, seit 1534 Ratsmeister, knüpfte bei der Verbreitung seines ekklesiologischen Sakramentsverständnisses ebenfalls daran an.[82] Ämter im Stadtrat und selbst die Gerente für Bornknechte wurden an das Bekenntnis zum Katholizismus geknüpft.[83] Dennoch breitete sich das Evangelium weiter aus. Die Bürger strömten, ungeachtet der hohen Schriftgelehrsamkeit der von Albrecht nach Halle berufenen Prediger und seiner wiederholten Mandate gegen das „Auslaufen", vornehmlich nach Teutschenthal, Brehna oder Bennstedt.[84] 1533 verweigerte Albrecht sechs lutherischen Ratsherren die Bestätigung und ein Jahr später kam es bei der Ratswahl erneut zum Eklat: Von 17 neu in den Rat Gewählten waren jetzt bereits 16 nicht mehr katholisch. Wieder verlangte Albrecht die Teilnahme an der Osterkommunion. Nach vergeblichen Vermittlungsversuchen wies er die lutherischen Ratsherren zu Pfingsten aus der Stadt. Dadurch wurde mit Kurfürst Johann Friedrich von Sachsen ein mächtiger protestantischer Fürst auf den Plan gerufen, der als Burggraf von Magdeburg in Halle Herrschaftsrechte geltend machte und den hiesigen Protestanten politischen Rückhalt verlieh.[85] Ein Blick auf das Vernehmungsprotokoll von 1534 zeigt, dass die Argumentation der Verweigerer derjenigen von 1531 entsprach:[86] Hans Wah-

---

[82] Michael Vehe: Von dem Gesatz der nyessung des heiligen hochwirdigen Sacraments in eyner gestalt. Leipzig 1531. Vgl. auch Gerhard Marx: Das Verständnis vom Messopfer bei Michael Vehe. Stiftspropst von Halle und Herausgeber des ältesten deutschen katholischen Gesangbuches. In: Wilhelm Ernst, Konrad Feiereis, Fritz Hoffmann (Hg.): Dienst der Vermittlung. Leipzig 1977, S. 249–273; Nikolaus Paulus: Die deutschen Dominikaner im Kampfe gegen Luther (1518–1563). Freiburg 1903, S. 217 ff.; Schrader: Kardinal Albrecht, S. 432 ff.; Schrader: Querhammer, S. 372 ff.
[83] Delius: Reformationsgeschichte, S. 51.
[84] Vgl. die Mandate von 1533 bis 1534 in: Marienbibliothek Halle, Ms. 37, Bl. 208 ff.
[85] Friedrich Hülße: Der Streit Kardinal Albrechts, Erzbischofs zu Magdeburg, mit dem Kurfürsten Johann Friedrich von Sachsen um die magdeburgische Burggrafschaft. In: Geschichtsblätter für Stadt und Land Magdeburg 22 (1887), S. 113–152, 261–288, 360–392.
[86] Marienbibliothek Halle, Ms. 37, Bl. 205r–211v.

le, Georg Hoffmann, Nickel Bodendorff und andere bekannten, dem Erzbischof in allen äußeren Dingen, die Leib und Gut angingen, Gehorsam zu leisten, aber niemals Gott verleugnen zu können, indem sie von ihrem Glauben abfielen und das Abendmahl unter einer Gestalt nähmen.[87] Albrecht blieb bei seinem unnachgiebigen Kurs. Zunehmend als prunksüchtig und widerrechtlich in das städtische Kirchenwesen eingreifend wahrgenommen, wurde er immer weiter isoliert.[88] 1539 ließen sich für die Nachwahl von zwei Ratsstühlen gar keine altgläubigen Bürger mehr finden. 1541 kehrte Albrecht den Stiftern Magdeburg und Halberstadt für immer den Rücken.

Lassen wir die Ereignisse der Karwoche 1531 Revue passieren, so ergeben sich folgende Schlussfolgerungen. Aufgrund des religiösen Gegensatzes vermochte der Ritus der Kommunion keine politische Einigkeit und Gemeinschaft mehr zu stiften. Die von den Reformatoren ins Spiel gebrachte Instanz des Gewissens war individueller Natur. Der Rat konnte daher nicht mehr mit einer Stimme sprechen. Obgleich die „Abweichler" 1531 noch in der Minderheit waren, war der Rat zu dem Schluss gekommen, dass die Forderung nach der Teilnahme am Abendmahl unter einer Gestalt nicht befolgt werden könne. Auch diejenigen Ratsleute, die zum Alten Glauben standen, scheinen das Argument ihrer lutherischen Kollegen akzeptiert zu haben. Nachdem der Ratsbeschluss an den Hof gelangt war und Albrecht daraufhin seiner Forderung Nachdruck verliehen hatte, beteuerte der Rat seinen Willen zum Gehorsam, wies aber gleichzeitig auf die bestehenden Gewissensnöte hin.[89] Damit wurde bereits angezeigt, dass ein politischer Konsens in Sachen Religion unter den gegebenen Bedingungen nicht zu haben war.

Ungeachtet der Repressionen des Kardinals und der Möglichkeit, um des Amtes und des Ranges willen beim Alten Glauben zu bleiben, gingen einige Ratsherren 1531 in Konfrontation zum Landesherrn, indem sie sich öffentlich zur

---

87 Ebd., Bl. 205r, 205v und 207r.
88 Michael Scholz: Kardinal Albrecht von Brandenburg (1490–1545). Erzbischof von Magdeburg, Administrator von Halberstadt. Renaissancefürst und Reformer? In: Werner Freitag (Hg.): Mitteldeutsche Lebensbilder. Menschen im Zeitalter der Reformation. Köln, Weimar und Wien 2004, S. 71–96, hier S. 82 ff.; Scholz: Residenz, S. 151 ff., 276 ff. und passim.
89 LHASA, MD, Rep. A2, Nr. 803, Bl. 4v.

Reformation bekannten. Sie handelten dabei im Glauben an Luthers Lehre. Das zeigt ihre durch Luther unmittelbar angeregte Argumentation. Das offenbaren ebenso die Spannungen innerhalb des Rates. Noch waren die Anhänger der Reformation allerdings politisch schwach. Die Verweigerung der Kommunion unter einer Gestalt bedeutete nicht schon den Sieg der lutherischen Sache, doch wurde mit ihr ein wichtiger Schritt in diese Richtung getan.

Die kulturgeschichtliche Forschung hat die Wirkmächtigkeit von Ritualen und symbolischer Kommunikation auch für die Reformation und das konfessionelle Zeitalter betont.[90] In der erzbischöflichen Residenzstadt Halle war der konfessionelle Kampf besonders schwer und langwierig, da der Stadt- und Landesherr eine starke katholisch-sakrale Symbolkraft besaß, die nach wie vor viele Menschen anzog. Außer auf die Weihehandlungen des Gründonnerstags ließe sich hier auf das Prozessions- und Heiltumswesen der 1530er Jahre verweisen.[91] Eine weitere beharrende Kraft stellte der stabsdisziplinierte und reformkatholische Hof des geistlichen Landesherrn dar.

Innerhalb des langen „rituellen Prozesses der Reformation" (Robert Scribner) geriet die öffentliche Verweigerung des Abendmahls unter einer Gestalt selbst zu einem reformatorischen Akt. Durch ihn wurden die seit Jahrhunderten angelernten Praktiken der Heilserlangung und damit die in so erdrückendem Maße symbolisierten Geltungsbehauptungen des alten Herrschaftssystems zur Disposition gestellt: Die

---

90 Scribner: Ritual; Bernhard Jussen, Graig Koslowski (Hg.): Kulturelle Reformation. Sinnformationen im Umbruch 1400–1600. Göttingen 1999; Sabine Todt: Kleruskritik: Frömmigkeit und Kommunikation in Worms im Mittelalter und in der Reformationszeit. Stuttgart 2005; Antje Flüchter: Konfessionalisierung in kulturalistischer Perspektive? Überlegungen am Beispiel der Herzogtümer Jülich-Berg. In: Barbara Stollberg-Rilinger (Hg.): Was heißt Kulturgeschichte des Politischen? Berlin 2005, S. 225–252; Heinz Schilling: Die konfessionelle Stadt – eine Problemskizze. In: Peter Burschel (Hg.): Historische Anstöße. München 2002, S. 60–83, hier S. 73 ff. Zur Bedeutung vereinheitlichter Rituale für die Konfessionalisierung vgl. die Studien von Werner Freitag: Volks- und Elitenfrömmigkeit in der Frühen Neuzeit. Marienwallfahrten im Fürstbistum Münster Paderborn 1991; Ders.: Konfliktfelder und Konfliktparteien im Prozess der lutherischen und reformierten Konfessionalisierung – das Fürstentum Anhalt und die Hochstifte Halberstadt und Magdeburg im 16. Jahrhundert. In: Archiv für Reformationsgeschichte 92 (2001), S. 165–193, hier S. 168 ff., 174 ff. und 186 ff.
91 Wiemers: Carion; Tacke: Reliquienkult.

Erkenntnis der lutherischen Botschaft allein reichte für die Stadtreformation nicht aus. Die Deutungshoheit über das Heil musste durch kommunikative Akte Schritt für Schritt erstritten werden, um den neuen Glaubenswahrheiten gesellschaftliche Veränderungen folgen zu lassen.[92] 1531 wurde der Glaube an die liturgische Kraft des traditionellen Ritus' aus seinem äußerlich korrekten Vollzug heraus schwer erschüttert. Das Abendmahl wurde, noch bevor es sich im konfessionellen Zeitalter im Zuge liturgischer Vereinheitlichung zu einem zentralen Disziplinierungs- und „Indoktrinationsinstrument" (Wolfgang Reinhard) der Landeskirchen entwickeln sollte, zu einem „von unten" initiierten Abgrenzungsritus.[93] Es scheint dafür prädestiniert gewesen zu sein, verbot sich doch bei dieser zentralen, heilsrelevanten Handlung für die Protestanten ein zeremonieller Konformismus, ein äußerliches Hinnehmen. 1534 waren es dann bereits 16 Kommunionsverweigerer.[94]

Indem die Wirkmächtigkeit der Kommunion in ihrer herkömmlichen Gestalt bestritten wurde, war der Herrschaftsbeziehung zwischen Bürgern und Erzbischof eine wesentliche Grundlage genommen, war ein wichtiger Teil der traditionellen Herrschaftslegitimation des geistlichen Fürsten weggebrochen. Bereits Albrechts Amtsnachfolger Johann Albrecht, nach wie vor ein altgläubiger Bischof, musste bei seiner Huldigung 1546 auf das Sakralgeleit und den gemeinsamen Gottesdienst verzichten. Der konfessionelle Gegensatz ließ keine rituelle Gemeinschaft im Glauben mehr zu, und das Herrschaftsritual büßte einen Großteil seiner religiösen Elemente ein.[95] Die von den katholischen Bischöfen postulierte

---

92 Todt: Kleruskritik, S. 323.
93 Stollberg-Rilinger: Ritualwandel, S. 523 ff.; Schilling: Die konfessionelle Stadt; Therese Brugisser: Frömmigkeitspraktiken der einfachen Leute in Katholizismus und Reformiertentum. Beobachtungen des Luzerner Stadtschreibers Renward Cysat (1545–1615). In: Zeitschrift für historische Forschung 17 (1990), S. 1–26, hier S. 10 ff.; Wolfgang Reinhard: Was ist katholische Konfessionalisierung? In: Wolfgang Reinhard, Heinz Schilling (Hg.): Die katholische Konfessionalisierung. Münster 1995, S. 419–452, hier S. 430.
94 Marienbibliothek Halle, Ms. 37, Bl. 205r–211v.
95 Brademann: Autonomie und Herrscherkult, S. 44 ff.; Andrea Löther: Die Inszenierung der stadtbürgerlichen Ordnung. Herrschereintritte in Nürnberg im 15. und 16. Jahrhundert als öffentliches Ritual. In: Klaus Tenfelde, Hans-Ulrich Wehler (Hg.): Wege zur Geschichte des Bürgertums. Vierzehn Beiträge. Göttingen 1995, S. 105–124, hier S. 118.

Gnadenfähigkeit des Fürsten verlor ihr magisches Charisma, weil sie nicht mehr zelebriert und daher immer weniger geglaubt wurde. Unter den seit 1561 evangelischen Erzbischöfen von Magdeburg wurde die konfessionelle Einheit im Herrschaftsritual dann wieder hergestellt, doch wurden sie weitgehend zu weltlichen Fürsten, sodass innerhalb des Herrschaftszeremoniells die Religion aus dem öffentlichen Raum verdrängt blieb.

Der rituelle Konflikt von 1531 ist damit auch im Hinblick auf die gesellschaftliche Modernisierung interessant. Die Ablösung des Christentums als Legitimationsgrundlage politischer Ordnung durch das moderne Naturrecht und den Rationalismus lag noch in weiter Ferne und auch religiöse Freizügigkeit war praktisch undenkbar. Dennoch ist hier erstmals ein Auseinanderdriften von christlich-theologischer Wahrheit und politischer Ordnung sichtbar, das für die Moderne charakteristisch wurde. Die Verweigerung der obrigkeitlich verordneten Form der Religiosität steht am Beginn eines in kultur- und mentalitätsgeschichtlicher Hinsicht bisher kaum erforschten Prozesses. Gemeint ist die Säkularisierung als gesellschaftliche Ausdifferenzierung, die mit der konfessionellen Aufspaltung des Christentums begann.[96] Durch das Nebeneinander verschiedener Gemeinschaften religiös-ethischer Geltungs- und Ordnungsansprüche wird der Glaube seine Funktion als alles umspannendes Ordnungsmodell verlieren und zu einem Teilsystem der Gesellschaft herabsinken. Politische Zeremonien und sakrale Rituale, Politik und Religion, werden immer deutlicher voneinander geschieden werden.

Die hallischen Ratsherren waren selbstverständlich keine gesellschaftlichen Modernisierer, doch mutet ihre Haltung heute sehr modern an. Dahinter stand, auch wenn der säkularisatorische bzw. emanzipatorische Charakter von Luthers

Wappen Kardinal Albrechts.

---

[96] Ulrich Barth: Säkularisierung. I. Systematisch-theologisch. In: Theologische Realenzyklopädie, Bd. 29, Berlin und New York 1998, S. 603–634, hier S. 623; Jürgen Gebhardt: Religion und Politik. In: Dieter Nohlen (Hg.): Lexikon der Politik, Bd. 1: Theorien, München 1995, S. 435–442, hier S. 436. Kulturgeschichtliche Annäherungen an die Reformation innerhalb dieses Prozesses bieten: Stollberg-Rilinger: Ritualwandel; Jussen, Koslowski: Reformation; Susan Karant-Nunn: The Reformation of Ritual. An Interpretation of Early Modern Germany. New York 1997.

politischer Philosophie insgesamt nicht unumstritten ist,[97] die von dem Reformator ins Spiel gebrachte Berufung auf das Gewissen sowie seine Unterscheidung zwischen inneren (Gewissens-) und äußeren (materiellen) Dingen, geistlichem und leiblichem Menschen, Gott zugewandter Freiheit und Welt verhafteter Dienstbarkeit, göttlicher Gnade und menschlichen Werken.[98] Das durch die Reformation eingeläutete konfessionelle Zeitalter zeichnete sich freilich noch durch eine verstärkte Sakralisierung des Politischen und die Politisierung der Religion aus. Dennoch verweist das Handeln der Ratsherren darauf, dass sich in der Neuzeit politisch-herrschaftliche Treue und Einheit, symbolisiert etwa im Handschlag und in den überreichten Geschenken, und religiöse Differenz, ausgedrückt durch die Aufkündigung der Abendmahlsgemeinschaft, nicht mehr ausschlossen.

Die Zahl derjenigen Ratsherren, die sich in Halle offen zum Luthertum bekannten, war um 1530 nach wie vor klein, doch scheinen die festen Anhänger des Alten Glaubens gegenüber den heimlichen Sympathisanten oder den Indifferenten innerhalb des Rates am Ende der 1520er Jahre an Einfluss verloren zu haben. Dafür sprechen die Anschuldigungen, die der Kardinal direkt nach seiner Ankunft vorbrachte. Die unterlassene Publikation des Reichstagsabschieds, die Beteiligung von Ratsherren am „Auslaufen", die fortgesetzte Verbreitung deutscher Gesänge und protestantischer Druckschriften, die jahrelange Verschmähung der Messe und die offene Missachtung der Fastengebote legen nahe, dass auch die Ratsmehrheit mehr als eine passive Haltung einnahm.[99]

---

97 Braun: Grenzen; Gerhard Ebeling: Luther. Einführung in sein Denken. 4. Aufl., Tübingen 1981, S. 198–218; Thomas Brady u. a.: Luther und die Gesellschaft. In: Lutherjahrbuch 52 (1983), S. 197–238; Martin Heckel: Das Säkularisierungsproblem in der Entwicklung des deutschen Staatskirchenrechts. In: Gerhard Dilcher, Ilse Staff (Hg.): Christentum und modernes Recht. Beiträge zum Problem der Säkularisierung, Frankfurt am Main 1984, S. 35–95, hier S. 42 ff.; Ders.: Weltlichkeit und Säkularisierung. Staatskirchenrechtliche Probleme in der Reformation und im Konfessionellen Zeitalter. In: Bernd Moeller (Hg.): Luther in der Neuzeit. Gütersloh 1983, S. 34–54.
98 Siehe zu diesem Komplex: Eberhard Jüngel: Zur Freiheit eines Christenmenschen. Eine Erinnerung an Luthers Schrift. 3. Aufl., München 1991.
99 Franke: Reformation, S. 250 f.

Insgesamt lässt sich die Reformation in Halle nur schwer den Modellfällen der Gemeinde-, Bürger- oder Ratsreformation zuordnen.[100] Auch diejenigen Fälle, in denen die Einführung der Reformation durch bestimmte innerstädtische soziale und politische Interessenlagen verzögert bzw. verhindert oder durch eine restriktive Politik des Stadtherrn abgewendet wurde, bieten kein ausreichendes Erklärungspotenzial für den spät einsetzenden Verlauf in Halle, wie Werner Freitag feststellen musste.[101] Freitag brach mit der Auffassung der Lokalgeschichtsschreibung, die allein die Politik des Kardinals verantwortlich machte, und verwies auf den Mangel an reformatorischen und die Dominanz reformkatholischer Geistlicher sowie auf das Fehlen eines grundlegenden politisch-gesellschaftlichen Impetus. Aufgrund der bereits im 15. Jahrhundert erfolgten Integration breiter sozialer Gruppen in das Stadtregiment entfiel der Gegensatz zwischen Gemeinde und Rat als Beschleunigungs- oder Radikalisierungsmoment. Ferner konnte der Rat bei der Optimierung der Sakralgemeinschaft zunächst auf das Entgegenkommen des Stadtherrn setzen, zu dem er eine „Kooperation zu beiderseitigem Nutzen" pflegte.

Die Reformation als Ergebnis gesellschaftlich-politischer Differenzen zu sehen, stellt freilich nur einen Ausschnitt der historischen Wirklichkeit dar. Das religiöse Element sollte, gerade auch für die Frühzeit, nicht unterschätzt werden.[102]

---

100 Olaf Mörke: Die Reformation. Voraussetzungen und Durchsetzung. München 2005, S. 93 ff.; Rudolf Mau: Evangelische Bewegung und frühe Reformation 1521 bis 1532. Leipzig 2000, S. 94 ff.
101 Freitag: Residenzstadtreformation?; Werner Freitag, Anja Pförtner: Reformation als städtisches Ereignis. Evangelische Bewegung und ratsherrliche Politik in der Residenzstadt Halle und in der autonomen Landstadt Magdeburg. In: Werner Freitag, Thomas Müller-Bahlke (Hg.): Halle im Mittelalter und im Zeitalter der Reformation. Neue Studien zur Geschichte der Stadt. Halle 2006, S. 66–93.
102 Bernhard Rüth: Reformation und Konfessionsbildung im städtischen Bereich. Perspektiven der Forschung. In: Zeitschrift für die Savigny-Stiftung für Rechtsgeschichte, Kanonistische Abteilung 108 (1991), S. 197–282, hier S. 252. Martin Brecht: Luthertum als politische und soziale Kraft in den Städten. In: Franz Petri (Hg.): Kirche und Gesellschaftlicher Wandel in deutschen und niederländischen Städten der werdenden Neuzeit. Köln und Wien 1980, S. 1–22; Gerhard Müller: Reformation und Stadt. Zur Rezeption der evangelischen Verkündigung. Wiesbaden 1981; Kaspar von Greyerz: Stadt und Reformation: Stand und Aufgaben der Forschung. In: Archiv für Reformationsgeschichte 76 (1985), S. 6–63, hier S. 8–16 und 28 ff.; Mörke: Reformation, S. 70 f., 81 ff. und 96 ff.; Hans-Christoph Rublack: Martin Luther und die städtische soziale Erfahrung. In: Volker Press, Dieter Stievermann (Hg.): Martin Luther. Probleme seiner Zeit. Stuttgart 1986, S. 88–123.

Keimzelle der Reformation war auch in Halle ein durch Luther angeregter Wandel des Heils- und Herrschaftsverständnisses. Dieser Wandel musste, ungeachtet der Repressionen des Kardinals, trotz der politischen Option, um des Amtes willen beim Alten Glauben zu bleiben und trotz aller im Zusammenspiel mit dem Kardinal ermöglichten politischen Gewinne, zwangsläufig zur Konfrontation führen. Das Abendmahl öffentlich unter einer Gestalt nehmen zu müssen, war den lutherischen Ratsherren unerträglich. Dass sie Albrecht dazu zwingen wollte, bezeichnet unser Berichterstatter folgerichtig als „anfangk der marterwochen, in dere eynem ydern seyn gewißen zcu gefengnis gefureth warth".[103]

---

[103] LHASA, MD, Rep. A2, Nr. 803, Bl. 4 r.

Holger Zaunstöck

Die Brautnacht; oder die Fensterkanonade.
Der permanente Konflikt zwischen Stadtbürgern und Studenten im Raum der Stadt des 18. Jahrhunderts

I. Ehre – Konflikt – Raum

Die Konflikte und Auseinandersetzungen zwischen den Bürgern der Stadt und den für eine jeweils begrenzte Zeit in Halle weilenden Studenten seit der Inauguration der Universität 1694 sind ein Topos der Stadtgeschichtsschreibung zum 18. Jahrhundert.[1] Sie haben das innerstädtische Leben der Sozialgemeinschaft Stadt entscheidend mitgeprägt; sie zeichnen einen grundlegenden Charakterzug der *Universitätsstadt*. Die Konflikte folgten einer sozialen und habituellen Logik, die ihren Kern in der Austragung der divergenten, miteinander konkurrierenden Ehr- und Standesvorstellungen hatte. Deshalb spielten sie sich an öffentlich zugänglichen Orten der Stadt, oft an zentralen Plätzen wie dem Markt, ab. Denn es galt zu demonstrieren und zur Schau zu stellen, wer in der Stadt in

---

1 Exemplarisch: Gustav Friedrich Hertzberg: Geschichte der Stadt Halle an der Saale von den Anfängen bis zur Neuzeit. 3 Bde. Halle 1889–1893. Bd. 2: Geschichte der Stadt Halle an der Saale während des 16. und 17. Jahrhunderts (1513 bis 1717). Halle 1891, S. 673–677, Bd. 3: Geschichte der Stadt Halle an der Saale während des 18. und 19. Jahrhunderts (1717–1892). Halle 1893, S. 115–130, 283–289; Wilhelm Schrader: Geschichte der Friedrichs-Universität zu Halle. Erster Teil, Berlin 1894, S. 113–118, 240–254, 371–376, 591–603; Fritz König: Aus zwei Jahrhunderten. Geschichte der Studentenschaft und des studentischen Korporationswesens auf der Universität Halle. Halle an der Saale 1894, insb. S. 9–38, 82–147, 249–256. Eine neuere, übergreifende Studie zum Thema fehlt. Gleichwohl stellt sie eines der großen Defizite der frühneuzeitlichen hallischen Stadtgeschichte dar – zumal wenn auch die innerstudentischen Konflikte und das Konfliktfeld zwischen Militär und Studentenschaft sowie die Beziehungen zu den Halloren mit in den Blick genommen werden. Hierfür bieten sich neben dem Problemfeld der Ehre in der frühneuzeitlichen Stadt (dazu weiter unten im Text) etwa die Forschungsperspektiven und -fragen der Kriminalitätsgeschichte an, die auch für andere Universitätsstädte noch nicht hinreichend angewandt worden sind. Darauf hat jüngst auch hingewiesen: Marian Füssel: Devianz als Norm? Studentische Gewalt und akademische Freiheit in Köln im 17. und 18. Jahrhundert. In: Westfälische Forschungen 54 (2004), S. 145–166, hier S. 146, 166. Zu den Konflikten in den Universitätsstädten des 18. Jahrhunderts am Göttinger Beispiel siehe die Standardstudie: Stefan Brüdermann: Göttinger Studenten und akademische Gerichtsbarkeit im 18. Jahrhundert. Göttingen 1990. Göttinger Universitätsschriften: Serie A, Schriften 15, hier S. 249–487.

der sozialen Hierarchie den höheren Stand innehatte und die größeren Freiheiten beanspruchen konnte. Damit kommen grundlegende Kategorien stadtgeschichtlicher Forschungen zur Frühen Neuzeit in den Blick: die Konflikte im Raum der Stadt,[2] wobei die Frage der Ehre eine zentrale Rolle spielte. Um diese Konflikte zu illustrieren, wollen wir im folgenden eine Geschichte aus dem Jahr 1790 in den Blick nehmen, an der sich grundlegende Elemente dieser Auseinandersetzungen beobachten lassen. Im Zentrum des Geschehens stehen traditionelle und ritualisierte Praktiken – d. h. von Studenten zeitübergreifend immer wieder angewandte und genutzte Handlungsweisen sowie bestimmte, sich von Fall zu Fall wiederholende Momente und Inszenierungen der Eskalation.

Ganz konkret geht es um die Störung von Hochzeiten durch Studenten und das Einwerfen von Fenstern in der Stadt.[3] Die „Unsitte, sich bei öffentlich gefeierten fremden Hochzeiten einzudrängen" – so Gustav Friedrich Hertzberg –,[4] lässt sich schon sehr früh greifen. Johann Christoph von Dreyhaupt berichtet in seiner *Chronik* über einen solchen Fall zu Beginn des Jahrhunderts, am 19. September 1790: „bey des Wagmeisters Hochzeit auf der Waage, haben sich die Studiosi mit Gewalt eingedrungen und allerhand Unfug angerichtet; da aber der Rathsmeister Ockel einen davon bey dem Ermel zur Thür hinaus geführt: hat dieser die übrigen, unter dem Vorgehen, dass er auf der Waage Ohrfeigen bekommen, auffgewiegelt, daß sie die Wage und Rathhaus gestürmet, die Fenster eingeworffen, und mit geladenen Pistolen hienein geschossen, dergleichen des Rathsmeister Ockels Hause begegnet, so daß, weil die Schaarwache dem Tumult zu steuren allein nicht vermögend gewesen, die Bürgerschafft mit ihrem Gewehr, durch Läutung der

---

2 Einführend: Marian Füssel, Stefanie Rüther: Einleitung. In: Christoph Dartmann, dies. (Hg.): Raum und Konflikt. Zur symbolischen Konstituierung gesellschaftlicher Ordnung in Mittelalter und Früher Neuzeit. Münster 2004. Schriftenreihe des Sonderforschungsbereichs 496, Bd. 5, S. 9–18.
3 Studentische Störungen von Bürgerhochzeiten waren typische Konfliktfälle in frühneuzeitlichen Universitätsstädten; Dazu: Barbara Krug-Richter: Von Messern, Mänteln und Männlichkeit. Aspekte studentischer Konfliktkultur im frühneuzeitlichen Freiburg im Breisgau. In: Wiener Zeitschrift zur Geschichte der Neuzeit 4 (2004), Heft 1, S. 26–52, hier S. 37–39. Im Blick auf die hallischen Verhältnisse: Schrader: S. 80.
4 Gustav Friedrich Hertzberg: Kurze Übersicht über die Geschichte der Universität in Halle a. S. bis zur Mitte des 19. Jahrhunderts. Halle 1894, S. 18.

Bürgerglocke, zusammen beruffen werden müssen, welche mit grosser Mühe den Lerm gestillet."[5]

Die hier geschilderte Auseinandersetzung enthält bereits die Momente, die wir im Laufe des Jahrhunderts auch bei anderen vergleichbaren Vorfällen wieder finden. Die größere, diesen Konflikten zugrunde liegende Konstellation ist die veränderte Zusammensetzung und Erweiterung der städtischen Sozialgruppen bzw. der innerstädtischen Sozialhierarchie durch die Universitätsgründung und die damit verbundene Implementierung der Statusgruppe „akademische Bürger"; insbesondere durch das große Segment der Studenten. Denn die Stadtbürger und die Studenten vertraten ein Standesbewusstsein und ein Ehrverständnis, das sich gegenseitig ausschloss – beide behaupteten den Vorrang in der Sozialtopographie der Stadt. Dieser Grundkonflikt war nicht lösbar und produzierte deshalb permanente Friktionen und Auseinandersetzungen, in denen sich die beiden Gruppen zu behaupten und darzustellen suchten. Dabei lebten die Studenten ein quasi eigenes Standesbewusstsein, das sie aus dem Selbstverständnis der für sie handlungsleitenden so genannten Akademischen Freiheit heraus legitimierten und begründeten. Diese basierte auf einer gesonderten Gerichtsbarkeit (Universitätsgericht) und wurde gelebt durch expressive Verhaltensformen; eben Freiheiten, die sich die Studenten glaubten nehmen zu dürfen: Schlittenfahrten, Schießereien, Duelle, Wilddieberei, Gottesdienststörungen usw. Die Akademische Freiheit fundierte und modellierte die Ehre der Studenten – des einzelnen als auch der Gruppe.[6] Zwar wurde gegen die

---

5   Johann Christoph von Dreyhaupt: Pagus Neletici et Nudzici, oder Ausführliche diplomatisch-historische Beschreibung des zum ehemaligen Primat und Ertz-Stifft, nunmehr aber durch den westphälischen Friedens-Schluß secularisirten Hertzogthum Magdeburg gehörigen Saal-Creyses, und aller darinnen befindlichen Städte, Schlösser, Aemter […], insbesonderheit der Städte Halle, Neumarckt, Glaucha, Wettin, Löbejün, Cönnern und Alsleben. Uwe Meißner (Hg.), Halle 2002 (Nachdruck der Ausgabe 1749–1750), hier: Zweyter Theil. Halle 1750, S. 62.
6   Ewald Horn: Akademische Freiheit. Historisch-kritische Untersuchung und freimütige Betrachtung nebst einem Anhange über studentische Ausschüsse. Berlin 1905; Stefan Brüdermann: Der Göttinger Studentenauszug 1790. Handwerkerehre und akademische Freiheit. Göttingen 1991, Lichtenberg-Studien 7, S. 11 f. Eine Aufzählung studentischer Praktiken findet sich bei: Michael Mehlow: Das hallesche Studentenleben zur Zeit August Hermann Franckes. In: Ralf-Torsten Speler (Hg.): Die Universität zu Halle und Franckens Stiftungen. Kataloge des Universitätsmuseums der Zentralen Kustodie N. F. Nr. 4, Halle 1998, S. 66–77, hier S. 73 f.; siehe auch: Schrader: S. 80.

Auswirkungen dieses Habitus, die Exzesse und Tumulte, viel geregelt, dekretiert und auch gestraft, die Kernursachen aber – die Ehr- und Ständekonflikte – konnten damit nicht beseitigt werden. Dieses auf die Ehre rekurrierende Verhaltensschema, das „Prokrustesbett von Ehre und Ehrverletzung",[7] entfaltete in Halle und in anderen Universitätsstädten des 18. Jahrhunderts eine unentrinnbare Dynamik. Standespräsentation und Selbstvergewisserung der Gruppe ließen einen anderen Mechanismus auch gar nicht zu. Hier wird die Ambivalenz sozialer und wirtschaftlicher Logik in frühneuzeitlichen Universitätsstädten deutlich: War man schon einerseits aufeinander angewiesen – die Bürger der Stadt auf die zahlenden Studenten, die Studenten in der Stadt auf die dienstleistenden Bürger –, so *musste* man andererseits den Ort in der Sozialtopographie der Stadt permanent behaupten.

II. Die Brautnacht; oder die Fensterkanonade.

Die Friktionen und Konflikte zwischen den Studenten, die für einen mehr oder minder kurzen Zeitraum in Halle lebten und den langfristig bzw. dauerhaft ansässigen Bürgern und Bewohnern der Stadt lassen sich musterhaft an Hand der im Druck erschienenen Schilderung einer Hochzeitsstörung aus dem Jahr 1790 zeigen: *Die Brautnacht; oder die Fensterkanonade. Einige Scenen aus der Hallischen Zeitung*. Der Text ist in Form eines Schauspiels verfasst und in Szenen untergliedert sowie mit einem knappen „Nachtrag" des – anonymen – Verfassers versehen.[8] Dargestellt wird eine Auseinandersetzung zwischen Studenten und Bürgern, die sich im Zuge einer städtischen Hochzeit entzündet hatte. Es sind allerdings keine fiktiven Ereignisse, sondern die „Scenen" beruhen auf einem tatsächlichen Geschehen in Halle im Frühsommer 1790, das u. a. auch eine publizistische Auseinandersetzung

Titelblatt der Schrift:
Die Brautnacht;
oder die Fensterkanonade.
Einige Scenen aus der
Hallischen Zeitung. 1790.

---

7 Gerd Schwerhoff: Öffentliche Räume und politische Kultur in der frühneuzeitlichen Stadt: Eine Skizze am Beispiel der Reichsstadt Köln. In: Rudolf Schlögl (Hg.): Interaktion und Herrschaft. Die Politik der frühneuzeitlichen Stadt. Konstanz 2004, Historische Kulturwissenschaft 5, S. 113–136, hier S. 135.

8 Der seltene Druck findet sich in der Herzogin Anna Amalia Bibliothek Weimar, Dd 3:205; Die Brautnacht; oder die Fensterkanonade. Einige Scenen aus der Hallischen Zeitung. In: Scherzhafte poetische Aufsätze, welche einzeln herausgekommen und zu einem Bändchen gesammelt sind. Hendel, Halle 1790.

Das Rathhaus und Rathskeller in Halle. / zu haben bey F. C. Dreysig in Halle / gemacht von Schade 1789.
Der in der ersten Szene der Brautnacht genannte „Weinkeller" (auf dem die Hochzeit stattfindet) könnte auf den Ratskeller auf dem hallischen Markt hinweisen.

nach sich zog.[9] Gleichwohl sind die Vorgänge hier nicht nur anonymisiert dargestellt, sondern auch typisiert worden. Wir finden nämlich all jene Elemente wieder, die die Konflikte zwischen den Bürgern und Studenten in der Stadt ganz generell über das Jahrhundert hinweg kennzeichneten und ausmachten. Der oder die ungenannt bleibenden Verfasser haben bewusst oder unbewusst eine Abstraktionsleistung vollbracht. Sie haben mit der aus der konkreten Situation schöpfenden Darstellung gleichsam eine Modellierung des Spezifischen zum Allgemeinen vorgenommen: Wir können den kleinen Text deshalb ganz generell als Quelle zur Art und Weise als auch zur Funktion von Konflikten sich gegenseitig abgrenzender Sozialgruppen in der Stadt des 18. Jahrhunderts lesen. Die *Brautnacht* ist eine – ganz aus der parteiischen Perspektive der Studenten geschriebene – Sicht auf die permanenten Konflikte in der seit 1694 mental und sozial veränderten Stadt. Wir lesen den Text an dieser Stelle also

---

9 Dies wird ausführlich in einem Abschnitt der Habilitationsschrift des Verfassers (voraussichtlich 2007) behandelt.

nicht auf die konkreten Ereignisse des Jahres 1790 hin, sondern verstehen ihn als modellhaft geformte Darstellung der dauerhaft existierenden Konflikte zwischen „Philistern" und „Musensöhnen". Das Einzelereignis wurde medial aufbereitet und erfuhr dadurch bereits zeitgenössisch eine Transzendierung hin zur beispielgebenden Metaerzählung.

Folgen wir nun den Szenen und damit zugleich den einzelnen Stufen der Konfliktanbahnung und Eskalation und der Weiterführung über den konkreten Anlass hinaus.[10] Am Beginn der ersten Szene wird zum einen angekündigt, was am Abend zu erwarten sei: „He, Bruder, willst mit auf den Weinkeller steigen?[11] Dort jubelt nach Noten wer immer nur kann; wir müssen uns heut doch in Galla dort zeigen, drum zieh' nur geschwind deinen Bratenrock [Gehrock, d. Verf.] an." (S. 3) Zum zweiten wird – nicht gerade überzeugend verklausuliert – eine der Konfliktursachen zwischen Studenten und Stadtbürgern zum Ausdruck gebracht, die die Braut, die am Abend vermählt werden soll, betrifft: Es geht um mehr oder minder amouröse Beziehungen zwischen den jungen Männern und den Bürgertöchtern. Es sei dahingestellt, wie oft solche Beziehungen tatsächlich bestanden haben bzw. in wie weit hier die Fantasie der Studenten zum Tragen kommt. Dennoch: Was aus Sicht der Studenten zum Habitus Akademischer Freiheit gehörte, war für die Städter gleichzusetzen mit Entehrung und Schande. Ein Student mit dem Namen „Astolfo" beschreibt die junge Frau als „Schönste der hallischen Schönen", den „Musen stets günstig und all' ihren Söhnen [sic!]". Sie „weiht heut' durch den Brautball ihr Ehebett' ein". (S. 4) Und auf Nachfrage des zweiten auftretenden Studenten „Hallfried", ob sie Astolfo „zu ihrem Adonis im Mondschein erklärt" habe, bestätigt Astolfo dies: „Ja, Bruder, du hast es aufs Pünktchen getroffen; könnt' ich doch der frohen Umarmungen Glück, die zärtlichen Stunden nur einmal noch hoffen, gern gäb' ich ein Lustrum[12] von Jahren zurück." (S. 5 f.) Aber ehe Astolfo in Wehmut verfällt, wendet Hallfried ein: „Halt, Bru-

---

10 Alle Zitate werden im Text in Klammern belegt.
11 Dies könnte ein Verweis auf den Ratskeller auf dem hallischen Markt sein. Vgl. dazu die Abbildung von 1789 sowie Angela Dolgner, Dieter Dolgner, Erika Kunath: Der historische Marktplatz der Stadt Halle/Saale. Halle 2001, S. 101 f.
12 Eine Zeitspanne von fünf Jahren.

der, halt, lodre nicht gleich auf in Flammen, glaub, so was kann uns ja noch öfter gescheh'n." (S. 6) Hier wird in deutlichen Worten der – aus der Sicht der Bürger bzw. der Familien – entehrende Umgang mit unverheirateten Frauen der Stadt geschildert. Für die Studenten dagegen waren solche Beziehungen für das Ansehen innerhalb der Gruppe statusfördernd. Bevor die eigentliche Auseinandersetzung auf der Hochzeit beginnt, ist bereits die soziale Hierarchie der Stadt im Gespräch der beiden Studenten symbolisch festgeschrieben: Ihnen stehe der voreheliche Umgang mit den Bürgertöchtern frei. Der unmittelbare Konflikt, der sich aus einem Zusammenstoß auf einem für das Bürgerleben zentralen Ereignis (der Hochzeit) entwickelt, ist also nicht spontan: Es gab einen Vorlauf; der Konflikt ist und wird in einer grundsätzlichen Konstellation angebahnt.

Und diese Grundierung wird schließlich im Text durch eine weitere Provokation mittels einer mehr als ironisierenden (und wohl sicher) vorgetäuschten Ankündigung zugespitzt: „Diese Scene [gemeint ist die folgende Tanzsaalszene, d. Verf.] wird ausführlich bearbeitet, nächstens auf Pränumeration [Vorabbezahlung des Drucks, d. Verf.] erscheinen, sobald der Autor den groben und auffallenden Bürgerdialect gelernt haben wird. Anmerkung des Setzers." (S. 7) Die Bür-

Hallorenhochzeit [um 1800]; Gouachemalerei, 8,9 x 14,9 cm. Die Hochzeitsszene zeigt u.a. den Brautvater, die Braut, den Bräutigam sowie vermutlich dessen eigentliche Liebe – damit verweist das Bild auf das Ende vorehelicher Freiheiten und auf die in der Brautnacht beschriebene Situation der Studenten gegenüber den unverheirateten Bürgertöchtern.

ger werden also nicht nur sozial herabgesetzt und vorgeführt, sondern auch als ungebildet und tendenziell kulturlos dargestellt. Man muss dabei zudem bedenken, dass es sich hier um einen Druck handelt, der Teil der durch Printmedien hergestellten Öffentlichkeit wurde und so das Geschehen und die Interpretation der Studenten in der Stadt und darüber hinaus publik machte. Mithin erzählt der Text nicht nur von etwas, sondern er stellt gleichsam eine weitere Stufe der Provokation im Konflikt dar. Durch das Medium Einzeldruck wird der konkrete Handlungszusammenhang verlassen und in einen potenziell jedem Lesekundigen (also jedem gebildeten und akademischen Bürger) zugänglichen Kommunikationsraum übertragen.

Der Beginn des eigentlichen Konflikts wird dann in der nur ganz knapp dargestellten zweiten Szene auf dem Tanzsaal geschildert: „Einige Studenten treten mit auf und tanzen. – Es entsteht ein Wortwechsel; – der Bräutigam reißt seine Frau aus dem Zirkel der Studenten und verbietet die weitere Musik. – Einige Bürger treten vor und zanken mit den Studenten, schimpfen, pfeiffen und trommeln sie aus [sie bekunden damit ihr Missfallen, d. Verf.[13]] – diese erwiederten [sic!] es und ziehen sich dann zurück." (S. 7) Die Studenten provozieren also zum einen durch ihre pure Präsenz auf der Hochzeit, durch ihr unerwünschtes Teilnehmen an der Festivität und am Tanzen, und zum zweiten dadurch, dass die Braut sich (freiwillig oder nicht) in ihrer Mitte befindet – dies ist ein eindeutiger Affront gegen den Ehemann. Hier wird eine ritualisierte Konfliktanbahnung sichtbar: Die Studenten gehen zur Hochzeitsfeierlichkeit und provozieren durch das symbolisch zu verstehende In-die-Mitte-Nehmen der zu Vermählenden den Bräutigam und damit alle anwesenden Bürger, die nun ihre Ehre als gesamte Sozialgruppe verteidigen müssen. Dies tun sie durch „austrommeln" und „auspfeifen". Die Studenten erwidern dies mit gleichen Mit-

---

13 Studentensprache und Studentenlied in Halle vor hundert Jahren. Neudruck des „Idiotikon der Burschensprache" von 1795 und der „Studentenlieder" von 1781. Eine Jubiläumsgabe für die Universität Halle-Wittenberg dargebracht vom Deutschen Abend in Halle. Halle 1990 (Reprint der Originalausgabe 1894), S. 24 f. (Zitat 24): „Austrommeln, Jemanden, ist die böse Gewohnheit der Studenten in öffentlichen Hörsälen durch Poltern und Lärmen mit den Füßen ihr Misfallen zu erkennen zu geben."

teln. Damit haben sie ihr Ziel erreicht und eine verbal nicht mehr lösbare Konfliktkonstellation herbeigeführt.

Die Austragung des Konflikts wird dann im öffentlichen Raum der Stadt inszeniert. Und es ist nicht ein beliebiger Ort innerhalb der Stadt, sondern es ist *der* zentrale Ort öffentlichen Stadtlebens – der Marktplatz. Die Konflikte zwischen den beiden Sozialgruppen benötigen ein Podium zum Austrag. Es ging neben dem konkreten Anlass auch ganz generell darum, vor den Augen der städtischen Öffentlichkeit auf zentralem Terrain den eigenen Stand und den dazugehörigen Ehrkodex und Habitus zu verteidigen und zu demonstrieren. Denn die „Ehre wurde vornehmlich in der Öffentlichkeit gegeben und wieder genommen."[14] Deshalb ist die Situierung des weiteren Verlaufs auf dem Marktplatz als Handlungsort in der dritten Szene nicht nur gewählt, um dem Stück eine dramaturgische Zuspitzung zu verleihen, sondern der Markt war im Alltag des 18. Jahrhunderts tatsächlich ein Fixpunkt für das Austragen von derlei Konflikten.[15] So beginnt die dritte Szene: „Das Theater stellt einen Marktplatz dar; im Hintergrund die erleuchteten Fenster des Tanzsaales, aus welchen die vom Wein berauschten Bürger sehen und unablässig schimpfen." (S. 8) Durch einen schematisierten und eingeübten Ablauf von Rede und Gegenrede wird nun der Konflikt so weit eskaliert, bis er in physische Gewalt mündet. Zunächst tritt ein Student auf, der zwar die Bürger beschimpft, jedoch in einem Rezitativ auf Abzug plädiert: „Hört, Brüder, zieht euch zurück, entfernt euch doch von diesem Orte, wo der benebelten Philister wilder Blick, und Drohungen und grobe Worte der Dank für euren Glanz und eure Sitten sind, Wo Miller, Säuffer und Laquaien und Bauern, Schmiede uns so grob entgegen schreien." (S. 8) Hier wird die studentische Sicht der Dinge deutlich: Die Stadt-

---

14 Susanne Rau: Das Wirtshaus. Zur Konstitution eines öffentlichen Raumes in der Frühen Neuzeit. In: Caroline Emmelius, Fridrun Freise, Rebekka von Mallinckroth, Petra Paschinger, Claudius Sittig, Regina Töpfer (Hg.): Offen und Verborgen. Vorstellungen und Praktiken des Öffentlichen und Privaten in Mittelalter und Früher Neuzeit. Göttingen 2004, S. 211–227, S. 222.
15 Exemplarisch: König: S. 255 (der Tumult 1750 mit der Garnison); Julius Otto Opel: Ein Studententumult in Halle im Jahre 1750. In: Monatsblätter des Thüringisch-Sächsischen Vereins für Erforschung des vaterländischen Altertums und Erhaltung seiner Denkmale, Bd. 1 (1887), April–Mai, Nr. 1, S. 28–32.

bürger provozieren die Studenten statt ihnen zu danken und werden deshalb mit niederen Berufen gleichgesetzt bzw. unehrenhaft tituliert. Oder mit anderen Worten: Die von den Studenten erwartete – und ihnen aus ihrer Sicht zustehende – Ehrerbietung und Akzeptanz wird nicht erbracht. Ein zweiter rezitierender Student ruft deshalb dann im Anschluss zum Gegenhalten auf: „Auf, Brüder, lässt den Schimpf nicht ungerochen, auf, werft den Grobians die Fenster ein; zwar haben wir der Wache [die Schaarwache, d. Verf.] hier die Stangen schon zerbrochen; doch die gekränkte Ehre will noch mehr gerochen seyn. Durchstreift die Straßen – und ruft: Burschen raus! Werft Fenster ein, schreit: Lichter aus! verjagt den Pedell, zerstreut der Häscher Schaar und bringt der Freiheit heut ein Opfer dar." (S. 9) Nachdem der erste Student zunächst die Situation interpretiert hatte, kann der zweite zur Ehrenrettung auffordern und aufwiegeln. Die Wiederherstellung der Ehre wurde durch einige feststehende, latent gewalttätige Verhaltensweisen praktiziert, die sich im Laufe des gesamten 18. Jahrhunderts immer wieder finden und die im Text der *Brautnacht* auch gelistet sind: Nach der Mobilisierung großer Teile der Studentenschaft durch den Ruf „Burschen heraus" warf man den Stadtbürgern von der Straße aus die Fenster ein, setzte sich (mit der dann in der Regel gerufenen) Stadtwache physisch auseinander und setzte diese durch das Brechen der Stangen (die Bewaffnung der Wache) außer Gefecht. Außerdem wurde zur Respektsbezeugung verlangt, dass die Lichter in den Wohnungen zu löschen seien. Der herbeigerufene Universitätspedell wurde vertrieben.[16] Das *Studenten-Lexicon* von Christian Wilhelm Kindleben aus dem Jahr 1781 beschreibt dies plastisch: „Schaarwächter heissen in Halle die Rathsdiener oder Häscher, welche eigentlich von dem Magistrat abhängen, von diesem aber gegen die Abendzeit der Universität überlassen werden, da sie denn bey zu besorgendem Auflauf der Studenten gepanzert gehen, und große Stangen tragen, mit welchen sie nach den laufenden Studenten werfen, welche, wenn sie eine solche Stange an den Füssen trifft, fallen müssen. Die-

---

16 König: S. 10 f. („Der verabredete Skandal").

ses Werfen geschieht von den Schaarwächtern, um die Studenten desto eher zu fangen und zu schleppen."[17]

In der Handlung der *Brautnacht* reagieren die „betrunkenen Bürger" nun ebenso. Sie beschimpfen die Studenten als „grobe" und „dumme Jungen", die „zu früh der Schul' entsprungen" und schicken sie vom Tanzsaal mit der Bemerkung fort, sie hätten sich uneingeladen aufgedrängt. Die Studenten werden also von den Bürgern als unreif und ungebildet bezeichnet und auch physisch attackiert: „Ein Hagel von leeren Weinflaschen, Gläsern, Knüppeln und Steinen kommt auf die Studenten aus den Fenstern herab." (S. 10) Während die Studenten zunächst angeblich nur verbal gedroht hätten, seien die Bürger sofort körperlich aktiv geworden. So erwidern die Studenten: „Ehr ist's euch, wenn der Student mit euch tanzt und spielet; grob seid ihr! – impertinent"; nun „zerschmettert" ein „Steinregen" die Fenster. (S. 11) Dieses Wechselspiel verbaler und physischer Angriffe setzt sich eskalierend fort. Schließlich betreten die Schaarwächter die Bühne resp. den Markt, die sogleich in den Konflikt gezogen werden: „Ein Pereat den Häscherschaaren! – die uns schon von je zuwider waren" (S. 16). Dieses „Pereiren, einem ein pereat bringen", pflegten die „Studenten öffentlich auf der Straße zu thun, wenn sie einem nicht gut sind. Insonderheit pflegt dieses den Häschern zu wiederfahren" – so beschreibt es das *Studenten-Lexicon* von 1781.[18] Die Studenten „ziehn [dann] unter Sang und Klang durch die Straßen und werfen im Hause der Braut und der groben Hochzeitsgäste die Fenster ein". (S. 13) Während des studentischen Gesangs,[19] der

---

17 Studenten-Lexicon. Aus den hinterlassenen Papieren eines unglücklichen Philosophen Florido genannt, ans Tageslicht gestellt von Christian Wilhelm Kindleben der Weltweisheit Doktor und der freyen Künste Magister. Halle 1781 (Nachdruck der Originalausgabe Leipzig 1973), S. 227.
18 Ebd. S. 155. Außerdem kommt hier die überzeitliche Legitimation der Sitten und Gebräuche innerhalb der Akademischen Freiheit zum Ausdruck: Die Stadtwachen, die Organe der Macht, waren den Studenten „von je zuwider". Siehe auch Studentensprache, S. 85 „Pereiren heißt einem feierlich Tod und Verderben an den Hals wünschen."
19 Auch die Studentenmusiken zählten zum medialen Repertoire in den Auseinandersetzungen mit den Bürgern der Stadt; sie konnten als „Ehrung oder Schmähung, als provokante Störung" angelegt sein; Walter Salmen: Zur Praxis von Nachtmusiken durch Studenten und Stadtpfeifer. In: Gesellschaftsgebundene instrumentale Unterhaltungsmusik des 18. Jahrhunderts. Hubert Unverricht (Hg.), Tutzing 1992, S. 33–45, S. 33, 45.

die Studenten herausruft und zum Einwerfen der Fenster auffordert, eröffnen sie eine neue Konfliktebene, die die Bürger durch eine implizite Drohung für zukünftige Zeiten einschüchtern soll und die den Standesunterschied auf das Verhältnis Territorialstaat – Stadt transferiert: „Uns, die wir einst den Staat regieren, die Aemter unser Väter zieren, uns schimpft hier der Philister, schier als wär' man seinetwegen hier." (S. 14)

Wir verfolgen an dieser Stelle nicht weiter den Gang der Dinge – der dem Stück zugrunde liegende Konflikt zog sich über drei Tage hin und uferte weiter aus; so versuchte der Pedell am zweiten Abend einzugreifen und „Frieden zu verkünden", aber die Studenten überzogen ihn mit „harten Kieseln". (S. 20) Uns kam es darauf an zu zeigen, dass sich die Konflikte zwischen Stadtbürgern und Studenten im 18. Jahrhundert modellhaft darstellen lassen und dass dies die beteiligten Zeitgenossen, zumindest die Studenten, implizit bereits so verstanden und umgesetzt haben. Hochzeiten konnten neben anderen Anlässen die konkrete und auch beliebte Situation für den Ausbruch eines Konflikts darstellen,[20] der tiefer liegende Grund aber war letztlich immer derselbe: Es ging um das Demonstrieren der jeweils verschiedenen Ehr- und Standesvorstellungen. Diese Konflikte liefen im Prinzip nach festen Regeln und Ritualen ab: Aus einer konkreten Situation heraus, die mit den unterschiedlichen Ehrvorstellungen und habituellen Normen nicht kompatibel war und die bewusst herbeigeführt worden ist, entwickelt sich ein verbaler Schlagabtausch mit den immer gleichen Androhungen und Beleidigungen, der dann in den öffentlichen Raum der Stadt an zentrale Orte verlegt und dort physisch mit sich ebenso wiederholenden Mitteln ausgetragen wird und in den schließlich auch die städtischen und universitären Ordnungsorgane (die Schaarwache, der Pedell) hineingezogen werden.

---

20 Brüdermann: Göttinger Studenten, S. 259–261; Andreas Gößner: Die Studenten an der Universität Wittenberg. Studien zur Kulturgeschichte des studentischen Alltags und zum Stipendienwesen in der zweiten Hälfte des 16. Jahrhunderts. Arbeiten zur Kirchen- und Theologiegeschichte 9, Leipzig 2003, S. 49; Klaus Michael Alenfelder: Akademische Gerichtsbarkeit. Bonner Schriften zum Wissenschaftsrecht 7, Baden-Baden 2002, S. 160.

Der hallische Markt gegenüber dem Rathaus, Hendel 1792.
Der Ort des Geschehens (Szene 3).

III. Inszenierung und Selbstvergewisserung

Ausgehend von der Beobachtung, dass Hochzeiten „bevorzugte Medien sozialer Distinktion" waren,[21] ist die literarisierte Aufarbeitung in *Die Brautnacht* ein geradezu paradigmatisches Beispiel für den Charakter und die innere Dynamik vieler Einzelkonflikte. In ihm zeigt sich auch deren räumliche Dimension, die die zentralen Orte der Stadt – den Markt und die auf ihn zulaufenden Gassen und Straßen – als *Bühne* benutzt,[22] um gegenüber anderen Sozialgruppen der Stadt die eigene erhöhte Position zu demonstrieren: Die Auseinandersetzung wird vor dem Saal angebahnt, im Saal initiiert und auf dem Markt und den Straßen/Gassen ausgetragen; dabei ging es in der Regel lautstark zu. Die Konflikte lassen sich deshalb als Inszenierung lesen und verstehen: An und in öffentlichen Räumen der Stadt treten die rivalisierenden Gruppen persönlich auf, die sich auch über die Kleidung

---

21 Das Zitat: Patrick Schmidt: Tagungsbericht über „Formen der Integration und Distinktion in der frühneuzeitlichen Stadt". In: http://hsozkult.geschichte.hu-berlin.de/tagungsberichte/id=773.
22 Schwerhoff: S. 117.

identifizieren lassen.²³ Ein den Konflikt anbahnendes Wechselspiel wird in Gang gesetzt. Die gesamte Szenerie ist verbal strukturiert und wird lautstark begleitet (singen und rufen): Der Konflikt ist zu *sehen*, zu *hören* und schließlich – über den Druck – zu *lesen*: „Performanz und Raum" bedingen hier einander.²⁴

Die differenten, unüberbrückbaren mentalen, kulturellen und habituellen Lebens- und Sozialvorstellungen zwischen Stadtbürgern und Studenten sind latent präsent. Die ältere sitten- und kulturgeschichtliche Forschung hat die exaltierten und exzessiven Studentenpraktiken als zivilisatorisch abzulehnende Verhaltensweisen gesehen, die vor allem der ungestümen Jugendlichkeit und den aus der spezifischen Lebenssituation heraus überzogenen Ehrvorstellungen der studentischen Sozialgruppe zuzuschreiben seien. Und sie hat zumeist in altväterlicher Weise Verständnis dafür aufgebracht. Doch die Studenten huldigten damit keineswegs nur der jugendlichen Energie und Lebenszugewandtheit des Moments inklusive aller physischen Gefahr und Gewalt. Denn sie demonstrierten und behaupteten damit auch und gerade ihre eigene Statusrolle, ihren Ehr- und Rechtsplatz in der Stadt. Sie mussten ihre Position in der Sozialtopographie beständig verteidigen und erneuern. Denn es gab ein „Gebot der Performanz", das die „Soziabilität der Vormoderne" in den Städten prägte: Die „Inszenierung [diente] der Gruppenbildung". ²⁵ Im Konfliktfeld um den Status und die Ehre zwischen Stadtbürgern und Studenten wurden die innerstädtischen Handlungsgrenzen immer wieder neu repliziert und ausgelotet. Für die Universitätsstädte der Frühen Neuzeit war dieses Ringen ein zentrales Moment im Kampf um die innerstädtische Ordnung. Die Ehre – in unserem Fall die Akademische Freiheit der hallischen Studenten – fungiert dabei als

---

23 Zur studentischen Bekleidung siehe exemplarisch: Brüdermann: Göttinger Studenten, S. 342–344; König: S. 17, 123.
24 Zitat: Rudolf Schlögl: Vergesellschaftung unter Anwesenden. Zur kommunikativen Form des Politischen in der vormodernen Stadt. In: ders. (Hg.): Interaktion und Herrschaft. Die Politik der frühneuzeitlichen Stadt. Historische Kulturwissenschaft 5, Konstanz 2004, S. 9–60, S. 51.
25 Ebd. S. 47 f.

ein Medium, das das Verhalten städtischer Gruppen zueinander strukturiert.[26]

Generell bleibt festzuhalten: Der *permanente Konflikt* zwischen Bürgern und Studenten war nicht zu lösen. Mit der dauerhaften Existenz der Universität in der Stadt waren die Konflikte unausweichlich und zum beständigen Teil der Lebenswelt der Stadt im 18. Jahrhundert geworden. Nur der Auszug einer der beiden Gruppen aus der Stadt hätte die Latenz aufheben können. Letztlich hatten beide Gruppen – besonders die Studenten – auch kein Interesse daran, den Konflikt zu beseitigen. Denn die Stadtbürger fungierten in einer ihnen fest zugeschriebenen Rolle, als Antipoden nämlich der von den Studenten exzessiv gelebten Akademischen Freiheit. Die Akademische Freiheit wird zwar in einem eigenen Rechtsstatus begründet, der ihre Partizipienten quasi in den Rang eines eigenen Standes hebt und der zudem auch kulturell durch das Element der Bildung untermauert wird. Dessen habituell-kommunikative Zurschaustellung im – öffentlichen – Raum der Stadt[27] aber funktioniert nur dann, wenn es ein Gegenüber gibt, an dem man sich reiben und in dem man sich spiegeln kann. Im Kern steht letztlich die Bestätigung des eigenen Ich. Die Studenten brauchen die Bürger, um sich selbst zu vergewissern. Und die Bürger wiederum versichern sich ihres eigenen Standes durch die Abgrenzung von und in Auseinandersetzung mit den Studenten. Denn mit den einschneidenden Veränderungen um 1700 waren sie mit einer Situation konfrontiert, die ihre zentrale Stellung in der Stadt gefährdete: Sie wurden zu einer Sozialgruppe neben anderen. Zwar waren sie zahlenmäßig nach wie vor das stärkste Stadtsegment – ihr Einfluss und ihre hierarchische Stellung jedoch sanken bzw. wurden nivelliert gegenüber den Akademischen Bürgern, dem Militär, den landesherrlichen Verwaltungsträgern. Ihre Stadt war eine andere Stadt gewor-

---

26 Vgl. dazu den Forschungshintergrund bei: Matthias Lentz: Konflikt, Ehre, Ordnung. Untersuchungen zu den Schmähbriefen und Schandbildern des späten Mittelalters und der frühen Neuzeit (ca. 1350 bis 1600). Mit einem illustrierten Katalog der Überlieferung. Veröffentlichungen der Historischen Kommission für Niedersachsen und Bremen 217, Hannover 2004, S. 31–34.
27 Zum Raumbegriff in diesem Kontext: Schwerhoff: S. 117.

den, in der vielen von ihnen der Rang von Produzenten und Zulieferern zugewiesen wurde. Über das Reagieren in den Konflikten hatten sie jedoch eine Möglichkeit, sich selbst zu vergewissern und ihren innerstädtischen Rollenanspruch darzustellen. Dies wurde auch deshalb immer wieder nötig, da durch die begrenzte Zeit des Studienaufenthalts – der Student war eben nicht nur ein civis academicus, sondern auch ein civis temporarius (Christian Wolff) des „Gemeinwesens der Stadt"[28] – permanent neue Studenten in die Stadt kamen, die sich beweisen mussten und in die habituellen Studentenpraktiken eingewiesen wurden. Beide Gruppen benötigten also einander, um sich in der gegenseitigen Abgrenzung und Auseinandersetzung mit dem jeweils Anderen die eigene Identität und Verfasstheit zu bestätigen. Gruppenzugehörigkeiten und Lebensweltformationen werden so erhalten und für Neulinge zugewiesen und erfahrbar gemacht, damit zugleich auch Lebenswege vorgeprägt. Erst das Auflösen der ständischen Strukturen im 19. Jahrhundert vermag einen Ausweg aus dieser Situation zu zeigen. Zwar verzichteten die Studenten nicht auf ihre „Traditionen und Freiheiten"[29] – aber mit den entstehenden Großformationen des Bürgertums und der Arbeiterklasse formierten sich Sozialgruppen, die sich nicht mehr über ständebezogene Ehr- und Verhaltenskodizes definierten.

---

28 Horn: S. 71.
29 König: S. 25.

Dieter Dolgner

Der Steintorturm, Kronprinz Friedrich Wilhelm und Karl Friedrich Schinkel
Ein unrühmliches Kapitel hallescher Denkmalpflege[1]

Das Steintor wurde als erster Hinweis auf die Existenz der in ihrer Ausdehnung erheblich erweiterten Stadtbefestigung von Halle bereits 1182 urkundlich erwähnt. Bei Johann Christoph von Dreyhaupt heißt es 1749: „Das Stein-Thor hat ebenfalls über dem innern Thore einen hohen Thurm, der vor ohngefehr 20 Jahren [also etwa 1725/30, d. Verf.] repariret, und mit einer welschen Haube bedecket worden; wovon es aber den Nahmen hat, ist unbekannt; es müste dann seyn, daß selbiges das erste Thor gewesen, so man von Stein gebauet; so viel ist gewiß, daß es bereits Ao. 1182 erbauet gewesen, indem Ertzbischoff Wichmann, in einer dem Closter zum Neuen Werck am 14. Febr. selbigen Jahres ertheilten Confirmation seiner Privilegien […] desselben bereits gedencket, und das Closter mit dem Zolle von Holtze im Steinthore begnadiget; […]."[2] In der als Dokument Nr. 169 mitgeteilten Urkunde lautet der betreffende Passus: „ad portam quae dicitur lapidea".[3] An Bausubstanz war aus dieser frühen, romanischen Zeit allerdings nichts erhalten geblieben. Durch fortlaufend weiteren Ausbau, der sich vor allem nach der Mitte des 15. Jahrhunderts zu einem glanzvollen Höhepunkt steigerte, entstand bis in die zweite Hälfte des 16. Jahrhunderts ein nahezu unbezwingbares Festungs-

---

1 Der im Rahmen der Mitarbeit an dem Band „Karl Friedrich Schinkel. Lebenswerk. Die Provinz Sachsen" entstandene Beitrag kann insoweit nur als Zwischenbericht gelten, als die diesbezüglichen Akten des Landeshauptarchivs Sachsen-Anhalt, Abt. Magdeburg, und des Geheimen Staatsarchivs Preußischer Kulturbesitz Berlin bislang noch nicht eingesehen und ausgewertet werden konnten.
2 Johann Christoph von Dreyhaupt: Pagus Neletici et Nudzici oder ausführliche diplomatisch-historische Beschreibung des […] Saal-Creyses, und […] insonderheit die Städte Halle, Neumarckt, Glaucha, Wettin, Löbegün, Cönnern und Alsleben […], 1. Teil, Halle 1749, S. 669. Dieser Darstellung haben sich alle späteren Historiographen angeschlossen.
3 Ebd. S. 725.

system mit einem von Türmen und Bastionen verstärkten inneren Mauerring, mit Zwinger, Zwingermauer, Graben, vorgelegtem Wall und Futtermauern. Die sechs Stadttore waren zu engen und tiefen, teilweise dreifach gestaffelten mächtigen Torburgen entwickelt worden.[4]

Gleichzeitig mit der Eingemeindung der Vorstädte Glaucha und Neumarkt im Jahre 1817 begann man in Halle mit der Niederlegung der Befestigungswerke, ein Prozess, der sich bis in das beginnende 20. Jahrhundert hinzog und im Ergebnis nur geringe Reste der mittelalterlichen Wehranlagen überdauern ließ.[5] Alles dies geschah „zur Verschönerung

---

4 Ebd. S. 667–669; Carl Hugo vom Hagen: Die Stadt Halle, nach amtlichen Quellen historisch-topographisch-statistisch dargestellt. Bd. 1, Halle 1867, S. 9 und 43 f., zum Steintor S. 9 und 44; Gustav Schönermark: Beschreibende Darstellung der älteren Bau- und Kunstdenkmäler der Stadt Halle und des Saalkreises. Halle a. d. S. 1886, S. 327–336, zum Steintor S. 335 f.; Gustav Friedrich Hertzberg: Geschichte der Stadt Halle an der Saale von den Anfängen bis zur Neuzeit. Bd. 1, Halle a. S. 1889, S. 45–48 und 356–360, zum Steintor S. 47 f. und 359 f.; Bd. 2, Halle a. S. 1891, S. 134 f. und 285 f.; Hermann Rauchfuß: Die alte Stadtbefestigung von Halle. In: Hallischer Kalender, 5. Jg., 1913, S. 7–10, zum Steintor S. 9; Siegmar von Schultze-Galléra: Topographie oder Häuser- und Straßengeschichte der Stadt Halle a. d. Saale. Bd. 1, Halle 1920, S. 1–5, zum Steintor S. 105 f.; Ders.: Das mittelalterliche Halle. Bd. 1, Von der Gründung der Stadt bis zur Entwicklung des städtischen Rates, Halle a. d. S. 1925, S. 159–162 und 198–202, zum Steintor S. 269; Bd. 2, Von der Entwicklung des städtischen Rates bis zum Untergang der städtischen Freiheit, Halle a. d. S. 1929, S. 321–335, zum Steintor S. 333 f.; Ders.: Die Befestigungswerke der Stadt Halle im Mittelalter. In: Kalender für Ortsgeschichte und Heimatkunde von Halle, Saalkreis und Umgebung, 1926, S. 92–104, zum Steintor S. 95 und 102; Erich Neuß: Die spätmittelalterlichen Befestigungen der Stadt Halle. Ein Versuch ihrer bildlichen Rekonstruktion. In: Heimatkalender für Halle und den Saalkreis, 10. Jg., 1929, S. 33–39, zum Steintor S. 35; Ders.: Die Wehrbauten der Stadt Halle. In: Sachsen und Anhalt. Jahrbuch der Historischen Kommission für die Provinz Sachsen und für Anhalt, Walter Möllenberg (Hg.), Bd. 10, Magdeburg 1934, S. 156–191, zum Steintor S. 171 und 180; Jahrbuch der Landesgeschichtlichen Forschungsstelle für die Provinz Sachsen und für Anhalt, Walter Möllenberg (Hg.), Bd. 11, Magdeburg 1935, S. 36–82, zum Steintor S. 38–40.

5 StAH, Die Abtragung des alten Thorgebäudes im Clausthore, so wie des inneren Steinthors und Verkauf der Materialien deßelben betref., Historische Akten Kap. XV Abt. D Nr. 22, 1816–1818; Stadtmauern und Thore, Nr. 24, 1816–1824; Stadtmauern und Thore, Nr. 43, 1824–1851; Acta der Verschönerungs-Commission der Stadt betreffend die Umwandlung des von dem Stein-Thore nach dem Ullrichs-Thore führenden Zwingers in eine öffentliche Promenade, Abt. L Nr. 12, 1828–1833; Bau-Sachen. Das Bauwesen der Verschönerungs-Commission, Nr. 13, 1828–1848; Acta Verschönerungs-Commission betr., Nr. 14, 1828–1833; Rundes Chronik der Stadt Halle 1750–1835, Bernhard Weißenborn (Bearb.), Halle-Saale 1933, S. 36 und 719; Hertzberg: Bd. 3, Halle a. S. 1893, S. 474 f. und 477 f., zum Steintor S. 475; Schultze-Galléra: Topographie, S. 125–127, zum Steintor S. 106; Neuß: Wehrbauten, Bd. 11, 1935, S. 77–82; zum Steintor S. 78 f.; Matthias Dunger: Städtebauliche Planung und Wohnungsbau im 19. Jahrhundert in Halle/Saale. 2 Bde., Diss. Halle 1990 (Mskr.), Bd. 1, S. 15–22.

der Stadt und Ersparniß der Unterhaltungskosten"[6] – eine immer wiederkehrende Begründung. Der Genuss von „Licht und Luft", das Streben nach Befreiung aus mittelalterlicher Enge, das Bedürfnis nach Naturnähe und größerem Bewegungsraum wirkten also auch in Halle als wesentliche Triebkräfte der Stadtentfestigung. Im Vordergrund der Argumentation standen jedoch die ganz praktischen Ansprüche an einen reibungslosen Verkehr. Folgerichtig fielen zuerst die für den Personen- und Warenverkehr hinderlichen Engpässe, die riesigen Torkastelle. Noch 1817 wurden die ganze Anlage des Klaustores und der größte Teil des nordöstlichen Steintores

Halle (Saale), Stadtplan aus der Vogelperspektive; Stich von Johannes Kost und Nikolaus Keyser, vor 1637, überarbeitet von F. D. Bretschneider, 1667, aus: Joh(ann) Gottfr(ied) Olearius: Halygraphia aucta & continuata, Orts- und Zeitbeschreibung der Stadt Hall in Sachsen [...], Hall in Sachsen 1679.

---

6 StAH, Historische Akten Kap. XV Abt. D Nr. 22, Bl. 9.

mit Ausnahme des inneren Torturms niedergelegt. Immerhin war mit dem Abbruch des äußeren Torgebäudes des unteren bzw. inneren Steintores zunächst noch die Absicht „der Instandsetzung der stehengebliebenen Theile" verbunden, wie aus einem Schreiben des Distriktsbaumeisters und Bauinspektors Johann Friedrich Wilhelm Dietlein vom 31. Oktober 1816 an den Magistrat der Stadt Halle hervorgeht.[7] 1819 folgte der Abriss des Galgtores bis auf den seitlich freistehenden runden Turm, den noch heute erhaltenen Leipziger Turm. Wenig später wurden die übrigen Torbefestigungen geschleift, bis 1823 das Rannische Tor und bis 1830 das Moritz- und das Ulrichstor. Damit war eine ungehinderte Verbindung zu den fiskalischen Chausseen in alle Himmelsrichtungen hergestellt. Die Finanzierung der Demolition erfolgte meist auf dem Wege einer Ausschreibung und des Verkaufs auf Abbruch. Die Entlastung der Innenstadt vom Verkehr durch Umgehungsstraßen und die Anlage eines Promenadengürtels nach Leipziger Vorbild bestimmten als Gründe schließlich auch den systematischen Abbruch der wohlerhaltenen Ringmauern und die Verfüllung der Zwinger- und Grabeneintiefungen, eine Maßnahme, mit der man konzeptionell 1828 und praktisch 1831 im nordöstlichen Abschnitt zwischen Stein- und Ulrichstor begann.

Als Initiator der Entfestigung wirkte unermüdlich Carl Albert Ferdinand Mellin, eine schillernde Figur, die es 1802 bis 1817 als Ratsmann und Stadtbaumeister, 1818 bis 1827 als Bürgermeister und 1827 bis 1837 als Oberbürgermeister in Halle zu großem Ansehen und Einfluss brachte. Am 25. März 1828 gründete er für seine Zwecke aus sechs namhaften Persönlichkeiten der Stadt und der Universität die „Verschönerungs-Commission", die sich für die Belange der Entfestigung in rechtlicher, finanzieller und ästhetischer Hinsicht einsetzte. Die Verquickung des bürgerschaftlichen, ehrenamtlichen Engagements mit den Interessen der politischen Führung war durch Oberbürgermeister Mellin – zumindest vorerst – garantiert. Indes blieb die schier grenzenlose Zerstörungsfreude der Akteure nicht ungetrübt, da sich von verschiedenen Seiten Kritik und Widerstand regten.

---

7 Ebd. Bl. 3.

Obwohl die mittelalterlichen Wehranlagen militärisch längst sinnlos geworden waren, reagierten die Ministerien des Inneren und des Krieges auf die landesweit betriebenen Schleifungen mit einem Erlass vom 26. Mai 1828[8], dem eine Kabinettsorder vom 20. Juni 1830 folgte[9]. Das Anliegen dieser Verordnungen bestand darin, die erhaltenen Befestigungen in militärischem Interesse zu konservieren bzw. die Abbrüche unter Kontrolle zu bringen und in Grenzen zu halten. Die Städte, natürlich auch Halle, scherten sich wenig darum.

Einwände gegen die schonungslose, radikale Vernichtung der mittelalterlichen Verteidigungswerke gründeten sich jedoch auch auf dem wachsenden Bewusstsein für den ideellen Wert dieses Erbes als Denkmal „vaterländischer" Geschichte und Kultur. Zu einem Präzedenzfall in der Beurteilung und Behandlung historischer Bausubstanz entwickelte sich die Auseinandersetzung um Abbruch oder Erhalt des nach der Schleifung des Steintores übrig gebliebenen inneren Torturmes, in die auch Kronprinz Friedrich Wilhelm (IV.) und Karl Friedrich Schinkel involviert waren. Die Entfestigungsmaßnahmen der Stadt Halle haben Schinkels Anteilnahme und Mitwirkung über den hier behandelten Fall hinaus noch mehrmals insofern in Anspruch genommen, als diese mit dem Bau des Kollegiengebäudes der Universität und des Postgebäudes in mehr oder weniger direktem Zusammenhang standen.[10]

In seiner bildlich und schriftlich überlieferten Gestalt stammte der Turm wohl aus dem 13./14. bis 16. Jahrhundert. Dreyhaupt spricht davon, dass der Turm um 1725/30 repariert und mit einer welschen Haube versehen worden sei.[11] Auch bei der Aufsetzung des barocken Turmhelms kann es sich nur um eine Erneuerung gehandelt haben, da ein solcher bereits auf dem Stich von 1667 zu sehen ist. Im 17. Jahrhun-

Halle (Saale), Stadtplan aus der Vogelperspektive; Ausschnitt mit Steintor. Stich von Johannes Kost und Nikolaus Keyser, vor 1637, überarbeitet von F. D. Bretschneider, 1667.

---

8   StAH, Actorum des Magistrats der Stadt Halle, das städische Bauwesen betreffend, Historische Akten Kap. XV Abt. A Nr. 7, 1820, Bl. 341 f.
9   Kabinettsorder vom 20.06.1830 betr. die Erhaltung der Stadtmauern, Thore, Thürme und Wälle. In: Ludwig von Rönne, Heinrich Simon (Hg.): Die Bau-Polizei des Preußischen Staates, Breslau 1846, S. 353.
10 Hans Junecke: Schinkel und Halle. Zum 100-jährigen Todestage Schinkels am 9. Oktober 1941. In: Giebichensteiner Heimatbuch auf das Jahr 1941, Halle 1940, S. 68–75, zum Steintor S. 73.
11 Dreyhaupt: Pagus Neletici, Teil 1, S. 669.

Wilhelm Ludwig August Stapel, „Der ehemalige Steinthor-Turm zu Halle a. d. Saale", Aufriss, aus dem Skizzenbuch „Zeichnungen aus den Jahren 1832–1853 nach der Wirklichkeit. Von A. Stapel", lavierte Federzeichnung, 30 x 24 cm.

dert wohnte auf dem Steintorturm der Bettelvogt.[12] Kurz vor 1800 erhielt der Turm ein flaches klassizistisches achtseitiges Zeltdach, wie es nach dem Vorbild des Athener Horologiums auch an der 1788 von Karl Gotthard Langhans d. Ä. im Botanischen Garten der Universität Halle errichteten Sternwarte anzutreffen ist.[13] Alle Forscher, die sich bisher zum Steintorturm äußerten, haben wie selbstverständlich vorausgesetzt,

---

12 Neuß: Wehrbauten, Bd. 11, 1935, S. 40.
13 StAH, Acta des Magistrats der Stadt Halle. I. Städtische Verwaltung. Bausachen. Den Bau des Thurmes im Steinthor (bei nicht erfolgten Bau den Verkauf gedachten Thurmes), Historische Akten Kap. XV Abt. D Nr. 50, 1829, Bl. 11. In dem Schreiben des Magistrats an die Regierung in Merseburg vom 27. Dezember 1828 heißt es: „Das erst vor 30 Jahren aufgesetzte Dach […]".

dass die in der Marienbibliothek erhaltene Zeichnung des Universitäts- und späteren Stadtbaumeisters Wilhelm Ludwig August Stapel den Zustand des Bauwerks vor seinem Abriss 1831 wiedergibt. Dass diese Annahme aus mehreren Gründen nicht zutrifft, ja, gar nicht zutreffen kann, darauf wird an geeigneter Stelle näher einzugehen sein.

Halten wir uns zunächst an die vom Stadtbaumeister Friedrich Wilhelm Ferdinand Schiff am 8. September 1828 ausgefertigte authentische „Topographische Beschreibung und Taxe um den Werth der alten Materialien des Thurmes am Unter-Steinthore zu Halle".[14] Dort wird berichtet: „Der Thurm ist 36 Fuß lang 31 Fuß breit 5 Stockwerk hoch die 3 ersten von Bruchsteinen und Kalk die 2 letzten von mit Mauersteinen ausgemauertem und verkleidetem Fachwerk erbauet. Das Dach ist achteckig […] und ist mit 3 [?, d. Verf.] Reihen Bieberschwanz-Ziegeln gedeckt." Natürlich wird man sich die Kanten des Bruchsteinmauerwerks – wie später dann beschrieben – in Haustein verstärkt vorstellen müssen. Aber auch all die anderen auf der Zeichnung Stapels erscheinenden reichen Schmuckformen finden bei Schiff keine Erwähnung.

Über der Durchfahrt befanden sich vier Obergeschosse, in denen zum Teil durch Fachwerkwände einzelne Räume abgetrennt waren, so im ersten, dritten und vierten Obergeschoss. Die Geschosse besaßen alle „ausgewindelte" Gebälke, also wohl mit einer Lehmstakung und Flechtwerk ausgefüllte Balkendecken. Nur das erste Obergeschoss von 17 Fuß Höhe war mit einem gedielten Fußboden ausgestattet. Außerdem war in diesem an zwei Seiten durch Fachwerkwände, an den übrigen durch die Umfassungsmauern begrenzten Raum („Stube") „ein leichtes Mittelgebälk in 7 Fuß Höhe angebracht, nach welchem eine defecte Treppe von 12 Trittstufen führt". Diese über der Durchfahrt befindliche Etage mit ihrem gedielten Fußboden und der Zwischendecke war also für Wohnzwecke hergerichtet. Eine entsprechende Nutzung lässt sich zumindest bis Ende 1816 nachweisen.[15] Der Erwähnung wert – wenigstens als Quelle der

---

14 StAH, Historische Akten Kap. XV Abt. L Nr. 12, Bl. 122.
15 StAH, Kap. XV Abt. D Nr. 22, Bl. 5.

Irritation – erscheint noch das dritte Geschoss: „Die 3te Etage ist 29 Fuß hoch und in derselben nichts befindlich."[16] In der obersten Etage „befinden sich daselbst 2 kleine Kammern", möglicherweise als Aufenthaltsräume für einen Türmer. Rechnet man die Geschosshöhen zusammen, ergibt sich bis zum Kranzgesims ein Maß von 102,75 Fuß, also rund 34 Meter. Widersprüche zwischen äußerem und innerem Aufbau und den dazu gehörigen Maßangaben liefern einen ersten dringenden Verdacht, dass die Aufrisszeichnung Stapels den Bestand des Turmes zumindest in seinem oberen Bereich selbst in der Geschosszonierung und Öffnungsstruktur nicht exakt wiedergibt. Bei annähernd übereinstimmender Gesamthöhe würde zum Beispiel der Fußboden der letzten Etage nach der Maßangabe Schiffs von 11 1/2 Fuß die großen Drillingsfenster Stapels in der Höhe des unteren Drittels überschneiden – ein Unding.

Der Bericht des Magistrats vom 20. November 1816 spricht noch von einem „sehr festen gut erhaltenen Turm, in welchem sich, über der Durchfahrth, die Dienstwohnung eines Nachtwächters befindet".[17] Dennoch wurde von der Verschönerungskommission am 18. Juni 1828 beim Magistrat der Stadt Halle der Antrag auf Abbruch des Steintorturmes gestellt.[18] Darin werden folgende Gründe geltend gemacht:

„Um der anzulegenden neuen Promenade im städtischen Zwinger zwischen dem Stein- und Ulrichsthore ein freundliches und einladendes Äußeres zu geben, erscheint es wünschenswert, daß sich an die beiden Endpunkte ein geräumiger Platz anschließe.

Ein solcher ist am Ulrichsthor bereits vorhanden und wir hoffen, daß er durch die baldige Wegnahme des Ulrichsthores an Größe und Freundlichkeit noch gewinnen werde.

---

16 Zwischen dem äußeren Aufbau und der inneren Geschossgliederung erscheinen in der Beschreibung Schiffs Ungereimtheiten. Völlig konfus wird es nun, wenn man die Beschreibung mit der Zeichnung Stapels in Übereinstimmung bringen will. Neuß hat sich dadurch aus der Schlinge zu ziehen versucht, dass er aus dem 29 Fuß hohen dritten Geschoss einfach zwei Geschosse von halber Höhe machte und im Gegensatz zu den Aussagen Schiffs einen sechsgeschossigen Innraum konstruierte, wie ihn die Zeichnung Stapels suggeriert. Neuß: Wehrbauten, Bd. 11, 1935, S. 39 f.
17 StAH, Kap. XV Abt. D Nr. 22, Bl. 5.
18 StAH, Kap. XV Abt. D Nr. 50, Bl. 1 f.

Um so mehr muß es der allgemeine Wunsch seyn, daß auch am Steinthor ein solcher großer Raum geschaffen werde.

Ein Haupthinderniß dagegen ist aber der die Stadt von der Vorstadt Steinthor trennende und die Passage auf eine dem Publicum nachtheilige Weise beengende Steinthor Thurm."

Weiter wird ausgeführt, der Turm werde zurzeit nicht genutzt und ein besonderer Nutzen sei auch nicht zu erwarten, dagegen belaste er die Stadt jährlich mit nicht unbedeutenden und unnützen Unterhaltungskosten. Die Wegnahme des Überrestes früherer Zeit werde der Stadt keine besondere Zierde rauben, vielmehr nur gewinnen durch den Anblick eines geräumigen Platzes, also eine „wirkliche Verschönerung" zum Ergebnis haben, die „gewiß von allen Einwohnern dankbar aufgenommen" werden wird.

Bereits am 21. Juni 1828 wurde der Antrag im Magistrat verhandelt und in seiner Begründung bekräftigt, nämlich „daß der Steinthorthurm in seiner jetzigen Beschaffenheit ganz unbrauchbar ist, gleichwohl aber […] zur Vermeidung der Gefahr für die Passage einer nicht geringfügigen Reparatur bedarf, […]".[19] Erwartungsgemäß fiel das Ergebnis der Beratung aus, das der Verschönerungskommission unverzüglich mitgeteilt wurde:

„Der Steinthorthurm soll der sogenannten Verschönerungs-Commission in der Art überlassen werden, daß sie solchen zum Vortheil ihrer Kasse noch im Laufe dieses Jahres öffentlich und meistbietend zum Abbruch versteigern kann; doch soll der Werth der Baumaterialien nach Abzug der Einreißungs-Ausgaben und Wegschaffung des Schuttes in den Steinthorzwinger vorher durch den Stadtbaumeister ausgemittelt werden, und beim Verkauf als Maaßstab dienen."[20]

Damit waren von Anfang an alle Gründe, die angeblich für einen Abriss sprachen, in die Wagschale geworfen. Im Verlauf des jahrelangen Disputes konnten sie bei Bedarf reaktiviert und als Argumente eingesetzt werden. Auch die später greifende Verfahrensweise für die Beseitigung des Turmes

---

19 Ebd. Bl. 2.
20 StAH, Kap. XV Abt. L Nr. 12, Bl. 180 (Abschrift).

hatte man festgeschrieben. Im Vordergrund der Überlegung stand die beabsichtigte Verschönerung des Stadtbildes durch Abriss des materiell unbrauchbaren, ideell (historisch, architektonisch, künstlerisch) wertlosen, am allerwenigsten als Zierde der Stadt anzusehenden Turmes, der zudem noch erhebliche Unterhaltungskosten verschlingen und nicht zuletzt ein störendes Verkehrshindernis darstellen würde. Zumindest das Argument der Verkehrsbehinderung war vorgeschoben, es sei denn, es würde Gültigkeit im Hinblick auf die Besitzstandswahrung des Bürgermeisters Mellin erlangen, durch dessen Gartengelände die südöstliche Umgehung hätte führen müssen. Davon später.

Alles war so schön eingefädelt, nur der zu einem Gutachten aufgeforderte Stadtbaumeister Schiff spielte nicht – wenigstens vorerst nicht – mit. In seinem Gutachten vom 8. September 1828 stellte er „ad 1" fest: „Der Thurm vom Untersteinthor hierselbst ist im Allgemeinen noch gut beschaffen."[21] Er entkräftete damit ein weiteres Hauptargument für den Abriss des historischen Gemäuers. Für die Erhaltung sei lediglich erforderlich, das Dach umzudecken und das Mauerwerk in der ersten Etage auszubessern. Die Kosten für die Reparatur betrügen 90–100 Taler. Sollte der Turm allerdings zum Wohnen eingerichtet werden, müssten insgesamt wenigstens 600 Taler aufgewendet werden. Auftragsgemäß errechnete Schiff einen Materialwert von 605 Talern, 10 Silbergroschen und 5 Pfennigen, für die Abbruchkosten 450-1-10, also einen Gewinn von 155-8-7.[22] Am 10. September wurde in dem Protokoll eines Magistratsberichtes wohl mit dem Hintergedanken, Termindruck auszuüben, zu bedenken gegeben: „Wird das Gebäude aber erst eingerissen, wenn die Promenade vollendet ist, so dürfte der Transport des Schuttes den Werth der Materialien leicht ganz aufzehren."[23] Gemeint war, wenn also keine Gelegenheit für eine unmittelbare Entsorgung als Füllmaterial für den angrenzenden Zwinger mehr gegeben sein würde.

Am 10. September 1828 ging der Abrissantrag trotz der Bedenken Schiffs an die Bezirksregierung nach Merseburg

---

21 StAH, Kap. XV Abt. D Nr. 50, Bl. 3.
22 StAH, Kap. XV Abt. L Nr. 12, Bl. 122.
23 StAH, Kap. XV Abt. D Nr. 50, Bl. 5.

zur Genehmigung, die diesem Anliegen am 16. September umgehend entsprach, allerdings – wohl um den Ansprüchen des Generalkommandos in Magdeburg zu genügen – mit der Ergänzung, dass der Turm „seiner Lage und Umgebung nach nicht als Festungsbauwerk betrachtet werden kann, […]".[24] Am 24. September wurde die Verschönerungskommission von der Abrissgenehmigung unterrichtet.[25]

Plötzlich und unerwartet wurde von der Königlichen Regierung in Merseburg, Abteilung des Inneren, diese Entscheidung am 8. Oktober 1828 wieder aufgehoben:

„Durch einen Erlaß des Herrn Geheimen Staats-Ministers von Klewitz Exzellenz vom 25ten vor. Mts. sehen wir uns genöthigt, die dem Magistrate unterm 16ten vor. Mts. ertheilte Genehmigung zur Abtragung des dortigen Steinthor-Thurmes, weil Sr. Königl. Hoheit der Kronprinz solchen als ein Denkmal der Vorzeit erhalten zu sehen wünscht, hierdurch zurückzunehmen und demselben solche bis auf andreweitige Anordnung zu untersagen."[26]

Über diese neue Entwicklung erhielt die Verschönerungskommission am 17. Oktober Nachricht.

In einem Schreiben Friedrich Wilhelms an Staatsminister von Klewitz in Magdeburg heißt es im Zusammenhang mit Schinkels Moritzburg-Projekt in Halle, der Landsberger Doppelkapelle und der Augustinerchorherren-Stiftskirche auf dem Petersberg:

„Bei dieser Gelegenheit ist auch zu meiner Kenntnis gekommen, daß die städtischen Behörden in Halle beabsichtigen, das Steintor niederzureißen. Ich ersuche Sie dringend, diese Verwüstung zu verhindern […]."[27]

Der Kronprinz konnte sich in seinem Interesse für die Sachzeugen der Vergangenheit auf den seit 1815 durch Schinkels Initiative staatlich geforderten und geförderten Denkmalschutz berufen, ein Anliegen, das namentlich der Merseburger Regierung wiederholt in Erinnerung gebracht werden musste, so am 15. Dezember 1823:

---

24 Ebd. Bl. 6.
25 StAH, Kap. XV Abt. L Nr. 12, Bl. 121.
26 Ebd. Bl. 126; Abt. D Nr. 50, Bl. 8.
27 Zit. nach Dunger: Städtebauliche Planung, Bd. 1, S. 19.

„Die unterzeichneten Ministerien sehen sich durch einige vorgekommene Fälle veranlaßt, die Königliche Regierung hierdurch verantwortlich zu machen, daß die in Ihrem Bezirk vorhandenen alten Kunst-Gegenstände und Denkmale oder geschichtlichen Merkwürdigkeiten u. s. w. nicht zerstört oder so vernachlässigt werden, daß ihr Untergang die Folge ist […]. Da, wo Gefahr für den Untergang solcher Gegenstände drohet, muß die Königliche Regierung dieselbe schleunig durch zweckdienliche Vorkehrungen abzuhalten suchen, oder nöthigenfalls den unterzeichneten Ministerien davon Anzeige erstatten und die geeigneten Maasregeln in Vorschlag bringen."[28]

Die „unterzeichneten Ministerien" waren das Ministerium der Geistlichen, Unterrichts- und Medizinalangelegenheiten (Karl Freiherr von Stein zum Altenstein), das Ministerium für Handel und Gewerbe (Hans Graf von Bülow) und das Ministerium des Innern und der Polizei (Friedrich von Schuckmann).

Doch die Merseburger Regierung unter ihrem Präsidenten Gustav Adolf Ewald Freiherrn von Brenn scheint diese geballte Intervention kaum beeindruckt zu haben. In Denkmalpflegeangelegenheiten erwies sie sich unverändert als störrisch und unbelehrbar, sodass nur drei Monate später am 18. März 1824 der Handelsminister sich erneut veranlasst sah, das Erwartete in einem verschärften Ton nochmals anzumahnen:

„Es sind kürzlich wieder Fälle vorgekommen, daß Gebäude, welche als Denkmäler der Vorzeit einen historischen Werth haben, theils beschädigt, theils zu Zwecken verwendet werden, durch welche sie ihren Charakter und früheren Werth verlieren, und zum Theil vernichtet werden. Es wird daher Veranlassung genommen, der Königlichen Regierung die Allerhöchste Cabinetsordre vom 4ten Oktober 1815 wieder in Erinnerung zu bringen, wonach bey jeder wesentlichen Veränderung an öffentlichen Gebäuden oder Denkmälern diejenige Staatsbehörde, welche solche vorzunehmen beabsichtigt, darüber zuvor mit der Ober-Bau-Deputation communiciren, und wenn diese nicht einwilligt, die Allerhöchste

---

28 StAH, Kap. XV Abt. A Nr. 7, Bl. 162.

Entscheidung eingeholt werden soll. Auf die Befolgung dieser Vorschrift ist streng zu halten, und es wird besonders das Präsidium der Königl. Regierung dafür verantwortlich gemacht."[29]

Der Magistrat, der gemeinsam mit der Verschönerungskommission nach wie vor den Abriss des Steintorturmes wünschte, beauftragte – nun offenbar mit eindeutigen Weisungen – Stadtbaumeister Schiff am 17. Oktober 1828, außer einem Anschlag zur Wiederherstellung ein Urteil über den Denkmalwert des Baus abzugeben.[30] Das Ergebnis dieses erneuten Gutachtens lässt sich nur indirekt aus dem Schreiben des Magistrats an die Merseburger Regierung erschließen.[31] Dieser Brief vom 27. Dezember 1828 ist in einem selbstbewussten Ton gehalten, der in einzelnen Passagen geradezu an den Tatbestand der Majestätsbeleidigung grenzt:

„Wenn Sr. Kg. Hoheit der Kronprinz jenen Thurm als ein Denkmal der Vorzeit erhalten zu sehen wünscht, so wagen wir zu glauben, daß die Erinnerung Sr. Hoheit an jenes Bauwerk und seine Beschaffenheit bei höchst dero großen Kenntniß der altdeutschen Baukunst nur sehr dunkel sein muß.

Der Thurm ist der übrig gebliebene Theil eines alten Stadtumfassungsgemäuers ohne alle architektonische Verziehrung, der nur durch seine scheinbar feste Masse imponiert, ein Drittheil des Bauwerks ist aber nur, von jetzt sehr schadhaftem Holzfachwerk erbauet, welches eine äußere Verkleidung nur mit Kalkputz beworfenen Mauersteinen hat. Das erst vor 30 Jahren aufgesetzte Dach ist in den Balkenköpfen verfault und hat ein eben so schlechtes hölzernes Brettergesims."[32]

Überaus wichtig erscheint der in seiner Deutlichkeit nichts zu wünschen übrig lassende Hinweis, der Turm sei „ohne alle architektonische Verziehrung". Es werden dann die bekannten Argumente wiederholt, wem der Turm alles im Wege steht, dem Verkehr, der Promenade, der Schönheit. Eine kostenintensive Reparatur sei bei dem schlechten

---
29 Ebd. Bl. 174.
30 StAH, Kap. XV Abt. D Nr. 50, Bl. 9.
31 Ebd. Bl. 10 fehlt.
32 Ebd. Bl. 11 f.

Zustand dringend erforderlich. Insofern halte man es für begründet, die Bitte, den Abbruch des Turmes zu unterstützen, erneut vorzubringen.

Gemäß ihrer negativen Grundeinstellung den Denkmalen und der Denkmalpflege gegenüber kam die Bezirksregierung dieser Bitte gerne nach. Sie verwendete sich weiter für eine Abrissgenehmigung bei der Provinzialregierung in Magdeburg. Daraufhin richtete der Geheime Staatsminister von Klewitz, der sich in Berlin rückversichert hatte, am 7. März 1829 folgendes Schreiben an den Regierungspräsidenten Freiherrn von Brenn nach Merseburg:

„Da des Kronprinzen Königl. Hoheit, die Erhaltung des Steinthor und Thurmes zu Halle, und die Inhibition seiner Wegnahme ausdrücklich bevorwortet haben, und diese Angelegenheit demnächst zu einer Lokalbesichtigung des Geheimen Ober-Bau-Rathes Schinkel angewiesen war, so habe ich den von der Königl. Regierung in Merseburg mir unterm 16ten Januar d. J. vorgelegten Antrag des Halleschen Magistrats, ihm dennoch die Abtragung des Thurmes und Thores zu gestatten, zunächst dem Herrn Geheimen Rath Schinkel mitgetheilt, und dieser hat deshalb bei Sr. Königl. Hoheit dem Kronprinzen anzufragen sich verpflichtet gefühlt.

Das Resultat dessen ersehen Euer Hochwohlgeboren aus dem abschriftlich beiliegenden Schreiben des Herrn Geheimen Raths Schinkel vom 2ten d. M. nebst dazu gehöriger Zeichnung.

Dernach kann die Inhibition nicht aufgehoben werden, und wird vielmehr auf Erhaltung des Thurmes und Thores als eines Baus aus alter Zeit Bedacht zu nehmen seyn. Selbst noch Verschönerungen im Styl des Mittelalters und Benutzungen des Raumes z. B. zu einer Schlag-Uhr, können damit verbunden werden. Aber auch schon der Wunsch eines verehrten Kronprinzen erfordert, daß er geehrt werde, und die Stadt darf dabei ein Opfer, welches nicht einmal so groß seyn wird, nicht scheuen."[33]

---

33 LHASA, Abt. MER, Rep. C 48, Regierung Merseburg, I h Nr. 594/III, Acta betreffend verschiedene Communal-Bauten der Stadt Halle, Vol: III, Januar 1828–Juny 1831; StAH, Kap. XV Abt. D Nr. 50, Bl. 16 (Abschrift).

Schinkels Schreiben vom 2. März 1829 an Staatsminister von Klewitz lautet:

„Ew. Excellenz beehre ich mich auf das unterm 3ten Febr. an mich ergangene Schreiben in Betreff des Steinthors in Halle ererbietigst Folgendes zu erwiedern.

Seine Königl. Hoheit der Kronprinz interessieren sich, wie Ew. Excellenz bekannt ist, so sehr für die Erhaltung alter Bauwerke, daß ich es für angemessen hielt, die Angelegenheit des Steinthors in Halle Sr. Königl. Hoheit vorzutragen und die Höchste Meinung darüber einzuziehen, bevor ich Ew. Excellenz antwortete. Die Rückkehr Sr. Königl. Hoheit aus Weimar hat diese Angelegenheit etwas verzögert, wodurch meine späte Antwort bei Ew. X. Entschuldigung finden wird.

Sr. Königl. Hoheit stimmen mit mir darin überein, daß das alte Steinthor in Halle nach der übersandten, hierbei wieder zurückgehenden Zeichnung, immer ein zu bedeutender alter Bau ist, um ihn aus den von den Stadt-Baubeamten angeführten Gründen niederreißen zu lassen. Er giebt immer dem Eingange in die alte Stadt etwas ehrwürdiges, dessen Wirkung durch die beabsichtigten modernen Garten-Anlagen nicht ersetzt werden kann. Für diese Anlagen wird er immer ein malerischer Gegenstand seyn, und kann solche also nur erhöhen.

Sind die erwähnten Reparatur-Kosten einmal gut verwendet, so wird die fernere Unterhaltung dieses alten Bauwerks eine ganz unbedeutende Ausgabe seyn.

Um den Thurm den beabsichtigten Garten-Anlagen noch mehr anzupassen, ist mit sehr geringen Kosten sein oberer moderner Theil im Styl des Mittelalters zu verzieren, wie ich es ungefähr durch Corectur in der Façade bei roth a. b. c. d. auf der Zeichnung angegeben habe. Die Leisten- und Bogenverzierungen sind in gutem Kalkstuck auszuführen und in demselben Material ist auch das raue Bruchstein Mauerwerk nachzuahmen.

Wünscht man die Spatziergänge der Vorstadt für die Fußgänger auf eine bequeme Art mit der alten Stadt in Verbindung zu setzen, so werden sich vielleicht neben dem Thurme in der alten Stadtmauer Pforten anbringen lassen, die gleichfalls im Architectur-Styl des Mittelalters gehalten, die malerische Wirkung des Gegenstandes erhöhen können, besonders wenn die Baumpflanzungen glücklich gegen die alten Stadtmauern und den Thurm angelehnt werden.

Vielleicht findet sich auch in der Folge eine Bestimmung für die oberen Räume des Thurmes, wodurch er noch einen besseren Nutzen bringen kann; ich höre zum Beispiel, daß es diesem Theile der Stadt an einer Schlag Uhr fehlen soll, die also einmal hier Platz finden könnte, wo dann das Zifferblatt an der Stelle des kleinen Fensters anzubringen wäre. Da nun ohnehin die Erfahrung vielfältig gelehrt hat, daß beim Abreißen alter Gebäude der Gewinn am alten Material nur ein geträumter ist, und in vielen Fällen die Abbrechungskosten größer sind als der Werth des alten Materials, welches ohnehin nur höchstens in Fundamenten verbraucht werden kann, weil andere damit über der Erde aufgeführte Mauern gewöhnlich salpeterfräßig und naßfleckig werden, so ist wohl sehr darauf zu halten, auch dieses alte Bauwerk so lange als möglich zu conservieren. Diese Meinung Sr Königl. Hoheit des Kronprinzen Ew. Excellenz mitzutheilen, bin ich beauftragt worden.

Wenn ich wegen des Ausbaues der Moritzburg nach Halle gehen werde, ist noch unbestimmt, das Project nähert sich mit der Veranschlagung seiner Vollendung und stellt sich, so wie es sich bis jetzt übersehen läßt, sehr günstig.

Sobald in dieser Sache etwas entschieden und meine Gegenwart in Halle nöthig werden wird, werde ich gewiß nicht unterlassen Ew Excellenz gehorsamst davon sogleich in Kenntnis zu setzen."[34]

Schinkel zieht alle Register, um den mittelalterlichen Steintorturm zu retten. Er argumentiert nicht nur mit dem Wunsch des Kronprinzen, sondern verweist neben all den verkehrs- und bautechnischen, den rechnerischen und nutzertechnologischen Aspekten vor allem auf den ästhetischen Gewinn bei Erhaltung des Turmes durch einen reizvollen Kontrast der neuen gärtnerischen Anlagen zu dem alten Gemäuer, das er durch neugotische Verzierungen aufzuwerten gedachte, die er nach eigenen Worten in eine – wohl von Schiff erhaltene – Aufrisszeichnung eintrug. Später ist dann

---

34 Ebd. (Abschrift); ebd. Bl. 17 f. (Abschrift).

von einer entworfenen Zeichnung, gar von einem Entwurf Schinkels die Rede. Die Spur der Zeichnung lässt sich verfolgen, ohne dass sie aber bisher aufgefunden werden konnte, und zwar von Berlin über Magdeburg und Merseburg nach Halle. Hier wurde am 13. April 1831 im Vorfeld der Abrissgenehmigung von der Merseburger Regierung neben den betreffenden Akten und dem Anschlag des Baumeisters Schiff auch die „Zeichnung des Herrn Geheimrath Schinkel" angefordert, um „an die Königl. Ministerien des Krieges und des Innern berichten zu können".[35] Von dort ging die Zeichnung mit den Akten nach Merseburg zurück und gelangte möglicherweise wieder nach Halle. Auch Schinkels angekündigter Besuch, um an Ort und Stelle die schwebende Angelegenheit mit den örtlichen Verantwortungsträgern diskutieren und möglicherweise im Sinne der Denkmalpflege beeinflussen oder gar klären zu können, fand nicht statt, da das Ausbauprojekt der Moritzburg für universitäre Zwecke trotz der geäußerten Zuversicht scheiterte.[36] Als Schinkel dann im Verlauf einer Dienstreise durch die Provinz Sachsen am 8. Juli 1833 auch Halle besuchte und das Gelände des ehemaligen Steintores betrat, galt sein Interesse nicht mehr dem längst abgerissenen Torturm, sondern der Standortfrage des in unmittelbarer Nachbarschaft geplanten neuen Postgebäudes.[37]

Weder in Merseburg noch in Halle konnte man den Einspruch des Kronprinzen, die Verfügung des Staatsministers Wilhelm Anton von Klewitz und das Gutachten Schinkels ignorieren. Die Merseburger Regierung erteilte daraufhin am 27. März 1829 dem hallischen Magistrat Auflagen:

„Wenn es darnach bei dem Verbote der Abtragung bewenden muß, so überlaßen wir dem Magistrate, die zur angemeßenen Herstellung dieses Thurmes erforderlichen Einleitungen zu treffen und uns desfalls mit Beziehung des

---

35 StAH, Kap. XV Abt. D Nr. 50, Bl. 44.
36 Angela Dolgner: Die Bauten der Universität Halle im 19. Jahrhundert. Ein Beitrag zur deutschen Universitätsbaugeschichte, Dieter Dolgner (Hg.), Halle 1996, S. 56–59.
37 Dienstreisebericht der Reise vom 5. Juli bis 7. September 1833 in die Provinz Sachsen, Westphalen und die Rheinprovinz. Den freundlichen Hinweis verdanke ich Helmut Börsch-Supan.

Gemeinde-Rathes zu faßenden Beschlüße unter Beifügung eines Kosten-Anschlages anzuzeigen."[38]

Nun wurde Stadtbaumeister Schiff beauftragt, die nötigen Zeichnungen und Anschläge für die Instandsetzung des Turmes anzufertigen. Er bezifferte am 30. August 1829 die Kosten für die Erhaltung mit 86-4 Talern, die Kosten für die „Verzierung nach Angabe des Herrn Geheimen Ober-Bau-Raths Schinkel zu Berlin" mit 758-18-11 Talern, wobei der innere Ausbau und die Anbringung der Schlaguhr nicht eingerechnet sind. Am 23. September 1829 wurde in der Bürgerschaft beschlossen, die anfallenden Kosten zu splitten und den Baufond 1830 mit 358-18-11 Talern und 1831 mit 400 Talern zu belasten.[39] Mit diesem Ergebnis wurden die gesamten Unterlagen (Reskripte, Beilagen, Anschläge, eine Zeichnung, Protokoll der Gemeinderatsverhandlung) am 1. Oktober 1829 bei der Regierung in Merseburg eingereicht[40] und von dieser am 13. Oktober genehmigt.[41]

Allein, in Halle geschah nichts. Offenbar setzten Magistrat und Verschönerungskommission auf Zeit, um durch den zunehmend ruinöser werdenden Zustand des Bauwerks vollendete Tatsachen zu schaffen, die den Abbruch rechtfertigten. Man hatte gar den Etat für das Jahr 1830 auf 1831 ausgesetzt, sodass Schiff sich genötigt sah, in einem Bericht vom 22. Juli und einer Zeichnung vom 27. Juli 1830 auf die inzwischen recht bedrohliche Situation aufmerksam zu machen: „Der Steinthor-Turm in hiesiger Stadt verfällt in baulicher Hinsicht täglich mehr. Die Ziegelbedachung ist im höchsten Grade schlecht und das Mauerwerk […] sowie die Quaderbekleidung an den Ecken ganz lose geworden. Sowohl durch das Herabfallen der Ziegel und der Steine aus dem Mauerwerk ist täglich, ja stündlich für das, das Steinthor passierende Publicum Gefahr zu befürchten und es ist sogar in polizeilicher Hinsicht nöthig, daß dieser Uebelstand so bald als möglich abgeholfen wird."

---

38 StAH, Kap. XV Abt. D Nr. 50, Bl. 15; Abt. L Nr. 13, Bl. 2 (Abschrift); LHASA, Abt. MER, Rep. C 48, Regierung Merseburg, I h Nr. 594/III (Abschrift).
39 StAH, Kap. XV Abt. D Nr. 50, Bl. 19 f.
40 LHASA, Abt. MER, Rep. C 48, Regierung Merseburg, I h Nr. 594/III.
41 StAH, Kap. XV, Abt. D Nr. 50, Bl. 23; LHASA, Abt. MER, Rep. C 48, Regierung Merseburg, I h Nr. 594/III (Abschrift).

Er schlägt vor, die Arbeiten unverzüglich durchführen zu lassen und mit dem Unternehmer zu vereinbaren, mit seiner Forderung bis zum Frühjahr des künftigen Jahres anzustehen.[42]

Angesichts der dramatischen Lage wurde am 19. August 1830 in der Sitzung des Gemeinderats beschlossen, „Sr. Königl. Hoheit den Kronprinzen unterthänigst zu bitten, die Wegreißung des Steinthorthurmes allergnädigst zu genehmigen".[43] Viel Zeit verstrich. Aufgesetzt wurde dieses Schreiben nämlich erst am 18. Januar 1831. Darin verweist man noch einmal auf das Anliegen der Entfestigung, nämlich „für düstere und enggebaute Straßen mehrere freie Räume" zu schaffen. Auch wird die „vom Oberbaurath Schinkel entworfene Zeichnung" erwähnt, „um den oberen Theil des thurmartigen Ueberbaues dieses Thores im Styl des Mittelalters zu verzieren". Die damit verbundenen hohen Kosten und die leere Stadtkasse hätten indes alle Erhaltungsmaßnahmen verhindert, obgleich wegen der zunehmenden Baufälligkeit des Turmes wirklich Gefahr drohe. Weiter heißt es: „Einen historischen oder architektonischen Werth hat dieser Ueberbau nicht; ja der obere Theil desselben ist sogar von Fachwerk erbaut, und nur äußerlich mit Mauersteinen verblendet, er wird des öftern Reparaturkosten erfordern, wenn dessen Verzierung jetzt auch bewerkstelligt werden sollte. Hinzu kommt, daß jenes Thor der immer frequenter werdenden Steinstraße durch seine geringe Breite hinderlich wird, wenigstens bei oft entstehendem Gedränge der Wagen, Posten [Postkutschen, d. Verf.] und Fußgänger Besorgnis verursacht, auch daß die Stadt Halle eine sehr große Anzahl von Armen zu ernähren, sehr ansehnliche Schulden zu verzinsen und deshalb dringende Communalausgaben aufzubringen hat.

Ew. Kgl. Hoheit diese Lage der Sachen vorzuenthalten, haben wir nicht wagen zu dürfen geglaubt, und wenn Höchstes Ermessen den Umständen eine Rücksicht gewähren möchte, so würden wir in der gnädigsten Erlaubniß zur Hinwegnahme jenes Thores die Erfüllung unser unterthänigsten

---

42 StAH, Kap. XV Abt. D Nr. 50, Bl. 24.
43 Ebd. Bl. 29.

Bitte erkennen, welche uns zugleich des Glückes theilhaftig macht, die Gefühle der tiefsten Ehrfurcht zu äußern, mit denen wir ersterben Ew. Kgl. Hoheit unterthänigst der Gemeinderath."[44]

Der Kronprinz reagierte umgehend, trotz der ihm gewidmeten schwülstigen Huldigungsformel gleichwohl ungnädig. Seine Antwort erfolgte bereits am 1. Februar 1831, nachdem er zuvor Schinkel konsultiert hatte:

„Ich erwiedere Einem Magistrat, daß es Mir allerdings erinnerlich ist, früher durch eine Aeußerung gegen den Staats Minister v. Klewitz es veranlaßt zu haben, daß eine projectirte Abtragung eines Thorthurmes zu Halle inhibirt wurde, allein ob es das hier besagte Thor gewesen, ist nicht zu ermitteln, da der Magistrat den Namen des Thors, um dessen Abtragung es sich jetzt handelt, nicht angiebt. Der Ober-Bau-Direktor Schinkel, welchem Ich das Schreiben Eines Magistrats mitgetheilt, bemerkt, daß er früher mit Meiner Veranlassung einen Entwurf zur Erhaltung eines Thors zu Halle gemacht habe, in welchem aber nur die nothwendigsten architektonischen Gliederungen der Gesimse, keinesweges aber Verzierungen angebracht waren. Bei diesem Plan war auf die Erweiterung der Passage Rücksicht genommen und soll auch davon die Rede gewesen sein, das Thurmgebäude für die Anbringung einer Schlaguhr zu nutzen.

Das Verhältniß des angegebenen Kosten-Betrags läßt sich, ohne daß der Anschlag mit eingereicht ist, nicht beurtheilen, jedoch ist auf jeden Fall zu denken, ob nicht die Restauration, was sehr wahrscheinlich ist, wohlfeiler ausgeführt werden kann, als der Abbruch, wenn man Alles das mit hinzu rechnet, was derselbe nach sich zieht, als z. B. eine größere Pflasterung des Platzes, Herstellung der alten Mauern und Gebäude, welche mit dem abgebrochenen Gegenstande in Verbindung standen und mehreres andere, was jedes mal nöthig wird, wenn aus einem alten Zusammenhange ein Gegenstand herausgerissen wird, um das Unheimliche zu mildern, welches durch die Lücken entsteht, wodurch wiederum alte Schäden, die früher verdeckt waren, beleidigend ans Licht treten.

---

44 Ebd. Bl. 30–32 (Abschrift); LHASA, Abt. MER, Rep. C 48, Regierung Merseburg, I h Nr. 594/III (Abschrift).

Da ich sehr wünsche, daß in dieser Angelegenheit nur das Richtigste und Zweckmäßigste geschehe, so ersuche ich Einen Magistrat, ganz nach den aus den Jahren 1809 und 10 bestehenden Allerhöchsten Vorschriften zu verfahren, wonach bei Wegräumung alter Bauwerke und Baudenkmale, eine Rückfrage höheren Orts statt finden soll und demnach den desfalsigen Antrag mit Anschlägen und Zeichnungen begleitet durch die Regierung an das Ministerium des Innern und die Ober-Bau-Deputation einzureichen."[45]

Wohl mit fachlicher Unterstützung Karl Friedrich Schinkels argumentierte der Kronprinz nicht ungeschickt, indem er mit dem Hinweis auf die Folgeerscheinungen und Folgekosten eines solchen Demolitionsvorgangs einen ganz neuen Aspekt in die Diskussion einbrachte. Ihm unterliefen aber auch gravierende Fehler, indem er etwa eingestand, nicht zu wissen, ob sich sein damaliger Einspruch überhaupt auf das in Rede stehende Objekt bezogen habe und die von Schinkel erbrachte Entwurfsleistung minderte, um die Kostenfrage zu entschärfen. Schließlich wies der Kronprinz dem Magistrat noch den Amtsweg, auf dem er zur Abrissgenehmigung kommen könne. Dieser war bisher durch das Veto Friedrich Wilhelms unterbrochen gewesen und hatte bis zu seinem Ende nicht verfolgt werden können. Nun war er dank der unfreiwilligen Hilfe „Sr. Kgl. Hoheit" frei. Alles fing von vorne an.

Als wäre ein Damm gebrochen, ging plötzlich alles sehr schnell. Stadtbaumeister Schiff wurde am 9. Februar 1831 vom Magistrat aufgefordert, einen ausführlichen Bericht zu erstellen und einen Grundplan anzufertigen.[46] Am 23. März 1831 lieferte er sein „Pro Memoria" und den Situationsplan ab.[47] Es ist nötig, auf diese Lieferung etwas genauer einzugehen, um zu verdeutlichen, mit welchen Manipulationen operiert wurde, um die angestrebte Entscheidung höheren Orts günstig zu beeinflussen.[48] Als Entgegnung auf das Gutachten

---

45 Ebd. Bl. 33; ebd. (Abschrift).
46 StAH, ebd. Bl. 34.
47 Ebd. nach Bl. 42. Von den vielen, in den Akten erwähnten Zeichnungen des Stadtbaumeisters Schiff zum Steintorturm handelt es sich bei diesem Situationsplan um die einzige, die bisher aufgefunden werden konnte.
48 Ebd. Bl. 35–38; LHASA, Abt. MER, Rep. C 48, Regierung Merseburg, I h Nr. 594/III (Abschrift).

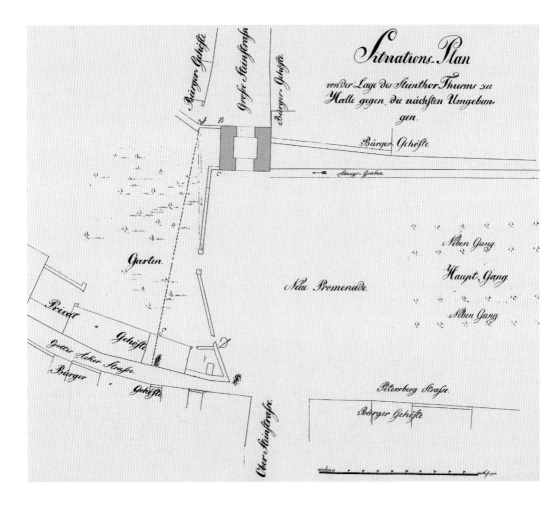

Friedrich Wilhelm Ferdinand Schiff: „Situations-Plan von der Lage des Steinthor-Thurms zu Halle gegen die nächsten Umgebungen", 1831.

Schinkels und das Schreiben des Kronprinzen werden noch einmal die bekannten Argumente, die den Abbruch begründen sollten, wiederholt. Einer weiteren Schlaguhr bedürfe die Stadt nicht und außerdem:

„Die Erfahrung hat hier in Halle gelehrt, das jedesmal wenn ein Gebäude zum Abbruch verkauft worden, ein bedeutendes Plus im Verhältnis der Abbruchkosten entstanden ist."

Auch damit behielt der Stadtbaumeister nur teilweise recht. Von einem Wert des Turmes im Sinne eines denkmalpflegerischen Anliegens ist im „Pro Memoria" Schiffs allerdings keine Rede und daher „würde es nach meinem unmaßgeblichen Dafürhalten sehr zweckmäßig sein, wenn zuvörderst der Steinthorthurm abgebrochen, die Richtung der großen Steinstraße nach der Linie der Bürgergehöfte wie die rothe Linie auf dem

Plane zeigt fortzusetzen und hierzu den Theil des dadurch abgeschnitten werdenden Gartens anzukaufen. Die desfalsigen Kosten werden aus dem Verkauf des Thurmes gewonnen und die Stadt hat den Vortheil, ein freundliches und für jeden Einpassirenden ein genirendes Ansehen zu erlangen, auch ist die Combination der Vorstadt mit der Stadt bestens hergestellt und die Klagen der Postbehörde wegen so enger Passage abgeholfen."

So weit so gut, nur, merkwürdig, die topographische Beschreibung und der Situationsplan hatten mit den damals anzutreffenden wirklichen Verhältnissen nicht eben viel gemein. Befunde, Planungen und Zukunftsvisionen gehen ein für den Außenstehenden, das heißt für die zuständigen Behörden in Merseburg, Magdeburg und Berlin, kaum entwirrbares Gemenge ein:

„Bei Gelegenheit der Pflanzung der ersten Bäume in den Zwinger zwischen den Ulrichs- und Steinthore, welcher nach und nach durch Abtragen des nahen gewachsenen Bergrückens planiert und nun mehr zu einer Promenade für das Publikum eingerichtet worden, [...]. Bis jetzt ist der erste Theil des Zwingers vom Steinthor aus gerechnet mit Bäumen bepflanzt und zunächst dem Steinthor ein freier ziemlich geräumiger Platz geebnet wie aus beiliegendem Situations Plan hervorgeht."

Aus dem Situationsplan geht dies alles wohl hervor, die Wirklichkeit sah am 23. März 1831 allerdings völlig anders aus. Die Anlage der Neuen Promenade (später Alte Promenade) wird als weitgehend vollendet geschildert und gezeichnet, sie hatte zu diesem Zeitpunkt jedoch noch nicht einmal oder gerade erst begonnen. Die Herstellung der Promenade zog sich von 1831 bis 1837 hin. Für die Auffüllung des nahen Zwingers sollte doch das Abbruchmaterial des Steintorturmes dienen. Wer mag also erraten, wo Stadtbaumeister Schiff seine Bäume pflanzte. Die Sprengung und das Abtragen des Petersberges (Standort des heutigen Opernhauses) begann erst 1833 und ein freier, ziemlich geräumiger Platz vor dem Steintorturm existierte schon gar nicht. Hier stand nämlich bis Oktober 1842 gewissermaßen als südöstlicher Abschluss der Promenade noch „das große hässliche Doppelhaus [...], alt, braunrot angestrichen, von halb abgestorbenen Pappeln bekränzt und von ganz armen Leuten bewohnt".[49]

Erwähnt wird schließlich der nach Süden hin sich anschließende „Privat Garten" auf dem Gelände der Wehranlagen, begrenzt durch eine abgeknickte, von einem Tor unterbrochene Mauer. Den Grabenabschnitt zwischen Stein- und Galg-(Leipziger-)Tor hatte die Stadtschützengesellschaft in Nutzung. Von ihr übernahm der spätere Oberbürgermeister Carl Albert Ferdinand Mellin den nördlichen Teil bis zum Steintor 1813 in Afterpacht und 1815 in Erbpacht. Neben dem Bau eines Wohnhauses am östlichen Rand ließ er hier einen schönen, parkartigen Garten mit dem Versprechen anlegen, ihn auch öffentlich zugänglich zu machen, ein Versprechen, das er der Überlieferung zufolge nie einlöste. Geschäftstüchtig wie er nun einmal war, versuchte er, sein Grundstück durch den Abbruch des Steintores und schließlich auch des Steintorturmes aufzuwerten, um es gewinnbringend veräußern zu können. Bereits ab 1824 war das Gelände in die Variantenuntersuchung vorgeschlagener Bauplätze für das Universitätsgebäude einbezogen gewesen.[50] Aber erst 1836 gelang es schließlich dem Oberbürgermeister, sein Grundstück an den Postfiskus, der auch den darauf haftenden Erbpachtkanon von der Stadt ablöste, für den Bau des neuen Postgebäudes zu verkaufen, das unter erneuter Missachtung des Expertenurteils Karl Friedrich Schinkels 1838–1840 als Vorgänger des heutigen Baus auch errichtet wurde.[51]

Und noch eine weitere Aussage Schiffs stimmt angesichts des vorliegenden Lageplans verwunderlich:

„Die damit zugleich [von Schinkel, d. Verf.] vorgeschlagene Anlegung zweier Pforten im Architekturstyl des Mittelalters lassen sich, wegen der zunächst der Durchfahrt gelegenen Bürgergehöfte keineswegs anbringen."

Für die Nordwestseite des Turms trifft diese Feststellung zu, aber an der Südostseite bestand zwischen dem Turm und

---

49 Schultze-Galléra: Topographie, S. 126.
50 A. Dolgner: Bauten der Universität, S. 51.
51 Hagen: S. 219 f.; Schultze-Galléra: S. 107 f.; Post und Telegraphie in Halle (Saale), Halle 1898; Angela Dolgner: „Mancherlei Eigenthümlichkeiten zeigt das Postgebäude zu Halle a. S.". Ein Beispiel der Romanikrezeption. In: Erbe und Gegenwart IV, Wiss. Ztschr. der Martin-Luther-Universität Halle-Wittenberg, Geisteswiss. Reihe, 41. Jg., 1992, H. 5, S. 114–121.

den Bürgerhäusern ein so großer Abstand, dass man nach der Beseitigung einer Begrenzungsmauer nicht nur eine Pforte, sondern auch eine für damalige Verkehrsverhältnisse ausreichend breite Umfahrung des Turms hätte anlegen können. Mellin hätte dafür allerdings eine winzige Ecke seines Gartens abtreten müssen. Wenigstens noch zu diesem Zeitpunkt erwies er sich einer solchen Zumutung gegenüber als unzugänglich.

Aufgrund der vom Stadtbaumeister Schiff erarbeiteten, recht zweifelhaften Unterlagen und einer nochmaligen ausführlichen Darstellung des gesamten bisherigen Geschehens erging am 1. April 1831 erneut die Bitte an die Regierung in Merseburg, den Turm abbrechen zu dürfen.[52] Nach der Anforderung weiterer Unterlagen und einer Anfrage bei dem Königl. General-Commando der Provinz Sachsen in Magdeburg wurde der Vorgang den Ministerien des Krieges und des Inneren in Berlin übergeben, geschickterweise mit dem Hinweis, bei Erhaltung des Turms auf eine Geldforderung nicht verzichten zu können.[53] Die involvierten Behörden in Magdeburg und Berlin reagierten gleichzeitig und erwartungsgemäß am 7. August 1831. Von dem „Königl. Preuß. interimistischen General-Commando im Bezirk des IV. Armee-Corps" aus Magdeburg wurde verlautet:

„Einer Hochlöblichen Regierung erwidere ich auf das geehrte Schreiben vom 15. v. M. ganz ergebenst, daß dem Abtragen des Steinthorthurmes in Halle diesseits nichts entgegensteht, da dieser Thurm durchaus nicht von wesentlichem Einfluß auf die Vertheidigung der Stadtbefestigung ist."[54]

Vom Kriegs- und Innenministerium erhielt die Merseburger Regierung folgenden Bescheid:

„Auf den von der Königl. Regierung unterm 11. Juni d. J. wegen Abtragung des Steinthors zu Halle erstatteten Bericht habe ich, der mit unterzeichnete Minister des Innern und der Polizei, zuvörderst die Willensmeinung Sr. Königlichen Hoheit des Kronprinzen definitiv erbitten zu müssen geglaubt, welche hierauf Höchstderselben dahin ausgesprochen haben:

---

52 LHASA, Abt. MER, Rep. C 48, Regierung Merseburg, I h Nr. 594/III; StAH, Kap. XV Abt. D Nr. 50, Bl. 39–42 (Abschrift).
53 Ebd.; ebd. Bl. 44.
54 LHASA, Abt. MER, Rep. C 48, I h Nr. 594/IV, Acta betreffend verschiedene Communal-Bauten der Stadt Halle, Vol. IV, July 1831–Juli 1859.

daß im Antrag auf eine Geldbewilligung aus Staats-Kassen zur Herstellung des schadhaften Thors nicht begründet schien; daß zwar die Erhaltung dieses Thors wünschenswerth sei. Sofern sie aber auf Kosten der Stadt Halle nicht zu bewirken sei, so würde mindestens die Anordnung getroffen werden müssen, daß jeder widrige Eindruck verhütet werde, welcher unvermeidlich entstehen müßte, wenn die an das Thor unmittelbar anstoßenden Bauwercke nach erfolgtem Abbruch des Thores, nicht auf eine angemessene Weise verkleidet würden. Hiernach möge die Königl. Regierung das Weitere veranlassen."[55]

Die Merseburger Regierung genehmigte daraufhin am 23. August 1831 den Abbruch des Steintorturmes unter der von Kronprinz Friedrich Wilhelm erhobenen Bedingung, „daß jeder widrige Eindruck, welcher beim Abbruch eines schadhaften Gebäudes durch Entblößung der daran stoßenden Bauwerke gewöhnlich entsteht, durch angemessene Verkleidung der letzteren vermieden werde". Gleichzeitig wurde die Verfügung der Merseburger Regierung vom 16. September 1828 nach dreijähriger Unterbrechung wieder in Kraft gesetzt, nach der zum Vorteil der Verschönerungskommission der Turm öffentlich und meistbietend zum Abbruch versteigert werden sollte.[56] Magistrat und Verschönerungskommission konnten sich des traurigen Verdienstes rühmen, in dieser Auseinandersetzung gesiegt zu haben. Das Schicksal des letzten Torturmes der einst umfangreichen alten Stadtbefestigung von Halle war besiegelt.

Am 31. August 1831 wurden die „Bedingungen unter welchen der Thurm am Untern Steinthor zu Halle an den Meistbietenden zum Abbruch verkauft werden soll" formuliert.[57] Darin legte man unter anderem fest: „Die Abtragung muß spätestens binnen 3 Monaten, vom Tage des erfolgten Zuschlages an gerechnet, beendigt sein." Für die Verfüllung und Planierung des anschließenden Zwingers hielt man eine Frist bis zum 1. April 1832 für ausreichend. Am 1. September 1831 erfolgte in der Presse die Ankündigung der Versteigerung, die am

---

55 Ebd.
56 Ebd.; StAH, Kap. XV Abt. D Nr. 50, Bl. 46; Abt. L Nr. 12, Bl. 181 (Abschrift).
57 StAH, Kap. XV Abt. D Nr. 50, Bl. 50–52; Abt. L Nr. 12, Bl. 182–185.

6. September im Rathaus stattfand.⁵⁸ Den Zuschlag erhielt der Kaufmann Johann Friedrich Wilhelm Schulze für ein Gebot von 245 Talern.⁵⁹ Die Abbruchkosten betrugen 445-14-5 Taler, die verwertbaren Materialien erbrachten 595-24 Taler ein; die Verschönerungskommission strich den Verkaufserlös ein, der Unternehmer machte Verlust.

Der von Verzögerungen, Unregelmäßigkeiten, Unfällen und Beschwerden begleitete Abriss nahm seinen Lauf. In einem Brief der Verschönerungskommission an den Magistrat vom 6. Januar 1832 wird der Steintorturm als bereits niedergelegt erwähnt. Eigentlich geht es in diesem Schreiben unter Heranziehung der Bedingung, dass kein widriger Eindruck entstehen möge, um eine Beschwerde:

„Einen in der That widrigen Eindruck, welcher nach dem Abbruch des Steinthorthurmes recht beleidigend ins Auge fällt, macht eben die bedeutend hervorspringende Befriedigungs Mauer des Mellingschen Garten Grundstückes [...]. Wenn daher die Umgegend, wo der Steinthorthurm gestanden, durch dessen Wegnahme wahrhaft gewinnen und dem Auge ein angenehmer Eindruck verschafft werden soll, scheint es den allgemeinen Wünschen angemessen, daß der Herr Bürgermeister Dr. Mellin dahin möge bestimmt werden, den Theil seines Grundstücks, welcher in die Straße hineinspringt, aufzuopfern und die Befriedigungsmauer dergestellt anlegen zu lassen, daß sie von dem Hause des Böttchermeisters Otto angerechnet, eine gerade Linie bilde.

Dadurch wird auch zugleich bewirkt, daß vor der neuen Promenade, zumalen wenn mit der Zeit der Platz, worauf jetzt das Gebäude des p Koecknitz [das 1842 abgetragene Doppelhaus, d. Verf.] steht, erlangt werden kann, ein freyer großer Raum entstehen wird, der [...] jedenfalls nur einen angenehmen Eindruck gewähren kann."⁶⁰

In diesem Schreiben werden nicht nur Teile der vom Stadtbaumeister Schiff in seinem „Pro Memoria" am 23. März 1831 aufgetischten Märchen entlarvt, sondern man kann auch ein inzwischen äußerst gespanntes Verhältnis zwi-

---

58 Der Kurier. Hallische Zeitung für Stadt und Land, Nr. 70. Donnerstag, den 1. September 1831, Beilage, S. 5.
59 StAH, Kap. XV Abt. L Nr. 12, Bl. 186.
60 Ebd. Bl. 210.

schen Oberbürgermeister Mellin und den Mitgliedern der Verschönerungskommission herauslesen. Jedenfalls geht Mellin mit Schreiben vom 5. Februar 1832 auf die Forderungen ein,[61] möglicherweise bereits im Hinblick auf die baldige Gelegenheit, sein Grundstück an den Postfiskus verkaufen zu können.

Durch den Verlust des Denkmals und vermutlich auch aller Zeichnungen Schiffs und Schinkels gewinnt die einzige überlieferte Ansicht des Torturmes, ein Aufriss als lavierte Federzeichnung von Wilhelm Ludwig August Stapel, um so mehr an Bedeutung. Sie gibt manche Rätsel auf, eröffnet aber auch zahlreiche Hinweise, die sich zu einer Indizienkette verdichten, die nur einen Schluss zulässt. Stapel war von der Oberbaudeputation, also von Schinkel, 1832 nach Halle entsandt worden, um die Ausführung des Universitätsgebäudes zu leiten. Nach dem Tode Schiffs übernahm er 1833 zusätzlich das Amt des Stadtbaumeisters. Stapel nennt den Gegenstand seiner Zeichnung „Der ehemalige Steinthor-Thurm", gibt also zu erkennen, dass dieser zum Zeitpunkt der Anfertigung der Zeichnung nicht mehr existierte, sodass der Titel des Skizzenbuches, in dem die Zeichnung enthalten ist, nämlich „Zeichnungen aus den Jahren 1832–1853 nach der Wirklichkeit", zumindest in diesem Fall nicht den Tatsachen entspricht. Stapel langte im Januar 1832 in Halle an. Er kann also den inzwischen abgerissenen Turm nicht mehr gesehen und nach der Wirklichkeit gezeichnet haben, wie bisher immer angenommen wurde. Ihm muss eine Vorlage zur Verfügung gestanden haben – aber welche?

Auf gravierende Widersprüche zwischen der authentischen Beschreibung Schiffs und der Zeichnung im Hinblick auf die Geschossteilung und Öffnungsstruktur wurde bereits verwiesen. Darüber hinaus lassen sich weder die in der Argumentation des halleschen Magistrats beschworenen schweren Schäden noch die wiederholte Beteuerung, der Turm besitze keinerlei Denkmalwert und sei „ohne alle architektonische Verzierung", an der vorliegenden Zeichnung bestätigen. Bauschäden gibt es keine, dafür aber reiche Verzierungen und zwar ein als gotisches Blendmaßwerk gemeinter Spitzbogenfries

---

61 Ebd. Bl. 212.

unterhalb des Kranzgesimses, der sich auf Ecklisenen stützt und gemeinsam mit Stäben eine Blendarkatur bildet, welche die drei schmalen Spitzbogenfenster des obersten Geschosses rahmt. Es ist völlig ausgeschlossen, dass diese Bauformen zum ursprünglichen Bestand des mittelalterlichen Befestigungsturmes gehörten. In ihrer flächigen, feinlinigen Applikationsmanier ordnen sie sich eindeutig dem Formenrepertoire der frühen Neugotik ein, das auch Schinkel souverän beherrschte.

Schinkel hatte als Grundlage für sein Gutachten eine Zeichnung erhalten, wohl eine Bauaufnahme des Stadtbaumeisters Schiff. Als Bestandteil seines Gutachtens nahm Schinkel nun an dem Fassadenriss mit roter Tinte Korrekturen vor, die den oberen „modernen" Teil des Turmes im „Styl des Mittelalters" schmückten, und zwar in Form von Leisten und Bogenverzierungen in gutem Kalkstuck. In der Tat, auf der Zeichnung Stapels erscheint weder der mittelalterliche noch der „moderne" obere Abschluss, sondern es sind die von Schinkel genannten Stuckverzierungen aus Leisten und Bögen zu sehen, außerdem Lisenen- und Gesimsgliederungen, die nach der Aussage Kronprinz Friedrich Wilhelms ebenfalls Schinkel angegeben haben soll. Auch dürften die auf den Schrammsteinen stehenden, die Torfahrt flankierenden klassizistisch anmutenden Pfeiler mit ihren Kapitellen und abgefasten Kanten kaum mittelalterlicher, gar frühgotischer Herkunft sein – aber vielleicht eine zeichnerische Zutat Stapels.

Stapels Zeichnung gibt also nicht den wirklichen Baubestand des Turmes vor dem Abbruch wieder, sondern eine Rekonstruktion nach den Angaben und der Zeichnung Schinkels. Mag sein, dass Schinkel ihm eine Kopie mit nach Halle gab, um in Unkenntnis des inzwischen vollzogenen Abbruchs in dieser leidigen Angelegenheit eventuell noch etwas bewirken zu lassen. Wahrscheinlicher erscheint es jedoch, dass Stapel den inzwischen mit den Akten zurückgekehrten Aufriss mit den dekorativen Korrekturen Schinkels in Halle vorfand und – beeindruckt von dem Blatt – als Vorlage für seine Zeichnung nutzte. Wir haben also in der überlieferten Zeichnung das romantische Idealbild des Steintorturms vor uns, wie dieses sich Karl Friedrich Schinkel und wohl auch Kronprinz Friedrich Wilhelm als „Denkmal der Vorzeit" vorstellten.

Die Verhandlungen über den Abriss des halleschen Steintorturmes sind ein Musterbeispiel für das Verhalten der lokalen Behörden einerseits und das des Kronprinzen mit seinen Verbündeten andererseits. Man gewinnt den Eindruck, dass es bei dem langwierigen Streit nicht allein um den Torturm, sondern um grundsätzliche Differenzen ging. So erscheint es zumindest merkwürdig, dass man um den verbliebenen Rest eines Tores so erbittert rang, obwohl es zunächst immerhin noch die fast kompletten Anlagen des Moritz- und des Ulrichstores sowie die gesamte Ummauerung mit all ihren Türmen zu „retten" gab. Die Vermutung erscheint nicht unbegründet, dass der Steintorturm-Fall für die Stadt nur als Alibi, als Ablenkungsmanöver diente, um anderen „Verschönerungs"-Absichten ungestört nachgehen zu können. Dem durchtriebenen Oberbürgermeister Mellin wäre ein solcher Schachzug zumindest zuzutrauen. Ob der auf Vermittlung bedachte, in diesen Jahren jedoch völlig überarbeitete Schinkel bei einem Besuch in Halle eine Rettung des Torturmes hätte erreichen können, erscheint mehr als fraglich. Schinkels Rat und Tat galten in Halle nicht eben viel, nicht im Zusammenhang mit dem Moritzburg-Projekt für die Universität, nicht in der Standortfrage für das neue Postgebäude und auch nicht als Fürsprecher für den Erhalt des Steintorturmes.

Der vermutlich in seinem Bestand und seiner Erscheinung noch viel bescheidenere Turm, als ihn die Zeichnung Stapels zeigt, mutierte unversehens zum Medium einer Kontroverse fundamentaler Natur, und zwar zwischen der romantisch-retrospektiven, um die Denkmale sich sorgenden Haltung des Kronprinzen, des späteren „Romantikers auf dem Thron", und der nüchternen, unmittelbar praktischen Position der auf ihre eigenen Vorteile bedachten bürgerlichen Kommunalpolitiker. Die Einführung der revidierten Städteordnung vom 31. März 1831, in der die kommunale Selbständigkeit eindeutig fixiert ist, gab dem Magistrat über den voll ausgeschöpften Rahmen des Taktierens hinaus die rechtliche Handhabe, gegen den Kronprinzen, das Kriegs- und Innenministerium, die Oberbaudeputation und die Magdeburger Provinzialregierung die Vernichtung des Denkmals durchzusetzen.

Werner Piechocki und Roland Kuhne

Gemeinsinn soll Früchte tragen
Die Verleihungen der Ehrenbürgerschaft durch die Stadt Halle[1]

Das Ehrenbürgerrecht geht ursprünglich auf die Französische Revolution und den durch sie eingeführten Begiff des „bourgeois honoraire" zurück, mit welchem Verdienste ausländischer Bürger um die Sache der Revolution geehrt wurden. Zu ihnen gehörte Friedrich Schiller, welchem am 26. August 1792 durch die Nationalversammlung das Ehrenbürgerrecht verliehen wurde. In der dritten Ausgabe des Jahrgangs 1831 der Gesetz-Sammlung für die Königlichen Preußischen Staaten wurde die am 17. März des Jahres durch Allerhöchste Kabinettsorder erlassene Revidierte Städteordnung verkündet, welche an die Stelle der Steinschen Städteordnung von 1808 oder anderer regionaler Ordnungen trat. Neben der Regelung der Wahl, Zusammensetzung und Kompetenzen der Stadtverordnetenversammlungen wurde als Neuerung durch § 18 der Städteordnung das Recht der Kommunen verbrieft, künftig neben dem bisher gepflogenen Bürgerrecht auch ein Ehrenbürgerrecht zu vergeben: „Die Stadtbehörden sind auch befugt, ausgezeichneten Männern, die sich um den Staat oder die Stadt verdient gemacht haben, ohne Rücksicht auf ihren Wohnsitz, das Ehren-Bürgerrecht zu ertheilen, welches keine städtische Verpflichtungen auferlegt."[2] Die für den modernen Leser ungewöhnliche Einschränkung des für diese Ehrung berechtigten Personenkreises auf das männliche Geschlecht begründete sich in der Anlehnung der neuen Würde an das bisherige städtische Bürgerrecht sowie die Tatsache des fehlenden allgemeinen Wahlrechts, welches erstmals 1919 auch unter Einbeziehung der Frauen ab dem 21. Lebensjahr praktiziert wurde. Die nun

---

1 Die Grundlage für diesen Aufsatz bildet eine Artikelserie von Oberarchivrat Dr. Werner Piechocki (1927–1996), welche durch Roland Kuhne ergänzt und um die seit 1991 neu verliehenen Ehrenbürgerschaften erweitert wurde.
2 Gesetz-Sammlung für die Königlichen Preußischen Staaten Nr. 3, 1831, S. 13.

gegebene Möglichkeit, auch Frauen für das Ehrenbürgerrecht vorzuschlagen, wurde jedoch erst im Jahre 2003 zum ersten Male genutzt. Das Spektrum der geehrten Personen erstreckte sich von hohen Staatsbeamten über Militärs, Universitätsgelehrte, Künstler, Stadträte, drei Oberbürgermeister bis zu privaten Mäzenen aus Wirtschaft und Gesellschaft.

Nachdem durch einen Erlass der zuständigen Regierung zu Merseburg vom 22. August 1831 die Durchführung der ersten Stadtverordnetenwahlen geregelt und diese Wahlen in Halle vom 9. bis 12. Oktober 1831 abgehalten worden waren, stand der Vergabe eines solchen neuartigen Ehrenbürgerrechts juristisch nichts mehr im Wege.

Förderer der Universität
Wilhelm Anton von Klewitz erhielt als erster die Urkunde
In der Ratssitzung vom 11. März 1833 machte Oberbürgermeister Dr. Mellin den Vorschlag, erstmals das Ehrenbürgerrecht der Stadt Halle zu verleihen. Er schlug den Wirklichen Geheimen Staatsminister und Oberpräsidenten der Provinz Sachsen, Wilhelm von Klewitz, vor, der am 9. Mai 1833 die Feier seines fünfzigjährigen Staatsdienstes begehen konnte.[3]

Der verdienstvolle preußische Verwaltungsfachmann wurde am 1. August 1760 in Magdeburg geboren und studierte von Ostern 1779 bis 1781 an der Universität Halle, anschließend in Göttingen die Rechte, Mathematik und Technologie. Seine Laufbahn begann Klewitz am 9. Mai 1783 als Referendar in der Magdeburger Kriegs- und Domänenkammer, dem jedoch die steile Karriere eines hervorragenden und fleißigen Beamten folgte. Von größter Bedeutsamkeit für die Stadt Halle war dabei seine Tätigkeit als Civil-Gouverneur der ehemals preußischen Länder zwischen Elbe und Weser ab 1817, wo er für eine staatliche Neuordnung des gesamten Gebietes zu sorgen hatte. Halle verdankt ihm, dass damals die Universität Halle, trotz der Neugründung der Berliner, erhalten blieb. Anfang Dezember 1817 erhielt Klewitz das preußische Ministerium für Finanzen, wirkte von

---

3   Stadtarchiv Halle (StAH), Acta des Magistrats der Stadt Halle betr. das Ehrenbürgerrecht. Centralbüro Kap. X Abt. A Nr. 1 Bd. 1 Bl. 1.

1825 bis 1837 als Oberpräsident der Provinz Sachsen und starb am 26. Juni 1838 in Berlin.

Die Verleihungsurkunde für das Ehrenbürgerrecht der Stadt Halle vom 9. Mai 1833 spricht von „dem lebendigen Gefühle der Dankbarkeit" für seine „unermüdet tätige und wohlwollende Fürsorge für unsere Stadt".[4] Wegen Krankheit konnte dem Jubilar die Ehrenbürgerurkunde erst am 18. Mai 1833 durch Oberbürgermeister Dr. Mellin und Stadtverordnetenvorsteher Dr. Dryander in Magdeburg überreicht werden.

In dem Dankschreiben des ersten Ehrenbürgers heißt es u. a.: „Dem Wohllöblichen Magistrate sage ich den herzlichsten Dank für die so gütigen Wünsche zu meinem 50-jährigen Amts-Jubelfeste […]. Es thut meinem Herzen wohl, wenn meine Bestrebungen für das Gedeihen der meiner Fürsorge anvertrauten schönen Provinz Sachsen auch von dem fleißigen Bürger richtig erkannt und gewürdigt werden, denn in seiner Hand liegen sehr viele Hülfsmittel des Staats; was an mir gewesen habe ich redlich gethan, der Gewerbethüchtigkeit größeres Feld zu öffnen, und wenn nicht alle Wünsche gleiche Befriedigung gefunden haben, so muß bedacht werden, daß das Gute Zeit zur Reife bedarf."[5]

Wilhelm Anton von Klewitz (1760–1838). Stich.

Verfasser des ersten Stadtführers
Verdienste Friedrich Hesekiels um Schule und Kommune

Am 5. Juli 1834 unterbreitete Oberbürgermeister Dr. Mellin der Stadtverordnetenversammlung den Vorschlag, „dem Prediger Dr. Hesekiel, der jetzt als General-Superintendent nach Altenburg abgehe, wegen seiner vielen Verdienste in mehreren Geschäftszweigen um hiesige Stadt das Ehrenbürgerrecht zu ertheilen".[6] Das Gremium stimmte diesem Ersuchen zu, so dass ihm die am 18. Juli 1834 ausgestellte Urkunde wenige Tage später übersandt werden konnte. Der Text hebt seine Leistungen um das hiesige Schul- und Kommunalwesen hervor, die diese Ehre rechtfertigen.

Friedrich Hesekiel stammte aus Rehsen bei Wörlitz, wo er am 27. Oktober 1793 als Sohn eines Pfarrers geboren wurde. Nach dem Schulbesuch in Dessau begann er 1813 in

---

4 Ebd. Bl. 9.
5 Ebd. Bl. 14.
6 Ebd. Bl. 30.

*Dankschreiben
Friedrich Hesekiels
(1793–1840)
vom 25. Juli 1834 zur
Verleihung der
Ehrenbürgerschaft.*

Wittenberg das Studium der Theologie, kämpfte dann als Freiwilliger gegen Napoleon, so dass er erst im Herbst 1814 seine Studien in Leipzig fortsetzen konnte. Im Herbst 1816 kam er nach Halle und bestand hier am 9. Oktober 1817 sein Examen. Nach kurzer Hauslehrerzeit erhielt Hesekiel das Diakonat an der Moritzkirche, der er bis zu seinem Weggang verpflichtet blieb.

Das Amt ließ ihm durchaus Zeit für andere Ämter und literarische Arbeiten. So war er Prediger am städtischen Hospital und der Irrenanstalt, Lehrer am Pädagogium der Franckeschen Stiftungen, Redakteur des „Hallischen patriotischen Wochenblattes" u. a. Auch als Schriftsteller trat Hesekiel hervor und publizierte Gedichte, Erzählungen, Predigten und stadtgeschichtliche Studien. Populär wurde sein 1824 erschienenes Büchlein „Blicke auf Halle",[7] das man als ersten Stadtführer bezeichnen kann. Im Vorwort begründet er sein Vorhaben: „Was ihn aber vorzüglich bewog, fröhlich ans Werk zu gehen, war der Umstand, daß er eine lange gefühlte Schuld gegen seine theuren Hallischen Mitbürger, die ihn, den Auswärtigen, so freundlich in ihrer Mitte aufgenommen und mit so manchen Beweisen ihres Vertrauens erfreut hatten, abzutragen hoffe, indem er seine Feder dazu anwendete, das Merkwürdige ihrer so alten und in vieler Hinsicht ausgezeichneten Stadt in einem größeren Kreise bekannt werden zu lassen."[8]

Diese tiefe Verbundenheit mit der Geschichte und Gegenwart der Saalestadt kommt auch in seinem Dankesbrief vom 25. Juli 1834 zum Ausdruck, in dem er schreibt: „Einem Wohllöbl. Magistrat kann ich nicht umhin, die gerührte Bewegung des Herzen hierdurch mit unvollkommenen Worten auszudrücken, zu welcher ich durch das mir heute zu teil gewordene, höchst schätzbare Geschenk des Hallischen Ehrenbürgerrechts veranlasst worden bin. Je mehr ich mich in meinen bisherigen amtlichen Verhältnissen bemüht habe, mir die Zufriedenheit meiner vorgesetzten Behörden zu erwerben, um desto mehr werde ich es mir auch in Zukunft zu Ehren rechnen, ein Hallischer Bürger zu heißen und es wird dies Verhältniß ein unzerreißbares Band

---

7 Friedrich Hesekiel: Blicke auf Halle und seine Umgebungen. Halle (Saale) 1824.
8 Ebd. S. VI.

sein, welches mich mit dem gesegneten Staate verbindet, dem ich bisher das Glück hatte, anzugehören."[9]

Dr. Hesekiel wirkte nun als Generalsuperintendent des Herzogtums Altenburg, starb jedoch schon nach wenigen Amtsjahren am 14. April 1840.

Preuße mit steiler Karriere
Philipp von Ladenberg erhielt Brief auf Pergament
Am 10. Juni 1839 unterbreitete der Magistrat der Stadt Halle der Stadtverordnetenversammlung den Vorschlag, dem preußischen Staatsminister Philipp von Ladenberg (1769–1847) anlässlich seines 50-jährigen Dienstjubiläums am 12. November 1839 das Ehrenbürgerrecht zu verleihen. In dem längeren Gutachten wird betont, dass er in Halle erzogen wurde, an der Universität ab 1786 die Rechte studiert habe und stets „eine große Vorliebe" für die Stadt zeigte und „solche bei vielfachen Gelegenheiten"[10] betätigte. In der Tat blieb der hohe Ministerialbeamte während seiner langen und steilen Karriere stets Halle verbunden, besaß er doch seit Frühjahr 1806 am Rande der Dölauer Heide bei Nietleben einen Weinberg mit schönem Landsitz, auf dem er immer wieder Ruhe und Entspannung suchte.

Johann Philipp von Ladenberg (1769–1847). Stich von Friedrich Wilhelm Bollinger.

Die Stadtverordneten erklärten ihr Einverständnis, so dass die Urkunde angefertigt werden konnte.

Der Text wurde auf Pergament geschrieben, das Stadtsiegel in eine silberne Kapsel gefasst und durch goldene Schnüre mit der Urkunde verheftet. Der Einband sollte aus rotem Samt mit Goldstickereien bestehen. Der Text des Ehrenbürgerbriefes würdigt die Leistungen für den preußischen Staat und insbesondere für die Stadt Halle. Im begleitenden Überreichungsschreiben heißt es deshalb u. a.: „Möge Eure Excellenz da her geruhen, auch von uns das Anerkenntniß hoher Verehrung und gefühltesten patriotischen Dankes entgegen zu nehmen, als dessen Ausdruck wir das vorliegende Diplom des Ehrenbürgerrecht unserer Stadt unterthänigst übereichen, welche das Glück genießt, Sie seit dem verhängnisvollen Jahre 1806 unter ihre Bürger zu zählen. Wir haben den Oberbürgermeister Schroener beauftragt,

---

9   StAH, Ehrenbürgerrecht Bl. 33.
10 Ebd. Bl. 34 f.

Eure Excellenz persönlich zu nahen, und Ihnen unsere Huldigung darzubringen."[11]

Neben dem Ehrenbürgerbrief erhielt von Ladenberg auch ein Geschenk der Stadt Halle in Gestalt eines Ölbildes, das einen Blick vom Weinberg des Jubilars auf die Stadt Halle zeigte. Schöpfer des Bildes war der junge hallesche Maler Hermann Lungkwitz (1813–1891), der noch viele interessante Stadtansichten schuf, nach dem Scheitern der Revolution 1848/49 nach Nordamerika auswanderte und sich in Texas als Fotograf und Maler niederließ.

Staatsminister von Ladenberg dankte für die Ehrung in einem Brief vom 30. November 1839, wo es u. a. hieß „Je lebendiger ich mit ganzem Herzen der Stadt Halle zugethan bin, an welche mich die mannigfachsten Beziehungen und die threusten Bande schon seit meinen Jugendjahren feßeln, um so glücklicher macht mich das so gemüthliche Andenken, durch welche Euer Hochwohlgeboren eine so wichtige Epoche meines Lebens verschönt haben, desto inniger empfunden ist mein Dank. Möchte es mir meines Lebens vergönnt sein, denselben beßer zu bethätigen als ich es durch Worte vermag."[12]

Die Stadt Halle ehrte 1890 das Andenken ihres Ehrenbürgers, indem sie einer neuen Straße seinen Namen gab. Die Ladenbergstraße wurde 1928 in einen westlichen und östlichen Abschnitt geteilt, die dann 1950 durch Ratsbeschluss die Bezeichnung Otto-Kilian-Straße bzw. Karl-Meseberg-Straße erhielten.

Hochachtung für OB Schröner
Johann Ferdinand August Schröner war nur viereinhalb Jahre im Amt – doch sehr viel erreicht

Am 13. September 1842 beschloss die Stadtverordnetenversammlung dem aus seinem Amte scheidenden Oberbürgermeister der Stadt, Johann Ferdinand August Schröner, das Ehrenbürgerrecht zu verleihen.[13] Die Abgeordneten wollten damit dem Oberhaupt der Kommune ihre uneingeschränkte

---

11 Ebd. Bl. 39.
12 Ebd. Bl. 46.
13 StAH, Acta der Stadtverordneten zu Halle. Historische Akten Kap. III Abt. Ca Nr. 12 Bl. 85.

Hochachtung für seine Amtsführung zum Ausdruck bringen, obwohl er nur viereinhalb Jahre in dieser Stellung gewesen war.

Schröner stammte aus der preußischen Hauptstadt Berlin, wo er 1801 zur Welt kam. Nach dem Studium der Rechte schlug er die Juristenlaufbahn ein, die ihn schließlich nach Halle brachte, wo er seit dem 14. Juni 1834 als Direktor des Landes- und Stadtgerichtes amtierte. In diesem Amte erwarb er sich überall die größte Anerkennung, so dass ihn die Stadtverordnetenversammlung nach der Pensionierung von Oberbürgermeister Dr. Mellin in der Vorschlagsliste vom 21. August 1837 auf Platz 1 setzte. Die Bestätigung der Wahl durch den preußischen König erfolgte am 24. Dezember, die Amtseinführung aber erst am 1. März 1838.

Johann Ferdinand August Schröner (1801–1859). Zeichnung von B. Fiedler, 1841.

Die feierliche Investitur vollzog der Regierungspräsident im Beisein des Magistrats und der Stadtverordneten auf der großen Ratsstube im Rathaus. Der neue Oberbürgermeister erklärte in seiner Ansprache u. a.: „Es kann und wird nicht fehlen, dass in unsern gemeinschaftlichen Bestrebungen mitunter verschiedene Richtungen verfolgt, andere Wege eingeschlagen werden, daß abweichende Überzeugungen zum Streit führen, aber dieser Streit soll ehrlich und offen sein und selbst bei einer von dem einen oder anderen Theile geglaubten Verletzung müssen wir rasch der völligen Ausgleichung wieder zueilen."[14]

Mit ungewöhnlicher Tatkraft versuchte Oberbürgermeister Schröner seine kommunalen Aufgaben zu lösen. In dem Werk „Die Stadt Halle"[15] würdigt Stadtrat von Hagen seine Amtsjahre, in denen folgende wichtige Vorgänge Erwähnung verdienten: Restaurierung der völlig verfallenen Moritzkirche, Beginn der Hüttenablösung in den Fluren Halle und Giebichenstein, Vergrößerung des Viehmarks am Steintor, Überleitung der städtischen Mühlen in Erbpacht, Herabsetzung der Zinsen für städtische Obligationen, Aufhebung des städtischen Pflastergeleites, der Ankauf des Rittergutes Freiimfelde, ein neues Einkommensteuerregulativ, Beginn der

---

14 Hallisches patriotisches Wochenblatt 10. Stück vom 15. März 1838, S. 314 ff.
15 Carl Hugo Freiherr vom Hagen: Die Stadt Halle, nach amtlichen Quellen historisch-topographisch-statistisch dargestellt. Bd. 2 Halle 1867, S. 330 ff.

Umwandlung der Zwingergräben in Promenadenanlagen und Eröffnung einer Sonntagsschule. Abschließend schreibt von Hagen: „Leider sollte der ebenso tüchtige, als kenntnißreiche und ehrenhafte neue Oberbürgermeister, welcher bald nach seinem Antritt auf fast allen Gebieten der städtischen Verwaltung eine sehr energische Thätigkeit entwickelte, der Kommune noch lange vor Ablauf seiner Wahlperiode wieder entzogen werden."[16]

Im September 1842 verabschiedete sich Oberbürgermeister Schröner von Halle und folgte einem Ruf als Geheimer Regierungsrat in das preußische Innenministerium. Nach erfolgreicher Tätigkeit wurde er später als Geheimer Oberregierungsrat in das Handelsministerium versetzt. Nach kurzem schwerem Krankenlager verstarb Schröner am 25. Januar 1859 in Berlin. An seiner Beerdigung nahm als Vertreter der Bürgerschaft der Stadt Halle der Abgeordnete und Zuckerfabrikant August Jacob teil.

Schöpfer der Händel-Statue
Der Bildhauer Hermann Rudolf Heidel war „überrascht und ergriffen"
Am 2. Juli 1859, einen Tag nach der festlichen Einweihung des Händeldenkmals auf dem Markt, unterbreitete Oberbürgermeister von Voß der Stadtverordnetenversammlung den Vorschlag, dem Bildhauer Hermann Heidel das Ehrenbürgerrecht der Stadt Halle zu verleihen. In seinem Schreiben heißt es u. a.: „Das schöne Fest des gestrigen Tages ist vorüber – geblieben aber ist auf unserem Marktplatz ein herrliches Kunstwerk, laut zeugend für das tiefe Verständnis und eine hohe Meisterschaft des anderen Künstlers, der es geschaffen. Leider aber muß er auch in dem Ruhm, den dies Kunstwerk ihm bereiten wird, den alleinigen Lohn für diese Arbeit finden, da die Mittel des Händel Comites kaum gestatten werden, ihm vielmehr als die baaren Auslagen zu ersetzen und jedenfalls ein angemessener Sold für Entwurf und Ausführung der Händel-Statue ihm nicht wird gewähret werden können. In dieser Beziehung kann auch die Stadt nicht ergänzend eintreten, sie kann aber einem so modernen ge-

---

16 Ebd. S. 331.

nialen und so uneigennützigen Künstler einen Tribut ihrer Dankbarkeit durch Ausübung des in § 6 der Städte-Ordnung ihr verliehenen Rechtes darbringen und den Künstler wie sich selbst zu ehren, indem sie diesen unter die Zahl ihrer Bürger aufnimmt."[17]

Schon am 4. Juli erklärten die Stadtverordneten ihr Einverständnis, „da sie sein Verdienst um die der Stadt gegebenen Zierde vollständig anerkennt".[18] Noch am gleichen Tag wird der Text der Verleihungsurkunde entworfen, deren Ausführung dem Oberlehrer Louis C. Spieß übertragen wird. Magistrat und Stadtverordnete rühmen hier die meisterhafte Vollendung des ehernen Standbildes und sein Verdienst, „welcher er durch dies ausgezeichnete, unseren Marktplatz zur wahren Zierde gereichende Kunstwerk"[19] sich erworben hat.

Hermann Rudolf Heidel (1811–1865). Holzschnitt.

Am 20. September 1859 konnte der Ehrenbürgerbrief an den Bildhauer nach Berlin abgeschickt werden. Heidel bedankte sich in einem Schreiben vom 3. Oktober 1859, in dem es u. a. heißt: „Obwohl schon vor einiger Zeit das Gerücht eines dahin zielenden Beschlusses in Zeitungen umherlief, so wurde ich doch durch die Verwirklichung desselben überrascht und ergriffen. Der Beschluß selbst, die dazu angeführten Motive, ja die schöne und prachtvolle Ausstattung des Diploms – Alles ist mir ein Beweis des einmüthigsten Wohlwollens; und es ist dies Gefühl, was mich der rühmlichsten aller Auszeichnungen unbedenklich […] freuen läßt. So fühle ich mich dem Magistrat, den Stadtverordneten und dem Händel-Comite für immerdar mit dankbarem Herzen verpflichtet, so wie an die gesammte Bürgerschaft durch ein so ehrenvolles Band enger geknüpft."[20]

Der Bildhauer Hermann Heidel stammte aus Bonn, wo er am 20. Februar 1811 geboren wurde. Ab 1835 war er Schüler des berühmten Schwanthaler in München und lebte dann von 1838 bis 1842 in Italien. Danach lebte und arbeitete er in Berlin, hatte jedoch mit seinen Arbeiten wenig Glück.

---

17 StAH, Ehrenbürgerrecht Bl. 62.
18 Ebd. Bl. 62.
19 Ebd. Bl. 63.
20 Ebd. Bl. 66.

So blieb das Denkmal für den in Halle geborenen Komponisten Georg Friedrich Händel das einzige große Monumentalwerk, das freilich die größte Popularität errang und behauptet. Der Künstler verstarb am 29. September 1865 in Stuttgart.

Gewann Herzen der Schüler
Prof. Dr. Friedrich August Eckstein – ein verdienter Pädagoge

Am 14. August 1863 übermittelte Oberbürgermeister Franz Friedrich Wilhelm Carl Conrad von Voß der Stadtverordnetenversammlung den Antrag, dem verdienten hallischen Pädagogen und Philologen Dr. Friedrich August Eckstein das Ehrenbürgerrecht der Stadt zu verleihen. „Es erscheint uns der Würde der Stadt entsprechend, daß ihm städtischer Seits bei seinem Scheiden eine ehrenvolle Anerkennung zu Theil werden u. glauben wir, daß die Ehrtheilung des Ehrenbürgerrechts an Dr. Eckstein ein angemessener Ausdruck unserer Gefühle sein würde",[21] heißt es in dem Schreiben. Eckstein stammte aus der Saalestadt, wo er am 6. Mai 1810 als Sohn eines armen Maurers zur Welt kam. Der begabte Junge erhielt Ostern 1818 eine Freistelle in der Knabenwaisenanstalt der Franckeschen Stiftungen und konnte zwei Jahre später von der deutschen zur lateinischen Hauptschule wechseln. Im Jahre 1827 konnte der fleißige Schüler das Studium der klassischen Sprachen an der Universität Halle aufnehmen, was er nach drei Jahren erfolgreich mit dem Staatsexamen und der Promovierung zum Dr. phil. abschloss.

Eckstein begann 1831 als Lehrer an der lateinischen Hauptschule der Franckeschen Stiftungen seine berufliche Tätigkeit. In seiner Biographie heißt es über diese Zeit: „Seine Gelehrsamkeit, seine pädagogische Geschicklichkeit, die Begeisterung für seinen Beruf hatten ihm schnell die Herzen der Schüler und die Hochachtung seiner Collegen und Vorgesetzten gewonnen. Eckstein verstand es, Interesse zu erwecken und immer neu zu beleben, insbesondere wurde der Unterricht im Lateinischen und später im Deutschen in wahrhaft musterhafter Weise erteilt, besonders wurden die

Dr. Friedrich August Eckstein (1810–1885). Holzschnitt.

---

21 Ebd. Bl. 68.

Lektionen, in denen er die Schriften und die Bedeutung G. E. Lessings behandelte, gerühmt."[22]

Im Jahre 1839 wechselte Eckstein als Oberlehrer an das berühmte Pädagogium der Franckeschen Stiftungen, wurde 1842 Rektor der lateinischen Hauptschule und schließlich 1849 Kondirektor der gesamten Stiftungen. Trotz dieser Ämter übte der Pädagoge eine Reihe von Ehrenämtern aus, so war er Redakteur des „Hallischen patriotischen Wochenblatts", schrieb eine Geschichte des Hospitals, der Freimaurer-Loge und zahlreiche lokalgeschichtliche Artikel. Wegen seiner fortschrittlichen Haltung erfuhr Eckstein nach der Revolutionsepoche 1848/49 schwere Zurücksetzungen, denn ihm wurde das Direktorat der Franckeschen Stiftungen schlechthin verweigert.

Da mit dem neuen Direktor Gustav Kramer keine Zusammenarbeit möglich war, folgte Eckstein 1863 einem Ruf nach Leipzig, wo er bis 1881 Rektor der Thomasschule war und daneben als Professor an der Universität wirkte. Die Verleihung des Ehrenbürgerrechts am 14. Oktober 1863 war also das Abschiedsgeschenk der Stadt Halle, die sich darüber freute, „solchergestalt Ihn, dessen Verlust wir zu unserem aufrichtigem Bedauern von Stadt u. Stiftungen abzuwenden nicht vermochten, auch fernerhin noch den Unsrigen nennen zu können".[23]

Eckstein verstarb am 15. November 1885 in Leipzig nach einem rastlosen Leben im Dienste der Schule. Viele ehrende Nachrufe in den hallischen Tageszeitungen bezeugen, dass er in seiner Vaterstadt unvergessen geblieben war. Eine projektierte Straße vom Böllberger Weg zur Röpziger Straße sollte seinen Namen erhalten, ist jedoch nie ausgebaut worden.

Fürsorge galt besonders den Armen und Hilfsbedürftigen
Gustav Kirchner – 39 Jahre im Dienste des Gemeinwesens
Am 1. Juli 1872 schlug die Stadtverordnetenversammlung dem Magistrat der Stadt Halle vor, dem langjährigen Stadtrat Kirchner bei seinem Ausscheiden aus dem städtischen Dienst das Ehrenbürgerrecht zu verleihen.[24]

---
22 Hallische Zeitung Nr. 269 vom 17. November 1885.
23 Ebd.
24 StAH, Ehrenbürgerrecht Bl. 73.

Ehrenbürgerbrief für Gustav Kirchner (1805–1895) vom 9. September 1872.

Gustav Adolph Theodor Kirchner wurde am 25. September 1805 als Sohn des verdienstvollen und hoch angesehenen Ökonomie-Inspektors der Franckeschen Stiftungen Benjamin Theodor Kirchner (1767–1842) geboren. Er besuchte die Schulen dieser Anstalt und studierte schließlich die Rechte an der Universität Halle. Im Alter von 27 Jahren, am 4. Februar 1833, wurde er als Oberlandesgerichtsreferendar zum Stadtsyndikus in den Magistrat gewählt. In diesem Amt war er verantwortlich für die Belange der städtischen Finanzen, der Vermögensanlagen und der Rechtsvertretung der Stadt.

Kirchner, der eng mit Stadtrat Ludwig Wucherer zusammenarbeitete, förderte in jeder Weise die Anfänge der modernen Wirtschaft, insbesondere der hallischen Zuckerindustrie sowie den Ausbau des Eisenbahnknotenpunktes Halle. Ebenso galten seine Bemühungen dem Armenwesen der Stadt und dem Ausbau der Stadtsparkasse, über die er 1863 eine umfangreiche Denkschrift vorlegte.[25] So wurde Kirchner laut Text der Verleihungsurkunde vom 9. September 1872 „das Ehrenbürgerrecht unserer Stadt als ein Zeichen der Dankes seiner Mitbürger, für die Stadt geleisteten langjährigen treuen Dienste namentlich in Wahrnehmung der Rechte der Gemeinde und in der Fürsorge für ihre Hilfsbedürftigen und Armen" zuerkannt. Weiter heißt es dann: „Wir freuen uns herzlich, daß wir solchergestalt ihn, dessen Verlust wir aufrichtig beklagen, auch wenn er fern von uns sein wird, noch den Unsrigen nennen können und wünschen ihm, daß er die Ruhe und Muße, welche er sich nach einem arbeitsvollen Leben gegönnt hat, noch viele Jahre im Kreise der Seinigen genießen möge."[26]

Die künstlerische Gestaltung des Ehrenbürgerbriefes hatte der Maler und Universitätszeichenlehrer Hermann Schenck (1829–1912) übernommen. Ehrenbürger Kirchner bedankte sich am 1. Oktober 1827 mit folgendem Schreiben: „Den geehrten Stadtbehörden danke ich ganz ergebenst für die Auszeichnung, welche mir durch Ertheilung des Ehrenbürgerrechts meiner Vaterstadt geworden ist. Es ist mir und meinen Kindern und meiner ganzen Familie eine große Freude gewesen, meine redlichen Bestrebungen am Schlusse der eigentlichen Thätigkeit meines Lebens in dieser ehrenden Weise anerkannt zu sehen."[27]

Gustav Kirchner beendete am 1. Oktober 1872 seine amtliche Tätigkeit, die 39 Jahre und fünf Monate umfasste, und nahm seinen ständigen Wohnsitz im thüringischen Schleusingen. Während eines Besuchs bei Verwandten in Magdeburg starb Kirchner im Alter von 89 Jahren und fünf Monaten am 8. März 1895. Die hallischen Lokalzeitungen widmeten dem Ehrenbürger würdige Nachrufe, während die Stadt Halle noch im Todesjahr eine kurze Straße unmittelbar am Hauptbahnhof nach Kirchner benannte.

---

25 StAH, Acta des Magistrats der Stadt Halle betr. die Spar-Casse. Historische Akten Kap. VIII Abt. A Nr. 5 Bl. 19 ff.
26 StAH, Ehrenbürgerrecht Bl. 76.
27 Ebd. Bl. 77.

Für das Aufblühen Halles
Robert Rothe, Regierungspräsident in Merseburg 1861 bis 1875

In einem Schreiben vom 3. Dezember 1874 teilte Oberbürgermeister von Voß dem Stadtverordnetenkollegium mit, dass der amtierende Präsident der Regierung in Merseburg, Robert Rothe, am 25. Mai des folgenden Jahres sein fünfzigjähriges Dienstjubiläum als preußischer Beamter begehen könne.[28] Er bat das Gremium, Vorschläge zu machen, in welch geeigneter Weise sich die Stadt an den Ehrungen beteiligen wolle. Die daraufhin eingesetzte Kommission von fünf Stadtverordneten schlug einstimmig vor, Präsident Rothe das Ehrenbürgerrecht zu verleihen. Zur Begründung führte das Gremium an, dass dieser „amtlich und außeramtlich stets das lebhafteste Interesse für das Aufblühen und Gedeihen der Stadt Halle bekundet und dasselbe namentlich auch dadurch allseits bestätigt habe, dass er in allen, oft hochwichtigen, der Entscheidung der Staatsregierung zu unterbreitenden Angelegenheiten derselben seinen vollen Einfluß nicht allein für eine alsbaldige, sondern auch den Wünschen der städtischen Behörden und den Prinzipien der Selbstverwaltung entsprechende Erledigung in wohlwollendster Weise geltend gemacht"[29] habe. Der Magistrat stimmte dem Vorschlag der Kommission zu, die nun den Universitätsmaler und Zeichenlehrer Hermann Schenck mit der künstlerischen Gestaltung des Ehrenbürgerbriefes beauftragte. Die Stadt verlieh die Auszeichnung, so der Text der Urkunde, „dem allverehrten, durch Pflichttreu, Wohlwollen und Gerechtigkeit sich auszeichnenden Mann, Ihm, dem allzeit bereiten und erprobten Förderer aller gemeinnütziger Bestrebungen, Ihm, dessen den Grundsätzen der städtischen Selbstverwaltung entsprechender Unterstützung in wichtigen Angelegenheiten uns nie fehlte."[30]

Der Geehrte stammte aus Bromberg, wo er am 20. Juli 1803 geboren worden war. Nach dem Studium, u. a. an der Universität Halle, begann Rothe am 15. Mai 1825 seine höhere Beamtenlaufbahn, die ihn schließlich am 30. August

---

28 Ebd. Bl. 83.
29 Ebd. Bl. 83 f.
30 Ebd. Bl. 87.

1861 an die Spitze des Regierungsbezirkes Merseburg führte. In einem Dankschreiben vom 20. Juli 1875 führte Rothe u. a. aus: „In der Stellung der Behörden zu einer hochansehnlichen Stadtgemeinde, deren blühender Aufschwung die Einsicht und Thatkraft ihrer Leiter und Berather zur höchsten Anspannung herausfordert, gehört es zu den schwierigsten Aufgaben, die oft beengenden Formen des Gesetzes mit den Rücksichten in Einklang zu bringen, welche die Intelligenz und der um das Gemeinwohl bemühte selbstbewußte Bürgersinn in Anspruch zu nehmen berechtigt sind. Je mehr ich stets bemüht gewesen bin, die dadurch vorgezeichneten Linien der gegenseitigen Stellung beachtet zu sehen, desto beglückter bin ich, die mir gewährte Auszeichnung als ein Zeichen freundlicher Anerkennung […] annehmen zu dürfen."[31] Rothe wählte Halle zu seinem Alterssitz und übernahm im September 1876 die Stelle eines unbesoldeten Stadtrats und verwaltete bis Ende 1880 das Schuldezernat. Fast 90 Jahre alt, starb der Wirkliche Geheime Rat und Regierungspräsident a. D. Robert Rothe am 12. April 1893 in Halle.

Robert Rothe (1803–1893). Foto.

Mediziner mit großem Ruf auch als Dichter
Chirurg Richard von Volkmann – „ein vielseitiges Genie"
Der Chirurg Richard von Volkmann (1830–1889), einer der hervorragendsten Mediziner seiner Epoche, war über Jahrzehnte mit der traditionsreichen Universitätsstadt Halle verbunden. Er begann seine wissenschaftliche Karriere im Mai 1855 als Assistent an der chirurgischen Universitätsklinik Halle, deren Leitung er schließlich Anfang März 1867 als ordentlicher Professor übernahm. Seine außergewöhnlichen chirurgischen Erfolge und die zahlreichen Veröffentlichungen auf seinem Fachgebiet lassen Volkmann binnen eines Jahrzehnts in die erste Reihe der europäischen Chirurgen aufsteigen.

In einer Würdigung schreibt der Orthopäde Hermann Krukenberg: „Volkmann war ein so vielseitiges Genie, wie sie selten geboren werden. Er war der Stolz seiner Vaterstadt, und ich erinnere mich aus meiner Kindheit kaum einer Per-

---
31 Ebd. Bl. 92.

Richard von Volkmann (1830–1889). Beschädigtes Foto von einem Gemälde, dessen Künstler nicht bekannt ist.

sönlichkeit, zu der wir mit solcher Ehrfurcht aufgeschaut hätten, wie zu Volkmann. Wie er sich für jeden einzelnen seiner Kranken interessierte, so wusste er sich mit einer seltenen Gründlichkeit in die einzelnen Theile seiner Wissenschaft zu vertiefen, und so wurden seine Arbeiten bahnbrechend auf den verschiedensten Gebieten, und was besonderst zu bemerken ist, alles, was Volkmann der deutschen Chirurgie geschenkt hat, hat dauernden Wert, hat sich bis auf den heutigen Tag erhalten."[32]

Der berühmte Gelehrte amtierte 1878/79 als Rektor der Universität und konnte am Ende seines Amtsjahres den Neubau der nach seinen Wünschen errichteten Chirurgischen Klinik auf der Maillenbreite (Magdeburger Straße) als ersten Komplex des gesamten Universitätsklinikums beziehen. Damit war Volkmann am Ziel seiner lang gehegten Wünsche. Mit großer Sorge nahm die hallische Öffentlichkeit deshalb Kenntnis von der Tatsache, dass Volkmann Mitte Mai 1882 auf die Vorschlagsliste zu Berufungen auf den Berliner Lehrstuhl für Chirurgie, den ersten des Deutschen Reiches, gekommen war. Doch nach reiflicher Überlegung lehnte Volkmann den an ihn ergangenen Ruf nach Berlin in einem Schreiben vom 13. Juli 1882 an den zuständigen Minister ab. Seine Absage sprach sich in Halle in Windeseile herum und wurde lebhaft erörtert.

Das „Hallesche Tageblatt" schreibt drei Tage später: „Diese Nachricht wird alle, die ein Herz für unsere Stadt, Liebe zu unserer Universität, Mitgefühl für die Leidenden haben, aufs Freudigste ergreifen. Je weniger wir es dem Genie hätten verdenken können, wenn es die Ehren, nach denen es nicht geizte, annahm, je betrübter die ärztliche Welt die Kunde vernehmen wird, daß der berufenste deutsche Kliniker sich weigert, den Platz einzunehmen, der ihm von Rechts wegen gebührt, desto stolzer kann Halle und seine alma mater sein, daß es seinen berühmten Mitbürger, Arzt und Lehrer behält."[33]

Die Stadt Halle entschloss sich, Volkmann in würdiger Form zu ehren. In einem Zirkular schrieb Oberbürgermeister Gustav Staude von den Vorteilen des Entschlusses Volk-

---

32 Hallesches Tageblatt Nr. 280 vom 29. November 1889.
33 Ebd. Nr. 164 vom 16. Juli 1882.

manns und fuhr dann fort: „Die Bedeutung dieser Vortheile wird gewiß Niemand unterschätzen und ich halte es deshalb für eine Pflicht der städtischen Behörden, dem großen Gelehrten den Dank und die Anerkennung auszudrücken, welche ihm die Bürgerschaft von Halle schuldet und von welchen dieselben durchdrungen ist. Dies kann wohl nur durch Verleihung des Ehrenbürgerrechts geschehen, welche ich hiermit beantrage."[34]

Daraufhin gab es im Magistratskollegium unterschiedliche Reaktionen. So lehnte Bürgermeister Wilhelm von Holly die vorgesehene Ernennung ab, da Volkmann bei seiner Entscheidung wohl kaum aus „Interesse für die Stadt oder Universität Halle" gehandelt habe.[35] Stadtrat Friedrich Dryander bringt juristische Bedenken vor, ob es angängig sei, Personen, die das Bürgerrecht besitzen, noch zu Ehrenbürgern zu machen, man habe sich deshalb bisher auf Auswärtige oder Wegziehende beschränkt. Schließlich einigt sich das Kollegium auf die Verleihung, die mit Schreiben vom 17. Juli bei der Stadtverordnetenversammlung beantragt wird.[36]

Am 20. Juli suchen Vertreter beider Gremien Volkmann in dessen Haus Wilhelmstraße 32 (heute Emil-Abderhalden-Straße) auf, um ihm die Ehrenbürgerrechtsverleihung mitzuteilen. Die Urkunde konnte bei dieser Gelegenheit noch nicht überreicht werden, da sie wie immer in künstlerischer Form gestaltet werden sollte. Den Auftrag erhielt diesmal der hallische Dekorationsmaler Wilhelm Zander mit der Auflage seitens des Oberbürgermeisters, auf dem Titelblatt neben der Bezeichnung und dem Namen allegorische Darstellungen, die auf den Wirkungskreis des Ehrenbürgers Bezug hatten, sowie die neue Chirurgische Klinik zu zeigen. Die Ausführung des Dokuments verzögerte sich erheblich und konnte Professor Volkmann erst am 8. Februar 1883 überreicht werden.

Nach dem Text des Ehrenbürgerbriefes, der am 17. Juli 1882 ausgestellt wurde, verliehen ihm der Magistrat und die Stadtverordnetenversammlung die Würde „in dankbarer Anerkennung der hohen Verdienste, welche derselbe sich durch seine hervorragende und aufopfernde Thätigkeit als

---

34 StAH, Ehrenbürgerrecht Bl. 101.
35 Ebd. Bl. 101 f.
36 Ebd. Bl. 103 f.

Lehrer der akademischen Jugend, als Leiter der chirurgischen Klinik und als Helfer für zahllose Leidende nicht nur um die Wissenschaft im Allgemeinen, sondern namentlich um die Hebung der hiesigen Universität und das Wohl unserer Stadt erworben hat […]".[37]

Der neue Ehrenbürger der Stadt Halle bedankt sich am 18. Februar 1883 in einem längeren eigenhändigen Brief, in dem er in bewegender Weise seine Verbundenheit zur Stadt Halle formulierte. Volkmann schreibt u. a.: „Ich weiß dem Danke der mich erfüllt keinen beßeren Ausdruck zu geben, als indem ich wiederhole, was ich in jenen für mich unvergeßlichen Tagen bewegten Herzens ausgesprochen: daß so hohe und so ungewöhnliche Ehrenbezeugung die Ansprüche, die man an sich selbst stellt, Thun und Denken bis an das Lebensende bestimmen […]. Das Diplom, welches mir diese höchste Ehre, die einem Bürger zu Theil werden kann verbrieft, ist so reich ausgestattet und künstlerisch so vollendet hergestellt, wie es einer Stadt geziemt, die in unerhörtem Aufblühen begriffen sich deßen bewußt ist, daß sie von Jahr zu Jahr wachsend an Einfluß, Macht und Ansehen gewinnt und die sich daher selber ehren darf und will. Ich bin es mir allezeit bewußt geblieben, daß ich ihr den wesentlicheren Theil deßen verdanke, was ich im Leben erreicht habe."[38]

Begabter Liederkomponist
Robert Franz amtierte von 1859 bis 1867 als Universitätsmusikdirektor

In seiner Sitzung vom 30. Dezember 1884 beschloss der Magistrat der Stadt Halle, dem Komponisten, Dirigenten und Universitätsmusikdirektor Robert Franz anlässlich der Feier des 200-jährigen Geburtstages Georg Friedrich Händels am 23. Februar 1885 das Ehrenbürgerrecht zu verleihen. In dem Schreiben an die Stadtverordnetenversammlung, dem Ersuchen zuzustimmen, heißt es u. a.: „Die hohen Verdienste, welche dieser Componist um die Musik – besonders auch um Händels Werke – erworben hat und die allgemeine Anerkennung, welche er dafür in den musikalischen Kreisen der

---

37 Ebd. Bl. 112.
38 Ebd. Bl. 114 f.

ganzen gebildeten Welt gefunden, lassen es gewiß gerechtfertigt erscheinen, daß wir ihn in der vorgeschlagenen Weise ehren […]".³⁹

Robert Franz stammte aus einem alten Hallorengeschlecht und wurde am 28. Juni 1815 in einem Haus auf der Brunoswarte als Robert Franz Julius Knauth geboren. Er besuchte die Franckeschen Stiftungen, um später in Dessau eine musikalische Ausbildung aufzunehmen. Der junge Künstler übernahm 1844 das Organistenamt an der Ulrichskirche und leitete von 1842 bis 1867 die hallische Singakademie, die 1907 seinen Namen annahm. Schließlich erhielt er 1859 das Amt des Universitätsmusikdirektors, so dass er im musikalischen Leben der Stadt eine beherrschende Stellung innehatte.

Trotzdem hat der Komponist ebenso schwer um Anerkennung ringen müssen wie der Praktiker, der Bach und Händel in eigenen Bearbeitungen zur Aufführung brachte. Sein Leben und Wirken wurde seit den sechziger Jahren von zunehmender Taubheit überschattet, so dass er schließlich alle öffentliche Tätigkeit einstellen musste. Äußerer Anlass dieser hoch verdienten Ehrung war der bevorstehende 70. Geburtstag des Komponisten. Die Stadtverordneten stimmten dem Magistratsvorschlag zu, so dass das Dokument ausgefertigt werden konnte.

Im Text des Ehrenbürgerbriefes heißt es u. a.: „Wir wünschen, daß der Genannte die Verleihung dieser höchsten bürgerlichen Auszeichnung als die Bethätigung dankbarer Anerkennung der unvergänglichen Verdienste entgegennehmen möge, die er sich in reicher schöpferischer Tätigkeit, wie in liebevoller Förderung des Verständnisses unserer klassischen Meister um die deutsche Musik erworben hat."⁴⁰

Robert Franz, der als feinsinniger Liederkomponist schon früh die Anerkennung Robert Schuhmanns errang und später die Freundschaft Franz Liszts gewann, hat diese hohe Ehrung seitens der Vaterstadt mit großer Freude entgegengenommen. In seinem Dankschreiben vom 2. März 1885 heißt es u. a.: „Gereicht eine solche Auszeichnung schon an und für sich zu hoher Ehre, so wird diese für mich noch

Robert Franz (1815–1892). Stich von Adolf Neumann.

---
39 Ebd. Bl. 126e.
40 Ebd. Bl. 126d.

wesentlich dadurch gesteigert, daß die Berufung zum Ehrenbürger mit der Feier des zweihundertjährigen Geburtstags Händels, des großen Tonmeisters, zart und sinnig in Verbindung gebracht worden ist."[41]

Robert Franz war eine populäre, stadtbekannte Persönlichkeit, die einen großen Freundeskreis um sich scharte. Der Künstler starb am 24. Oktober 1892 und fand auf dem Stadtgottesacker seine letzte Ruhestätte.

Hochverdienter Feldherr
Mit Leonhard Graf von Blumenthal wurde erstmalig ein Militär geehrt

Am 27. Januar 1887 stellte Oberbürgermeister Gustav Staude den Antrag, Graf Blumenthal, den kommandierenden General des IV. Armeekorps, anlässlich seines 60-jährigen Dienstjubiläums das Ehrenbürgerrecht der Stadt Halle zu verleihen. In dem Schreiben an die Stadtverordnetenversammlung heißt es zur Begründung u. a.: „Wir halten es für angezeigt, daß die städtischen Behörden von Halle a. S. diese seltene Feier benutzen, um dem berühmten und um die Einigung Deutschlands hochverdienten Feldherrn ihre Verehrung zu beweisen."[42] In die Reihe der Ehrenbürger tritt zum ersten Mal ein Militär ein, nachdem Halle bis dahin vor allem Staatsmänner, Kommunalpolitiker, Künstler und Wissenschaftler ausgezeichnet hatte.

Leonhard Graf von Blumenthal wurde am 30. Juli 1810 in Schwedt/Oder geboren, im preußischen Kadettenkorps erzogen und trat 1827 als Offizier in die Armee ein. Von 1830 bis 1833 besuchte er die Kriegsakademie und wurde schließlich 1848 zum Großen Generalstab abkommandiert. Blumenthals strategische Fähigkeiten als Generalstabschef in den Kriegen 1864, 1866 und 1870/71 eröffneten ihm eine steile Karriere. Im März 1872 erhielt er das Kommando des IV. Armeekorps, das ihn von Magdeburg aus auch häufig zu den Garnisonen in Halle führte. Die hallischen Stadtverordneten stimmten einmütig der Ehrung zu, so dass der Ehrenbürgerbrief in Auftrag gegeben werden konnte.

Leonhard Graf von Blumenthal (1810–1900). Foto.

---
41 Ebd. Bl. 128.
42 Ebd. Bl. 133.

Die Urkunde fertigte der Lithograph Ernst Hallberg an, über deren Gestaltung ein offizieller Bericht vorliegt. Hier heißt es u. a.: „Wie alle solche Widmungsblätter, ist auch diese als Aquarell ausgeführt. Eine stehende anmutige Frauengestalt, an der Mauerkrone als Verkörperung der huldigenden Stadt erkenntlich, weist mit der Linken auf den Ehrenbürgerbrief hin, indes die Rechte einen Lorbeerkranz hebt. Hinter ihr wird ein die Farben der Stadt zeigendes Banner sichtbar, in dessen vier Ecken die Wahrzeichen von Handel und Industrie, von Kunst und Wissenschaft als derjenigen Zweige menschlichen Schaffens angebracht sind, welche vorzugsweise durch unsere Stadt vertreten werden. Um diese Andeutungen für die Kunst und Wissenschaft noch deutlich hervortreten zu lassen, ist links von der Figur die Vorderansicht des Theaters eingetragen, bei dessen Einweihung der General anwesend war. In der rechten unteren Ecke wird der Beschauer durch ein Bildchen mit den 5 Türmen des Marktplatzes nochmals an den halleschen Ursprung der Urkunde erinnert."[43] Der Text der Urkunde begründet die Verleihung mit seinen Verdiensten als Feldherr und rühmt ihn als den „verehrten Chef des seit langer Zeit in unserer Stadt heimischen und der Bürgerschaft lieb gewordenen Magdeburgischen Fusilier-Regiments Nr. 36".[44]

Der Ehrenbürgerbrief konnte Graf von Blumenthal erst am 6. August 1887 durch Oberbürgermeister Staude überreicht werden, da er am Ehrentag selbst auf seinem Familiengut weilte. Der hallische Ehrenbürger erlebte noch seinen 90. Geburtstag, starb aber noch im gleichen Jahr, am 22. Dezember 1900, auf dem Gut Quellendorf bei Köthen. Seine Bestattung erfolgte auf dem Blumenthalschen Stammgut Krempfer bei Perleberg.

Bekannter Leihbibliothekar
Ferdinand Wolff anlässlich seines 50-jährigen Bürgerjubiläums geehrt
Mitte Juni 1887 beriet eine Kommission des Magistrats und der Stadtverordnetenversammlung, in welcher Weise der Leihbibliothekar und Stadtverordnete Ferdinand Wolff

---
43 Ebd. Bl. 138.
44 Ebd. Bl. 141.

*Ferdinand Wolff
(1804–1888). Foto,
Friedrich Anders-Paltzow.*

anlässlich seines 50-jährigen Bürger-Jubiläums zu ehren sei. Sie kam einstimmig zu dem Beschluss dem verdienstvollen ehrenamtlichen Kommunalpolitiker das Ehrenbürgerrecht der Stadt Halle zu verleihen. Im Protokoll heißt es weiter: „Dagegen glaubt man, daß Ehrengeschenke, wie ein Pokal oder dergl. dem Jubilar keine Freude machen werde und hält auch die Stiftung seines Bildnisses für den Stadtverordneten-Saal nicht angezeigt, weil solche Bilder von späteren Generationen erfahrungsgemäß bald in die Rumpelkammer geworfen werden."[45]

Ferdinand Wolff war der Sohn des Besitzers einer bekannten, seit 1786 bestehenden Leihbibliothek und wurde am 18. September 1804 in Halle geboren. Nach der Schule erlernte er die Buchbinderei, übernahm jedoch schon 1822 nach dem Tod des Vaters das Geschäft, das er bis zum Jahre 1866 selbst weiter führte. Am 7. September 1837 erwarb er das Bürgerrecht der Stadt, da er das Haus Brüderstraße Nr. 223, heute Nr. 13, gekauft hatte. In die Kommunalpolitik trat Wolff 1845 ein, denn er wurde in das Stadtverordnetenkollegium gewählt, dem er dann 42 Jahre angehörte. Er erwarb sich große Verdienste um die städtische Armenverwaltung und das Bürgerrettungs-Institut, wo er vielen Mitbürgern den sozialen Abstieg durch konkrete Hilfe ersparen konnte. Der Text der Ehrenurkunde, die am 7. September 1887, seinem Jubiläumstag, ausgestellt wurde, begründet die Verleihung mit der Anerkennung „des stets opferwilligen Gemeinsinns, welcher derselbe fünfzig Jahre hindurch als Bürger unserer Stadt bethätigt und in dankbarer Würdigung der hohen und vielseitigen Verdienste, welche er sich in seiner langjährigen Wirksamkeit als Mitglied der Gemeinde-Vertretung um die Entwicklung und Pflege unserer Gemeinde-Einrichtungen erworben hat [...]".[46] Der hallische Lithograph Hallberg liefert erneut den künstlerischen Entwurf, während der Buchbinder Saalfeld die reich dekorierte Mappe anfertigt.

Ferdinand Wolff bedankte sich am 8. September 1887 und schrieb u. a.: „Durch die Wohllöbl. städt. Behörden ist

---

45 Ebd. Bl. 148 f.
46 Ebd. Bl. 150.

mir bei Gelegenheit meines fünfzigjähr. Jubiläums das Ehrenbürgerrecht meiner Vaterstadt verliehen worden. Diese hohe Ehre hat mich auf das Tiefste ergriffen, zumal sie mir unverdient erscheint. Habe ich doch in den verfloßenen Jahren nur meine Pflicht gethan wie es jedem Bürger zusteht u. ich danke dem Himmel, daß ich meine Dienste den hiesigen Communalen Angelegenheiten bis heute habe ungestört widmen können. Wenn ich diese höchste städtische Ehrenbezeugung mit tiefgefühltestem Dank annehme, so geschieht es

Ehrenbürgerbrief für Ferdinand Wolff (1804–1888) vom 7. September 1887.

mit dem lebhaftesten Wunsche, daß Gottes Segen auch ferner über der von mir geliebten Vaterstadt u. ihren Behörden walten möge."[47]

Im Alter von 84 Jahren starb der Ehrenbürger Wolff am 17. Dezember 1888 und fand auf dem Nordfriedhof seine letzte Ruhestätte. „Sein Hinscheiden wird in weiten Kreisen unserer Bürgerschaft schmerzlich empfunden werden, sein Andenken aber ein gesegnetes sein für alle Zeiten",[48] heißt es im Nachruf der städtischen Gremien.

Einst ältester Einwohner
August Lamprecht – noch im hohen Alter für Stadt aktiv
Am 17. Oktober 1890 erklärte der Magistrat der Stadt Halle einstimmig sein Einverständnis mit dem Vorschlag der Stadtverordnetenversammlung, dem Regierungs- und Landes-Ökonomierat August Lamprecht das Ehrenbürgerrecht zu verleihen.[49] Äußerer Anlass für die Auszeichnung war das Ausscheiden des verdienstvollen Kommunalpolitikers aus seinem Amt als Stadtrat.

August Lamprecht wurde am 28. Juni 1801 in Havelberg geboren und schlug die höhere Verwaltungslaufbahn ein. Als Regierungs-Landes-Ökonomierat schied er 1863 aus dem Staatsdienst aus und lebte seitdem in Halle als Ruheständler. Am 7. Februar 1870 wählten ihn in einer Ergänzungswahl für die erste Abteilung die stimmberechtigten Bürger zum Stadtverordneten. Schon am 7. Oktober 1871 nahm Lamprecht die Wahl zum unbesoldeten Stadtrat an. Eine Wiederwahl für zunächst sechs Jahre erfolgte am 16. September 1878 und dann noch einmal im Herbst 1884. Als Magistratsmitglied stand Lamprecht wichtigen Zweigen der städtischen Verwaltung vor und entfaltete trotz seines hohen Alters eine außerordentlich rege Tätigkeit im Interesse der Stadt. Als Dezernent zeichnete er vor allem für alle Angelegenheiten des Stadtgottesackers verantwortlich. Der Text der Ehrenbürgerurkunde begründet die Verleihung mit der „Anerkennung

---

47 Ebd. Bl. 153.
48 Hallesches Tageblatt Nr. 298 vom 19. Dezember 1888.
49 StAH, Ehrenbürgerrecht Bl. 158.

des Gemeinsinns, welchen derselbe während einer mehr als zwanzigjährigen Wirksamkeit, zunächst als Stadtverordneter, dann als unbesoldetes Magistrats-Mitglied betätigt und in dankbarer Würdigung der großen Verdienste, welche er sich in der Verwaltung des städtischen Grundeigentums in unserer Gemeinde erworben hat".[50]

Der Ehrenbürgerbrief wurde durch die Vermittlung des Kunstgewerbe-Vereins zu Halle für 300 Mark durch einheimische Handwerker angefertigt und Stadtrat Lamprecht am 17. Februar 1891 durch Oberbürgermeister Staude in seiner Wohnung, Marienstraße 25, feierlich überreicht. Am 23. Februar bedankte sich Stadtrat Lamprecht mit folgendem Schreiben an den Magistrat und die Stadtverordnetenversammlung: „Durch meine Ernennung zum Ehrenbürger der Stadt Halle a. S. aus fühle ich mich hoch geehrt und verfehle nicht für diese mir zu Theil gewordene ehrenvollen Auszeichnung vom hochverdienten Magistrat und der hochverehrten Stadtverordneten-Versammlung hieselbst meinen tiefgefühlten Dank hierdurch ganz ergebenst abzustatten."[51]

August Lamprecht (1801–1899). Foto.

Auch nach seinem Rücktritt aus dem städtischen Amte konnte Lamprecht nicht ohne Aufgabe und Arbeit leben. Immerhin 89 Jahre alt, übernahm er eine Stellung als Sozietätsdirektor der Provinzial-Städte-Feuer-Sozietät und bearbeitete die ihm zufallenden Sachen mit einer Pünktlichkeit und Sorgfalt, dass er bis zu seinem Lebensende ein Vorbild hingebender Pflichttreue blieb. Im hohen Alter von 98 Jahren verstarb Stadt-Regierungs- und Landes-Ökonomierat August Lamprecht als ältester Bewohner der Stadt am 9. Juni 1899. Im Nachruf der städtischen Gremien heißt es: „Über 20 Jahre lang hat der Dahingeschiedene zunächst als Stadtverordneter, dann als unbesoldetes Magistratsmitglied seine Kräfte uneigennützig und erfolgreich in den Dienst der Gemeinde gestellt. Die Verleihung des Ehrenbürgerrechts war der Ausdruck der dankbaren Anerkennung, welche die Bürgerschaft ihm stets entgegenbrachte."[52]

---

50 Ebd. Bl. 164.
51 Ebd. Bl. 170.
52 General-Anzeiger Nr. 135 vom 11. Juni 1899.

Carl Dryander (1811–1897). Foto.

In städtischen Ehrenämtern
Carl Dryander verwaltete die Franckeschen Stiftungen
Am 19. Dezember 1892 beschlossen die Stadtverordneten der Stadt Halle einstimmig, dem unbesoldeten Stadtrat Carl Dryander anlässlich seines Ausscheidens aus dem Magistratskollegium das Ehrenbürgerrecht zu verleihen.[53] Nur wenige Tage später billigte der Magistrat diesen Vorschlag ebenso einmütig, so dass die notwendigen Formalitäten in Angriff genommen werden konnten.

Der Kandidat stammte aus einer alten hochangesehenen hallischen Beamtenfamilie, die um die Wende des 17. Jahrhunderts aus Merseburg eingewandert war. Sein Großvater, Hofrat Dr. Hermann Benjamin Dryander, war Universitätssyndikus, der Vater, Dr. Friedrich August Dryander, dagegen seit 1808 pfännerschaftlicher Syndikus und übernahm sieben Jahre später das bisher von seinem Vater verwaltete Amt an der Universität. Carl Dryander wurde am 30. August 1811 in Halle geboren, besuchte das Pädagogium der Franckeschen Stiftungen und studierte danach Jura an den Universitäten Halle und Berlin. Seine erste Anstellung fand er in der preußischen Hauptstadt als Obergerichtsassessor, wechselte 1843 nach Halle zurück, wo er als Syndikus der Franckeschen Stiftungen die ökonomische Verwaltung dieser berühmten Schulanstalt übernahm. Seine Fürsorge galt den „erwerbenden" Instituten, also der Buchhandlung und der Buchdruckerei des Waisenhauses, der Cansteinschen Bibelanstalt und der Bibeldruckerei. Als Dryander am 1. April 1868 sein 25-jähriges Dienstjubiläum beging, hieß es in einem Glückwunschblatt der genannten Einrichtungen u. a.: „Die umsichtige und thätige Fürsorge, welche Sie unseren Bestrebungen für die nothwendigen Verbesserungen der technischen Zweige unserer Institute angedeihen ließen, die einsichtsvolle Unterstützung, welche Sie der speculativen und finanziellen Thätigkeit der Buchhandlung widmeten, wird Ihnen stets unsere aufrichtige und herzliche Dankbarkeit sichern."[54]

1850, nach dem Tode des Vaters, berief ihn die Pfännerschaft ebenfalls zum Syndikus, wo er erfolgreich die Umwandlung zu einer modernen Unternehmergewerkschaft

---

53 StAH, Ehrenbürgerrecht Bl. 175.
54 StAH, Familienarchiv Nr. 3305.

durchführte. Schon 1846 war der pflichtbewusste Beamte zum Stadtverordneten gewählt worden, um dann am 20. Oktober 1856 als unbesoldeter Stadtrat ins Magistratskollegium einzutreten. Seine umfassende Tätigkeit in diesem Gremium würdigt die durch Ernst Hallberg künstlerisch gestaltete Urkunde in einer aufwändigen Schmuckkassette mit Silberbeschlägen der hallischen Edelschmiede Wratzke & Steiger zur Verleihung des Ehrenbürgerrechts, die erfolgt „in Anerkennung des Gemeinsinnes, welche derselbe während einer nahezu fünfzigjährigen Wirksamkeit in städtischen Ehrenämtern zunächst als Stadtverordneter, dann als Magistratsmitglied bethätigt, und in dankbarer Würdigung der grossen Verdienste, welche er sich in der Verwaltung der Kir-

*1892 von den Juwelieren Arthur Wratzke und Fritz Steiger hergestellte Schmuckkassette mit Silberbeschlägen für den Ehrenbürgerbrief Dryander.
Foto, Thomas Ziegler.*

Ehrenbürgerbrief für Carl Dryander (1811–1897) vom 19. Dezember 1892.

chenangelegenheiten und der Sparkasse, sowie in manchen anderen wichtigen Aufgaben um die gedeihliche Entwicklung unserer Gemeinde erworben hat".[55]

Carl Dryander starb am 17. Februar 1897 im 86. Lebensjahr und fand in der Familiengruft auf dem Stadtgottesacker seine letzte Ruhestätte. Ehrende Nachrufe des Magistrats, der Stadtverordnetenversammlung, des Direktoriums der Franckeschen Stiftungen, der Halleschen Pfännerschaft und des Presbyteriums der Domgemeinde bezeugten die engen Verbundenheiten des Ehrenbürgers mit seiner Vaterstadt.

Verdienste um Stadtgrün
Friedrich Fubel engagierte sich auch im Schulwesen
Die Stadtverordnetenversammlung Halles beschloss am 19. Dezember 1892 einstimmig, dem unbesoldeten Stadtrat Friedrich Fubel, der „wegen vorgerückten Alters" eine Wiederwahl für sein Amt ablehnte, das Ehrenbürgerecht der Stadt zu verleihen.[56] Der Magistrat billigte den Entschluss, so dass zum ersten Male seit der Verleihung dieser Ehrung zwei verdienstvolle Kommunalpolitiker am gleichen Tag ausgezeichnet wurden.

Friedrich Fubel stammte aus Havelberg, wo er als Sohn eines Oberförsters am 8. September 1810 zur Welt kam. Er besuchte das Gymnasium „Zum Grauen Kloster" in Berlin, um dann vom Herbst 1830 bis 1833 an der Universität Halle Theologie und Philosophie zu studieren. Seine hauptsächlichsten Lehrer waren hier die berühmten Professoren Julius Ludwig Wegscheider, Wilhelm Gesenius und Friedrich August Tholuck. Nach Abschluss seines Studiums in Berlin (1834) folgte Fubel zwei Jahre später einem Ruf als Pfarrer nach Domnitz (Saalkreis). Fubel, ein an allen Zeitfragen stark interessierter Mann, trat in der Revolution 1848/49 hervor und übernahm den Vorsitz des Konstitutionellen Vereins für den Saalkreis. Er stellte sich auch zur Wahl und war von 1849 bis 1854, 1857 bis 1863 und 1872 bis 1881 Mitglied des preußischen Abgeordnetenhauses.

Friedrich Fubel (1810–1905). Foto.

---

55 StAH, Ehrenbürgerrecht Bl. 186.
56 Ebd. Bl. 175.

Schon 1854 hatte der rührige Politiker auf sein Pfarramt verzichtet und war nach Halle gezogen. Drei Jahre später wählten ihn die Bürger in die Stadtverordnetenversammlung, um dann 1863 in das Magistratskollegium einzutreten. Fubel erwarb sich hier als unbesoldeter Stadtrat große Verdienste um die städtischen Grünanlagen, die Stadtgärtnerei und das Schulwesen.

Im Mai 1868 übernahm er den Vorsitz der pfännerschaftlichen Deputation und war maßgeblich an den Verhandlungen mit dem preußischen Fiskus wegen des Fortbestehens der hallischen Saline beteiligt. Damals verlegte man die Produktionsstätte in die alte Königliche Saline an der Mansfelder Straße, da die Anlage auf dem Hallmarkt geschlossen werden musste. Der kontaktfreudige Kommunalpolitiker gehörte zahlreichen Aufsichtsräten und hallischen Vereinen an, so der Schützengesellschaft oder der einflussreichen Tischrunde „Abendstern".

Die Verleihungsurkunde begründet das Ehrenbürgerrecht mit der „Anerkennung des Gemeinsinns, welchen derselbe während einer nahezu vierzigjährigen Wirksamkeit in städtischen Ehrenämtern – zunächst als Stadtverordneter, dann als Magistratsmitglied – bestätigt, und in dankbarer Würdigung der großen Verdienste, welche er sich in der Verwaltung des Schulwesens und der gärtnerischen Anlagen sowie in manch anderen wichtigen Aufgaben um die gedeihliche Entwicklung unserer Gemeinde erworben hat".[57]

Stadtrat Fubel übermittelte am 24. Juni 1893, nach Erhalt des Ehrenbürgerbriefes, den Behörden seinen Dank und schrieb: „Es ist mir vergönnt gewesen in einer langen Reihe von Jahren an dem Gedeihen unserer Stadt nach Kräften mitzuarbeiten. In dem gemeinschaftlichen und freundschaftlichen Zusammenwirken mit dem Magistrate und der Stadtverordneten-Versammlung, sowie in dem stetigen Aufblühen der Stadt ist mir dafür ein reicher Lohn zu Theil geworden!"[58] Im hohen Alter von 95 Jahren starb Stadtrat Friedrich Fubel am 25. Januar 1905 in Halle und fand auf dem Nordfriedhof seine letzte Ruhestätte.

---

57 Ebd. Bl. 186 f.
58 Ebd. Bl. 191.

Fürst Otto von Bismarck (1815–1898). Zeichnung von Franz von Lenbach, 1895.

Freude bei Fürst Bismarck
Otto von Bismarck erhielt hohe Anerkennung anlässlich des 80. Geburtstages
Zu den vielfältigen Ehrungen für Otto Fürst von Bismarck-Schönhausen anlässlich seines 80. Geburtstages am 1. April 1895 gehörte auch die Verleihung des Ehrenbürgerrechtes der Stadt Halle.

Oberbürgermeister Gustav Staude unterbreitete der Stadtverordneten-Versammlung am 16. März 1895 ein entsprechendes Ersuchen und schlug vor, „für die würdige künstlerische Ausführung des Ehrenbürgerbriefes" 1000 Mark zur Verfügung zu stellen.[59] Nur zwei Tage später erklärte das Gremium sein Einverständnis, so dass der bekannten hallischen Firma Wratzke & Steiger der Auftrag erteilt werden konnte. Am 19. März unterrichtete Oberbürgermeister Staude den Geheimsekretär und Hausarzt des Fürsten, Dr. Rudolf Chrysander, ein Sohn des berühmten Händelforschers Friedrich Chrysander, über den einstimmigen Beschluss der städtischen Behörde und bat mitzuteilen, „ob der Fürst, welcher bekanntlich Ehrendoctor der hiesigen Universität ist, die Stadt Halle durch Annahme des Ehrenbürgerrechtes auszeichnen will".[60]

Die erwähnte Ehrenpromotion erhielt Bismarck als Präsident des preußischen Staatsministeriums und Minister der auswärtigen Angelegenheiten anlässlich der 50-jährigen Jubelfeier der Vereinigung der Universitäten Wittenberg und Halle am 21. Juni 1867. Der angeschriebene Geheimsekretär antwortete am 20. März 1895, dass „Fürst Bismarck sich durch die Verleihung des Bürgerrechts von Halle sehr geehrt fühlen und sich freuen wird, Sie und den Herrn Professor Dr. Dittenberger zur Ueberreichung des Ehrenbürgerbriefes zu empfangen".[61]

Allerdings sollte der Besuch nicht am Geburtstag selbst, sondern erst am Ende des Monats April stattfinden. Daraufhin schickte der Oberbürgermeister folgendes Schreiben

---

59 StAH, Akten des Magistrats der Stadt Halle betr. das Ehrenbürgerrecht und die Verleihung des Titels Stadtältester. Centralbüro Kap. X Abt. A Nr. 1 Bd. 2 Bl. 1.
60 Ebd. Bl. 3.
61 Ebd. Bl. 5.

Entwurf des Ehrenbürgerbriefes für Fürst Otto von Bismarck (1815–1898) vom 18. März 1895. Kolorierte Zeichnung.

nach Friedrichsruh: „Eurer Durchlaucht danken wir ganz gehorsamst für die Bereitwilligkeit, das Ehrenbürgerrecht unserer Stadt anzunehmen. Den Ehrenbürgerbrief bitten wir, Eurer Durchlaucht später übermitteln zu dürfen. Zur Vollendung des achtzigsten Lebensjahres bringen wir hiermit unsere ehrfurchtsvollsten Glückwünsche dar."[62]

Der Ehrenbürgerbrief besaß die Gestalt eines schräg stehenden Quadrates. Das Mittelfeld, das von goldenen, an den vier Ecken mit großen Rubinen geschmückten Leisten eingefasst wird, enthält den Text: „Dem Fürsten Bismarck verlei-

---

62 Ebd. Bl. 6.

hen wir in dankbarster Anerkennung seiner unvergänglichen Verdienste um die Einigung des deutschen Vaterlandes das Ehrenbürgerrecht der Stadt Halle a. S."[63] Das Textblatt war reich verziert mit Eichenzweigen, dem Bismarckschen Wappenspruch und dem preußischen Adler, während die Kapsel mit Halles Stadtsiegel an einer goldenen Kette hing. Die Stadt Halle verzichtete auf die persönliche Übergabe des Dokuments durch eine Delegation, sondern schickte es auf dem Postweg nach Friedrichsruh. Bismarck antwortete am 20. Mai 1895 mit folgendem Schreiben: „Durch die Verleihung des Bürgerrechtes von Halle fühle ich mich hochgeehrt und bitte die Stadt, für diese Auszeichnung und für den kunstreichen Ehrenbürgerbrief den verbindlichsten Ausdruck meines Dankes entgegenzunehmen."[64]

Bismarck war übrigens, nachdem er 1845 das Familiengut Schönhausen übernommen hatte, Abgeordneter des Landtages der Provinz Sachsen, der Sitzungen in Merseburg abhielt.

Unvergessener Landwirt
Julius Kühn erforschte Pflanzenkrankheiten
Am 27. September 1895 reichte der Stadtverordnete Dr. Oscar Förtsch der Stadtverordnetenversammlung den Antrag ein, dem Direktor des landwirtschaftlichen Instituts der Universität Halle, Professor Dr. Julius Kühn, anlässlich seines 70. Geburtstages am 23. Oktober 1895 das Ehrenbürgerrecht der Stadt Halle zu verleihen.[65] Die Abgeordneten stimmten diesem Ersuchen einstimmig in ihrer Sitzung vom 30. September zu. Julius Kühn gehört zu den Pionieren der Landwirtschaftswissenschaften, dessen Lebenswerk noch heute unvergessen ist. Der Gelehrte stammte aus Pulsnitz, wo er am 23. Oktober 1825 als Sohn eines Landwirtschaftsinspektors geboren wurde. Er besuchte eine technische Bildungsanstalt in Dresden bis 1841, um dann in der landwirtschaftlichen Praxis zu arbeiten. Schon bald war Kühn Verwalter und sammelte auf den verschiedensten Gütern wichtige Erfahrungen. Er begann mit Untersuchungen über

---

63 StAH, Ansichtensammlung III 54.
64 StAH, Ehrenbürgerrecht Bd. 2 Bl. 12.
65 Ebd. Bl. 16.

Pflanzenkrankheiten, die er über Jahrzehnte fortführte. Um sich zu vervollständigen, studierte Kühn 1855/56 in Bonn, promovierte in Leipzig über den Getreide- und Rapsbrand und habilitierte sich noch in dem letzteren Jahr an der landwirtschaftlichen Akademie Proskau. Das Hauptwerk des Gelehrten erschien 1859 unter dem Titel „Krankheiten der Kulturgewächse, ihre Ursachen und ihre Verhütung" und erregte großes Aufsehen. Preisgekrönt wurde seine zwei Jahre später veröffentlichte Schrift „Die zweckmäßigste Ernährung des Rindviehs von wissenschaftlichen und praktischen Gesichtspunkten". Kein Wunder, dass die Universität Halle, als sie einen landwirtschaftlichen Lehrstuhl einrichten wollte, Julius Kühn zum ersten Ordinarius im April 1862 wählte. Schon im folgenden Jahr übernahm er das Direktorat des landwirtschaftlichen Institutes. Der Gelehrte erhob durch seine Forschungen und umfassende Lehrtätigkeit die Landwirtschaftslehre in den Rang einer naturwissenschaftlich orientierten Disziplin.

Julius Kühn (1825–1910). Foto, Fritz Möller.

Die Bedeutung von Kühns akademischer Wirksamkeit für die Universität und Stadt Halle wird auch im Text der Urkunde vom 1. Oktober 1895 hervorgehoben. Danach hatten Magistrat und Stadtverordnetenversammlung beschlossen, „dem Director des landwirthschaftlichen Instituts der vereinigten Friedrichs-Universität Halle-Wittenberg, Herrn Geheimen Ober-Regierungsrath, Professor Dr. Julius Kuehn, dem weltberühmten Gelehrten, dem großen Förderer der Landwirthschaft, in Anerkennung seiner hervorragenden Bedeutung für die Wissenschaft und seiner erfolgreichen Wirksamkeit als Lehrer der akademischen Jugend, sowie in dankbarer Würdigung seiner Verdienste um die hiesige Universität und das Wohl unserer Gemeinde das Ehrenbürgerrecht der Stadt Halle zu verleihen".[66] Die feierliche Überreichung des Dokuments durch Oberbürgermeister Staude und Stadtverordnetenvorsteher Prof. Dr. Wilhelm Dittenberger fand am Morgen des Geburtstages in der Wohnung des Jubilars statt. Der Ehrenbürgerbrief[67] enthält in reich verzierter

---

66 Ebd. Bl. 20.
67 StAH, Urkundenbestand Nr. 639.

Ehrenbürgerbrief für Julius Kühn (1825–1910) vom 1. Oktober 1895.

Renaissanceschrift auf Pergament den Text, der eingerahmt ist von einer globenartigen Malerei, die Blumen und Früchte als Fries zeigt und von der hallischen Malerin Margarethe von Brauchitsch geschaffen wurde. Die Ledermappe zeigt in der Mitte das Stadtwappen, von einem Eichenkranz umgeben. Kühn verstarb am 14. April 1910 in Halle und wurde auf dem Nordfriedhof bestattet.

Ein Mann mit Zivilcourage
Geheimer Justizrat Ludwig Herzfeld – erfolgreicher Verteidiger im Sozialistenprozess von 1888

Am 10. Oktober 1899 stellte Oberbürgermeister Gustav Staude an die hallische Stadtverordnetenversammlung den Antrag, dem Justizrat Ludwig Herzfeld das Ehrenbürgerrecht zu verleihen.[68] Der Anlass war das 60-jährige Amtsjubiläum des verdienten Juristen, der zugleich mit seiner Gattin im selben Monat das Fest der goldenen Hochzeit feiern konnte. Ludwig Herzfeld stammte aus der kleinen schlesischen Landstadt Guhrau, wo er als Sohn eines Kaufmanns am 12. September 1819 zur Welt kam. Mit seinem Bruder bezog er das evangelische Gymnasium in Glogau, um dann an der Universität Berlin die Rechte zu studieren. Er bestand 1840 das Auskultatorexamen und arbeitete dann beim Landgericht Görlitz und dem Oberlandesgericht Glogau.

Ludwig Herzfeld (1819–1911). Foto, Friedrich Anders-Paltzow.

Die Assessorprüfung folgte 1846 in Berlin. Herzfeld war in verschiedenen Bereichen tätig, ehe er sich Ostern 1849 als Rechtsanwalt und Notar in Sprottau niederließ. Hier wirkte er schon als Stadtverordneter, ging aber 1870 nach Halle. Er baute sich eine umfangreiche Praxis auf und schuf sich durch sein kommunalpolitisches Engagement einen guten Ruf.

Herzfeld war ein Mann mit Zivilcourage und vertrat seine Ansichten mit seltener Unerschrockenheit. So verteidigte er wiederholt durch das Bismarcksche Sozialistengesetz verfolgte Sozialdemokraten und erreichte im großen so genannten Sozialistenprozess im Februar 1888 vor dem Landgericht Halle durch seine präzise Verteidigung den Freispruch aller Angeklagten.

Die Stadtverordneten billigten einmütig die vorgeschlagene Ehrung Ludwig Herzfelds. Der Text der Verleihungsurkunde bestätigt, dass ihm das Ehrenbürgerrecht „in Anerkennung des stets opferwilligen Gemeinsinnes, welchen derselbe viele Jahre hindurch in städtischen Ehrenämtern bestätigt, und in dankbarer Würdigung der großen Verdienste, welche er sich im öffentlichen Bauwesen, in der Sparkassen- und Finanzverwaltung sowie in vielen anderen wichtigen

---

68 StAH, Ehrenbürgerrecht Bd. 2 Bl. 29 f.

Aufgaben um die gedeihliche Entwicklung unserer Gemeinde erworben hat",[69] verliehen worden sei.

Der Text war auf Pergament geschrieben und mit farbigen Initialen verziert. Die zylinderförmige silberne Kapsel, auf einem Untergestell ruhend, war eine Arbeit der hallischen Firma Wratzke & Steiger. Am 2. November 1899 bedankte sich Justizrat Herzfeld beim Magistrat und schrieb: „Die hiesigen städtischen Behörden haben durch die Verleihung des Ehrenbürgerrechts an mich meine geringen Verdienste um das Gemeinwesen unserer Stadt Halle in einer Weise belohnt, wie meine kühnsten Hoffnungen nicht zu erwarten berechtigt waren, und die Art, wie die Überreichung des Ehrenbürgerbriefes durch die berufensten Vertreter der Stadtgemeinde an dem Tage der fünfzigsten Wiederkehr meiner ehelichen Verbindung mit meiner Gattin erfolgte, hat für uns beide Ehegatten die Feier dieses Tages zu einer besonders ehrenden gemacht."[70]

Am 1. Januar 1900 schied Herzfeld aus dem juristischen Staatsdienst aus. Neun Jahre später an seinem 90. Geburtstag erhielt er den Titel Geheimer Justizrat. Der Ehrenbürger starb im 92. Lebensjahr am 24. August 1911 und wurde auf dem Nordfriedhof zu letzten Ruhe gebettet.

Beschrieb Stadtgeschichte
Gustav Friedrich Hertzberg war eine der originellsten Persönlichkeiten

Am 17. Juni 1901 beschloss die hallische Stadtverordnetenversammlung Professor Dr. Gustav Friedrich Hertzberg „zu seinem am 21. Juni d. J. stattfindenden 50jährigen Jubiläum des Eintritts in den Lehrberuf der Universität, das Ehrenbürgerrecht der Stadt Halle a. S. zu verleihen".[71]

Schon am folgenden Tage erklärte Oberbürgermeister Gustav Staude für den Magistrat die Zustimmung, so dass sich am Ehrentag eine Delegation von Kommunalvertretern, an der Spitze der Oberbürgermeister und der Stadtverordnetenvorsteher, zur Wohnung des Jubilars, Bernburger Straße 2, begab, um die Ernennung bekannt zu geben.

Gustav Friedrich Hertzberg (1826–1907). Foto.

---
69 Ebd. Bl. 31.
70 Ebd. Bl. 33.
71 Ebd. Bl. 35.

Natürlich konnte die Ehrenbürgerurkunde zu diesem Zeitpunkt noch nicht überreicht werde. Nach Entwürfen von Stadtbauinspektor Karl Rehorst erledigte die hallische Juwelierfirma Wratzke & Steiger den Auftrag, der jedoch erst Anfang Juni 1902 fertig war, so dass die feierliche Übergabe erst jetzt erfolgen konnte.

Hertzberg gehörte zu den originellsten Persönlichkeiten unserer Stadt in der zweiten Hälfte des 19. Jahrhunderts und genoss hohes Ansehen. Als Sohn eines Arztes wurde er am 19. Januar 1826 in Halle geboren. Hier besuchte er das Pädagogium der Franckeschen Stiftungen und studierte anschließend an den Universitäten Halle und Leipzig Theologie und schließlich Geschichte. Kaum 23 Jahre alt, erwarb er die philosophische Doktorwürde, bestand das Staatsexamen und begann 1850 die Lehrertätigkeit an seiner alten Schule. Nur ein Jahr später habilitierte er sich als Privatdozent für Alte Geschichte. Für wenige Jahre wechselte Hertzberg als Redakteur nach Berlin, um dann 1860 eine außerordentliche Professur an der Universität seiner Vaterstadt anzunehmen. Der Gelehrte war literarisch ungemein produktiv und veröffentlichte zahlreiche Werke zur griechischen, römischen und byzantinischen Geschichte. Einen Ehrenplatz nimmt er in unserer Lokalgeschichtsschreibung ein, denn noch heute behauptet seine dreibändige Geschichte der Stadt Halle (1889/93) ihren Platz unter den unentbehrlichen Standardwerken. So verlieh die Stadt Halle Professor Hertzberg das Ehrenbürgerrecht als „dem ausgezeichneten Gelehrten und Förderer der akademischen Jugend, in dankbarer Anerkennung der großen Verdienste, die er sich durch sein hervorragendes Werk ‚Die Geschichte der Stadt Halle von den Anfängen bis zur Neuzeit' um unsere Gemeinde erworben hat".[72]

Der neue Ehrenbürger bedankte sich in einem Brief vom 4. Juli 1901 für die Auszeichnung. Er schrieb u. a.: „Im Bereich dieser, unserer Stadt geboren, habe ich seit sehr langer Zeit – neben dem vielseitigen Interesse unseres eigenen Zeitalters – mit stets wachsender Vorliebe, neben anderen Studien, die Durchforschung der Geschichte ihrer interes-

---

[72] Ebd. Bl. 42.

santen und unvergleichlichen reichen Vergangenheit stets im Auge behalten. Wenn es mir endlich (wie ich doch wohl annehmen darf) wirklich gelungen ist, unseren Mitbürgern das rechte Bild jener Vergangenheit in frischen Farben vor Augen zu führen, so haben Sie mir durch die mir zuerteilte Auszeichnung die reichste und schönste Belohnung gespendet."[73]

Anlässlich seines 80. Geburtstages erhielt Hertzberg den Titel Geheimer Regierungsrat, und der Magistrat verlieh einer Straße und dem sich anschließenden Platz im Süden der Stadt seinen Namen. Knapp zwei Jahre später, am 16. November 1907, verstarb er und wurde auf dem Stadtgottesacker bestattet.

Weitsichtiger Bankier
Ludwig Bethcke

Ludwig Bethcke (1829–1911). Foto, Friedrich Anders-Paltzow.

Am 17. November 1904 teilte der geheime Kommerzienrat und Bankier Ludwig Bethcke dem städtischen Gremium mit, dass er wegen seines schlechten Gesundheitszustandes sein Mandat als Stadtverordneter niederlege. In seinem Schreiben heißt es: „Daß mir meine aus solcher Betrachtung hervorgegangene Entschließung recht schwer geworden ist, will ich bei meinem Rücktritt von einer mir zu aller Zeit lieb und werth gewesenen Mitarbeit nicht unausgesprochen lassen. Mein Zurücktreten von dieser Mitarbeit wird mich aber nicht daran hindern, das weitere Aufblühen und Gedeihen der mir lieb gewordenen Stadt Halle auch in Zukunft mit regem Interesse zu verfolgen."[74]

Oberbürgermeister Gustav Staude schlug aus diesem Anlass vor, Bethcke das Ehrenbürgerrecht der Stadt Halle zu verleihen. In seiner Begründung betont Staude: „Die geehrte Versammlung kennt die hohen Verdienste, welcher der Genannte sich seit Januar 1871 in der Finanzkommission in unserer Stadt erworben hat; nahezu 24 Jahre war er Vorsteher dieser Körperschaft, welche unter seiner Leitung eine überaus nützliche Bedeutung für die Verwaltung und gedeihliche Entwicklung unseres Gemeinwesens erlangt hat. Besonders hoch schätzen wir auch die langjährige Wirksam-

---

73 Ebd. Bl. 34a.
74 Ebd. Bl. 76.

keit des Herrn Geheimrat Bethcke in dem Kuratorium der Paul-Riebeck-Stiftung sowie seine hochverständige, stets bereitwillige Mitarbeit in der Kämmereikommission und in manchen anderen wichtigen Verwaltungszweigen."[75]

Ludwig Bethcke stammte aus Neu-Ruppin, wo er am 2. November 1829 zur Welt kam. Er lernte in einem Warenhaus in Wittstock den Beruf eines Handlungsgehilfen. Im Sommer 1851 wechselte er nach Halle, da er eine Anstellung in dem 1788 gegründeten Bankhaus H. F. Lehmann gefunden hatte. Hier wurde er bald mit der Prokura betraut, um dann später, während der Jahre 1875 bis 1905, Gesellschafter dieser einflussreichen Bank zu werden. Am 16. August 1857 hatte sich Bethcke mit Emilie Lehmann, der ältesten Tochter seines Seniorchefs Ludwig Lehmann, vermählt. Bethcke war ein fleißiger und weitsichtiger Bankier, der die Bedeutung der industriellen Entwicklung für den mitteldeutschen Wirtschaftsraum klar erkannte. Er gehörte deshalb zahlreichen Vorständen und Aufsichtsräten bedeutender Unternehmen an, so bei der Zuckerraffinerie Halle und der Kröllwitzer Papierfabrik. Der Bankier war u. a. Mitglied des Bezirks-Eisenbahnrats in Berlin, gehörte zum Vorstand der Halleschen Handelskammer und zum ständigen Ausschuss des Deutschen Handelstages. Seine engste Verbundenheit mit unserer Stadt bezeugt die Tatsache, dass er mit kurzen Unterbrechungen 38 Jahre der Stadtverordnetenversammlung angehörte und lange als ihr Vorsteher fungierte.

Das Ehepaar Bethcke legte in seinem Testament fest, dass das herrlich gelegene Wohngrundstück in der Burgstraße 45 als schuldenfreier Besitz in das Eigentum der Stadt Halle überging und großzügig dotiert wurde. Die Bethcke-Lehmann-Stiftung nahm später die Frauenschule auf. Die Ehrenbürgerurkunde, ausgestellt am 28. November 1904, rühmt seine Leistungen im Dienste der Stadt und seinen hervorragenden Gemeinsinn. Ehrenbürger und Geheimer Kommerzienrat Ludwig Bethcke starb am 4. Februar 1911 im 82. Lebensjahr.

---

75 Ebd. Bl. 76 f.

Albert Dehne (1832–1906). Foto.

Engagierter Industrieller
Albert Dehne und Louis Jentzsch gemeinsam ernannt
Während der Magistrat der Stadt Halle am 6. November 1903 eine Ehrung für den Fabrikbesitzer Louis Jentzsch vorschlug, beschloss die befragte Stadtverordnetenversammlung am 16. November jenes Jahres nicht nur ihn, sondern auch den Geheimen Kommerzienrat Albert Dehne zum Ehrenbürger zu ernennen.[76] Zum ersten Male waren damit zwei hallische Industrielle in der Reihe der Ausgezeichneten, zu der bisher vorwiegend Staatsbeamte, Künstler und Kommunalpolitiker gehörten.

Albert Ludwig Georg Dehne stammte aus Halle, wo er am 13. September 1832 als Sohn eines Hauptsteuer-Amtsassistenten geboren wurde. Er erlernte das Handwerk eines Mechanikers und Optikers und eröffnete 1857 eine Werkstatt in der Großen Märkerstraße. Sie entwickelte sich rasch zur Armaturenfabrik und dann zu einer der bedeutendsten Maschinen- und Armaturenfabriken und Eisengießereien. Sie wechselte schon 1862 aus der Altstadt in die Schimmelstraße. Nach dem Deutsch-Französischen Krieg von 1870/71 gelang dem Dehneschen Unternehmen der Durchbruch, denn damals führte die Zuckerindustrie Filterpressen ein, die das Werk in hervorragender Qualität in 800 Variationen lieferte. Daneben produzierte man Armaturen für Wasser- und Gasleitungen, Kanalisationen, Pumpen und Dampfmaschinen; die Eisengießerei stellte um 1890 täglich 20 000 Kilo fertigen Guss her. Insgesamt beschäftigte die Dehnesche Fabrik in dieser Zeit zwischen 800 und 900 Arbeiter und eroberte sich einen Spitzenplatz innerhalb der Branche. Albert Dehne kümmerte sich leidenschaftlich um die kommunalen Belange seiner Vaterstadt und gehörte 13 Jahre der Stadtverordnetenversammlung als Abgeordneter an. Zweifelsohne gehörte er zu den reichsten Industriellen der Stadt Halle, die sich in den letzten drei Jahrzehnten des 19. Jahrhunderts in atemberaubendem Tempo zur Industriegroßstadt entwickelte. Bei zahllosen Anlässen unterstützte er humanitäre, kommunale und wissenschaftliche Projekte, für die er bedeutende Summen bereitstellte. Am bekanntesten ist seine Spende von

---
76 Ebd. Bl. 45 f.

250 000 Mark für das große Kaiser-Wilhelm-Denkmal an der Poststraße (heute Hansering), das vom Architekten Bruno Schmitz, Schöpfer des Kyffhäuserdenkmals, 1901 erbaut und nach 1945 abgetragen wurde. Auch seine Frau Antonie war stark engagiert und kümmerte sich um die Kranken- und Verwundetenpflege, gehörte ab 1882 dem Vorstand des Vaterländischen Frauenvereins an, dessen Vorsitz sie 1901 übernahm. Im Jahre 1896 gründete sie die Kinderheil- und Pflegestätte in der Ludwigstraße 37, die in jeder Weise gefördert wurde.

Die Ehrenbürgerurkunde für Albert Dehne rühmt ihn als „den Begründer unserer blühenden Maschinenindustrie", dem die Auszeichnung zuteil wird „eingedenk seiner früheren sehr ersprießlichen Wirksamkeit als Stadtverordneter und in dankbarer Anerkennung seines allezeit, namentlich bei Errichtung unseres Kaiserdenkmals in hervorragender Freigebigkeit betätigten Gemeinsinns".[77] Der Königliche Geheime Kommerzienrat und Ehrenbürger Albert Dehne verstarb nach langer schwerer Krankheit im 74. Lebensjahr am 9. Februar 1906 und fand auf dem Stadtgottesacker seine letzte Ruhestätte. Der Magistrat benannte schon 1902 eine neue Straße, die vom Markt zum Kaiser-Wilhelm-Denkmal führt, nach dem Industriellen, die allerdings auf Drängen von Parteifunktionären im März 1959 umbenannt werden musste. Durch Beschluss der Stadtverordnetenversammlung vom 19. Dezember 1990 wurde erneut eine Straße nach Dehne benannt.

Louis Jentzsch (1815–1906). Foto, Friedrich Anders-Paltzow.

50 Jahre Stadtverordneter
Louis Jentzsch als Fabrikant bekannt geworden

Am 6. November 1903 unterrichtete Oberbürgermeister Gustav Staude die Stadtverordnetenversammlung davon, dass am 4. Januar des kommenden Jahres der Fabrikant Louis Jentzsch auf eine fünfzigjährige Tätigkeit als Stadtverordneter zurückblicken kann. „Im Hinblick auf diese lange und verdienstvolle ehrenamtliche Tätigkeit […] erscheint es uns geboten, daß die städtischen Kollegien seinen Gedenktag

---

77 Ebd. Bl. 48.

feiern."⁷⁸ Er schlug vor, dem Jubilar in der ersten öffentlichen Sitzung des neuen Jahres eine Glückwunschadresse zu überreichen und ihn danach mit einem Festessen im Ratskeller zu ehren. Am 16. November 1903 beschloss die Stadtverordnetenversammlung jedoch, den Abgeordneten Jentzsch durch die Verleihung des Ehrenbürgerrechts auszuzeichnen, was die Billigung des Magistratskollegiums fand.⁷⁹ Louis Jentzsch wurde am 4. März 1815 als Sohn eines Färbermeisters in Halle geboren und lernte im väterlichen Betrieb das gleiche Handwerk. Nach dem Tode des Vaters führte die Mutter das Unternehmen zunächst weiter, ehe sie es ihren Söhnen Louis und Albert 1842 überließ. Von diesem Zeitpunkt vergrößerte sich die Färberei rasch. Ihre Werkstätten in der Großen Klausstraße und am Fischerplan mussten 1860 vor das Kirchtor verlegt werden. Die Färberei und Zeugdruckerei Jentzsch färbte damals 54 000 Stück und lieferte außerdem Nesseln und Leinen für den Zollverein. Im Jahre 1890 beschäftigte sie 100 Arbeiter. Als Färbermeister erwarb Louis Jentzsch im Alter von 29 Jahren am 10. Februar 1844 das Bürgerrecht der Stadt Halle, um den elterlichen Betrieb übernehmen zu können. Zehn Jahre später wurde er zum Stadtverordneten gewählt und gestaltete in dieser Funktion die großartige Entwicklung Halles zur Industriegroßstadt während der zweiten Hälfte des 19. Jahrhunderts mit. Als Stadtverordneter trat er 1857 in den Verband der Stadtsparkasse ein und blieb ihm bis zum Tode verbunden. So heißt es in der Verleihungsurkunde zu Recht: „Dem Rentner Herrn Louis Jentzsch, hier, welcher der Stadtverordnetenversammlung seit fünfzig Jahren in uneigennütziger Wirksamkeit angehört, verleihen wir in dankbarer Anerkennung seines allzeit, namentlich in der Verwaltung unserer Sparkasse betätigten Gemeinsinnes das Ehrenbürgerrecht der Stadt Halle a. S."⁸⁰ Das Dokument wurde dem Jubilar in der festlichen Stadtverordnetensitzung vom 4. Januar 1904 durch Oberbürgermeister Staude überreicht. Er hob in seiner Ansprache hervor, dass Jentzsch

---

78 Ebd. Bl. 45.
79 Ebd. Bl. 46.
80 Ebd. Bl. 49.

„stets mit lebhaftem Eifer und uneigennützig Anteil genommen an den Arbeiten der Gemeindeverwaltung".[81]

Stadtverordnetenvorsteher Prof. Dr. Wilhelm Dittenberger brachte ebenfalls seine Glückwünsche dar: „Namens des gesamten Kollegiums müsse aber noch öffentlich bekundet werden, wie Herr Jentzsch nicht nur als Stadtverordneter geschätzt wird, sondern auch persönlich allen Kollegen ein allseitig verehrter und beliebter Freund sei."[82]

Louis Jentzsch bedankte sich für die hohe Ehrung und betonte, dass ihm die Entwicklung der Stadt stets große Freude und Genugtuung bereitet habe. „Er werde der Gemeinde nicht lange mehr dienen können, er wünsche aber unserer alten Salz- und Saalestadt, daß sie auch in Zukunft wachsen, blühen und gedeihen möge."[83] Louis Jentzsch starb noch im gleichen Jahr, am 24. Juni während einer Kur in Bad Kissingen. Er stand im 90. Lebensjahr und fand seine letzte Ruhestätte auf dem Stadtgottesacker.

Ein Mann voll Wärme
Prof. Dr. Theodor Weber erwarb sich große Verdienste

Am 1. Mai 1904 machte der amtierende Kreisarzt der Stadt Halle, Dr. Otto Risel, den Magistrat darauf aufmerksam, dass am 10. Juni 1904 Professor Dr. Theodor Weber, langjähriger Direktor der Medizinischen Universitätskliniken, sein fünfzigjähriges Doktorjubiläum feiern könne. Er bat deshalb, dem verdienstvollen Gelehrten und Kommunalpolitiker „eine entsprechende städtische Ehrung zu Theil werden zu lassen".[84] Der Magistrat nahm die Anregung Dr. Risels auf und beschloss, der Stadtverordnetenversammlung vorzuschlagen, Professor Weber das Ehrenbürgerrecht der Stadt Halle zu verleihen. Das Gremium billigte auch, dass für die künstlerische Ausgestaltung des Ehrenbürgerbriefes 500 Mark aufgewendet werden sollten.

Theodor Weber stammte aus Leipzig, wo er am 18. August 1829 als Sohn des Anatomen und Physiologen Ernst Heinrich Weber geboren wurde. Nach dem Besuch des

---

81 General-Anzeiger Nr. 4 vom 6. Januar 1904.
82 Ebd.
83 Ebd.
84 StAH, Ehrenbürgerrecht Bd. 2 Bl. 66.

Theodor Weber (1829–1914). Foto.

dortigen Nikolaigymnasiums begann er 1848 an der Universität Göttingen das Studium der Naturwissenschaften. Nach vier Semestern wechselte er an die Universität seiner Vaterstadt, um Medizin zu studieren. In Leipzig promovierte er 1854 zum Doktor der Medizin und habilitierte sich im folgenden Jahr. Er übernahm 1858 in Leipzig die Medizinische Poliklinik und wurde ein Jahr später Extraordinarius. Schließlich erhielt Weber einen Ruf der Medizinischen Fakultät der Universität Halle.

In einem würdigen Rückblick heißt es über Webers Verdienste: „Hier gelang es seiner unermüdlichen rastlosen Tätigkeit schon nach wenigen Jahren, die Halle'sche medicinische Klinik und Poliklinik, die in Verfall geraten war, wieder auferstehen zu lassen und zu einer solchen Höhe emporzuarbeiten, daß sie es nicht mehr nötig hatte, von dem vergangenen Ruhm der Peter Krukenberg'schen Aera zu zehren."[85] 43 Jahre lehrte und praktizierte Theodor Weber in Halle, wo er seit 1869 das schöne Anwesen Alte Promenade 29 besaß. Wenige Jahre nach seinem Amtsantritt sah sich Weber einer ersten Bewährungsprobe gegenüber, nämlich der Bekämpfung der schweren Choleraepidemie, die seit Juli bis November 1866 insgesamt 1508 Todesopfer in Halle forderte. Er gründete einen „Hilfsverein für arme Cholerapatienten und ihre Familien", der viel Gutes tun konnte. Auch in den folgenden Jahrzehnten war Weber unermüdlich zum Wohle seiner Patienten und der Stadt tätig.

Die Ehrenbürgerurkunde vom 2. Mai 1904 fasst dies in folgende Worte: „Dem ordentlichen Professor der vereinigten Friedrichs-Universität Halle-Wittenberg, Herrn Geheimen Medizinalrat Dr. med. Theodor Weber, dem ausgezeichneten Gelehrten und hervorragenden Förderer der akademischen Jugend, dem erprobten Helfer für zahllose Leidende, verleihen wir in Anerkennung seiner langjährigen erfolgreichen Wirksamkeit als Leiter der medizinischen Klinik und Poliklinik sowie in dankbarer Würdigung seiner Verdienste um die öffentliche Gesundheitspflege in unserer Gemeinde das Ehrenbürgerrecht der Stadt Halle a. S."[86]

---

85 Saale-Zeitung Nr. 221 vom 21. September 1909.
86 StAH, Ehrenbürgerrecht Bd. 2 Bl. 72.

Ehrenbürgerbrief für Theodor Weber (1829–1914) vom 2. Mai 1904.

Professor Weber starb am 4. September 1914. Der Nachruf der Stadt Halle rühmt den hallischen Mediziner noch einmal als einen „Mann voll Licht und Wärme, einen Menschenfreund in Wort und Werk, ein Wohlthäter unserer Gemeinde!"[87]

Straßenbahn gegründet
Bürgermeister Gustav Staude tat viel für die Stadt Halle
Am 26. Januar 1906 beriet eine Kommission von Stadtverordneten und Magistratsmitgliedern, in welcher Form der am 1. April 1906 aus seinem Amt scheidende Oberbürgermeister Gustav Staude zu ehren sei. Der Vorschlag, ein Festmahl zu veranstalten, wurde allgemein gebilligt, jedoch auch der Wunsch geäußert, ihm wegen seiner großen Verdienste um die Stadt Halle das Ehrenbürgerrecht zu verleihen.[88] Schon

---

87 Hallische Allgemeine Zeitung Nr. 209 vom 6. September 1914.
88 StAH, Ehrenbürgerrecht Bd. 2 Bl. 133 f.

Gustav Staude (1843–1909). Foto.

am folgenden Tag formuliert Bürgermeister Wilhelm von Holly einen entsprechenden Antrag, der bei den Stadtverordneten große Zustimmung fand.[89]

Gustav Staude wurde am 24. Juni 1843 auf Gut Wendorf, Kreis Rügen, das seinem Vater gehörte, geboren. Seine Schulbildung erhielt er zuerst auf dem Gymnasium, dann auf dem Pädagogium zu Putbus, wo er 1863 das Abitur bestand. An den Universitäten Heidelberg und Berlin studierte er und legte im Oktober 1866 die erste juristische Prüfung ab. Staude wurde schließlich Gerichtsassessor. Schon Anfang März 1873 wechselte er in den Kommunaldienst, in dem er sich zum Syndikus der Stadt Liegnitz wählen ließ. Im November 1874 war er Bürgermeister in Hamm/Westfalen. Staude kam dann nach Halle, wo er am 4. April 1881 seine Tätigkeit als zweiter Bürgermeister aufnahm. Durch den frühen Tod von Oberbürgermeister Richard Wilhelm Bertram hatte er eine Fülle von Aufgaben zu erledigen. Am 1. April 1882 übernahm er dann das Amt des ersten Bürgermeisters. Die Stadt Halle entwickelte sich während seiner Amtszeit im stürmischen Tempo zu einer der wichtigsten mitteldeutschen Industriegroßstädte. Ihr Flächenareal vergrößerte sich von 1879 bis 1905 von 2431 ha auf 4040 ha, während im gleichen Zeitraum die Einwohnerzahl von rund 70 000 auf 169 828 stieg. Staude richtete sein Augenmerk auf die Sicherung der hallischen Verkehrsverhältnisse, womit er gleichzeitig die Hebung des Handels und der Industrie anstrebte. Die Gründung der Halleschen Straßenbahn, die Erbauung der Stadtbahn, der Hafenbahn, der Halle-Hettstedter Eisenbahn und der elektrischen Überlandbahn Halle-Merseburg sind seiner Energie in der Hauptsache zu danken. In seine Amtszeit fallen die Sanierung des alten Hallenterrains und der Aufbau des Hallmarktviertels, der Bau der Gasanstalten auf den Pulverweiden, des städtischen Elektrizitätswerkes und des großen Stadttheaters.

So heißt es dann in der Verleihungsurkunde zu Recht: „Dem Oberbürgermeister unserer Stadt, Herrn Geheimen Regierungsrat Gustav Staude, der ein Viertel Jahrhundert hindurch mit stets gleicher Treue, Gewissenhaftigkeit und

---

89 Ebd. Bl. 135.

Hingebung, die städtische Verwaltung geleitet hat, verleihen wir in dankbarer Anerkennung seines unermüdlichen, tatkräftigen und einsichtigen Wirkens, das unablässig auf die Förderung der großstädtischen Entwicklung gerichtet war und das daher bei der Bürgerschaft für alle Zeit einem gesegneten Andenken bleiben wird, das Ehrenbürgerrecht der Stadt Halle a. S."[90] Oberbürgermeister a. D. Staude starb am 15. Februar 1909 in Halle.

Von Auszeichnung am Heiligabend erfahren
Stadtverordneter Albert Roth für großes Engagement geehrt
Eine große Anzahl hallischer Stadtverordneter stellte am 16. Dezember 1907 den Antrag, die Versammlung möge beschließen, ihrem 1826 geborenen Kollegen Albert Roth bei seinem Ausscheiden aus diesem Gremium nach 38-jähriger Zugehörigkeit das Ehrenbürgerrecht zu verleihen.[91]

Der Magistrat tritt dem einstimmigen Beschluss der Stadtverordneten bei und unterrichtet am Heiligen Abend durch ein Schreiben Albert Roth von dieser hohen Auszeichnung.[92]

Der neue Oberbürgermeister Dr. Richard Rive entwirft selbst den Text für die Verleihungsurkunde, der sehr ausführlich gehalten ist. Es heißt hier: „Die Bürger der Stadt Halle a. S. haben im Jahre 1870 ihren Mitbürger Herrn Albert Roth zum Stadtverordneten gewählt und Hingabe und Vertrauen ehrend im Laufe der Zeiten sechsmal wieder gewählt. Ein kluger Berater der Gemeinde, ein Hüter des öffentlichen Wohls, ein treuer Wardein hat in dem Gewählten achtunddreißig Jahre hindurch mit fürsorglichem Blick, unwandelbarem Bürgersinn und erfahrensreicher Weisheit im Rat der Bürger gewaltet. Selbstlos in Treue, recht um Urteil, gerade im Wort, besonnen im Handeln, schlicht in der Art war hier ein Mann, den Bürger und Behörden als das nacheifernswürdige Vorbild eines wahren Vertreters der Bürgerschaft sahen und Hoch und Gering in seiner Menschenfreundlichkeit ehrte. Solchen Gemeinsinn, Menschenwürde,

Albert Roth (1826–1917). Foto, Friedrich Anders-Paltzow.

---

90 Ebd. Bl. 139.
91 Ebd. Bl. 156.
92 Ebd. Bl. 158.

solche Bürgertugend zu ehren, verleihen wir, der Magistrat der Stadt Halle a. S. [...] Herrn Albert Roth das Ehrenbürgerrecht der Stadt Halle a. S."[93]

Die Schmuckseite der Urkunde wurde von dem hallischen Maler Heinrich Kopp gestaltet und zeigt Lebens- und Wirkungsstätte des Stadtverordneten, nämlich das alte Rathaus, das Stadthaus, sein Wohnhaus Am Kirchtor 5, das er später der Stadt Halle als Domizil des Oberbürgermeisters schenkte, sowie die Güter Gimritz auf der Peißnitz und das Rittergut Beesen.

Albert Roth bedankte sich am 28. Dezember 1907 für die Ehrung mit folgendem Schreiben: „Bei meinem Ausscheiden aus der Stadtverordneten-Versammlung, von der mir lieb gewonnenen Thätigkeit als Stadtverordneter, bin ich mit so hohen Ehren ausgezeichnet und beglückt worden, daß mir das Gefühl der höchsten Freude dadurch geworden ist. Ich weiß die Größe der Ehre wohl zu schätzen, zum Ehrenbürger der Stadt Halle ernannt zu sein, und sage meinen tief gefühlten Dank dafür. Was ich als Bürger und Stadtverordneter leistete, that ich als meine Pflicht, aus Interesse an der Sache und Liebe zur Stadt. Erhebend für mich und großer Lohn ist die Anerkennung meiner Mitbürger. Bis zu meinem Lebensende wird nicht erlöschen mein Gefühl der Zugehörigkeit zu Halle als treuer Bürger der Stadt."[94]

Roth verstarb am 30. Juni 1917 in Halle.

„Es ist ein schweres Amt, das der Neugewählte übernimmt"
Richard Robert Rive – Oberbürgermeister von 1906 bis 1933
Am 27. Juni 1932 stellten 31 Abgeordnete in der hallischen Stadtverordnetenversammlung einen Dringlichkeitsantrag, in dem der Magistrat ersucht wurde, dem Oberbürgermeister Dr. jur. Dr. med. h. c. Richard Robert Rive bei seinem Ausscheiden aus dem Amt am 31. März 1933 wegen seiner Verdienste um die Stadt Halle während einer Amtsdauer von 27 Jahren das Ehrenbürgerrecht der Stadt Halle zu verleihen.[95] Das Gremium stimmte mehrheitlich dem Antrag zu,

---

93 Ebd. Bl. 162.
94 Ebd. Bl. 160.

Ehrenbürgerbrief für Richard Robert Rive (1864–1947) vom 11. Juni 1945.

IHREM HOCHVEREHRTEN
OBERBÜRGERMEISTER

DR·JUR·DR·MED·H·C·
RICHARD RIVE

HAT DIE

STADT HALLE

IN DANKBARER ANERKENNUNG DER ÜBER-
RAGENDEN VERDIENSTE/ DIE ER SICH IN SIEBEN-
UNDZWANZIGJÄHRIGER AMTSZEIT IN DEN
JAHREN 1906–1933 UM IHRE GROSSTÄDTISCHE
ENTWICKLUNG/ WIE AUCH UM DIE VERSCHÖN-
ERUNG DES STADTBILDES ERWORBEN HAT/
AM 31·MÄRZ 1933

DAS EHRENBÜRGERRECHT

VERLIEHEN·

ZU URKUND DESSEN WIRD DIESER EHREN-
BÜRGERBRIEF NACH ÜBERWINDUNG EINER
ZEIT DER WILLKÜR UND DES UNRECHTS AUS-
GEFERTIGT·

HALLE/ DEN 11·JUNI 1945
DER OBERBÜRGERMEISTER

während der Magistrat einstimmig am 9. August 1932 einen entsprechenden Beschluss fasste.[96]

Richard Rive wurde am 26. Dezember 1864 in Neapel als Sohn eines Kaufmanns geboren. Nach dem Jurastudium und der Promotion ließ er sich als Rechtsanwalt und Notar in der schlesischen Hauptstadt Breslau nieder. Nach ein paar Jahren wechselte er in den kommunalen Dienst und übernahm am 30. November 1899 beim Magistrat der Stadt Breslau die Stelle eines besoldeten Stadtrats. So bewarb er sich 1905 um die durch die Pensionierung von Gustav Staude in Halle frei-

---

95 StAH, Ehrenbürgerrecht Bd. 3 Bl. 10.
96 Ebd. Bl. 11.

Richard Robert Rive (1864–1947). Foto, Fritz Möller.

werdende Oberbürgermeisterstelle, die er schließlich erhielt. Dr. Rive trat am 1. April 1906 sein neues Amt an, das er trotz aller Stürme der Zeit erst 1933 abgeben sollte. Die Saale-Zeitung kommentierte: „Es ist ein großes, schweres Amt, das der Neugewählte übernimmt, es ist ein Amt, das die ganze Kraft eines Mannes erfordert. Die Bedeutung der Stadt ist in jeder Beziehung nicht nur zu erhalten, sondern zu heben und zu fördern."[97]

In seiner Antrittsrede äußert sich der neue Oberbürgermeister über sein Programm: „Zahlreich und gewaltig sind die Aufgaben, welche die Gegenwart den Städten stellt. Die Industrie, der Handel, der Verkehr, Kunst und Wissenschaft, die ganze Entwicklung des modernen Geistes und Wirtschaftslebens drängt die Menschen in Massen nach den Städten, wie noch vor einem halben Jahrhundert auch der hellstsehende Kenner von Staat und Gesellschaft nicht vorausgeahnt hätte. Jetzt heißt es großstädtisch handeln, großstädtische Finanz-, Verkehrs- und Sozialpolitik mit ihren tausendfältigen Sorgen und Bedenken pflegen."[98]

Oberbürgermeister Rive hat in vielen Bereichen, oft gegen den härtesten Widerstand von Interessengruppen der Stadtverordnetenversammlung, neue moderne Bauten für die kommunale Wirtschaft ausführen lassen, modernisierte die einzelnen Zweige der Stadtverwaltung (z. B. Stadtgesundheitsamt), setzte den Ankauf der beiden Straßenbahngesellschaften durch, erwarb für die Stadt die Burg Giebichenstein, den Amtsgarten, die Klausberge, die Brandberge, Reichards Garten und die Dölauer Heide. In Rives Amtszeit wurde der Zoo ausgebaut, der Flughafen Halle-Leipzig eröffnet, das Stadtarchiv, das Kunstmuseum, die Kunsthandwerkerschule Burg Giebichenstein sowie das Stadttheater wesentlich gefördert.

Von dem Beschluss des Magistrats und der Stadtverordnetenversammlung wurde Rive durch ein Schreiben vom 25. März 1933 unterrichtet.[99] Am Schluss kündigten die Unterzeichnenden, Bürgermeister Bernard Velthuysen, Ratskämmerer Paul May und Stadtrat Hans von Ludwiger, an,

---

97 Saale-Zeitung Nr. 155 vom 2. April 1906.
98 Ebd.
99 StAH, Ehrenbürgerrecht Bd. 3 Bl. 25.

dass die förmliche Urkunde demnächst überreicht werden soll. Diese begründete die Auszeichnung so: „Diese Verleihung ist ein Ausdruck des Dankes, den die Stadt Halle dem Manne schuldet, der als ihr Oberhaupt in siebenundzwanzig Jahren unermüdlich für sie tätig gewesen ist. Er hat das Vermögen der Stadt vermehrt, das Weichbild durch Erwerbung von Wald und Parkinseln vergrößert, die öffentliche Gesundheitspflege und das Wohnungswesen ausgestaltet, die Straßen verbreitert, Schulen jeder Art errichtet, die Kunst gefördert, die städtische Verwaltung neu geordnet und mit dem Geist des Selbstverwaltungsrechts erfüllt, den er zum Nutzen der Stadt im Provinzial-Landtage und -Ausschusse sowie im Staatsrat oft bestätigt hat. Dadurch hat er sich als Oberbürgermeister unvergessliche Verdienste um unsere Stadt und die dauernde Dankbarkeit der mit ihm tätigen und nach ihm lebenden Bürger von Halle erworben."[100]

Inzwischen hatten die neuen nationalsozialistischen Machthaber in Halle unter Zurücksetzung des demokratisch gewählten Kandidaten (Bürgermeister Velthuysen) einen ihrer Parteiangehörigen als Oberbürgermeister eingesetzt. Dieser Dr. Johannes Weidemann verfügte am 20. Juni 1933, dass „von einer Ausstellung des Ehrenbürgerbriefes zunächst Abstand genommen werden soll."[101] Bürgermeister Dr. May hat sich in seinem Nachwort zu den Lebenserinnerungen Rives zu diesem einmaligen Vorgang geäußert: „Eine schärfere Tonart schlugen die Parteispitzen im Gau und im Stadtkreis an. Sie drängten auf Rives Isolierung, war er ihnen doch in seiner Unerschrockenheit und seinen geschliffenen Reden unheimlich. So wurde Rive zu keiner städtischen Veranstaltung geladen, geschweige denn in irgendeinen Ausschuss berufen, die Ernennung zum Ehrenbürger in der Öffentlichkeit totgeschwiegen, die Ausfertigung und Aushändigung des Ehrenbürgerbriefes, die der alte Magistrat leider versäumt hatte, nicht vorgenommen."[102] Die Übergabe des Ehrenbürgerbriefes, der von den Werkstätten der Burg Giebichenstein angefertigt wurde, erfolgte erst am 12. August 1945. Rive ver-

---

100 Ebd. Bl. 19.
101 Ebd. Bl. 27.
102 Richard Robert Rive: Lebenserinnerungen eines deutschen Oberbürgermeisters. Stuttgart 1960, S. 415.

starb am 23. November 1947 in Halle und wurde in der Familiengrabstätte auf dem Lichtenberger Friedhof in Berlin bestattet.

Hindenburg, Hitler, Göring und Röhm
Dunkles Kapitel der städtischen Selbstverwaltung durch Anbiederung an die Naziführer

Einen Aspekt der Machtübernahme durch das nationalsozialistische Regime 1933 bildete auch die Beschneidung der kommunalen Selbstverwaltungsrechte, welche mit der Durchführung des Führerprinzips auf der Grundlage des am 24. März 1933 vom Reichstag beschlossenen Ermächtigungsgesetzes und dem daraus resultierenden ersten Gleichschaltungsgesetz vom 30. März 1933 motiviert wurden. Hiermit einher gingen auch gravierende personelle Wechsel an der Spitze der städtischen Verwaltungen und der kommunalen Vertretungen.

In Halle wurden am 11. April 1933 die neuen Stadtverordneten, die am 12. März 1933 gewählt und in ihrer überwiegenden Mehrzahl Vertreter der NSDAP waren, im Stadtschützenhaus durch den neu eingesetzten Oberbürgermeister Dr. Johannes Weidemann eingeführt und verpflichtet. Noch in dieser konstituierenden Sitzung wurde in einem an Huldigung an die neuen Machthaber gemahnenden Akt einstimmig der Beschluss gefasst, dem Reichspräsidenten Paul von Hindenburg und dem Reichskanzler Adolf Hitler das Ehrenbürgerrecht der Stadt zu verleihen.[103] Jedoch auch das bisher frei von den Kommunen ausgeübte Recht der Verleihung von Ehrenbürgerschaften wurde schließlich ein Opfer dieser Restriktionen. Ein Runderlass des preußischen Ministers des Innern vom 26. Oktober 1933 unterstellte so den bisherigen Stadtverwaltungen: „Die Verleihung von Ehrenbürgerrechten an einzelne Personen hat überhandgenommen. Die Gemeinden scheinen sich nicht ihrer Verpflichtung bewusst zu sein, von diesem Recht nur in besonderen Fällen Gebrauch zu machen."[104] Als Folge dieses „Missstands" behielt sich der Innenminister ab sofort das Recht vor, sämtli-

---

103 Hallische Nachrichten Nr. 87 vom 12. April 1933.

che neu zu verleihenden Ehrenbürgerrechte persönlich zu genehmigen. Ausnahmen sollten lediglich beim Reichspräsidenten, Reichskanzler und dem preußischen Ministerpräsidenten zulässig sein.

Bereits zuvor war wie erwähnt die Ehrenbürgerschaft der Stadt Halle an Paul von Hindenburg und Adolf Hitler verliehen worden. Während der Reichspräsident umgehend am 10. Juni 1933 antwortete: „Für die Ehrung, die mir die Städtischen Körperschaften von Halle durch die Verleihung des Ehrenbürgerrechts erwiesen haben, spreche ich meinen aufrichtigen Dank aus. Ich nehme die Ehrung gern an und sende Ihnen und meinen neuen Mitbürgern meine herzlichen Grüsse und besten Wünsche für die Zukunft der Stadt Halle. von Hindenburg",[105] ging ein entsprechendes Schreiben aus der Reichskanzlei erst am 5. April 1935 in Halle ein.[106] Eine hallische Delegation unter der Leitung des Oberbürgermeisters Dr. Weidemann und des Stadtverordnetenvorstehers Dr. Erwin Noack überbrachte am 28. November 1933 in Begleitung der Leiterin der Emailwerkstatt der Burg Giebichenstein Lili Schultz den von ihr geschaffenen Ehrenbürgerbrief dem Reichspräsidenten. Die Emailtafel war mit der Inschrift „Dem Schirmherrn des neuen Deutschland Reichspräsident von Hindenburg verleihen wir in Verehrung und Dankbarkeit das Ehrenbürgerrecht der Stadt Halle"[107] versehen worden.

Aus terminlichen Gründen kam es erst am 11. Januar 1934 zur Überreichung des Ehrenbürgerbriefes an Hitler in der Reichskanzlei. Es handelte sich gleichfalls um eine Arbeit von Lili Schultz mit der Inschrift „Dem Führer der Deutschen Reichskanzler Adolf Hitler verleihen wir in Verehrung und Treue das Ehrenbürgerrecht der Stadt Halle".[108] Die Verleihung von Ehrenbürgerschaften speziell an den „Führer" entwickelte sich in der Folge flächendeckend im Reich zu einer Form serviler Untertänigkeit und Anbiederung an das NS-Regime.

---

104 Ministerialblatt für die preußische innere Verwaltung Nr. 55 vom 1. November 1933.
105 StAH, Autographensammlung Nr. 721.
106 Ebd. Nr. 727.
107 StAH, Ehrenbürgerrecht Bd. 3 Bl. 50.
108 Mitteldeutsche Nationalzeitung Nr. 279 vom 29. November 1933.

Am 26. März 1934 schlug der SA-Oberführer Alfred Ernst in einer Sitzung der Gemeinderäte [so die neue Bezeichnung der Stadtverordneten] die Verleihung des Ehrenbürgerrechts an den SA-Stabschef Ernst Röhm vor, da dieser für den 16. Juni in Halle erwartet werde. Im Bericht heißt es: „Die Anregung ist mit besonderer Freude aufgegriffen worden, insbesondere mit Rücksicht darauf, dass die Stadt Halle, die in einem der grössten Wirtschaftsgebiete Deutschlands liegt, bis zum Jahre 1931 eine Hochburg des Kommunismus und Marxismus gewesen ist. Die Stadt Halle verdankt ihre Befreiung davon in besonderem Maße der S.A. und damit ihrem Organisator und Stabschef Röhm. […] Die Stadt Halle will ihrer Dankesschuld durch diese Auszeichnung besonderen Ausdruck geben."[109] Am 6. April 1934 ordnete Oberbürgermeister Dr. Weidemann die Umsetzung dieses Antrags an. Der Gruppenführer Mitte der SA bat allerdings, von einer Überreichung des Ehrenbürgerbriefes am geplanten Termin Abstand zu nehmen, da Röhm unter starkem Termindruck stehe und auch Magdeburg und Weißenfels entsprechende Ehrungen des SA-Führers beabsichtigten.[110] Unterdessen beschloss die Beigeordnetenbesprechung vom 17. April unter Dr. Weidemanns Leitung, zugleich auch eine Ehrung des preußischen Ministerpräsidenten Göring „als Schöpfer der neuen preußischen Gemeindeverfassung" anzustreben.[111] Ein dementsprechender Antrag wurde am 8. Mai 1934 dem Regierungspräsidium in Merseburg mit der Bitte um Einwirkung auf das preußische Innenministerium übersandt. Die Zustimmung aus dem Ministerium ging am 5. Juni in Halle ein. Während der Vorbereitungen zu der geplanten Doppelehrung fiel Röhm, der durch eigene politische Ziele zu einem Rivalen Hitlers zu werden drohte, in der Nacht vom 30. Juni zum 1. Juli 1934 einer innerparteilichen Säuberung zum Opfer, wurde in Bad Wiessee verhaftet und im Gefängnis München-Stadelheim erschossen. Die als „Röhm-Putsch" bezeichnete Aktion wurde am 3. Juli durch ein „Rechtfertigungsgesetz" vom Reichstag gebilligt. Der Vorgang Röhm wurde am 2. Juli mit der Erklärung, „eine

---

109 StAH, Ehrenbürgerrecht Bd. 3 Bl. 52.
110 Ebd. Bl. 54.
111 Ebd. Bl. 55.

Veröffentlichung in der Presse hat nicht stattgefunden"[112] dem Oberbürgermeister Dr. Weidemann vorgelegt, der am 23. Juli seine Entscheidung betreffend die Ehrenbürgerschaft Röhms zurückzog mit der Begründung, „[…] da eine Aushändigung des Ehrenbürgerbriefes bzw. eine Mitteilung an Röhm noch nicht erfolgt war".[113] Die auf diese Weise nun auf Göring reduzierte Ehrung fand am 20. Juli 1934 im Rathaus statt. Der Ehrenbürgerbrief war in einer von Lili Schultz gefertigten Schmuckkassette aus Ebenholz deponiert worden, welche auf dem Deckel den Ausspruch des Freiherrn vom Stein „Ich kenne nur ein Vaterland, und das heißt Deutschland" trug. Die Umrahmung des Schlosses bildeten das hallische Stadtwappen sowie Fossilien aus dem Geiseltal.[114]

Nach der Niederschlagung des nationalsozialistischen Terrorregimes durch die Alliierten kam es auch in der Provinz Sachsen zu einer Überprüfung von NS-Verwaltungsentscheidungen. Im Rahmen einer Verfügung des Bezirkspräsidenten des Verwaltungsbezirks Merseburg, Siegfried Berger, vom 20. März 1946 zur eingeschränkten weiteren Gültigkeit der Deutschen Gemeindeordnung vom 30. Januar 1935, basierend auf den Entscheidungen des Präsidenten der Provinz Sachsen, Dr. Erhard Hübener, vom 9. August 1945 und 26. Januar 1946 wurden sämtliche zwischen dem 30. April 1933 und dem 8. Mai 1945 verliehenen bzw. entzogenen Ehrenbürgerschaften für ungültig erklärt.[115] Im Vorfeld der 1948 erfolgten Ehrung Hübeners wurde hierauf Bezug genommen und ferner festgestellt: „Das Ehrenbürgerrecht ist ein reines Persönlichkeitsrecht, es erlischt daher mit dem Tode des Trägers von selbst […]"[116]. Die Abscheu vor den Verbrechen der NS-Machthaber bildete bei allen Fraktionen der nun wieder demokratisch gewählten Stadtverordnetenversammlung einen Grundkonsens, so dass unter Bezug auf

---

112 Ebd. Bl. 63.
113 Ebd. Bl. 65.
114 Saale-Zeitung Nr. 168 vom 21. Juli 1934.
115 Dienstliche Mitteilungen für die Stadtverwaltung Halle (Saale) Nr. 5 vom 15. April 1945.
116 Die Deutsche Gemeindeordnung vom 30. Januar 1935. Kommentar von Reichsminister Hanns Kerrl und Oberbürgermeister Dr. Dr. Weidemann, Berlin 1937, S. 221.

die Provinzialentscheidung ein förmlicher Beschluss zur Aberkennung der Ehrenbürgerschaften von Hindenburg, Hitler und Göring nicht gefasst wurde. Am 29. Mai 1991 beschlossen die Stadtverordneten den drei Genannten die Ehrenbürgerschaft abzuerkennen und setzten damit auch ein öffentliches Zeichen gegen neonazistische Umtriebe, die sich in Halle auch an dem späteren Organisator der sogenannten nationalsozialistischen Endlösung der Judenfrage, Reinhard Heydrich, der bekanntlich 1904 in unserer Saalestadt geboren wurde, festmachen.

„Dient die Politik der Einheit Deutschlands, so ist sie gut"
Dr. Erhard Hübener – Ministerpräsident von Sachsen-Anhalt
In der 31. nichtöffentlichen Sitzung der Stadtverordnetenversammlung der Landeshauptstadt Halle (Saale), die am Sonnabend, dem 6. November 1948, im Stadthaus am Markt stattfand, billigten die Abgeordneten einstimmig den Ratsbeschluss vom 2. November, dem Ministerpräsidenten des Landes Sachsen-Anhalt, Prof. Dr. Erhard Hübener, das Ehrenbürgerrecht der Stadt Halle zu verleihen.[117] Der Ehrenbürgerbrief hatte folgenden Wortlaut: „Stadtverordnetenversammlung und Rat der Landeshauptstadt Halle (Saale) haben Herrn Ministerpräsidenten Prof. Dr. Erhard Hübener, dem unermüdlichen Vorkämpfer für ein einheitliches Deutschland, dem erfolgreichen Förderer des Aufbaus unseres Landes Sachsen-Anhalt und unserer Stadt, dem aufrechten Demokraten und weitblickenden Staatsmann, in dankbarer Anerkennung seiner rastlosen Arbeit im Dienste des öffentlichen Wohles das Ehrenbürgerrecht verliehen."[118]

In einer Ansprache erinnert Bürgermeister Dr. Fritz Lüttge daran, dass Professor Hübener der 25. Ehrenbürger Halles sei und der erste, der diese Ehrung nach Ende des Zweiten Weltkrieges entgegennimmt. Mit unserer Stadt pflegte er eine enge Beziehung, nachdem er 1924 Landeshauptmann der Provinz Sachsen geworden war. Wegen seiner Verdienste um Wissenschaft und Kultur ernannte ihn die Universität Halle schon 1930 zum Ehrensenator. Professor Hübener dankte tief be-

---

117 Ebd. Bl. 44.
118 Ebd. Bl. 40.

wegt dem Magistrat und den Stadtverordneten der Landeshauptstadt für die Ehrung und die damit verbundenen guten Wünsche. Eingehend behandelte der Ministerpräsident auch das Verhältnis zwischen Staat und Kommunen und betonte, dass er stets ein entschiedener Anhänger der kommunalen Selbstverwaltung gewesen sei. Ebenso wichtig sei der Aufbau des neuen Landes Sachsen-Anhalt und seiner Verfassung zum Wohle der Bewohner.[119] Am 13. August 1949 gab Professor Hübener in einem Schreiben an den Landtag seinen endgültigen Rücktritt für den 30. September bekannt, um nun endlich seine Professur für Verwaltungskunde an der Universität Halle wahrnehmen zu können.

Dr. Erhard Hübener (1881–1958). Foto, 1946.

Landtagspräsident Wolfram sowie Vertreter aller Fraktionen würdigten am 10. Oktober 1949 Leben und Werk des scheidenden Politikers, der dann das Wort selbst nahm. Professor Hübener gab einen Rückblick über die Arbeit für das Land und mahnte dann die Abgeordneten: „Als eine deutsche Politik können wir nur diejenige gelten lassen, die bei jeder Maßnahme, die getroffen wird, ausgeht von dem Gesichtspunkt: Dient sie Deutschlands Einheit, so ist sie gut, dient sie ihr nicht, so ist die Maßnahme schlecht."[120]

Professor Hübener lebte seit Ende Mai 1951 in Wernigerode und starb dort am 3. Juni 1958.

Architekt der deutschen Einheit und Förderer Halles
Hans-Dietrich Genschers Verdienste um seine Heimatstadt und unser Land

Nach der Verleihung der Ehrenbürgerschaft an den Ministerpräsidenten des Landes Sachsen-Anhalt, Erhard Hübener, im November 1948 erfolgte über Jahrzehnte keine weitere Würdigung einer um die Stadt Halle verdienten Persönlichkeit, da diese Äußerung kommunaler Selbstverwaltung dem Verständnis der Wirkungsweise der Räte als „örtliche Organe der Staatsmacht" in der DDR nicht entsprach. So wurde diese seit 1833 geübte Tradition erst nach der politischen Wende und der Vereinigung der beiden deutschen Staaten wieder aufgenommen. Vor dem Hintergrund dieser das

---

119 Liberal-Demokratische Zeitung Nr. 105 vom 9. November 1948.
120 Freiheit Nr. 238 vom 11. Oktober 1949.

Leben auch der Hallenser umwälzenden Ereignisse wie auch der Biographie der zu würdigenden Persönlichkeit ist die Wahl Hans-Dietrich Genschers durch die Stadtverordnetenversammlung am 19. April 1991 verständlich. Geboren am 21. März 1927 in der Gemeinde Reideburg, besuchte Kurt Hans-Dietrich Genscher die Johannes-Volksschule und das Reformrealgymnasium in Halle. Nach bitterer Kriegserfahrung als Luftwaffenhelfer ab 1943 und britischer Gefangenschaft konnte er nach abgelegtem Abitur 1946 ein Jura- und Volkswirtschaftsstudium an der Martin-Luther-Universität aufnehmen, nach dessen Abschluss er 1952 eine Stellung als Gerichtsreferendar antrat. Aus diesen Jahren datiert Genschers politisches Engagement, das ihn 1946 in die LDPD führte und im August 1952 zur Übersiedlung nach Bremen veranlasste, die jedoch seine Verbundenheit mit Halle und der mitteldeutschen Region nie abreißen ließ. Neben seine Tätigkeit als Rechtsanwalt ab 1954 trat seit 1956 die politische Arbeit in Bonn nun für die FDP. 1965 wurde Genscher in den Bundestag gewählt, 1968 stellvertretender Parteivorsitzender und von 1974 bis 1984 Vorsitzender der Liberalen. Der im Jahre 1969 erfolgende Eintritt in das neue Kabinett Brandt-Scheel als Innenminister bildete den Auftakt eines 23-jährigen fruchtbaren Wirkens als Mitglied der Bundesregierung, seit 1974 als Außenminister und Vizekanzler. Der von Genscher hier in der Nachfolge der Brandtschen Ostpolitik betriebene Kurs des Ausgleichs zwischen den Blö-

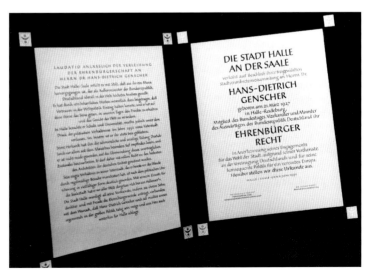

Ehrenbürgerbrief für Hans-Dietrich Genscher (*1927) vom 8. Juni 1991.

cken, von seinen Gegnern auch in kritischer Absicht als „Genscherismus" bezeichnet, baute ein Vertrauenspotenzial und persönliches Ansehen auf diplomatischem Parkett auf, das in den Monaten der politischen Wende in der DDR und Osteuropa wesentlich zu Genschers politischen Erfolgen bei der Gestaltung der deutschen Vereinigung im Rahmen der Zwei-plus-Vier-Verhandlungen zwischen den beiden deutschen Staaten und den vier Mächten beitrug. Der am 12. September 1990 in Moskau unterzeichnete Zwei-plus-Vier-Vertrag ebnete so schließlich den Weg zur deutschen Einheit.

Hans-Dietrich Genscher (*1927). Foto, Thomas Ziegler.

Hatte sich Genschers Verbundenheit mit der Saalestadt vor 1989 in zahlreichen inkognito erfolgten Besuchen geäußert, so sah man ihn nun umso häufiger in Begleitung seiner Amtskollegen in den Straßen Halles, dessen Entwicklung zu fördern sein besonderes Anliegen wurde. 1990 hatte Genscher die Schirmherrschaft für die Sanierung der Franckeschen Stiftungen übernommen. Am 8. Juni 1991 konnte Hans-Dietrich Genscher so in der Mensa am Weinbergweg die Urkunde über die Verleihung der Ehrenbürgerschaft in Empfang nehmen, „in Anerkennung seines Engagements für das Wohl der Stadt, aufgrund seiner Verdienste an der Vereinigung Deutschlands und für seine konsequente Politik für ein vereintes Europa",[121] wie die Laudatio zu seiner Würdigung betont. Gleichzeitig trug ihm die Halloren-Brüderschaft den Titel eines Ehren-Schwagers an. Nach dem Ausscheiden aus der Bundesregierung im April 1992 konnte sich Genscher umso mehr seiner alten Heimatstadt widmen, übernahm den Vorsitz des Kuratoriums zum Wiederaufbau der Franckeschen Stiftungen (in welchem Amt er im November 2000 von Prof. Paul Raabe abgelöst wurde) und wurde zum Ehrensenator der Martin-Luther-Universität berufen. Als Sympathieträger für regionale Wirtschaft und Kultur trat Genscher auch in fortschreitendem Alter immer wieder hervor, sei es durch Vorträge, Gastkolumnen in der Presse oder auch von Plakaten aus, wie 2005 für die Bewerbung Halles als Kulturhauptstadt Europas 2010. So konnte Genscher am 18. Dezember 2005 im Opernhaus den Kultur-Preis Europa

---

121 StAH, Großfotosammlung F 599.

"für seine besonderen Verdienste um Europa und für sein Lebenswerk" in Empfang nehmen.

Initiator der neuen hallischen Schulstadt
Prof. Dr. Paul Raabe in Franckes Fußstapfen
Nach der Einheit Deutschlands 1990 brach auch für die in langem Verfall begriffenen Franckeschen Stiftungen ein neuer Zeitabschnitt an, der durch bauliche Wiederherstellung und kulturellen Aufschwung geprägt ist. Diese Periode ist aufs Engste mit dem Namen des im Februar 2002 zum hallischen Ehrenbürger berufenen Prof. Paul Raabe verbunden.

Prof. Paul Rabe (*1927). Foto, Thomas Ziegler.

Geboren am 21. Februar 1927 in Oldenburg, führte die Liebe zum gedruckten Wort den Sohn eines Bildhauers auf die Bibliothekslaufbahn; 1948 fand er als Diplombibliothekar an der Landesbibliothek Oldenburg seine erste Wirkungsstätte. Ein Studium der Germanistik und Geschichte an der Hamburger Universität schloss Raabe 1957 mit einer Dissertation über die Briefe Hölderlins ab. Im Folgejahr wechselte Paul Raabe an die Bibliothek des Schiller-Nationalmuseums und Literaturarchivs in Marbach am Neckar, deren Leitung er übernahm, habilitierte 1967 an der Universität Göttingen und wurde ein Jahr später zum Direktor der Herzog-August-Bibliothek in Wolfenbüttel berufen. Die ehrwürdige Einrichtung war nach dem Wegzug des herzoglichen Hofes nach Braunschweig 1753 in einen langen Dornröschenschlaf gesunken und wurde durch Raabes umtriebiges Wirken nun wieder zu einem erstrangigen kulturellen Zentrum. Hierzu gehören bauliche Erweiterungen wie das 1981 errichtete Leibniz-Haus mit Restaurierungswerkstätten und Arbeitsräumen für Gäste wie auch die Umstrukturierung und Aufwertung der Bibliothek zu einem internationalen Forschungszentrum für Geistes- und Kulturgeschichte Europas. Dies sowie sein Bemühen zur Rettung der Altstadt von Wolfenbüttel wurden bereits hier mit der Verleihung der Ehrenbürgerschaft der kleinen Residenzstadt gewürdigt.

Nach erster Berührung mit den Franckeschen Stiftungen bei einem Besuch in Halle 1987 propagierte Raabe die Idee einer internationalen Forschungsstätte für europäische Aufklärung und erreichte im August 1989 ein erstes internationales Symposium mit diesem Ziel. Nach der politischen Wende widmete sich Raabe nun ganz dem kulturellen „Aufbau Ost" und übernahm im September 1991 das Direktorat der Stiftungen. Durch den Aufbau eines Förderkreises und unermüdliche Öffentlichkeitsarbeit gelang die Rettung der bedrohten Bausubstanz der Stiftungen und ihre Aufwertung zu einem Zentrum des nationalen und internationalen Geisteslebens. Raabes Wirken in Halle trug ihm im Februar 1997 die Ehrendoktorwürde der Theologischen Fakultät der Martin-Luther-Universität und kurz darauf den Ehrenbecher der Stadt Halle ein. Im Oktober 2000 schied Raabe aus seinem Amt, übergab das Direktorat an seinen Nachfolger Jan-Hendrik Olbertz und löste seinerseits Hans-Dietrich Genscher als Leiter des Kuratoriums der Stiftungen ab. Zu seinem 75. Geburtstag, am 21. Februar 2002, verlieh die Stadt Halle Paul Raabe auf einem Festakt in der Ulrichskirche die Ehrenbürgerschaft der Saalestadt. Zwei Jahre darauf konnte Raabe schließlich auch den hallischen Bürgerpreis „Der Esel, der auf Rosen geht" für Verdienste im Ehrenamt in Empfang nehmen.

Retterin des Stadtgottesackers
Marianne Witte wird erste hallische Ehrenbürgerin
Zu den ehrwürdigsten, wiewohl auch bedrohtesten Baudenkmälern Halles zählt der 1529 auf dem Martinsberg angelegte Stadtgottesacker, dessen ab 1557 entstandene Umbauung mit 94 Schwibbögen im italienischen Camposanto-Stil nördlich der Alpen einzigartig ist. Durch Kriegseinwirkung (Luftangriff am 31. März 1945) entstanden Schäden an 27 Schwibbögen, nach Wiederherstellungsarbeiten in den fünfziger Jahren ging die Anlage jedoch stetigem Verfall entgegen. Arbeitseinsätze von Mitgliedern der Interessengemeinschaft Denkmalpflege im Kulturbund, aus dem der Arbeitskreis Stadtgottesacker hervorging, ab 1980 konnten nur den akutesten Schäden wehren, doch keine Gesamtlösung der prekären Situation herbeiführen. 1989 wurden Sanierungsarbeiten am Torturm durchgeführt. Das Kuratorium der 1990 gebildeten Stiftung Bauhütte Stadtgottesacker trat durch Spendenaufrufe zur Finanzierung der wei-

*Marianne Witte (*1923).
Foto, Thomas Ziegler.*

teren Restaurierungsarbeiten an die Öffentlichkeit, die zunächst nur schleppend, seit 1998 jedoch anonym in großen Teilbeträgen eingingen. Die Herkunft der Gelder in Höhe von damals ca. 5,2 Mill. Euro wurde im Jahre 2003 gelüftet.[122]

Die Spenderin Marianne Witte, geb. Ziegler, wurde 1923 in Marburg an der Lahn als Tochter des Professors Karl Ziegler (1936 bis 1945 Ordinarius für Chemie an der Martin-Luther-Universität, 1938 Mitglied der Leopoldina, 1963 Nobelpreisträger für Chemie) geboren und lebte seit 1936 in Halle, wo sie die Ina-Seidel-Schule für Mädchen am Universitätsring 21 besuchte und dort 1941 das Abitur ablegte. Ein begonnenes Medizinstudium unterbrach die Dienstverpflichtung als Hilfskraft am Anatomischen Institut der hallischen Universität. Nach Kriegsende setzte Marianne Ziegler in Düsseldorf ihr Studium fort, promovierte 1948 und heiratete 1950 den Kinderarzt Dr. August Witte. Aus Mitteln ihres 1973 verstorbenen Vaters richtete Marianne Witte nach ihrem ersten Besuch nach der politischen Wende in der Stadt ihrer Jugendjahre eine Stiftung ein, um am Aufbau Ost, speziell dem des Stadtgottesackers mitzuwirken. Die auf diese Weise vorangetriebenen Sanierungsarbeiten konnten am 21. Mai 2003 feierlich abgeschlossen werden. Bei diesem Anlass wurde eine Gedenktafel für die Spenderin enthüllt. Auf Beschluss des Stadtrates wurde Dr. Marianne Witte im Rahmen der Feierstunde zum Tag der Deutschen Einheit in der Ulrichskirche am 2. Oktober 2003 die Ehrenbürgerschaft der Stadt Halle verliehen. „Insbesondere ehrt Frau Dr. Witte das Ansinnen, mit ihrem ganzheitlichen Stiftungsprojekt die überregionale Ausstrahlung und Bedeutung der Stadt Halle (Saale) mit ihrem reichhaltigen kulturellen Erbe befördert zu haben",[123] wurde in der Laudatio aus diesem Anlass betont. Sie ist damit die erste Frau, der diese Würde zuteil wurde.

---

122 Mitteldeutsche Zeitung Nr. 110 vom 14. Mai 2003.
123 StAH, Familienarchiv Nr. 1253.

Begründer der Kulturinsel
Peter Sodann schafft eine neue Heimstatt für die hallische Kultur

Peter Sodann (*1936). Foto, Thomas Ziegler.

Geboren am 1. Juni 1936 in Meißen wuchs Peter Sodann in Weinböhla auf, absolvierte eine Lehre als Werkzeugmacher und erwarb auf der Arbeiter- und Bauernfakultät das Abitur. Nach abgebrochenem Jurastudium wechselte er 1959 an die Theaterhochschule Leipzig, wo Sodanns kritische Grundhaltung sich im Studentenkabarett „Rat der Spötter" erstmals artikulierte, was 1961 zu seiner Verhaftung und neun Monaten Stasi-Haft führte. Das so unterbrochene Schauspielstudium konnte er 1964 abschließen und ein erstes Engagement am Berliner Ensemble bei Helene Weigel antreten. Nach Stationen in Erfurt und Karl-Marx-Stadt wurde Sodann 1975 Schauspieldirektor der städtischen Bühnen Magdeburg. 1980 wechselte Peter Sodann in derselben Position unter Intendant Ulf Kayn an das Landestheater Halle. Aus dem bisher als Kino der Deutsch-sowjetischen Freundschaft in der Großen Ulrichstraße 50 genutzten Saal schuf Sodann hier zunächst eine neue Probebühne für das Ensemble des Landestheaters, aus dem eine neue, am 8. April 1981 eröffnete Spielstätte[124] für modernes Theater entstand, die den für Halle schon traditionellen Namen „neues theater" erhielt. Der Ausbau dieser Bühne zu einem kulturellen Zentrum Halles mit Literaturcafé, Kleinkunstbühne und Bibliothek unter dem bald überregional geläufigen Begriff „Kulturinsel" wurde Sodanns hauptsächliches Lebensprojekt, das er unter dem zu seinem Motto gewordenen Lessing-Wort „Die edelste Beschäftigung des Menschen ist der Mensch" gegen vielfältige Widerstände und Hemmnisse, materielle Mängel und Borniertheit durchzusetzen wusste. Neben seiner Aktivität als Theaterprinzipal, die ihm 1999 den Kritikerpreis des Verbandes der deutschen Kritiker eintrug, engagiert sich Sodann in Bürgerinitiativen, sponsert Sozialprojekte und wurde der deutschen Öffentlichkeit auch durch Film und Fernsehen bekannt. 2005 legte Peter Sodann die Intendanz des neuen theaters nieder und wurde auf einer Festveran-

---
124 Freiheit Nr. 84 vom 9. April 1981.

staltung am 2. Juli des Jahres verabschiedet. Bereits am 27. April beschloss der Stadtrat die Verleihung der Ehrenbürgerschaft an Peter Sodann zu dessen 70. Geburtstag am 1. Juni 2006 mit der Begründung: „Peter Sodann hat sich mit dem Aufbau des neuen theaters und der Kulturinsel in herausragender Weise um das kulturelle und damit soziale Wohl der Stadt Halle verdient gemacht [...]. Von vielen Bürgerinnen und Bürgern wird er wegen dieses persönlichen Einsatzes für unsere Stadt und für soziale Gerechtigkeit hoch geachtet".[125]

---

125 StAH, Familienarchiv Nr. 7219.

QUELLEN

Porträt der Friedericke Amalie Pönitz. Bleistiftzeichnung von 1819 des durch Josef Grassi zum Miniaturmaler ausgebildeten und 1824 zum Mitglied der Dresdner Kunstakademie ernannten Malers Friedrich Carl Albert Schreuel (1773–1853). Die Zeichnung konnte erst durch die Recherchen zu dem Quellenbericht als Werk von Schreuel identifiziert werden.

Ute Willer

„Denke, wenn Du dieses liest, daß Du nicht vergessen bist"[1]
Frauenstammbücher im Stadtarchiv Halle

Mehr als zwei Dutzend von Mädchen oder Frauen geführte Stammbücher aus drei Jahrhunderten bilden im Bestand des Stadtarchivs Halle einen interessanten Bereich der handschriftlichen Erinnerungsbücher. Wie ihre Vorbilder, die Stammbücher der Studenten,[2] stehen auch die „weiblichen" Alben ganz im Zeichen der Erinnerung an die unbeschwerten Jahre der Jugend und an die Menschen, die in dieser Zeit nahe und wichtig waren: die Eltern, Verwandten und Lehrer, vor allem aber die Freundinnen und Freunde, die man im späteren Leben oft aus den Augen verlor. Nur vereinzelt finden sich in den Stammbüchern Eintragungen aus späteren Lebensabschnitten. Stammbücher – im letzten Jahrhundert hat sich die Bezeichnung „Poesiealbum" durchgesetzt – sind Begleiter der frühen Lebensjahre. Meist wurden sie zu führen begonnen, wenn ein junger Mensch das Elternhaus verließ und ein anderer Ort sein vorläufiges Zuhause wurde. Die Studentenstammbücher sind dafür der beste Beweis. Mädchen und Frauen finden sich hier allerdings nur als Eintragende, denn Studieren war bis zum Ende des 19. Jahrhunderts ausschließlich „Männersache". Doch sollte das die jungen Damen nicht daran hindern, sich ebenfalls solche Erinnerungsbüchlein anzulegen, zumal sie langsam begannen, ihre Persönlichkeit zu festigen und ihr eigenes Leben zu gestalten. Auch unter diesem Aspekt müssen diese seit dem 18. Jahrhundert bekannten Frauenstammbücher betrachtet werden.[3]

---

1 Verszeile vom 24. März 1816 aus dem Stammbuch der Auguste Felsche (1815 bis 1886), Stadtarchiv Halle (StAH), Handschriften H 49.
2 Siehe hierzu: Ute Willer: In Saalathen ist alles schön. Studentenstammbücher im Stadtarchiv Halle. In: Jahrbuch für hallische Stadtgeschichte. Halle 2005. S. 112–135.
3 Hans Henning: Blätter der Erinnerung. Aus Stammbüchern von Frauen des 18. und 19. Jahrhunderts. Leipzig 1988.

Das äußere Erscheinungsbild der Stammbücher oder Stammbuchkassetten, die bis zum Ende des 19. Jahrhunderts fast ausnahmslos das kleine Querformat beibehielten, weist auf keine Unterschiede zwischen den Damen und Herren hin. Beide schmücken ihre Stammbücher mehr oder weniger mit Bildern, Blumen und Lockenkringeln und auch der gefühlsmäßige Überschwang der Eintragungen ist beiden gemein. Doch es gibt sie, sogar sehr gegensätzliche, nämlich dort, wo die Erinnerungen am lebendigsten zutage treten, in den Eintragungen und Lebensweisheiten der Freundinnen und Freunde.

Während die männlich-studentische Jugend fröhlich das ungebundene Freizeitleben mit all seinen kleinen und auch größeren Lasterhaftigkeiten preist und sich getreu dem Motto „Die Jugend gibt es nur einmal" in entsprechenden Frohsinnsschilderungen ergeht, scheint bei den Mädchen, gereimt und ungereimt, die „Jugend" nur mit „Tugend" in Verbindung gebracht zu werden. Das betrifft nicht nur die mahnenden Worte der Eltern und Lehrer – die finden sich auch in den Stammbüchern der Studenten –, selbst die oft noch kindlichen Freundinnen ergießen sich brav in moralisierenden Hinweisen zu einer gottgefälligen, sittsamen Lebensführung, deren Krönung in der Jugend die Unschuld ist. Natürlich wird das nicht immer so deutlich formuliert, doch trennt dieser Gegensatz von offen bekundeter Lebensfreude und der Forderung nach strenger Sittsamkeit im Wesentlichen die zeitgleichen Stammbücher beider Geschlechter.

Die frühesten Frauenstammbücher im Bestand des hallischen Stadtarchivs stammen aus der zweiten Hälfte des 18. Jahrhunderts – aus jener Zeit also, als die Frauen und auch Mädchen allmählich zu einer neuen Selbständigkeit fanden.

Das Stammbuch der *Sophie Antoinette Dorothea Nebe, der Nebin* (1775 bis 1783),[4] 1936 vom Archiv antiquarisch erworben, ist hierfür ein überzeugender Beweis. Sophie wurde, so scheint es, von Kindheit an mit einer selbstständigen Lebensweise konfrontiert. Ihr Stammbuch hat sie, wie

---

[4] Die in Klammern gesetzten Daten beziehen sich auf die Führungsdauer des Stammbuches.

*Titelblatt zum
Stammbuch der
Sophie Antoinette Dorothea
Nebe.
Kolorierte Zeichnung.*

auf der kunstvoll gestalteten Titelseite vermerkt, als „Denkmahl der Hochachtung und Liebe" ihren Gönnern, Lehrern und Freunden gewidmet, und es ist zu vermuten, dass diese ihr auch die Familie ersetzt haben. Kein Elterneintrag oder einer von anderen Verwandten, ausgenommen ein Vetter aus dem fernen Ostpreußen, findet sich auf den Seiten dieses Albums. Umso zahlreicher sind die wohlmeinenden Worte der Lehrer und Erzieher aus dem Umfeld des hallischen Waisenhauses. Sicher hat sie hier die Mädchenschule besucht. Die Familie des Direktors August Hermann Niemeyer stand dem jungen Mädchen besonders nahe. Darauf verweisen die freundschaftlichen Eintragungen. Auch nach ihrer Schulzeit sollte sie als Erzieherin der Niemeyer-Kinder dem Hause verbunden bleiben.[5] Und dass Sophie auch all den anderen Lehrern nur Freude gemacht haben muss, zeigen deren oft überschwängliche Widmungen an die „werthgeschätzte", „geliebte", „wohlgesittete" und „hoffnungsvolle" Schülerin. Sie mahnen die „unschuldige, zarte Besitzerin des Buches", auch weiterhin fromm und sittsam zu bleiben, so der Lehrer Christian Friedrich Haack, der mit kunstvoller Schrift am Jahresende 1775 konstatiert:

„Aus der Tugend fließt der wahre Friede,
Wollust ekelt, Reichtum macht uns müde [...]"[6]

---

5 F. A. Niemeyer: Stammtafeln des Niemeyerschen Geschlechts. Halle 1915. S. 45.
6 Aus Gründen der Verständlichkeit wurden bei einigen der zitierten Zeilen und Verse geringfügige Angleichungen an die moderne Schreibweise vorgenommen.

Stammbuch einer Adligen, 1780. Silhouettenzeichnung.

Auch der Lehrer E. F. G. Heiner[7] empfiehlt sich mit einem langen Tugendvers, vergisst dabei aber nicht, Sophie dankbar darauf hinzuweisen, dass es ihm

„[…] einst unaufhörliche Nahrung der Zufriedenheit seyn wird, Ihr junges Herz zu dieser Tugend gebildet, oder doch zu bilden sich aufrichtig bemüht zu haben."

Seine Bemühungen waren erfolgreich, denn im reifen Alter wurde die geachtete Sophie „Aufseherin der Waisenhausmädchen" in den Franckeschen Stiftungen.[8]

Einige Stammbücher dieser frühen Zeit führen auch in die Kreise des Adels. So konnte erst unlängst ein namenlos gebliebenes Stammbuch von 1780 erworben werden, dass seiner Nähe zum Adelshaus derer von Trotha und seiner eingeklebten und gezeichneten Silhouetten wegen Beachtung verdient. Dass es einer Frau, vermutlich einer Adligen, gehörte, geht aus den devoten Anreden in den Widmungen hervor. Und sicher war sie auch begehrt, denn es wurden ihr durchaus nicht nur fromme Sprüche ins Album geschrieben. Einige der Einträger blieben auch anonym oder gaben sich nur mit den Initialen ihrer Namen zu erkennen. Sie wusste

---

7 Namen können nur so weit angegeben werden, wie sie aus dem Stammbuch ersichtlich sind.
8 Niemeyer: S. 45.

ja, welcher E. Ch. ihr im Herbst 1780 folgende zu Herzen gehende Zeilen zugedacht hat:

„Willst Du, Freundin, Dich verbinden,
such ein Herz – Du wirst es finden,
das für Dich gefühlvoll schlägt,
Schmerz und Freude mit Dir trägt."

Ein anderer „aufrichtiger Freund", der seinen Namen auch nicht verrät, bedauert etwas später:

„Sehr glücklich ist es nicht
um einen solchen Mann,
der seine Sünde lässt,
wenn er noch sündigen kann."

Mit nur 15 beschriebenen Seiten ist dieses Stammbuch sehr unvollständig geblieben, doch vermitteln die wenigen Eintragungen, kleinen Zeichnungen und die Silhouetten der Damen und Herren eine fröhliche Geselligkeit, die im Zeichen von Freundschaft und auch stärkerer Herzensneigung steht.

Kaum eine Leerseite hat dagegen das Stammbuch der *Friederike Christiane Wilhelmine Stoppelbergin* (1782 bis 1816), deren Initialen den Ledereinband des Büchleins zieren. Wie eine Reihe anderer Stammbücher kam es 1939 aus dem Sammlungsbestand der Moritzburg über die damalige Ratsbücherei an das Archiv der Stadt Halle. Es ist wegen seiner vielen Bildbeigaben von besonderem Reiz, auch wenn diese nur selten einen direkten Bezug zu den moralisierenden Sprüchen der Einträger – Verwandte, Freundinnen, Freunde und Lehrer – haben. Gemalte Blumen, Freundschaftsallegorien und Landschaften, darunter einige sehr schöne Aquarellminiaturen, verteilen sich zwanglos über das gesamte, dicht beschriebene Album. Die düstere Mahnung einer Freundin aber

„Denk in Deiner Jugend
öfters an Dein Grab,
und bereite Dir zum Stab
für Dein Alter Tugend"

wird beziehungsvoll mit der Darstellung eines schaufelnden Totengräbers auch bildhaft gemacht. Der Tugend räumte bereits zwei Jahre zuvor, am „7. des Wonnemonats 1784", ihr Lehrer L. Prüfer den höchsten Stellenwert ein, als er sich in Friederikes Stammbuch mit diesem Vierzeiler einbringt:

„O der Wonne! Die ein Mädchen fühlt,
wenn sie sich im Zirkel ihrer Freunde sieht
und noch frohe Unschuld auf der Wang' ihr blüht,
keine Schlange noch in ihrem Busen wühlt."

Vermutlich war das junge Mädchen Schülerin des Königlichen Pädagogiums. Dafür sprechen auch hier wieder fünf Einträge von Mitgliedern der Niemeyer-Familie mit teils sehr freundschaftlichen Widmungen. Und drei Jahrzehnte später, als die einstige Stoppelbergin längst einen anderen Namen trägt, finden sich freundliche Worte in diesem Stammbuch, nun von der nächsten Generation, dem „gehorsamen Sohn Johann Ernst Theodor Güte", dessen Eintrag im Jahr 1815 von anderer Hand mit dem Zusatz „Freiwilliger Jäger im ersten Deutschland, Fußjäger zwischen der Elbe und Weser" ergänzt wurde.

Das Stammbuch der *Caroline von Naefe* (1795 bis 1823) wurde recht lange geführt. Unter den zahlreichen Einträgern fallen die adligen Verwandten und Bekannten auf, die sich häufig gleich „familienweise" in Carolines Stammbuch verewigt haben – die von Buttlars, Sydows, Gettwitz', Stieglitz'

Stammbuch der Friederike Christiane Wilhelmine Stoppelbergin. Kolorierte Tuschezeichnung.

Titelblatt zum Stammbuch der Caroline von Naefe.

oder die von Mandelsloh. Caroline, eine Tochter aus dem Militäradel, hatte hier auch entsprechende Verehrer. Mit ehrerbietigen Widmungen und der präzisen Angabe ihres militärischen Ranges und ihrer Regimentszugehörigkeit erscheinen sie im „Freundschaftsdenkmal" des „Gnädigen Fräuleins". Doch eng waren auch ihre Beziehungen zu den bürgerlichen Freundinnen und Freunden in Halle, zu denen auch Angehörige der Familie Keferstein gehörten. Freundschaftlich, respektvoll, mitunter schwärmerisch trugen sich auch einige Lehrer in ihr Album ein. Gleich im ersten Jahr der Stammbuchführung, da war sie gerade zwölf Jahre alt, bringt der „treue Lehrer und ergebene Freund J. B. F. Steuber" seinen Trennungsschmerz der jungen Caroline gegenüber mit folgenden zu Herzen gehenden Worten zum Ausdruck:

„Scheiden muß ich von Ihnen, doch vergessen werde ich Sie nie."

Zwölf Jahre später bittet ein Dr. Martin aus Vetschau, der zu ihrer Huldigung Schillers „Braut aus Messina" bemüht und sie die „Göttliche" und „Königin der Seelen" nennt, um

Stammbuch der Johanna Louisa Juliana Trostbach. Kolorierte Zeichnung.

Nachsicht für das „aufdringliche Geständniß". Sein Andenken aber soll sie immer wach halten.

Caroline von Naefe wurde weitere Jahre später die zweite Ehefrau des verwitweten Justizrates Christian von Keferstein. Auch dessen verstorbene erste Gattin, Wilhelmine Auguste Goldhagen, hat sich als junges Mädchen auf den Seiten von Carolines Stammbuch verewigt.[9]

Aus dem Bestand der Moritzburg stammt auch das Album der *Johanna Louisa Juliana Trostbach* (1797 bis 1833), die in den Widmungen der zahlreichen Einträger oft liebevoll mit „Julgen" angesprochen wird. Recht schnell stößt man in ihrem Stammbuch auf den Eintrag des „aufrichtigen Freundes J. H. Chr. Göring" aus Eisenach, der im November 1797 Julchen mit Zeilen wie

„Der Zärtliche schwört ewige Treue
Dem Liebchen, seiner Königin [...]"

---

9 Gottfried Keferstein: Geschlechterbuch der Familien Keferstein, Käferstein, Kaeferstein und Kefferstein. Hamburg 1998. S. 28.

beglückt und seinen wortreichen Eintrag mit den Worten „Mein Schwur soll ewig sein" beschließt. So eindeutige Bekenntnisse, für jedermann lesbar, finden sich nicht allzu oft auf den braven Stammbuchseiten der jungen Mädchen. Dass es Herrn Göring aber ernst war, belegt der Eintrag einer M. E. Göringin aus Creutzburg, die sich ein reichliches Jahr später, im Januar 1799, als „aufrichtige Schwiegermuter" ausweist. Doch nicht alle konnten sich über Julchens Glück freuen. Dafür stehen Eintragungen anderer Freunde, wie

„Liebe und nicht haben,
ist schwerer als Steinegraben"

vom 24. Januar 1799 oder gar jener traurige Vers eines weiteren Verschmähten nur wenige Tage später:

„Wenn ich werd gestorben seyn,
dann sagen Sie vor meinen Freund:
Hier in dieser dunklen Höhle
lieget die getreue Seele,
die gestorben vor der Zeit
blos vor Lieb und Traurigkeit".

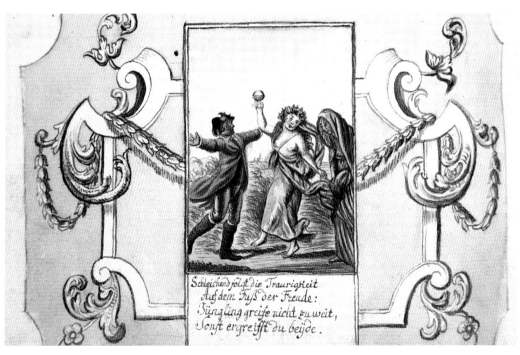

Stammbuch der Johanna Louisa Juliana Trostbach. Beispiel einer künstlerisch gestalteten Gesamtseite.

Er starb tatsächlich „vor der Zeit". Darauf weisen gezeichnete Sterbekreuze und ein Nachtrag auf der Stammbuchseite „Seine Asche ruhet in Frieden", datiert vom 10. Februar 1799.

Deutlich anders äußert sich mit energischen Schriftzügen ein M. König aus Tiefenorth:

„Lieblich und schön sein ist nichts, aber ein Weib, das den Mann fürchtet, selbiges soll man loben. – Dies lassen Sie sich zum Andenken sein"

Noch viele haben sich in dieses Album eingetragen – ein „Feuerwerker der Preussischen Artillerie", ein Schauspieler, ein Hochzeits- und Leichenbitter oder ein Oboist aus Gotha, der mit einer künstlerisch gestalteten Partitur seiner „alten Gesellschafterin der Dantz Geselschaft von 1799" ein Andenken schenkt. Kaum eine Seite in diesem Stammbuch blieb leer. Auch der Bildschmuck ist voller Abwechslung. Gemaltes, Gesticktes und Geklebtes zieren die Seiten, darunter Silhouetten von Freundinnen und Freunden und einige köstliche Darstellungen von verliebten Paaren.

Die letzten Beispiele führten bereits in das 19. Jahrhundert, der Blütezeit der Stammbücher, die auch deutlich in den Alben der Mädchen und Frauen zum Ausdruck kommt. Allein 19 der insgesamt 26 Exemplare im Bestand des Stadtarchivs wurden in diesem Jahrhundert geführt. Wie auch bei den Studenten beherrscht das Gefühl der Freundschaft, die „ewig halten möge", die Seiten der Erinnerungsbücher. Doch auch die liebeserfüllten Beziehungen zum anderen Geschlecht fehlen nicht und finden vornehmlich in den gefühlsbetonten Eintragungen der männlichen Anbeter ihren Niederschlag.

Dass dennoch alles tugendhaft bleibt, zeigt das Stammbuch der *Caroline Wilhelmine Henriette Deybaldt* (1805 bis 1812). Wie die Studenten, so will auch sie ihr Stammbuch als ein „Denkmahl der Freundschaft" verstanden wissen und zahlreiche Studenten, vor allem Theologen, haben sich hier auch ihr entsprechendes Denkmal errichtet. Sie sowie die Verwandten, Lehrer und Freundinnen, weisen auf ein kirchlich geprägtes Umfeld und auf das Königliche Pädagogium, dessen Nennung auch etliche der männlichen Einträger ihrem Namen hinzufügen. Auch die Niemeyers sind wieder vertreten, so Gotthilf Anton Niemeyer, Lehrer und Prediger in der Georgenkirche, und andere Mitglieder der weit verzweigten Familie. Weitere Lehrer sparen nicht mit frommen Wünschen, wie Heinrich Leberecht Selle, der ihr am 10. Oktober 1807 folgenden Vers ins Stammbuch setzt:

„Engels-Unschuld, Herzensgüte
zu bewahren, sei Dir Pflicht.
Und der gute Gott behüte
Dich vor jedem Bösewicht."

Anspruchsvoller scheint dagegen die Aufforderung von Johann Carl Bullmann, der der Freundin das Streben „nach der Veredlung" ihres „unsterblichen Geistes" schon im „Frühling des Lebens" nahe legt. Auf die Begrenztheit des menschlichen Lebens weist ein anderer Freund hin, als er sich im Frühjahr 1806 mit den Worten

„Leb wohl und glücklich, liebes Carolinchen, bis einst der Todesengel die Fackel Deines Lebens verlöscht"

bei dem jungen Mädchen verabschiedet und in den unruhigen Zeiten der napoleonischen Kriege ein Wiedersehen gar nicht erst in Betracht zieht. Doch steht diesem traurigen Jenseitshinweis und ähnlichen Trostlosigkeiten in diesem Mädchenstammbuch unübersehbar jener in großen Lettern, von einem anonymen Verehrer geschriebene Satz gegenüber:

„Die Deybaldtin soll leben hoch!!!"

Unter den Stammbüchern, die von der Moritzburg übernommen wurden, befinden sich auch die Alben der Schwestern *Friedericke Amalie* und *Minna Pönitz*. Eine Nachfahrin, in den Akten als Fräulein Meta Dinter ausgewiesen, hat sie einst aus dem Sächsischen mit nach Halle gebracht. Als ein wahres Erinnerungsbüchlein zeigt sich besonders das von *Friedericke Amalie,* genannt „Malchen" (1809 bis 1833). Die dicht beschriebenen Seiten enthalten nicht nur mehr oder weniger herzbewegende Sprüche, sondern vermitteln auch ein lebendiges Bild der Jugendjahre der Besitzerin. Die Elterneinträge auf einer Doppelseite sind mit dem Motto „Wohl dem, der Freude an seinen Kindern hat!" gemeinsam überschrieben. Zukunftsorientiert geben sich die Beherzigungswünsche der Mutter Amalie Loeser (ihr Namenszusatz „sonstige Pönitz" weist auf eine zweite Eheschließung), wenn sie „Kenntniß um die Erfüllung der Pflichten der Haushaltung" neben Frömmigkeit und Ehrbarkeit als die „größte Ehre eines Frauenzimmers" preist. Und auch der Stiefvater L. F. E. Loeser legt den „Beweiß seiner väterlichen Liebe" in wohlmeinenden Tugendwünschen nieder. Ob wohl der Freund Johann Gottlieb Dinter später der Auserwählte war? Sein erinnerungsträchtiger Hinweis auf eine „Lustpartie auf der Bastei", beziehungsvoll geschmückt mit gemalten Rosen, Lilien und Vergissmeinnicht im Sommer 1817 und die Namensgleichheit mit dem Fräulein Dinter, der Nachfahrin aus dem 20. Jahrhundert, aus deren Vermächtnis dieses Album stammt, lassen eine solche Vermutung zu.

Erwähnenswert im Bildschmuck des Büchleins ist neben einigen reizvollen Aquarellminiaturen und den feinen, meist vorgefertigten Stickereien ein kleines, gekonnt gezeichnetes Mädchenporträt von dem Friedericke Amalie „hoch achtenden Freund F. C. A. Schreuel" aus Dresden gefertigt, das mit großer Wahrscheinlichkeit die so Verehrte darstellt. Malchen hat ihr inhaltsreiches Stammbuch auch später in Ehren gehalten und immer wieder mit Mitteilungen über die ihr nahe stehenden Verwandten, Freundinnen und Freunde ergänzt und bereichert.

Minnas Stammbuch (1809 bis 1813), zu gleicher Zeit begonnen wie das der Schwester, wurde nur vier Jahre lang geführt und hat daher nicht diese Vielzahl an Eintragungen und Bildbeigaben. Die meisten der Verwandten aus den Orten Dresden, Mühlberg, Hohnstein oder Schandau haben sich auch bei Minna eingetragen. Auch der Doppeleintrag der Eltern, diesmal mit dem Spruch „Der Eltern Segen baut den Kindern Häuser" überschrieben, fehlt in diesem Stammbuch nicht, und der Bruder Carl Eduard hat sich bei beiden Schwestern am gleichen Tag ins Stammbuch eingeschrieben. Natürlich finden sich auch Erinnerungszeilen von Malchen.

Stammbuch der Friedericke Amalie Pönitz. Bleistiftzeichnung von Friedrich Carl Albert Schreuel (1773 bis 1853).

Vermutlich starb Minna vor ihrer Schwester, denn ihr Name ist in Malchens Stammbuch mit einem Sterbekreuz versehen. Bleibt zu hoffen, dass sich der Wunschvers der „wahren Freundin Henriette Haußding" aus Mühlberg, die sich am 12. April 1810 wie folgt verewigt hat

„In der Hand den Pilgerstab
und im Herzen Ruh' und Frieden,
walle lächelnd in das Grab,
soll Dich keine Last ermüden […]"

nicht allzu früh erfüllt hat.

Die ungewöhnlich lange Führungsdauer des Stammbuches der *Auguste R. Felsche* (1815 bis 1886) von mehr als sieben Jahrzehnten erklärt sich aus nur wenigen Eintragungen zu einer Zeit, als die Eigentümerin längst ein „Großmütterchen" war. Das lässt die Verszeile der Enkelin Helene vom 2. Februar 1886 erkennen. Doch zunächst führt das Stammbuch in Augustes hallische Schul- und Jugendzeit und sie hat es nach alter Sitte mit der Titelzeile „Allen, die ich liebe" ihren Freundinnen und Freunden gewidmet. Die sparen nicht mit Lebens- und vor allem Moralhinweisen. Verse wie

„Heiter wie ein Tag im Lenze
fließe stets dein Leben hin.
Unschuld sei's, die dich umkränze,
Tugend deine Führerin"

setzt die Freundin Luise Heydrich im Frühjahr 1816 in Augustes Stammbuch, und eine andere beschwört sie mit einem Bibelwort, die „Lüste der Jugend" zu fliehen.

Wie brav die jungen Damen damals waren, drückt auch der Wunsch einer weiteren gleichaltrigen Freundin aus:

„Lebe lange! Fern vom Leide!
Werde einst der Eltern Freude [...]"

Eines Mannes Freude wurde Auguste später bestimmt, denn ab 1841 findet sich als Besitzervermerk auch der Name „Sachse" im Stammbuch. In Halle aber ist sie immer geblieben.

Die farbenprächtige Stammbuchkassette einer *Hermine* (1819 bis 1839) zählt zwar nur 32 lose Blätter sowie einige beigelegte Reproduktionsstiche rheinischer Städte und Stätten, doch geben diese wenigen goldumrandeten Zettelchen bemerkenswerte Hinweise zur Persönlichkeit der jungen Eigentümerin. Da die Kassette keine Elterneinträge enthält, ist denkbar, dass Hermine verwaist war. Dafür sprechen auch die liebevollen Zeilen der Berliner Verwandten – Onkel, Tanten und Großmutter – aus den früheren Jahren, die Hermine vermutlich auch eine Schulausbildung an der Mädchenschule des Königlichen Pädagogiums in Halle ermöglicht haben. Wortreich beklagt sich ein „Onkel Hans" bei der „lieben freundlichen Hermine" darüber, dass sie ihm die angebotene „Oheim"-Anrede versagt, da er nicht ihr leiblicher Onkel sei. Er verweist auf die Freundschaft und Liebe, die ihn mit Hermines Eltern einst verbunden hat und stellt seine „Herzensgründe" über den kühlen Verstand von „Saal-Athens gelehrter Tochter", wie er die „holde Minna" liebevoll ironisch betitelt. In den Jahren nach 1834 stehen dann vorrangig die Namen von Lehrern und Freunden aus Halle unter den Widmungen. Dass Hermine ein gescheites Mädchen war, belegen auch die Worte ihres Lehrers Heinrich Müller vom 5. September 1834, der sich über seinen Weggang von Halle in ihrer Erinnerungskassette mit diesen Worten tröstet:

„Aber dafür bleibt mir die Hoffnung, dass Du bei fortgesetzten Bemühungen, zu Aller Freude einst dastehen wirst, geschmückt mit allen Vorzügen des Geistes und des Herzens."

Die zierlichen Stammbuchkassetten, wie die der Hermine, waren im verspielten Biedermeier besonders beliebt. Anders als bei den gebundenen Stammbüchern liegen hier die Blätter lose in einem kleinen Behältnis. Das begünstigt leider nicht selten deren Verlust oder auch die mutwillige Entfernung unliebsamer Eintragungen. Oft fehlen sogar die den Besitzer vermerkenden Titelseiten, so auch bei vier Kassetten aus der Sammlung des Stadtarchivs, die jedoch in den Widmungen erkennen lassen, dass sie jungen Frauen oder Mädchen gehörten. Und eine wird sogar mit ihrem Vornamen angesprochen (um 1864):

„Clara, sei dem Veilchen gleich,
in dem stillen Tugendreich.
So trägst Du auf Erden hier
Schon den Himmel selbst in Dir."

Auch ein *„Malchen"* wird namentlich auf den Blättern einer Kassette (1831 bis 1843) genannt, doch gibt es hier hinsichtlich der Eigentümerschaft einige Verwirrung. Zunächst aber sprechen die meisten der insgesamt 25 ausschließlich in Halle beschriebenen Blätter und ein beigelegter Brief jenes Malchen an. Der Briefeschreiber, ein F. W. Suhle, erinnert das „theure Mädchen" an die „mit Seligkeit verlebten Stunden" in Bad Lauchstädt (vielleicht auch auf der Rabeninsel, deren Ansicht auf dem Brief reproduziert ist) und sein innigster Wunsch in der Trennungsstunde im August 1836 an sie ist der:

„[…] dass Sie, mein gutes, liebes Malchen, mich nie vergessen mögen."

Auf der Rückseite des zierlich und dicht beschriebenen Briefleins bemüht er noch zu Herzen gehende Dichterworte, um seinen Gefühlen Nachdruck zu verleihen. Ein weiteres Blatt dieser Kassette aber ist nicht an Malchen, sondern an einen Herrn Kummer gerichtet und sein Freund J. Kratz, „pastor et praeceptor im Eichsfeld", preist in einem überschwänglichen Vers das Küssen eines holden Mädchens. Hier hat sich vermutlich später ein Blättchen aus einer anderen Kassette in Malchens Schatzkästlein verirrt.

Die schlesische Pastorentochter *Marie Ulbrich* aus Neukirch war etwa 15 Jahre alt, als sie ihr Stammbuch (1840 bis 1850) zu führen begann. Die Eintragungen der Eltern und des jüngeren Bruders, der in steifer Kinderschrift mahnt, die Jugend „froh und weise zu benutzen", sind die ersten Eintragungen in ihrem Erinnerungsbüchlein. Die Jahre 1841/42 verbringt das junge Mariechen zur weiteren gottgefälligen Formung ihrer Persönlichkeit in den Herrnhuter Anstalten in Gnadenberg – ein Aufenthalt, den sie mit gleichaltrigen Töchtern aus geistlichen, bürgerlichen und auch adligen Familien teilt. Eindringliche Worte und Mahnungen belegen auf den Stammbuchseiten diese Zeit der frommen Lebensführung. Besonders inhaltsreich ist der sich über vier Seiten erstreckende tagebuchartige Eintrag der Freundin Marie Peschel, die ihr kurz vor Verlassen der Anstalt im Sommer 1842 die „unzählig frohen Stunden" der Gemeinsamkeit ins „Gedächtniß zurückrufen" will. Doch vermutlich war diese Gedächtnisstütze etwas zu ausführlich, vielleicht verletzte sie auch die Tugendhaftigkeit der sensiblen Pastorentochter,

Stammbuch der Marie Ulbrich mit der Darstellung des Pfarrhauses in Neukirch.

jedenfalls hat Marie im nachhinein zwei Seiten davon entfernt. Nicht immer, das lassen auch die Bemerkungen anderer „Abendmahlgenossinnen" und „Saalgängerinnen" erkennen, waren die Stunden und Tage dort nur von ergebener Gottesfurcht erfüllt. Und sicher birgt der im Büchlein erwähnte Anstaltsgarten so manches Jungmädchengeheimnis. Dass dem Abschied von Gnadenberg unerbittlich der Ernst des Lebens folgen würde, bleibt im Stammbuch nicht unausgesprochen. Doch werden alle trüben Gedanken vom Gottvertrauen einer adligen Gnadenberg-Gefährtin aus der Ribbeck-Sippe mit diesem Abschiedsvers beiseite geschoben:

„Laß die Winde stürmen
auf der Lebensbahn,
laß die Wellen türmen
gegen Deinen Kahn.
Schiffe ruhig weiter,
wenn der Mast auch bricht.
Gott ist Dein Begleiter,
er verläßt Dich nicht."

Gleich vier Stammbücher weisen auf eine Eigentümerin *Clara Gremse* hin, wobei das erste noch mit dem Mädchennamen *Clara Knauer* versehen ist. Und als „Clara Gremse, geborene Knauer aus Gröbers" erscheint sie dann wiederholte Male als Einträgerin in den Stammbüchern der jüngeren Clara, ihrer Tochter. Im Stammbuch der Clara Knauer (1869 bis 1875), der Mutter also, findet sich noch kein Gremse-Hinweis. Die junge Clara erhielt ihr Album zu ihrem 14. Geburtstag. Die Großeltern, Vater und Mutter (sie ist eine weitere Clara!), die Schwestern Martha und Anna und weitere Verwandte aus Gröbers, Dieskau und Osmünde eröffnen mit meist sehr langen und frommen Sprüchen und Psalmen den Reigen der erinnerungswürdigen Personen im Stammbuch. Nicht nur Bibelworte lassen vermuten, dass auch Clara aus einem Pastorenhaus stammt. Auch sie verbringt die folgenden Jahre 1869/70 in einer Herrnhuter Kolonie, auf dem Seminar in Gnadau, einer bevorzugten Bildungsstätte für Pastorentöchter. Zahlreiche Freundinnen haben sich in Gnadau in ihr Stammbuch eingetragen. Sie kamen aus allen Teilen Deutschlands, auch aus England, was jeweils unter ihrem Namen vermerkt ist, oft von Clara selbst ergänzt. Nach der Zeit in Gnadau finden sich nur vereinzelt noch Einträge, darunter erstaunlich „weltliche" Bekundungen, auch Verse von Heinrich Heine und Victor von Scheffel, dessen Verszeile „… Du schlanke Maid, in Treue denk ich Dein!" ihr die Freundin Martha Görig im April 1872 ins Album setzt und dabei wehmutsvoll der „Villa Knauer" in Gröbers gedenkt. Möglicherweise stammen von ihr auch die getrockneten Vergissmeinnicht, die immerhin 130 Jahre in diesem Stammbuch überlebt haben. Dass Fräulein Clara Knauer inzwischen Frau *Clara Gremse* ist und in Günzerode bei Nordhausen lebt, erfahren wir aus dem Stammbuch der Tochter gleichen Namens (1888 bis 1895). Die Tradition der langen Bibelzitate fortsetzend, beschließt die „treue Mutter Clara Gremse, geb. Knauer" ihren Eintrag vom 7. Juni 1888 mit den Verszeilen:

„Und einer Zukunftsstätte
sei immer Dir bewusst.
In jeder Lebenslage
Der Mutter treue Brust."

Vater Gremse, vermutlich wieder ein Pfarrer, schließt sich mit einem langen Psalm an. Tochter Clara dürfte ungefähr im gleichen Alter wie ihre Mutter 1869 in Gröbers gewesen sein, als sie ihr Stammbuch erhielt, und viele Namen, die schon aus dem mütterlichen Stammbuch bekannt sind, finden sich auch unter ihren Einträgern, so auch wieder die „ganz alte" Clara Knauer aus Gröbers. 1869 im Stammbuch der Tochter noch die „treue Mama", kann sie sich nun, fast 20 Jahre später als „Großmama" präsentieren. Geht man von den Eintragungen der Freundinnen und Lehrer aus, muss Clara Gremse jun. ihre frühen Schuljahre in Eilenburg und Neudietendorf in Thüringen verbracht haben.

Doch gibt es von dieser *Clara Gremse* noch ein zweites späteres Stammbuch (1894 bis 1895), das ihre beiden in Halle verbrachten Schuljahre begleitet. Dass sie hier Schülerin an der 1835 gegründeten Höheren Mädchenschule des Pädagogiums war, dafür sprechen die Namen einiger Leh-

Stammbuch der Clara Gremse. Beispiel eines Erinnerungsbuches mit vorgegebenen Fragen.

rer, wie Direktor Dr. Biedermann, Oberlehrer Dr. Kriete, Dr. A. Hermann und andere. Die Eintragungen, vor allem die der zahlreichen Freundinnen, sind auch hier oft sehr lang, und – dem Bildungsniveau der Lehranstalt entsprechend – werden auffallend häufig die Klassiker wie Shakespeare, Schiller, Goethe und andere zitiert. Wie auch Claras erstes Stammbuch ist dieses Album, das den „Poesiealben" der neueren Zeit schon sehr ähnelt, nahezu schmucklos geblieben, dafür aber äußerst ordentlich und akkurat geführt.

Das vierte Stammbuch (1886 bis 1907) der Gremse-Claras fällt nicht nur aus dem üblichen Rahmen, sondern es gibt auch Rätsel hinsichtlich der richtigen Eigentümerin auf, denn es finden sich die den Besitz bezeichnenden Namen in den Handschriften beider Claras, Mutter und Tochter, hier angebracht. Anders als bei den bisher vorgestellten Alben enthält dieses Büchlein mit dem Titel „Gedenkblätter" vorgedruckte Fragen, deren Antworten auch in späteren Zeiten die jeweiligen Einträgerinnen, hier ausnahmslos Mädchen und Frauen, wieder lebendig in die Erinnerung zurückrufen oder, wie es im Vorwort heißt, ein „getreues Spiegelbild glücklich verlebter Zeiten" vermitteln sollen. Für heutige Leser ist es interessant und vergnüglich zugleich, auf den Doppelseiten zu erfahren, womit sich die Damen um die Wende vom 19. zum 20. Jahrhundert am liebsten beschäftigt haben, was sie gern aßen, welchen Wein sie bevorzugten oder welchen Dichter, Komponisten und Maler sie verehrten und wer in ihren Augen der größte Held aller Zeiten war. Mit Nähen, Sticken, Klavierspielen und Tanzen zeigen sich die Aussagen zu den Lieblingsbeschäftigungen doch recht mädchenhaft, immerhin aber führen einige lebhaftere Vertreterinnen auch schon Turnen, „Schneeballen" und „Wasserfahren" an. Die recht üppige Speisekarte reicht vom Kartoffelbrei bis zum Gänsebraten und erstaunlich kenntnisreich werden auch die Weine ausgewählt. Unter den Dichtern gibt es neben Goethe und Schiller nur wenige Einzelfavoriten, auch Beethoven steht einsam bei den Komponisten an der Spitze. Bei den Malern scheint nur der vielfach in den Schulbüchern reproduzierte Wilhelm von Kaulbach zu existieren. Gemischter zeigt sich dagegen die Heldengalerie der jungen Damen. Auch wenn Kaiser Wilhelm II. unangefochten die Garde anführt, so haben sich doch einige Freundinnen für die Großen der Vergangenheit entschieden, so für Alexander den Großen, Hannibal oder Karl den Großen. Der Beginn der Eintragungen und auch die Namen einiger Freundinnen aus der Eilenburger Schulzeit von der jüngeren Clara Gremse bestärken die Annahme, dass die Tochter die Eigentümerin dieser „Erinnerungsblätter" ist. Die lange Zeitdauer der Stammbuchführung, immerhin 21 Jahre, und einige mit gleicher Schrift und Tinte voll geschriebene Seiten und Ergänzungen lassen sogar die Vermutung zu, dass hier noch eine weitere Generation Hand angelegt haben könnte.

Aus einem Nachlass kam das Stammbuch einer *Gosche-Tochter* (1867 bis 1880) – ihr Vorname bleibt ungenannt – in den hallischen Archivbestand. Auch das Stammbuch des Vaters Richard Gosche, ein namhafter Orientalist und Universitätsprofessor, befindet sich hier. Unter den wenigen, teils langen Eintragungen mit tugendbeschwörenden Zeilen fällt der der damals dreizehnjährigen Selma Heine ins Auge. Diese hallische Gelehrtentochter sollte Jahre später unter dem Namen Anselma Heine eine bekannte Schriftstellerin werden. Im Jahr 1867 aber eröffnet sie ihren Stammbucheintrag mit der Feststellung

„Noch sind wir Kinder, doch wir ahnen
von künftger Tage Lust und Leid […]"

und bittet die Freundin, sie in ihr „Herze" aufzunehmen. Auch eine zweite, später berühmte Hallenserin hat in diesem Büchlein ihr Andenken hinterlassen – Agnes Gosche, die Schwester der Stammbuchbesitzerin. Sie wurde später eine promovierte Philologin und Direktorin der Städtischen Frauenschule und gilt noch heute als eine Vorkämpferin für die Rechte der Frauen. Als sie sich 1870 in das Stammbuch der Schwester eintrug, war sie allerdings, wie auch Selma Heine, erst 13 Jahre alt. Durch den Eintrag einer weiteren Schwester, Lisbeth, erfahren wir, dass die junge Stammbuchführerin auch sehr musikliebend war. Folgende heitere Verszeilen mit entsprechenden Zueignungsworten widmet ihr Lisbeth im August 1880:

„Sei allegro in Entschlüßen
Und andante im Genießen.
Wer forte seine Pflichten übt
Und piano das Vergnügen liebt,
der spielt in reinster Harmonie
des Lebens schönste Symphonie."

Nur ein Jahr lang führte *Emma Wege* ihr kleines Stammbuch (1878), das dennoch kaum ein leeres Blatt aufweist. Freundinnen und Mitschülerinnen aus Halle füllen mit ihren

Stammbuch der Emma Wege. Text mit eingeklebten Glanzbildern.

schlichten und lebensbegleitenden Zeilen die Seiten, so der Vers der Freundin Louise vom 7. März 1878:

„Rein erhalte Dein Gewissen,
Deine ganze Lebenszeit.
Leicht wird dann Dein Sterbekissen
Wie ein Blatt der Rose sein."

Zeiten überdauernd, wie diese mahnenden Worte, zeigt sich auch jener bis in unser Jahrhundert gebräuchliche Zweizeiler, der sich in vielen Poesiealben auf der letzten Umschlagseite findet:

„Wer Dich mehr liebt als ich,
der schreibe sich hinter mich."

Der einzige männliche Vertreter namens Paul Pabst hat sich damit eindeutig zu Emma bekannt.

Über und über sind die kleinen Seiten mit den immer beliebter werdenden kleinen Glanzbildern beklebt. Da sie oft ganze Schriftzeilen verdecken, ist anzunehmen, dass Emma selbst ihr Stammbuch mit diesem Schmuck bereichert hat.

Vom Führungsdatum her das jüngste Stammbuch im Archiv ist das der *Ilse Manz* (1900 bis 1928). Es ist von besonderem Interesse, weil es auf eine Familie weist, die später – vom Beginn bis in die sechziger Jahre des 20. Jahrhunderts – kulturell, künstlerisch und sozialpädagogisch überaus wirksam in Halle in Erscheinung trat.[10] Zunächst aber haben wir es mit einem Mädchenstammbuch zu tun, mit einem „Poesiealbum", wie man die Erinnerungsbücher inzwischen nennt, das „Ilschen" von „Mama und Papa" zu ihrem 12. Geburtstag am 16. Mai 1900 geschenkt bekam. Damals lebte die Familie noch in Tübingen. Ein Jahr später sollte der Vater, der Verlagsbuchhändler Karl Arthur Manz, er lebte bis 1928, die Verwaltung der Buchhandlung des Waisenhauses und die Leitung der Cansteinschen Bibelanstalt an den Franckeschen Stiftungen in Halle übernehmen. So folgen

---

10 Zu den Mitgliedern der Familie Manz siehe: Familienakte Manz. StAH, FA 3177.

Stammbuch der Ilse Manz, mit einem Eintrag ihres Bruders Ewald, der später als Maler und Grafiker in Halle wirkte.

den ersten Stammbucheinträgen in Tübingen bald die der Freunde und Lehrer in Halle. Unter den frühen Eintragungen fallen die der Geschwister Ella und Ewald wegen der künstlerischen Gestaltung ihrer Stammbuchseiten auf. Bruder Ewalds Talent wurde nach seiner hallischen Schulzeit auch gezielt in Weimar und Paris ausgebildet und er arbeitete als Maler, Graphiker und Plakatkünstler von 1918 bis zu seinem Tod 1960 in Halle. Auch Ella blieb schöpferisch, wenn auch auf einem anderen Gebiet. Bei Agnes Gosche in Halle und Henriette Goldschmidt in Leipzig zur „Erzieherin für Fröbelsche Pädagogik" ausgebildet, leitete sie den ersten Volkskindergarten in Halle und schrieb darüber hinaus Beiträge für Fach- und Heimatzeitschriften. Sie lebte bis 1963. Ilse war ebenfalls als Erzieherin tätig und leitete einen Kindergarten des Frauenhilfsvereins. Diese Tätigkeit veranlasste sie zum Schreiben mehrerer Kinderbücher, die in den späten zwanziger und früher dreißiger Jahren sehr populär waren. Auch wenn „Klein Hilde", das „Bunte Buch für kleine Leute" oder andere ihrer Bücher die Jahrzehnte des 20. Jahrhunderts nicht überdauert haben, ihr Poesiealbum, das sie übrigens noch in späteren Jahren führte, ist uns erhalten. Ilse Manz starb 1947. Wie auch ihr Bruder Ewald ist sie auf dem hallischen Stadtgottesacker beigesetzt.

Am Schluss dieser Betrachtung sei noch kurz auf einen „Stammbuch-Außenseiter" hingewiesen, der zu den neuesten Erwerbungen des Stadtarchivs gehört. Weder ein ausgewiesenes Studentenstammbuch, noch eines, das von einer weiblichen Person geführt wurde, schlägt dieses Büchlein aus dem 19. Jahrhundert dennoch eine Brücke zwischen beiden. Es ist ein Kleinod von kulturhistorischem Wert, denn sein Besitzer, ein Chr. Scholz, hat es von der ersten bis zur letzten Seite in schönen und klaren Schriftzügen mit Partituren und Liedtexten der Zeit beschrieben und so auf diese Weise die Erinnerung an seine Jugend, die erfüllt war von den Träumen und Idealen der Romantik, wach gehalten. Neben „Gottes schöner Natur" wurden in lust- und auch leidvollen Liedstrophen die Mädchen und Frauen besungen, die Minna, Laura, Betty, Clara oder Emma hießen und „rein und schön" waren. Und diese Lieder sangen vor allem auch die Studenten. Da den Hauptteil dieses musikerfüllten Stammbuches die Lieder des hallischen Komponisten Johann Friedrich Reichardt ausmachen, ist anzunehmen, dass der Eigentümer ein Student der Universität in Halle gewesen sein könnte.

Wenn auch in den Frauen- und Mädchenstammbüchern die Stadt Halle weitaus weniger genannt wird als in denen der Studenten, sind sie – von Ausnahmen abgesehen – dennoch stärker und vor allem dauerhafter mit Halle verbunden als diese. Der Grund hierfür liegt auf der Hand. Während die Studenten ihr Leben im Rahmen der Universität und ihrer Studiengemeinschaft führten und die Stadt in absehbarer

Zeit wieder verließen, waren die Frauen und Mädchen doch stärker in die Gesellschaft integriert, die außerhalb der Studienstätten existiert hat. Nicht selten blieben sie ihr Leben lang in Halle. So finden ihre Kontakte und Beziehungen eine lebendige Widerspiegelung in ihren Stammbüchern und Poesiealben und machen sie, wenn auch im kleinen, zu unnachahmlichen Belegen der Stadtgeschichte.

Bataille et prise de Halle le 17 Octobre 1806. Lithographie von Johan Cardon (1802–1878) nach einer Zeichnung von Peter Krafft (1780–1856), gedruckt bei Spong & Cardon in Stockholm.

Uwe Lammers

Der Poet und die harsche Hand des Krieges
Eine unbekannte Quelle zu Napoleons Einmarsch in Halle 1806

Einführung und Aufbau des Aufsatzes

Am 17. Oktober 1806 eroberte der französische Marschall Bernadotte an der Spitze seiner Truppen nach der für Preußen so verheerend verlorenen Doppelschlacht bei Jena und Auerstedt die Universitätsstadt Halle. Zahlreiche Schriftstücke, amtlicher wie privater Natur, legen davon ebenso Kenntnis ab wie vielfältige Illustrationen jener Zeit. Es ist dennoch immer wieder ein erfreulicher Fund für Historiker, wenn eine neue Quelle unvermutet ans Tageslicht befördert wird und es Laien wie Wissenschaftlern ermöglicht, Ereignisse des Oktober 1806 aus einem neuen Blickwinkel zu beleuchten. Das ist Ziel dieser kurzen Abhandlung. Sie versteht sich ausdrücklich als Darstellung der archivalischen Quelle der Braunschweiger Familie Hille und, was die Interpretationen angeht, als Gedankenanstoß für weitere Diskussionen.

Marschall Jean-Baptiste Bernadotte (1763–1844). Stahlstich.

In Form der Dokumentation, wie sie etwa in der Schriftenreihe der Vierteljahrshefte für Zeitgeschichte[1] üblich ist, soll zunächst nach einer knappen Einleitung in die Ereignisgeschichte eine kurze Bestimmung des zeitlichen Horizonts der Quelle, ihre Entstehung und Herkunft erläutert werden. Sodann werden der Autor der Quelle und der Protagonist (in diesem Fall sind sie nicht identisch) vorgestellt, ehe die Quelle selbst wortgetreu wiedergegeben wird.

Die Wiedergabe des Dokuments wurde nur in wenigen Fällen korrigiert. Offensichtliche Schreibfehler sind mit [sic!] hervorgehoben, fehlende Interpunktion und Ergänzungen mit eckigen Klammern kenntlich gemacht. Soweit Personen oder Ereignisse zu kommentieren waren, geschah das mittels Fußnoten. Die teilweise mitten im Satz vorkommenden

---

1 Schriftenreihe Vierteljahrshefte für Zeitgeschichte, München 1953 ff.

Die Bataille bei Halle in drei Vorstellungen.
I. Vorstellung:
Der Ansturm von Westen mit der hohen Brücke.

Absätze und eingeklammerten Seitenzahlen in der Quellenwiedergabe verweisen auf das handschriftliche Original. Weitergehende Interpretationen der überlieferten Handschrift wurden vom Verfasser nicht vorgenommen. Sämtliche bisher ermittelbaren Verfälschungen oder Verzerrungen im Dokument sind in den Fußnoten erfasst. Diese Dokumentation ist Teil der im Entstehen begriffenen Familienchronik der Familie Kellner/Hille in Braunschweig.

Einleitung

Die Bühne für die dramatischen Ereignisse, die weiter unten aus ungewohnter Sicht geschildert werden, wurde bereitet durch die Katastrophe, die Halle an der Saale im Herbst des Jahres 1806 traf: Unmittelbar nach der verheerend ausgefallenen Doppelschlacht bei Jena und Auerstedt zogen sich die preußischen Truppen aus der direkten Gefechtsberührung mit den französischen Heeren zurück, wurden indes von den Marschällen Louis-Nicolas Davout und Jean Baptist Bernadotte verfolgt. Es war vorgesehen, dass sich Davouts und Bernadottes Heere vereinigten, doch es kam anders. Der Bernadotte-Biograph Gabriel Girod de l'Ain berichtet Folgendes:

„Am 17. Oktober [1806] eroberte Bernadotte Halle nach einem 30 Kilometer langen nächtlichen Gewaltmarsch. Die Stadt galt als von Westen her uneinnehmbar, wo ein einziger schmaler Damm über drei Arme der Saale und durch eine einen Kilometer breite sumpfige Ebene führte. Er wurde von

Die Bataille bei Halle in drei Vorstellungen.
III. Vorstellung:
Die Kämpfe vor dem Galgthor.

15 000 Soldaten verteidigt, die unter dem Befehl des Herzogs von Württemberg standen und noch nicht im Einsatz gewesen waren. Bernadotte überraschte die Preußen, die die Brücken bewachten, verfolgte sie bis in die Stadt, verjagte die Garnison und schlug sie in Richtung Norden auf eine Entfernung von vier Meilen zurück, wobei er ein Drittel vernichtete und vier Fahnen und 36 Kanonen erbeutete: All dies war Sache eines Tages." Und weiter: „Die Einnahme von Halle […] war unbestritten eine der glanzvollsten Waffentaten während des Feldzugs von 1806 […]."²

Für die preußische Universitätsstadt begann nun eine Zeit der akademischen Finsternis, die im Wesentlichen bis zum 16. Mai 1808 anhielt.³ Wäre es indes nach den Bedingungen gegangen, die die Universitätsleitung mit Marschall Bernadotte, dem späteren schwedischen König Carl XIV. Johann – dem Begründer der heute noch regierenden schwedischen Dynastie – getroffen hatte, hätte es so nicht kommen müssen.

---

2 Gabriel Girod de l'Ain : Jean Baptist Bernadotte. Konstanz 1989, S. 171.
3 Wilhelm Schrader: Geschichte der Friedrichs-Universität zu Halle. Berlin 1894, 2. Teil, S. 12.

Es rankt sich ein Rätsel um die Entscheidungen des 19. und 20. Oktober 1806, das Zeitgenossen selbst knapp 90 Jahre später nicht zu entschleiern vermochten. Vielleicht vermag die neu entdeckte Quelle, die den Kern dieser Darstellung bildet, hier ein wenig Licht zu spenden.

Folgendes war geschehen:

Am 17. Oktober 1806 dringen die französischen Truppen unter dem Befehl des Marschalls Bernadotte „nach einem heftigen bis in die Strassen der Stadt sich fortspinnenden Kampfe" in Halle ein, wie der Universitätschronist Wilhelm Schrader zu berichten weiß.[4] Die Franzosen treiben „die preußische Nachhut unter dem Herzog Eugen von Württemberg aus Halle, welches sofort [...] besetzt wurde". Es kommt, wohl unvermeidlich, im Anschluss an die siegreiche Besetzung der Stadt auch zu Plünderungen und Exzessen der Sieger. Einiges davon findet in der Quelle seinen Widerhall und seine Bestätigung [vgl. S. 54–56].

Die Studenten sind zur Ruhe gemahnt worden und verhalten sich im Großen und Ganzen ruhig. Um dennoch weitere Ausschreitungen namentlich gegen die Professoren [vgl. S. 55, 56] zu unterbinden, begibt sich am 18. Oktober eine Delegation der Universitätsleitung unter Prorektor Johann Gebhard Ehrenreich Maaß zu Marschall Bernadotte und erbittet Schutz für die Universität, der auch zugesichert wird.[5]

Als am 19. Oktober[6] Napoleon persönlich in der Universitätsstadt eintrifft, ereignet sich Folgendes: „Als am Abend des folgenden Tages [d. i. der 19. Oktober, der Verf.] dieselben Abgeordneten dem inzwischen angelangten Kaiser Napoleon die gleiche Bitte vortrugen, fanden sie eine ähnliche Aufnahme und die Bestätigung der erhaltenen Versprechen."[7]

Schrader resümiert: „Alles schien hiernach für die Universität [...] günstig zu verlaufen, als der Prorektor Maaß am 20. October noch aus Halle den Befehl erhielt, daß die Vor-

---

4   Schrader: S. 3.
5   Ebd.
6   De l'Ain spricht vom 20. Oktober.
7   Schrader: S. 3 f.

lesungen sofort zu schließen und die Studenten zur Abreise in die Heimat anzuweisen seien."[8] [vgl. S. 59, 60].

Was war passiert?

Nun, niemand wusste es. Offensichtlich war dieser brüske Umschwung der Meinung des französischen Kaisers völlig unerklärlich. Natürlich könnte man ihn auf Differenzen zwischen Marschall Bernadotte und Napoleon zurückführen, die anerkanntermaßen Rivalen waren, was auch familiäre Gründe hatte.[9] Schrader konnte 1894 jedenfalls nur Mutmaßungen wiedergeben: Es wurde beispielsweise geargwöhnt, Studenten hätten es an Ehrerbietigkeit Napoleon gegenüber fehlen lassen [vgl. S. 58, 59].

Eine weitere Erklärungsmöglichkeit, die ähnlich weit hergeholt klingt, ist die Vermutung, ein französischer Sprachenlehrer, angeblich der Sprachenlehrer Renoualt, habe sich an Napoleon „herangedrängt und die Universität verleumdet".[10]

Napoleons eigene Begründung, die er am 22. Oktober 1806 aus Dessau bekannt gibt, hört sich auch nicht plausibler an. Schrader fasst sie wie folgt zusammen: Die Professoren, denen der Kaiser Vorhaltungen macht, hätten „statt ruhiger Fortsetzung ihrer pflichtgemäßen Tätigkeit sich die Abfassung von Schriften gestattet [...], welche den Zweck verfolgten, ihre Zöglinge zum Aufstande gegen die Franzosen zu erregen." Schrader nennt diese Erklärung „abgeschmackt".[11] Es bleibt offen, ob mit der Anschuldigung eventuell der Theologe Friedrich Schleiermacher gemeint gewesen sein könnte, dem dies wohl am ehesten zuzutrauen wäre. Aber dann wäre eigentlich eine gezielte Amtsenthebung verständlicher gewesen als solch ein Rundumschlag, wie Napoleon ihn mit der Schließung der ganzen Universität ausführt.

Die Frage, wie es zu der brüsken Kehrtwende der Universitätspolitik kommen konnte, bleibt also bis heute offen. Aber es gibt vielleicht eine Möglichkeit, den Standpunkt

---

8 Schrader: S. 4.
9 Bernadottes Frau Desirée Clary war vormals die Verlobte Napoleons gewesen.
10 Schrader: S. 4.
11 Ebd.

anders zu beleuchten. Sie ergibt sich aus der Quelle und sei kurz zur Diskussion gestellt:

Ernst Leberecht Kellners Biografie erwähnt „ein Attentate […] auf Napoleon" [vgl. S. 57], das „von einem Studiosus" ausgeführt werden sollte, aber aus etwas unklaren Gründen nicht zur Ausführung kommt. Angenommen, dieser Bericht, der sonst nirgendwo auch nur angedeutet wird, nicht einmal als Gerücht, entspräche den Tatsachen, was wären die Konsequenzen im Oktober 1806 gewesen? Es ist kaum anzunehmen, dass diese Tat in Studentenkreisen in Halle lange unbekannt bleibt und es ist auch realistisch zu vermuten, dass diese Tat (bzw. ihr Fehlschlagen) der Universitätsleitung schnell zur Kenntnis gelangt.

Damit einhergehend wäre die neu aufflammende Sorge des Lehrkörpers um Erhalt der Universität und die eigene leibliche Unversehrtheit äußerst verständlich. Wenn wir annehmen, diese Informationen erreichten das Kollegium im Verlauf des 19. Oktober, so wäre hinreichend Grund vorhanden für die zweite Emission des Prorektors: eben, um sich zu versichern, dass dieses Ereignis keinen Einfluss auf Marschall Bernadottes Zusicherungen hat. Man fürchtete den Zorn des Franzosenkaisers und es ist denkbar, dass nur sehr vage Vorstellungen existierten, wie Napoleon auf eine solche Planung eines Attentates reagiert hätte. Kam er nicht schließlich aus Frankreich, wo nur wenige Jahre zuvor die Bevölkerung ihren eigenen Monarchen geköpft hatte?

Dass daraus resultierende schlimmste Befürchtungen virulent waren, ist wohl nahe liegend.

Wie steht es nun mit der brüsken politischen Kehrtwendung, was die Aufrechterhaltung des universitären Betriebes anging, die bereits am nächsten Tag erfolgte? Nun, soweit bekannt ist, gibt es nur die zitierten schriftlichen Belege, die Versicherung Napoleons erfolgte offenbar mündlich. Diese Unterredung am Abend des 19. Oktober kann also auch ganz anders verlaufen sein.

In jedem Fall war die Schließung der Universität für die wenig franzosenfreundlichen Lehrenden (in vorderster Linie stand Schleiermacher) in Halle zwar zweifelsohne ökonomisch und beruflich höchst schädlich, dabei zugleich aber propagandistisch äußerst nützlich. Sie machte Napoleon fraglos noch weitaus unbeliebter, als er es in Preußen ohnehin schon war.

Es scheint somit auch nicht abwegig zu vermuten, dass die Professoren jede Chance wahrnehmen würden, Napoleon auch noch gebrochener Versprechen zu bezichtigen, wenn es die Möglichkeit dazu gäbe. Der – mutmaßliche – Verlauf der Unterredung mit der Delegation am Abend des 19. Oktober 1806 hätte ihnen die Möglichkeit zu solchem Verhalten gegeben und zugleich jede „Eigenschuld" an dieser Kehrtwende genommen.

Vielleicht also macht jenes referierte Rätsel der hallischen Universitätsgeschichte, auf diese Weise betrachtet, ein wenig mehr Sinn als bisher.

Zeitlicher Horizont und Herkunft der Quelle
Es ist Theodor Kellner, dem Sohn Ernst Leberecht Kellners, zu verdanken, dass die Quelle überhaupt entstand. Kurz vor dem Tode seines Vaters gelang es Theodor Kellner, mutmaßlich in langen Gesprächen mit seinem Vater, dessen Lebensgeschichte in Auszügen darzustellen. Das schien ihm notwendig, weil sein Vater „seine eigene Persönlichkeit […] stets mit solcher christlichen Demut und menschlichen Bescheidenheit in den Hintergrund" gestellt habe, „daß man fast besorgen möchte, das Ansehen an diese Persönlichkeit werde nach seinem Hinscheiden aus diesem Erdenleben gar bald verschwunden und erloschen sein". Aus diesem Grunde begann er im Winter 1852/53 mit der Niederschrift dieser Biografie, „unterbrochen… durch meine Verlobung, mein zweites [theologisches] Examen und meine Verheiratung 1853."[12] Es war ihm, um es kurz zu sagen, ein Herzensanliegen.

Die in den Gesprächen erfahrenen Daten verifizierte Theodor Kellner später durch privates, und wie er schreibt, „höchst beschwerliches" Quellenstudium, beispielsweise im Familienarchiv des Adelsgeschlechts von Saldern auf der Plattenburg, was sich bis Ostern 1860 hinzieht. So gelingt es ihm mit Sicherheit, zahlreiche Unstimmigkeiten und erinne-

---
12 Vorrede der nachstehend zitierten Quelle.

rungsbedingte Verzerrungen zu bereinigen. Die Biografie selbst wird am 1. März 1861 abgeschlossen und in zwei dicken, ledergebundenen Bänden als Weihnachtsgeschenk für Theodors Bruder Paul, der nach Brasilien ausgewandert ist, Teil der Familiendokumente. Ob das brasilianische Exemplar noch existiert, ist ungeklärt.

Der Wert der Quelle ist kritisch zu sehen. Zu ihrer Problematisierung trägt die eben erwähnte Tatsache bei, dass Theodor Kellner die Biografie seines Vaters als Herzensangelegenheit betrachtet und damit angenommen werden darf, dass er, wenn vielleicht auch nur instinktiv, die Darstellung positiviert hat. Manches, z. B. die Bemerkung, dass E. L. Kellner im Alter von rund 20 Jahren noch einen wesentlichen Wachstumsschub erlebt haben soll [vgl. S. 45], ist vermutlich als nachträgliche Stilisierung einzustufen. Die Brustschwäche resultierte vermutlich weit eher aus Mangelernährung während seiner Kindheit.

Zweitens trägt die zeitliche Distanz von wenigstens 45 Lebensjahren und die in diesem Zeitraum aktive formende Erinnerung der Hauptperson, Ernst Leberecht Kellner, dazu bei, die Ereignisse zu verzerren. Verschiedene Details sind unten in der Quelle in den Fußnoten kenntlich gemacht. Es mag weitere geben. Wir haben es hier also im Wesentlichen mit einem typischen Memoirenproblem zu tun, so sehr auch Theodor Kellner eine Verifikation des Erlauschten im Nachhinein vorgenommen haben mag.

Schließlich ist Ernst Leberecht Kellner bereits 1852 verstorben und der Sohn beginnt die Biografie zwar schon 1852/53, schließt sie aber erst 1861, möglicherweise unter Zeitdruck (da sie schließlich für einen auswandernden Teil seiner Familie bestimmt war), ab. Der unten referierte Teil der Biografie dürfte spätestens 1853 abgeschlossen gewesen sein und deshalb wohl noch recht nah an dem sein, was die Erzählungen seines Vaters enthielten. Dennoch sind natürlich auf diese Weise Korrekturen durch Ernst Leberecht Kellner ausgeschlossen gewesen, sodass die letzte prüfende Instanz fehlte. Die Quelle bleibt damit, so aufschlussreich und faszinierend lebendig sie auch ist, durchaus kritisch zu beurteilen und bedarf des weiteren Abgleichs mit zeitgenössischer Parallelüberlieferung.

Personen

Ernst Leberecht Kellner, dessen Erlebnisse im Halle des Jahres 1806 in der Quelle geschildert werden, war der Sohn des Pastors Gotthilf Leberecht Kellner aus Mahsow in Pommern. Er wurde am 12. Januar 1784 in Hermelsdorf als drittes von sieben Kindern geboren. Kellner studierte zwischen 1804 und 1806 in Halle Theologie, arbeitete während dieser Zeit und auch noch einige Jahre danach in den Franckeschen Stiftungen in Halle, um anschließend seine „Candidatenausbildung" in Wilsnack (1808–1810) anzutreten. Es folgte eine Zeit der Reisen mit dem Grafen Friedrich Christoph Ludwig von Saldern, bei dem er auch Hauslehrer wurde.[13] E. L. Kellner wurde schließlich 1817 Pastor in Schlewecke bei Hildesheim, wo er bis 1838 im Dienst war, dann erfolgte die Versetzung nach Barbecke; dort verblieb er bis zu seinem Tode am 20. April 1852. Kellner war seit 1823 verheiratet mit Adolphine Schröter, mit der er offenbar elf Kinder hatte.[14]

Kellners erster Sohn, Friedrich Wilhelm Theodor Kellner, am 25. Juli 1825 in Schlewecke geboren, trat in die Fußstapfen seines Vaters und wurde wie er Pastor, zunächst in Schlewecke (1868–1883), danach in Salzgitter-Thiede (1883–1900). Er starb am 8. November 1909 in Blankenburg.

---

13 Vgl. hierzu auch Uwe Lammers: Schnee, Feuer und Bücher – oder: Wie man verschüttete Vergangenheit wieder ausgräbt. Eine detektivische Spurensuche in 5 Kapiteln. In: Heimatbuch des Landkreises Wolfenbüttel 2006, Wolfenbüttel 2005, S. 118–130. Auch diese Ausarbeitung basiert auf Kellners Biografie und berichtet aus dem Jahre 1817. Hier findet sich auch ein Foto von Kellners Sohn Theodor, der die unten stehende Quelle verfasste.

14 Kinderreiche Familien waren im 18. Jahrhundert ein allgemein übliches Phänomen, das aus verschiedenen Ursachen resultierte. Die eine lag in mangelnder Aufklärung über Empfängnisverhütung, zum anderen aber war aufgrund der hohen Säuglingssterblichkeit und des damals noch grassierenden Kindbettfiebers sowie weiter Verbreitung tödlicher Seuchen der Tod zahlreicher Kinder nahezu sicher. Als gut dokumentiertes Beispiel mag die Familie des jüdischen Aufklärers Moses Mendelssohn aus Dessau, später Berlin, dienen. Mendelssohn hatte mit seiner Frau Fromet Gugenheim zwischen 1763 und 1782 zehn Kinder, von denen drei nur zwischen zwei Monate und ein Jahr alt wurden. Eva Johanna Engel (Hg.): Einsichten. Ausgewählte Briefe von Moses Mendelssohn. Dessau 2004, S. 27. Es versteht sich von selbst, dass zwischen den kinderreichen Familien insbesondere protestantischer Geistlicher und der ständigen Finanznot der Sprößlinge, die auch zwischen den Zeilen der Quelle herausklingt, ein direkter Zusammenhang besteht.

Georg Christian Knapp (1753–1825). Stich von Friedrich Wilhelm Bollinger nach einem Gemälde von Caroline Bardua, 1817.

Zitation der Quelle

[S. 44][15] „Im Jahre 1804 bezog der immer noch kleine und zierlich gebaute, mit feiner Tenorstimme begabte Ernst Kellner die Universität zu Halle,[16] nachdem ihm das noch vorhandene Aestimonium maturitatis erteilt [S. 45] war. Erst während der Universitätszeit trat ein starkes Wachstum ein, welches meinem Vater eine Brustschwäche zuzog. Vielleicht war auch eine sehr eingeschränkte Diät schuld an der sich immer empfindlicher bemerklich machenden Kränklichkeit des Vaters. Sein Wechsel betrug nur 100 Gulden,[17] und wie aus der Correspondenz des Großvaters hervorgeht, sind die Zahlungen wegen der Kriegszeiten und Theuerung nicht pünktlich geleistet. Die Schwestern[18] suchten dem Vater öfter durch Zusendung eines Schinkens, natürlich auch einer pommerschen Gans, aufzuhelfen. Dabei hatte es sich ereignet[,] daß einst eine solche Gans gebraten und in fröhlicher Gesellschaft verzehrt war. Das delikate Bratenschmalz hatte [S. 46] lange Zeit gut geschmeckt; bis endlich auf dem Boden des Topfes etwas Rauhes, Schwarzes zum Vorschein kommt, nach dem schon vorher bemerkt war, daß der Geschmack ganz eigenthümlich geworden sei. Bei genauerer Besichtigung findet sich eine unglückliche Maus, welche in der weichen Masse zu Boden gesunken war.

---

15 Die Seiteneinschübe beziehen sich auf die handschriftlichen Manuskriptseiten aus Ernst Leberecht Kellners Biografie. Das bisher unbekannte Manuskript befindet sich im Familienbesitz.

16 Die im Jahre 1694 gegründete Universität in Halle (Saale) wurde 1817 mit der schon 1502 in Wittenberg geschaffenen Universität vereinigt und erhielt den heutigen Namen am 10. November 1933. Im Oktober 1806 beherbergte die Stadt 1280 Studenten, davon 473 Theologen, 655 Juristen, 123 Mediziner und 29 Philosophen. Im Vergleich zum Jahre 1786 (1156 Studenten, davon 795 Theologen) zeichnete sich eine starke Reduktion der theologischen Fakultät ab. Schrader: Bd. 1, S. 591.

17 Hier liegt offensichtlich eine Verfälschung der Erinnerung vor. Alle Angaben über Kosten für Unterbringung von Studenten in Halle sind in Reichsthalern angegeben, nicht in Gulden. Schrader: Bd. 2, S. 522; Der unterste Satz wird mit 150 Thalern angegeben, wobei aber zugleich vermerkt wird: „Die […] abgedruckten Voranschläge [für die Unterhaltskosten der Studenten, Anm. d. V.] […] bewegen sich zwischen 150 und 500 Thaler jährlich. Es wurde aber gleich bemerkt, dass mit der erstgenannten Summe kaum bei der äußersten Beschränkung auszukommen sei […]". Schrader: Bd. 1, S. 592; Das erklärt hinreichend, warum E. L. Kellner gezwungen war, mit dem Kommilitonen Bluth zusammen zu wohnen, wie die Quelle andeutet. Die Kellners waren, wohl aufgrund des Kinderreichtums, nicht sehr vermögend.

18 Damit sind seine Schwestern Ernestine Elisabeth (1781–1841) und Christiane Friederike (1786–1853) sowie Charlotte (Geburtsdatum unbekannt, Tod 1850) und Malchen (Geburtsdatum unbekannt, Tod ca. 1811) gemeint.

Das Essen in den Speisehäusern rühmte der Vater nicht besonders. Das Gewöhnliche hatte geheißen: ‚Kloß mit Pflaumensooß!' War aber der Wechsel ausgegangen oder ausgeblieben, so hatte ein Butterbrot, wohl auch eitel Brot mit Wasser ausreichen müssen. Unter den Dozenten rühmte der Vater besonders den Kanzler Niemeier,[19] welcher [S. 47] einen schönen, würdevollen Vortrag und große Klarheit der Darstellung besessen habe. Gegen das Ende seines Studiums ist der Vater als Waisenhauslehrer öfter im Niemeierschen Hause gewesen, und rühmte er den feinen Anstand und die Freundlichkeit der Familie sehr. Von der Knapp'schen Dogmatik bewahrte der Vater ein gänzlich lückenloses, sehr umfangreiches Collegienheft auf; indessen hatte auch der etwas weinerliche schwächliche Knappe[20] ihn nicht recht begeistern können. Der Vater klagte überhaupt über das damalige handwerksmäßige Treiben in der Theologie. Die Professoren dictirten Hefte und die Studenten lernten auswendig, um das Examen bestehen zu können. Bis dahin war es durch den nüchternsten Ra- [S. 48] tionalismus gekommen. Schon war dem Vater alle Lust zur Theologie entschwunden, als Schleiermacher[21] nach Halle kam und ein ganz neues Leben in die todten Kreise brachte. Der Vater hat

Friedrich Daniel Ernst Schleiermacher (1768–1834). Foto einer Zeichnung von Caroline Schede.

---

19 Im Text durch größere Schrift hervorgehoben. Auch hierbei handelt es sich um eine durch die erinnerungsbasierte Darstellung der Quelle hervorgerufene Verzerrung. Der Theologe August Hermann Niemeyer (1754–1828) wird erst im Januar 1808 (bis November 1816) zum „Kanzler und Rector" ernannt. Schrader: Bd. 2, S. 552. Zur Zeit von Ernst Leberecht Kellners Studienzeit in Halle sind nacheinander Ludwig Heinrich von Jacob, Johann August Eberhard und Johann Gebhard Ehrenreich Maaß Rektoren der Universität. Der evangelische Theologe und Pädagoge Niemeyer, ein Urenkel August Hermann Franckes, wurde während der Unterbrechung durch die Schließung der Universität auf die Leitung der Franckeschen Stiftungen beschränkt, wo er möglicherweise E. L. Kellners Förderer war. Zu seinem weiteren wechselvollen Schicksal vgl. Allgemeine Deutsche Biographie, Bd. 23, Berlin 1886, 1970, S. 677–679 [Binder].
20 Georg Christian Knapp (1753–1825) wird als „der letzte Repräsentant des Halleschen Pietismus und alten Supranaturalismus" bezeichnet. Die auf [S. 47] erwähnte „Knapp'sche Dogmatik" erschien erst 1827, herausgegeben von Knappes Schwiegersohn. Allgemeine Deutsche Biographie, Bd. 16, Berlin 1882, 1969, S. 266/267 [Harleß].
21 Friedrich Daniel Ernst Schleiermacher (1768–1834), wichtiger protestantischer Theologe und Philosoph, ab 1804 außerordentlicher Professor für Theologie in Halle. Nach der Schließung der Universität Halle emigrierte er nach Berlin. Allgemeine Deutsche Biographie, Bd. 31, Berlin 1890, 1970, S. 422–457, hier S. 434–438, wo er u. a. als der „erste große politische Prediger unseres Volkes seit dem Zeitalter Luther's" genannt wird [Wilhelm Dilthey]. Mit dieser Vorbildfunktion hat er auch als Prediger in der Ulrichskirche zu Halle zweifelsohne bleibenden Einfluss auf den jungen E. L. Kellner ausgeübt.

mit großer Verehrung an diesem vielseitigen, die Speculation anregenden Manne gehangen und ist lange Zeit ein warmer Verehrer desselben gewesen. Eine von kunstfertiger Hand ausgeschnittene Silhouette Schleiermachers, welche nach seiner Aussage sehr ähnlich war, hat er mit besonderem Respect aufbewahrt. Er stand auch in einigem persönlichen Verkehr mit Schleiermacher.

Die Philosophie ist dem Vater in so fern fremd geblieben, als ihm die Kant'sche wohl durch [S. 49] Schleiermacher verleidet wurde; vor der neu auftauchenden Fichte'schen Philosophie aber, sowie vor aller idealistischen Schwärmerei bewahrte ihn ein einfacher, für das thathsächlich Gebliebene und Reale offener Sinn.

Allerlei ästhetische Interessen haben den Vater auch während seiner Universitätszeit in mannigfachen Beziehungen rege und frisch erhalten. Er war als Sänger und Flötenspieler ausgezeichnet; er zeichnete und dichtete. Der poetische Gehalt, welcher mit Beimischung mancher Rohheiten dem Studentenleben eigen ist, übte auch auf ihn seinen Reiz aus. Obwohl er sich in das eigentlich studentische Treiben[,] namentlich in das Verbindungswesen[,] nicht eingelassen haben mag, so zeugt [S. 50] doch eine Sammlung von studentischen Redensarten und Schnurren dafür, daß ihn solche Sachen ergötzten. Sein genauster Bekannter wird sein Stubenkamerad Bluth[22] gewesen sein, an welchen der Großvater den Briefen aus dieser Periode stets einen besonderen Gruß beifügt. Außerdem erwähnte er häufig „eines Erich",[23] welcher als Pastor emeritus an der Ulrichskirche jetzt noch zu Halle lebt, und eines Niemeier,[24] welcher in der Nähe von Halle Pastor ist.

---

22 Eine Anfrage an das Universitätsarchiv der Martin-Luther-Universität Halle-Wittenberg ergab am 30. Januar 2006, dass es sich bei dem Kommilitonen Bluth um den Studenten Carl August Ferdinand Peter Bluth handelte, dessen Vater Jacob Bluth Prediger in Doelitz in Pommern war. Er trug sich am selben Tag in die Matrikel der Universität ein wie Ernst Leberecht Kellner, also am 28. April 1804.

23 Johann Andreas Ehricht, seit 1810 Diakon und seit 1814 bis 1853 Pastor an St. Ulrich. Bernhard Weißenborn (Bearb.): Rundes Chronik der Stadt Halle 1750–1835, Halle-Saale 1933, S. 67 f.

24 Nicht ermittelt.

Der Großvater[25] sucht den Vater in mehreren Briefen[26] zu überreden, nur zwei Jahre zu studieren, in dem er Beispiele solcher vorhält, welche nach zweijährigem Studium das Examen für nicht zu schwer befunden hätten; [S. 51] in dessen konnte sich der Vater von dem ihm sehr lieb gewordenen Musensitze so rasch nicht trennen. Er machte es durch seinen Eintritt als Lehrer in die Frankeschen Stiftungen[27] möglich, auch noch das dritte und vierte Jahr in Halle zu existieren. Dies war das auch für Halle verhängnisvolle Jahr 1806.

Der Vater erzählte, wie vor der Schlacht bei Jena die preußischen Truppen durch die Stadt marschirt seien und durch ihre Großprahlereien alles gegen sich aufgebracht hätten. Bei Tage mußten sich die Studenten sehr in Acht nehmen und den jungen Fähnrichen ausweichen, welche breitspurig mitten auf den, sonst nur Studenten und keinen Philistern zugänglichen breiten [S. 52] Steinen einherstolzirten; des Abends aber wurden die Fähnrichs dafür aus dem Wege gerempelt. Sie hatten damit geprahlt, daß sie ihre Pferde nach Frankreich reiten wollten, um sie dort Limonade saufen zu lassen. Eine Abtheilung der Truppen hatte in Halle und Umgegend nach Lauchstedt zu Quartier genommen. Nach der so unglücklich abgelaufenen Affaire bei Jena und Auerstedt[28] wälzt sich das französische Heer heran gegen Halle. Die dort noch vorhandenen Preußen ziehen hinaus, ihnen den Weg zu versperren. Bald hört man in Halle die Kanonade. Die Studenten versammeln sich auf dem Markte, und suchen aus dem Kanonendonner und [S. 53] aus den Gewehrsalven unter großer Aufregung zu errathen, wohin der Sieg sich neige. Ganz deutlich kann man das preußische und

---

25 Ernst Leberecht Kellners Vater, Superintendent Gotthilf Leberecht Kellner, geb. 1740.
26 Diese Briefe sind wohl unter den Papieren der Familie Kellner/Hille nicht erhalten geblieben.
27 Briefliche Recherchen erbrachten bislang noch kein signifikantes Ergebnis, in welchem der Häuser der Stiftungen Kellner tätig war und was er lehrte. Dies ist gegenwärtig noch ein Desiderat der Familienchronik.
28 In der Doppelschlacht bei Jena und Auerstedt bekämpften sich französische und preußisch-sächsische Heere zwischen dem 10. und 14. Oktober 1806. Dabei standen sich auf französischer Seite rund 134 000 Soldaten, auf deutscher Seite rund 121 000 Soldaten gegenüber. Das Ergebnis war ein doppelter französischer Sieg, der auf der Seite der Verlierer etwa 33 000 Soldaten das Leben kostete und die militärische Niederlage Preußens besiegelte. Vgl. hierzu auch die Online-Enzyklopädie Wikipedia („Schlacht bei Jena und Auerstedt").

französische Kleingewehrfeuer unterscheiden, das preußische erfolgt auf Commando Bataillonsweise [sic!] in starken Schlägen; das französische dagegen ist als Rottenfeuer ein beständiges Knattern. Die mit großer Spannung auf dem Markte Versammelten bemerken endlich, daß das Feuer sich immer weiter von der Stadt entfernt; und nun ist gar kein Zweifel, daß die Franzosen, zurück gedrängt von den Preußen, verfolgt werden. Mit großem Jubel und Hurrah unter Mützenschwenken wird da ‚Victoria'! [sic!] gerufen. Ein [S. 54] Student ersteigt sogar im Schlafrock den Stadtthurm, um von der Brücke ab, welche den Doppelthurm oben verbindet, die Sachlage besser überschauen zu können, aber wie er von der Brücke hinüberschaut, so saust dicht an ihm eine Kanonenkugel vorbei, und wie der Wind ist der Mann in dem Thurme verschwunden. Diese Kugel und das plötzlich sich der Stadt sehr rasch nähernde Feuer dämpft den Jubel und Einer nach dem Andern schleicht sich in banger Erwartung der Dinge, die da kommen sollen, in seine Behausung. Die Franzosen hatten das Preußische [sic!] Heer zersprengt, den größeren Theil seitwärts geworfen und treiben nun den Ueberrest in die Stadt hinein. Hier [S. 55] entspinnt sich ein

Der Marckt Platz in Halle a/S., kolorierte Zeichnung von Anton Theodor Fritsch, 1805.

Straßenkampf. Da, erzählte der Vater, sei es eine Schmach gewesen, anzusehen, wie gerade die früher so großsprecherischen Fähnrichs mit dem Ausrufe: Herr Gott, die Franzosen! ihre Fahnen in den Koth geworfen und fortgelaufen waren, sobald ein Trupp Franzosen um die Ecke gekommen war. Bald war der Widerstand gebrochen. Auf den Straßen lagen Todte und Verwundete, (anfangs ein schrecklicher Anblick),[29] und die Franzosen quartirten sich ein. Die Herren Professoren kamen nicht alle glimpflich davon. Der Professor Schütz,[30] auf dessen Hofe sich einige Preußen verschanzt, und auf die vorbeiziehenden Franzosen geschossen hatten, sollte [S. 56] schon an einem Laternenpfahl auf der Straße gehängt werden, als er noch rechtzeitig durch einen Offizier gerettet wurde. Der alte Kirchenhistoriker Vater[31] wurde auf dem Markte von einem Kürassier ergriffen, welcher ihm mit den Worten ‚hé garçon, tenez!' den Zügel seines Pferdes zu halten gab, um in einen Schnapsladen treten zu können. Tags

Die Bataille bei Halle in drei Vorstellungen. II. Vorstellung: Die Kämpfe vor dem Steinthor.

---

29 Im Manuskript leicht durchgestrichen.
30 Professor Christian Gottfried Schütz (1747–1832), angesehener Philologe in Halle und Begründer der Allgemeinen Litteratur-Zeitung. Er lehrte seit Ostern 1804 in Halle. Der von E. L. Kellner in der Quelle [S. 55] berichtete Vorfall wird auch hier angeführt und kann deshalb als authentisch eingestuft werden. Zum weiteren Schicksal von Professor Schütz vgl. Allgemeine Deutsche Biographie, Bd. 33, Berlin 1891, 1971, S. 111–115, besonders S. 114 [Hoche].
31 Johann Severin Vater (1771–1826), ordentlicher Professor für Theologie und morgenländische Sprachen in Halle und zugleich Universitätsbibliothekar. Er übersiedelte auf Grund der Ereignisse im Oktober 1806 nach Königsberg, kehrte aber später nach Halle zurück und starb hier auch. Allgemeine Deutsche Biographie, Bd. 39, Berlin 1895, ²1971, S. 503–508 [Kuhn].

darauf wurde der Einzug Napoleons angekündigt. Unter den Studenten herrschte die größte Aufregung. Bei den meisten war große Neugier vorherrschend, den merkwürdigen Mann zu sehen; bei Vielen aber auch Erbitterung gegen den Mann, welcher Preußen in den Staub getreten hatte, und nun als Sieger die freie [S. 57] Musenstadt betreten wollte. Mein Vater hat hier wiederholentlich von einem Attentate erzählt, welches auf Napoleon von einem Studiosus gemacht sei. Dieser Student hatte eine Wohnung in der Clausstraße, durch welche der Einzug gehalten werden mußte. Er war ein guter Büchsenschütze, und er hatte sich mit seiner Büchse oben in der 2ten oder 3ten Etage hinter den Vorhang seines Fensters gestellt, nachdem er zuvor die Glasscheibe ausgenommen

Originalquelle mit der Schilderung des geplanten Attentates auf Napoleon, Seite 58.

hatte, durch welche er schießen wollte, damit ihn das Glas nicht irritirte. Sein Kammerfenster war nach dem Garten hinaus gelegen, und unter demselben das schräge Dach eines niedrigen Stalles gewesen, von [S. 58] welchem herab er auf einer kleinen Leiter entkommen konnte. Hinter dem Garten floß die Saale, über welche ihn ein bereit gehaltenes Boot tragen sollte, und drüben erwartete ihn ein Pferd. So war alles vorbereitet und der Student entschlossen, Napoleon erst vor seiner Wohnung auf 30, 40 Schritt vorbeiziehen zu lassen und ihn alsdann mit der Kugel durch den Rücken zu erschießen. Der Einzug findet wirklich statt durch die Claußstraße. Mehrere Regimenter ziehen vor der Wohnung des auf dem Anstande stehenden Studenten vorüber. Endlich kommt auch Napoleon über die Clausbrücke herangeritten; ein Trupp Studenten steht an der Brücke, starrt ihn an[,] aber ohne [S. 59] die Mützen abzuziehen. Dies erregt Mißfallen und vielleicht Argwohn. Er reitet hinein in die Claußstraße, und wäre wohl schwerlich lebendig wieder herausgekommen, wenn er nicht höchst merkwürdigerweise in eine der Winkelgassen eingebogen und mit wenigen Begleitern durch dies Labyrinth von Gassen und Gässchen auf dem Markt angelangt wäre, ohne das Haus des ihn erwartenden Studenten zu passiren. Der Vater pflegte hier zu sagen, dies hätte auch sein Leben gerettet, denn gewiß wäre kein Student lebendig geblieben, wenn die That gelungen sei. Napoleon mußte wohl gemerkt haben, daß die Studenten gefährlich für ihn wären. [S. 60] Das freie ungebundene Wesen gefiel ihm nicht und so erklärte er die Universität für aufgehoben. Jeder Student, welcher nach 24 Stunden in Halle betroffen würde, solle als kriegsgefangen behandelt werden. So zogen denn unter Jammern und Klagen der Philister die Studenten ab, und manche Schuld blieb unbezahlt. Der Vater jedoch durfte als Waisenhauslehrer ruhig in Halle verbleiben. […]".

Erweiterungsarbeiten auf der (östlichen) Seite der Ludwig-Wucherer-Straße. Foto, Max Strauch, 1927.

STRASSEN, PLÄTZE, DENKMÄLER

Ludwig-Wucherer-Straße. Blick in Richtung Süden auf die einstige Maschinenfabrik Wuth & Diederich auf Höhe der Häusernummern 57 und 58 (heute Neubau mit Supermarkt). Foto, Gottfried Riehm, um 1900.

Erik Neumann

„Vielleicht wird die Ludwig-Wucherer-Straße einmal Halles Kurfürstendamm."
Zur Geschichte eines gründerzeitlichen Straßenzuges

Schneisenartig, über einen Berg führend, durchzieht die Ludwig-Wucherer-Straße die noch heute überwiegend erhaltenen Stadtviertel der Gründerzeit im Nordosten unserer Stadt. Rechts, im Osten, das Paulusviertel mit seinem die Sichtachsen bündelnden gleichnamigen Kirchenbau, links, im Westen, die durch das einstige „Friedrichstraßenviertel" vorbei führenden Eingangsstraßen in die Altstadt. „Diese urbane Konstellation ließ den Straßenzug zu einer Nahtstelle zwischen den Stadterweiterungsphasen des ausgehenden 19. Jahrhunderts werden." Seither besitzt die im Jahre 2000 grundlegend erneuerte Straße eine wichtige Verkehrs- und Verbindungsfunktion im Nordosten von Halle. Verschont von den Bombardements des Zweiten Weltkrieges widerspiegeln die an die stark frequentierte innerstädtische Verkehrsader angrenzenden Hausfassaden besonders markant die Stadtentwicklung der letzten einhundert Jahre. Verkehrspolitische Bedeutung besaß dieses Gebiet aber schon lange vor der Bebauung.

Teilweise dem heutigen Straßenverlauf analog, von Trotha aus nördlicher Richtung kommend und auf den heutigen Steintorplatz mündend, führte hier über Jahrhunderte die alte Magdeburger Heerstraße entlang. Auf Höhe der heutigen Willy-Lohmann-Straße reichten Bach und Graben der „faulen Witschke" östlich von einem Sumpfgelände herab. Der Heerweg musste daher im Gegensatz zum jetzigen Verlauf in einem Bogen nach Westen ihm ausweichen. Weiter südlich, etwa auf dem Areal der gleichnamigen Straße, erhob sich als einsame Porphyrkuppe der Gütchenberg. Angrenzend spiegelte der Gütchenteich das Sonnenlicht. Erst am Ende des 18. Jahrhunderts wurde der Straßenzug – wie auch die Reil- und Magdeburger Straße – mit dem Ausbau der Magdeburger Chaussee in ihrer heutigen Form trassiert. Noch Jahrzehnte blieb sie völlig unbebaut. Zu beiden Seiten zogen sich tiefe Gräben entlang, die an verschiedenen Stellen, so am Beginn der etwa um 1865 entstandenen Feldstraße (Willy-Lohmann-Straße), Überbrückungen erforderten. Starke, hohe italienische Pappeln flankierten beiderseits die mit einem Höhenunterschied von 10 Metern durch freies Gelände führende Chaussee.[1]

Vis-à-vis zum einstigen Gasthof „Zum Grünen Hof" begrenzten um 1820 zwei Ansiedlungen den südlichen Straßenbeginn. Auch damals besaßen zahlreiche Bürger vor den Toren der Stadt Gärten, in denen sie mit ihren Familien den Sommer verbrachten. So blühte zur Stadt hin der Kaulfußsche- und östlich gegenüber, beginnend auf dem Grundstück des früheren Diesterweghauses, der Siegertsche Garten. Das zu einem Park mit vielen seltenen Bäumen und Sträuchern umgestaltete

---

1 Siegmar Schultze-Galléra: Topographie oder Häuser- und Straßen-Geschichte der Stadt Halle a. d. Saale. Beschreibung und Geschichte der Straßen, Plätze und Märkte, öffentlicher und privater Gebäude der Stadt Halle von den ältesten Zeiten ab bis zum Jahre 1914. Zweiter Band. Zweite Hälfte. Vorstädte und Stadterweiterungen. Nördlicher Halbkreis. Halle 1923, S. 183.

Ludwig-Wucherer-Straße/Ecke Bernburger Straße. Foto, um 1895.

Gartengrundstück des Professors Kaulfuß erwarb im Frühjahr 1832 der verdienstvolle Kommunalpolitiker, Stadtrat und Fabrikant Ludwig Wucherer (1790–1861). Zunächst weilte er hier nur in den heißen Monaten des Jahres, bis er ab 1854 das von ihm gebaute stattliche Gartenhaus ständig bewohnte. Weithin war das Anwesen unter dem Namen „Aloe" bekannt.[2] Als Wucherer im Dezember 1861 starb, ging auch das paradiesische Gartenleben hier zu Ende, denn der Besitzer selbst hatte seinen Erben empfohlen, dieses Anwesen den städtischen Behörden „unter erleichternden Zahlungsbedingungen" anzubieten oder einen öffentlichen Verkauf zu versuchen. Kein geringerer als Julius Kühn (1825–1910) sah die Chance und erwarb Ende 1862 den gesamten Komplex, um ihn für das von ihm gegründete Landwirtschaftliche Institut zu nutzen.[3] Zur Erinnerung und in Würdigung der Verdienste Ludwig Wucherers als Wegbereiter des um die Mitte des 19. Jahrhunderts einsetzenden wirtschaftlichen Aufschwungs – verdankt ihm doch die Stadt beispielsweise den Eisenbahnanschluss – erhielt die Chaussee 1864 den Namen „Wuchererstraße".

Mit dem voranschreitenden Wachstum der Stadt im Zuge der Industrialisierung wurde 1869 am anderen Straßenende, am Schnittpunkt mit der Bernburger Straße, ein Kontrollhaus errichtet. Bis zur Aufhebung der Mahl- und Schlachtsteuer 1875 blieb es diesbezüglich in Benutzung. Zuvor, etwa um 1870, begann die allmähliche Bebauung der Straße. Sogar eine Gaslaterne erhellte, wenn sicherlich auch spärlich, bei Nacht die damals zehn be-

---

2 Erich Neuß: Ludwig Wucherer. Sein Leben und Wirken. Halle 1926, S. 223.
3 Ebd. S. 277.

bauten Grundstücke. Im Südosten dehnte sich großflächig eine Bierbrauerei nebst Biergarten aus. 1871 wurden auf Initiative des „Verschönerungsvereins" die „gipfeldürren" altersschwachen italienischen Pappeln durch andere Bäume (Linden, Ahorne, Rüstern, Eschen) ersetzt. Ihre sukzessive Bebauung erfuhr zunächst die westliche, zur Altstadt hin gelegene Seite. Bereits um 1875 war die Straßenzeile zwischen Wilhelmstraße (Emil-Abderhalden-Straße) und Gütchenstraße lückenlos bebaut. Weiter bis zur Karlstraße (Franz-Andres-Straße) standen vier Häuser. Es folgten einige Bauten in Höhe des Mühlwegs. Auf der Ostseite entstanden nur der Einmündung Wilhelmstraße gegenüber gelegen einige Bauten. In den 1880er Jahren begann die Bautätigkeit richtig zu prosperieren. 45 Häuser zierten 1885 bereits das Antlitz der Straße. 1886 verschwand der alte Chausseegraben auch auf der Ostseite. 1887 folgte eine Bepflanzung mit Platanen.[4] Ab Oktober 1892 fuhr die AEG-Stadtbahn Halle mittels elektrischen Oberleitungsbetriebs in Richtung Wittekind – Trotha durch die Straße.[5] Bis 1900 wurde auch der Rest der freien Ostseite mit Mietshäusern bebaut. Mit dem Anschluss an die elektrische Beleuchtung 1903 erhielt die Straße endgültig ihr repräsentatives Großstadt-Flair. Wohl auch dem quirligen Geschäftstreiben vor Ort geschuldet, änderte man zuvor 1898 den zu Missdeutungen neigenden Namen in „Ludwig-Wucherer-Straße" um.[6]

Eine weithin sichtbare Veränderung erfolgte 1910/12 mit der Eckbebauung im Südosten hin zur heutigen Paracelsusstraße. Die zunehmende Verkehrsdichte der wichtigen innerstädtischen Nord-Süd-Verbindung zwang von 1927 bis 1929 zu großzügigen Straßenbaumaßnahmen. Von dem Umbau der insgesamt etwa 1 200 Meter langen Straße waren die etwa 900 Meter vom Reileck zur Wilhelmstraße (Emil-Abderhalden-Straße) betroffen. Das Ziel bestand in einer wesentlichen Verbreiterung des Fahrdammes von 10,5 auf 15 Meter. Um dies zu erreichen, wurden rigoros die Bäume zu beiden Seiten gefällt und die Vorgärten beseitigt. Trotz kritischer Stimmen galt offensichtlich schon damals: „Das Tempo des heutigen Verkehrs hat nichts übrig für Romantik und Sentimentalität."[7] Und in der Tat, ließen nach Abschluss der Bauarbeiten am 21. August 1929 beispielsweise sensationell neue „prächtige" Radwege recht schnell manch vorherigen Einwand vergessen. Mit der „Anlage dieser Radfahrwege", so schwärmte die Presse, „stellt sich Halle an die Seite von Magdeburg, Amsterdam und anderen Städten, denen man immer besondere Fürsorge für die Radfahrer nachrühmte".[8] Neben den 1,80 Meter breiten Radfahrwegen lief ein Mosaikpflasterstreifen, an den sich dann der ebenfalls asphaltierte eigentliche Gehsteig anschloss.

Zu beiden Seiten der Straßenbahn-Doppelgleise lagen nach der Verbreiterung je sechs Meter Fahrbahn. Mit den Straßenarbeiten erfolgten zugleich die Verlegung von Elektro- und Telefonkabeln sowie eines 400 mm starken Wasserdruckrohrstranges. Das großzügige Umbauprojekt bezog auch den Platz Am Steintor sowie das Reileck ein. Bisher eingestuft als „die behäbige Nebenstraße einer Mittelstadt" sollte die Ludwig-Wucherer-Straße mit dem Umbau zu einer „großstädtischen Verkehrsstraße ersten Ranges" avancieren. Euphorisch attestierte man der Straße, „die in mancher weit größeren Stadt vergebens ihresgleichen sucht", eine glanzvolle Zukunft. Da „erhöhter Verkehr stets auch erhöhte Geschäfte nach sich zieht", wird sie „in absehbarer Zeit auch

---

4 Schultze-Galléra: S. 185.
5 Bodo-Lutz Schmidt: 100 Jahre elektrisch durch Halle. Halle 1991, S. 35.
6 Schultze-Galléra: S. 184.
7 Hallische Nachrichten vom 24. August 1929.
8 Ebd.

Abriss der Vorgärten auf der östlichen Straßenseite. Foto, Max Strauch, 1927.

eine der Hauptgeschäftsstraßen Halles sein. [...] Vielleicht wird die Ludwig-Wucherer-Straße einmal Halles Kurfürstendamm."[9] Wie die folgenden Jahrzehnte zeigten, sollte die Prognose nicht aufgehen. Ihr endgültiges Aussehen erhielt die für lange Zeit „breiteste hallische Straße überhaupt" erst im Jahre 1936. Bis zu dieser Zeit besaß die Straße einen Engpass, der „nicht selten zu Stauungen" führte. Durch Reduzierung der Bürgersteigbreite erfuhr der Fahrdamm auf dem Teilstück zwischen Wilhelmstraße und Steintor die Erweiterung auf eine durchgängige Breite und damit durchgängige Fluchtlinie vom Reileck an.[10]

Den Zweiten Weltkrieg überstand die Straße wie erwähnt ohne Zerstörungen. Auch an der politischen Integrität des „Verkehrspioniers" und Namensspenders änderte sich, im Unterschied zu den fast durchgängig umbenannten Nebenstraßen, nichts. Bis zum Bau neuer Verkehrstraßen Ende der 1960er Jahre am Wasserturm Nord blieb die Ludwig-Wucherer-Straße „Hauptader des Ost-Süd- und Süd-Nord-Durchgangs".[11] Ein markanter, die südliche Einmündung prägender Neubaukomplex entstand von 1960 bis 1964 mit dem Erweiterungsbau des Landwirtschaftlichen Instituts auf der dem alten Institutsareal gegenüberliegenden Seite.[12] Für lange Zeit blieb dies der einzige Neubau in der Straße. In den folgenden Jahrzehnten war der weder im touristenträchtigen Stadtzentrum gelegene noch in sozialistische Großbauprojekte involvierte Straßenzug besonders vom

---

9 Ebd.
10 Mitteldeutsche National-Zeitung (MNZ) Nr. 307 vom 7. November 1936.
11 Der Neue Weg Nr. 282 vom 3. Dezember 1952.
12 Liberal-Demokratische Zeitung (LDZ) Nr. 29 vom 4. Februar 1960; Der Neue Weg Nr. 249 vom 23. Oktober 1964.

Verfall der Altbausubstanz betroffen. An diesem Tatbestand kam selbst die sicherlich nicht gerade kritische DDR-Presse nicht vorbei.[13] Mit aus heutiger Sicht geradezu skurril anmutenden Aktionen wie „Grüne Hauswände", das heißt Bepflanzung der verfallenden Fassaden[14] oder „REKO-Haus"-Initiativen, die wegen allgegenwärtigen Engpässen letztendlich hilflos wirkten, wurde in den 1980er Jahren versucht, den Verfall zumindest aufzuhalten. Baumaßnahmen gelangten lediglich bei turnusmäßig notwendigen Straßenbahn-Gleisbauarbeiten zur Ausführung, galt es doch, tagtäglich zehntausende „Werktätige" von und zur Arbeit zu fahren. Größere Ausbesserungs- und Erneuerungsarbeiten fanden in den Jahren 1967, 1973 und 1982[15] statt. Wurden die Fassaden immer dunkler, brauchte man mehr Licht. Daran, so scheint es, herrschte offensichtlich kein so großer Mangel. Im September 1968 wurden zwischen Marx-Engels-Platz (Steintor) und Reileck 128 neue Leuchten mit je 250-Watt-Hochdruck-Quecksilberdampflampen installiert.[16] Fast genau zwölf Jahre später wurden die Beleuchtungsanlagen mit Hochdruck-Natriumdampflampen ausgerüstet. Den modernen Lampen bescheinigte man neben einer weitaus höheren Lichtausbeute als bei den bis dahin üblichen Quecksilberdampflampen einen geringeren Energieverbrauch. Außerdem sollte das gelbliche Licht das Kontrastempfinden des menschlichen Auges erhöhen und so zur Verkehrssicherheit beitragen,[17] was wohl bei dem immer holpriger werdenden Straßenpflaster von 1929 auch nötig war. Zu einem literarisch vernichtenden Urteil kommt dann auch folgerichtig der Lyriker Heinz Czechowski, der seine eigenen Eindrücke zur Straße wie folgt niederschreibt: „[…] wie abstoßend erschienst du mir, als ich zum ersten Mal die Ludwig-Wucherer-Straße, die häßlichste Straße der Welt, hinunterfuhr, Trotha entgegen, um meine mir zugewiesene Neubauwohnung zu besichtigen."[18]

Wie überall herrschte mit den neuen politischen Verhältnissen und der ungebremst einsetzenden Marktwirtschaft 1990 überschwänglicher Optimismus. Sollte jetzt die Vision vom Hallischen Kurfürstendamm Wirklichkeit werden? Neue Läden, erste Gerüste, grelle Farben auf dem Putz im Erdgeschossbereich bestimmten auch hier das Straßenbild.[19] Bistro, Backline-Musikshop, Café und Minikauf verhießen den Schein einer demnächst prosperierenden Geschäftsstraße. Ungeklärte Eigentumsverhältnisse lagen aber auch hier wie Blei auf den Hoffnungen eines schnellen Aufstiegs. Erst nach und nach, Haus für Haus begann die gründerzeitliche Pracht wieder zu erstrahlen und sich im Kontext eines akademisch reanimierten Paulusviertels ein reges Geschäftsleben zu entwickeln. Nach 71 Jahren erfolgte bis 2000 die durchgängige und grundlegende Erneuerung der Straße.[20] Noch sehen nicht wenige Häuser zu Beginn des 21. Jahrhunderts dem Verfall entgegen, nähren aber immer mehr sanierte Gebäude die Hoffnung auf einen künftig vollständig intakten Straßenzug. Vielleicht vermag die Ludwig-Wucherer-Straße dann, gerade durch ihre Verortung als einer der repräsentativsten Stadträume des Industriezeitalters, ihr Potential im postindustriellen Umbau urbaner Strukturen neu zu entfalten – zu einer Straße, die „in mancher weit größeren Stadt vergebens ihresgleichen sucht".

---

13 Mitteldeutsche Neueste Nachrichten (MNN) Nr. 70 vom 24. Februar 1987.
14 LDZ Nr. 5 vom 7. Januar 1985.
15 LDZ Nr. 179 vom 4. August 1967; Freiheit Nr. 276 vom 20. November 1973; MNN Nr. 187 vom 11. August 1982.
16 Freiheit Nr. 222 vom 17. September 1968.
17 Freiheit Nr. 203 vom 28. August 1980.
18 Heinz Czechowski: Herr Neidhardt geht durch die Stadt. Landschaften und Porträts. Halle-Leipzig 1983.
19 Hallesches Tageblatt Nr. 294 vom 18. Dezember 1990.
20 Mitteldeutsche Zeitung (MZ) Nr. 268 vom 18. November 2000.

Gemäß der Haus-Nummerierung beginnt der topographisch-historische Exkurs im Süd-Osten der Straße an der Ecke des Platzareals Am Steintor. Im Rücken das einstige Arbeitsamt oder – je nach Zeitsicht – das Gewerkschafts- und Parteihaus, zuvor der Standort des im 18. Jahrhunderts berüchtigten Gasthauses „Zum Grünen Hof", fällt der Blick in die nach wie vor von der Gründerzeit-Architektur geprägte, fast bieder anmutende Straße. Aber schon die Ladenzone der Hausnummer 1 am südwestlichen Straßenbeginn scheint ein afrikanisches Spezialitätengeschäft programmatisch den vielfältigsten Branchen-Mix einer zeitgemäß florierenden Geschäftsstraße vorgeben zu wollen. Das Wohn- und Geschäftshaus, ein viergeschossiger Putzbau mit flachem Runderker und reichem Fassadendekor, entstand um 1900 und beherbergte im Ladengeschoss über Jahrzehnte die Bäckerei Karl Döring. Im September 1973 wurde die Bäckerei mit dem ehemaligen Papier- und Spielwarengeschäft Reichelt zusammengelegt und als „Spezialwaren-Verkaufsstelle der Konsumgenossenschaft" geführt. Das Sortiment umfasste Konditoreiwaren, Spezialbrot und Weißgebäck, Kuchenmahle, Spezialgebäck, Süßwaren, Schokoladenerzeugnisse und Kaffee.[21] Das angrenzende, ebenfalls mit repräsentativem Putzdekor versehene Haus Nr. 1a entstand um 1905. Heute kommen hier Döner-Freunde auf ihre Kosten.

Der Gebäudekomplex Haus Nr. 2 ist weithin als Hauptsitz des im Februar 1863 durch Professor Julius Kühn gegründeten Landwirtschaftlichen Instituts (in DDR-Zeiten Sektion Pflanzenproduktion) der Martin-Luther-Universität bekannt. Das erste derartige Institut Preußens genoss recht schnell internationalen Ruf, so dass es ständig erweitert werden musste. Die alte Wuchersche Villa beherbergte zunächst die Direktorenwohnung sowie im Gartensaal den großen Hörsaal, der jedoch 1869 einen eigenen Bau erhielt. Schließlich ließ die Universität 1912 an der Stelle des alten Gebäudes straßenseitig das neue stattliche Hauptgebäude errichten. Der dreistöckige Bau beherbergte Wohnungen, Büroräume, Labors, Sammlungs-, Bibliotheks- und Leseräume sowie einen Hörsaal. Das klar gegliederte Hauptportal des Hauses zeigt über zwei ionischen Pilastern einen Schriftbalken mit der Aufschrift: „Landwirtschaftliches Institut der Universität" und darüber einen Segmentgiebel mit plastischem Schmuck: zwei Putten – die eine führt einen Ochsen, während die andere ein Ährenbündel mit Sichel trägt – sowie links und rechts davon einen Schaf- und einen Ziegenbock. So referieren die Gestaltungselemente in ihrer Einzelwirkung wie Komposition die Zweckbestimmung dieses traditionsreichen Hauses.[22]

Entlang des großflächigen Areals des Instituts überqueren wir in Richtung Norden die auf der Ostseite einmündende Emil-Abderhalden-Straße, vor 1945 Wilhelmstraße. In dem sanierten Eckhaus besaß schon vor 1990 eine Musikinstrumenten-Werkstatt ihr Domizil. Geigen aus Halle gingen bis nach Japan.[23] Nebenan, wo heute Immobilien zum Verkauf stehen, öffnete 1976 das „Fachgeschäft für Kfz.-Elektrik und Kfz.-Zubehör" seine Pforten.[24] Die Fassade des nebenan gelegenen Hauses Nr. 4 bietet sich zwar noch im typischen Grau der 1980er Jahre, aber neue Fenster zeugen von der Zukunft des Gebäudes. Schlimmer scheint es um Haus Nr. 5 bestellt. Um die Passanten vor Schaden zu bewahren, zieren das wohl unrettbar dem Verfall preisgegebene Gebäude weit ausladende Abfangnetze. Schon vor über zehn Jahren galt das mehrgeschossige Haus als „Ruine zum Gruseln", in der aus

---

21 LDZ Nr. 222 vom 18. September 1973.
22 StAH, Häuserarchiv Nr. 157.
23 LDZ Nr. 90 vom 16. April 1980.
24 LDZ Nr. 273 vom 16. November 1976.

"Vielleicht wird die Ludwig-Wucherer-Straße einmal Halles Kurfürstendamm."

Ludwig-Wucherer-Straße 9, 10 und 11. Im Haus rechts befand sich ab 1890 die „Christliche Herberge zur Heimath". Foto, Max Benckert, um 1900.

Fensterhöhlen Lumpen und mit Unrat voll gestopfte Plastesäcke quollen. Zwischen unverschlossenen Kellerschächten huschten Ratten und muffiger Modergeruch strömte ins Freie.[25] Wahrscheinlich wird das Haus das Schicksal des Nachbargebäudes teilen. Nach stürmischer Dezembernacht des Jahres 1998 drohten Teile der Fassade auf die Straße zu stürzen, die daraufhin gesperrt werden musste.[26] Noch über ein halbes Jahr lagen nach dem Abriss Trümmer auf dem Grundstück.[27] Ebenso droht das Haus Nr. 7 zu verfallen. Nach Passage der Gütchenstraße aber erwartet ein mustergültig saniertes Haus (Nr. 8) den Betrachter, der allerdings gleich nebenan in eine Baugrube starrt. Bis weit in die 1990er Jahre stand hier das 1875 erbaute Haus des Naturwissenschaftlichen Lehrmittel-Instituts von Wilhelm Schlüter. Das einst renommierte, 1853 gegründete Institut lieferte anatomische Präparate und „vollständige Einrichtungen für den Naturwissenschaftlichen Unterricht"[28] in alle Welt. Noch 1955 versandte das Unternehmen eine größere Lieferung von anatomischen Präparaten nach Vietnam.[29] Später beherbergte das Gebäude die hallische Außenstelle der Fachschule für Binnenhandel Dresden[30] und noch 1993 ein Weiterbildungs-Unternehmen.[31] Im Kontrast zur Baulücke erstrahlt in gelben Klinkern die Fassade des Hauses Nr. 10. Neben Arztpraxen residiert an diesem Ort seit 1907 die Neue Apotheke. Streng genommen besaß sie den Status allerdings mit Unterbrechung, denn 1983 erhielt die Einrichtung ein völlig neues Profil und übernahm „in Abstimmung mit dem Rat der Stadt hier ein Spezialsortiment an medizintechnischen Erzeugnissen und Verbandsstoffen für Krankenhäuser und die Bevölkerung."[32] Erst neun Jahre später wurde

---

25 Hallesches Tageblatt Nr. 120 vom 24. Mai 1995.
26 MZ Nr. 293 vom 16. Dezember 1998.
27 MZ Nr. 193 vom 20. August 1999.
28 Schultze-Galléra: S. 185.
29 LDZ Nr. 235 vom 6. Oktober 1956.
30 LDZ Nr. 285 vom 2. Dezember 1974.
31 MZ Nr. 174 vom 29. Juli 1993.
32 LDZ Nr. 291 vom 11. Dezember 1982.

die Apotheke mit komplettem Arzneimittelsortiment wiedereröffnet.³³ Im Haus nebenan befand sich als „Hospiz für Wandergesellen" von 1890 bis weit in die 1950er Jahre die „Christliche Herberge zur Heimat". 1898 wurde hier auch die städtische Natural-Verpflegungsstation eingerichtet und 1902 die Herberge auf 170 Betten erweitert.³⁴ Eine christliche Herberge, die in Not geratenen Menschen Hilfe bot, das passte später wohl nicht so recht in das realsozialistische Menschenbild. Sehr zum Leidwesen des stadtbekannten „Herbergsvaters Schwinghammer" wurden ab Juni 1954 Räume zur Büronutzung beschlagnahmt und die Zahl der Betten von 65 auf nur noch 25 reduziert.³⁵ 1968 residierte hier die Leitung des VEB Straßen-, Brücken- und Tiefbaukombinats Halle,³⁶ nach 1990 das Straßenbauamt. Die weiter in Richtung Norden folgenden Häuser Nr. 12, 13, 14 und 16 erstrahlen wieder im alten Glanze, während das dazwischen liegende Gebäude dem Verfall entgegensieht. Nach dem Überqueren der Franz-Andres-Straße, vor 1945 Karlstraße, fällt der Blick auf einen gediegenen Restaurant-Komplex. Von 1888 bis in die 1950er Jahre empfahl hier „Café und Konditorei Moschcau"³⁷ seinen werten Gästen anerkannt vorzügliche Konditorei-Waren, gut gepflegte Biere und andere Getränke.³⁸ 1960 wurde das inzwischen von den HO-Gaststätten Halle übernommene Restaurant als neue HO-Konditorei (Café Nord) wiedereröffnet.³⁹ Noch in den 1970er Jahren ein beliebtes Lokal, verkam das Gebäude um 1980 zur Ruine. Trotz hochtrabender Rekonstruktionspläne, die unter anderem einen Jugendklub⁴⁰ vorsahen, schien der Verfall nicht mehr aufzuhalten. Erst 1994 begann die Wiederherstellung der Bausubstanz.⁴¹ Das Gebäude beherbergt heute ein griechisches Restaurant. Im Hause findet sich seit einiger Zeit auch eine Szenekneipe, einst der Kolonialwarenladen von Friedrich Kreisel.⁴²

Auch im weiteren Verlauf flankieren herausgeputzte Hausfassaden die Straße. Traditionsreich blickt die im Gebäude Nr. 21 untergebrachte Pauluswäscherei auf eine über 80-jährige Firmengeschichte zurück.⁴³ Mit üppig stuckierter Fassade und übergiebeltem Mittelrisalit imponiert als repräsentativer Ziegelbau besonders das 1883 errichtete Haus Nr. 22. Nach dem Passieren der Puschkinstraße, vor 1945 Albrechtstraße, führt unser Weg bis auf die ruinösen Grundstücke Nr. 26 und 27 weiter an sanierten Bürgerhäusern vorbei. Die Martha-Brautzsch-Straße, vor 1945 die Heinrichstraße, überquerend fällt dem Betrachter bei Haus Nr. 28 noch eine typische „Nachwende"-Fassade ins Auge.⁴⁴ Während die oberen Geschosse in ihrem desaströsen Zustand verblieben, erfuhr die Ladenzone durch frischen Farbanstrich an Aufwertung. Außer dem sanierten Gebäude Nr. 31 harrt die Häuserzeile bis zum Mühlweg noch ihrer Wiederherstellung. Dagegen befinden sich die nördlich vom Mühlweg bis zum Reileck errichteten Gebäude, mit Ausnahme von Nr. 37 und 40, im wesentlich bessern Zustand. Straßenbild prägend entfaltet das Haus Nr. 36 seine repräsentative Wirkung. Eine Kunstgalerie bietet dort seit 1999 im Kellergeschoss ästhetische Anregungen.⁴⁵

Ausstrahlung dürfte auch von der auf dem Grundstück Nr. 39 gelegenen Friedenskirche

---

33 Hallesches Tageblatt Nr. 26 vom 31. Januar 1992.
34 Schultze-Galléra: S. 185.
35 Der neue Weg Nr. 77 vom 1. April 1955.
36 Freiheit Nr. 306 vom 24. Dezember 1967.
37 StAH, Häuserarchiv Nr. 157.
38 MNZ Nr. 277 vom 7. Oktober 1938.
39 LDZ Nr. 139 vom 8. Juni 1960.
40 LDZ Nr. 181 vom 3. August 1983.
41 Hallesches Tageblatt Nr. 168 vom 21. Juli 1994.
42 Saale-Zeitung Nr. 77 vom 31. März 1936.
43 LDZ Nr. 165 vom 14. Juli 1988.
44 In der ersten Hälfte des 20. Jahrhunderts firmierte auf diesem Anwesen die „Lamettawaaren und Christbaumschmuck-Fabrik" Gebr. Keller.
45 MZ Nr. 20 vom 26. Januar 1999.

ausgehen. Im Jahre 1903 kaufte die seit 1864 in Halle ansässige Baptistengemeinde ein auf dem Hinterhof gelegenes Vergnügungslokal und baute es zur Kirche um. Seither dient sie den Anhängern dieser christlichen Glaubensrichtung (seit 1941 auch Evangelisch-Freikirchliche Gemeinde) als Gotteshaus. Ein verheerender Brandanschlag zerstörte im Mai 1997 die Inneneinrichtung und Teile der Bausubstanz. Nach fast zweijähriger Bauzeit konnte die Kirche im April 1999 wieder geweiht werden.[46]

Der reliefartig aufgesetzte Schriftzug „Karl Schröder Tischlermeister" kündet von der einstigen Provenienz des nördlichen Nachbarhauses. Wohl über fünfzig Jahre produzierten Senior und Junior an diesem Ort Polstergestelle und Stühle.[47] Bis 1989/90 war hier aber auch der Sitz des Modelleisenbahnbauers VEB PIKO Sonneberg – Betriebsteil Halle. Das Zweigwerk, zeitweise „größter Hersteller für Signale und Bahnübergänge" in der DDR, ging aus dem VEB Modellspielwaren Halle hervor,[48] dessen Traditionen sich wiederum aus der 1953 gegründeten und 1972 enteigneten Modelspielwarenfirma von Hans Rarrasch herleiten ließen.[49] Einem Neubau (Nr. 41) folgen, wohl auf studentisches Publikum reflektierend, eine Szenekneipe und ein Bistro. Das gewaltige Eckhaus zum Reileck zählt nicht mehr zu unserer Straße.

Auf der östlich gegenüberliegenden Seite schließt die Hausnummer 44 an. Ein seit Jahren dem Verfall preisgegebener Bau lässt dessen einstige Bedeutung nur erahnen. Die Löschung der im September 1990 gegründeten Gravo-Druck Halle GmbH aus dem Handelsregister[50] besiegelte Anfang 2004 unwiderruflich das Ende des einst exportträchtigen Druckereibetriebes an diesem Ort. Bunt bedruckte Etiketten, Tapeten und Verpackungsmaterial aus Halle besaßen über Jahrzehnte einen weithin guten Ruf. Der 1990 in die GmbH überführte VEB Gravo-Druck-Offsetdruck-Papier- und Kartonverarbeitung entstand 1949 durch Verstaatlichung der 1890 gegründeten Firma Carl Warnecke, Großdruckerei und Papierverarbeitungswerk, Halle/Saale (CAWA).[51] Dessen Fabrik befand sich allerdings in der Brandenburger Straße. Vor 1930 war hier die Buchdruckerei von Erich Renner zu finden. Welche Zukunft der weithin sichtbaren Industrieruine beschieden sein wird, bleibt jedenfalls abzuwarten. Weiter, wieder zurück in Richtung Steintor, vorbei am sanierten Haus Nr. 45, bis 1976 Sitz der Kohlenhandlung Haase, gelangen wir an das stattliche Eckhaus Nr. 48 zur Robert-Blum-Straße (einst Hohenzollernstraße). Auch bei diesem viergeschossigen Ziegelbau mit Rundbogenfenstern in der Beletage und reich dekorierter Fassade reichte die Farbe nur für die Ladenzone. Über die Straße hinweg in Richtung Süden erreichen wir die Windthorststraße (vor 1945 Göbenstraße) und stoßen auf das Eckhaus Nr. 54, in den 1980er Jahren eine Werkstatt für Fotoapparate. Gleich daneben finden wir mit Nr. 55 das Eckhaus zur Fritz-Reuter-Straße. Der repräsentative, dreigeschossige Ziegelbau in Straßenbild prägender Lage entstand im Jahre 1886 und beherbergt heute ein Internet-Café. Auf industriegeschichtlich interessantem Boden bewegt man sich vor dem Supermarkt-Neubau (Nr. 57). Schon um 1860 Sitz der Dampfkessel- und Blechwarenfabrik von Chr. Meyer, produzierten bis 1905 an diesem Ort die 1864 gegründete Hallische Dampfkessel- und Maschinenfabrik von Wuth & Diederich sowie

---

46 MZ Nr. 83 vom 12. April 1999.
47 Freiheit Nr. 104 vom 8. Juni 1957.
48 MNN Nr. 58 vom 9. März 1973; LDZ Nr. 194 vom 19. August 1982.
49 Der Neue Weg Nr. 284 vom 3. Dezember 1981; MNN Nr. 205 vom 4. September 1963.
50 MZ Nr. 181 vom 19. Oktober 1990; Nr. 53 vom 4. März 2004.
51 StAH, Häuserarchiv Nr. 157.

anschließend die Bildhauerei, Marmor- und Stuckfabrik von Paul Gellert.[52] Äußerst einladend wirkt das zur Südseite der Willy-Lohmann-Straße (vor 1945 Kaiserstraße) hin gelegene Eckhaus Nr. 60 – seit 1997 ein allseits beliebtes Gaststättenlokal mit Biergarten. Unter dieser Adresse firmierten vor 1990 eine Eisdiele, ein Friseur-Salon und eine Zoohandlung.[53] Von nicht geringer sozialer Bedeutung erwies sich in den letzten Jahren das 1995 im Gebäude Nr. 63 eingerichtete Orientierungshaus für Straßenkinder.[54] Die Uhlandstraße und weiter in Richtung Süden, die Viktor-Scheffel-Straße überquerend, stoßen wir auf das in keinem guten Zustand befindliche Eckhaus Nr. 70. Vom nach der Wende hoffnungsvoll in die Marktwirtschaft gestarteten „Minikauf" blieben nur verwitternde Buchstaben. Aufwendig erneuert erstrahlt dagegen an der Ecke Goethestraße die Backsteinfassade des Hauses Nr. 72. Die hier einst beheimatete Hallische Künstlerklause „Zu den Eichhörnern" ist mit der Sanierung leider nicht wieder auferstanden. In den 1950er Jahren fungierten darin als gern gehörte Künstler und viel besuchte Wirtsleute Trude und Erich Eichhorn. Als Duo tourten sie nach ihrer Ausbildung am Hallischen Konservatorium durch die Badeorte an der Ostsee. Berufsverbot und Verfolgung unterbrachen aber 1936 jäh die künstlerische Laufbahn. Trude Eichhorn war die Tochter des in Halle ansässigen jüdischen Kaufhausbesitzers Lewin. Nach dem Zweiten Weltkrieg betrieb das Künstlerpaar sein Lokal zunächst in Diemitz, ab Dezember 1950 dann in der Ludwig-Wucherer-Straße. Geboten wurden virtuose Gesangseinlagen mit musikalischer Begleitung voller Lebensfreude.[55] Wahrscheinlich der großen Popularität wegen blieb der seit 1950 geführte Name dem Gaststättenbetrieb bis zu seinem Ende 1991[56] erhalten. Die Tradition reicht an diesem Ort aber noch weiter zurück. Bereits im Herbst 1885 eröffnete Karl Giertzsch im Kellergeschoss des gerade errichteten Wohngebäudes eine Gaststätte. Sein Nachfolger erweiterte das schlichte Lokal 1892 zum Hotel und Restaurant „Drei Lilien". Statt des Hotelunternehmens gedieh aber nur die Kellergaststätte. Ab 1927 als Spezialausschank der gleichnamigen Münchner Brauerei betrieben, erfreute sich das „Löwenbräu" unter dem langjährigen Gastwirt Hermann Schneider großer Beliebtheit.

Auffällig hebt sich das ebenfalls 1885 erbaute Nachbarhaus Nr. 73 mit seiner reich gegliederten, polychromen Backsteinfassade von den umliegenden Bauten ab. Die Schillerstraße überquerend blicken wir auf das Gebäude Nr. 73a, das auch auf Gaststätten-Traditionen verweisen kann. Als Café Kahl eröffnete hier im Mai 1909 ein „modernes, mit allen neuzeitlichen Einrichtungen ausgestattetes Restaurant". Schon 1912 wechselte der Besitzer. Jahrzehntelang betrieb fortan die Familie Friedrich das Lokal. Bis 1924 geführt als „Café National", erhielt die Gaststätte in der Folgezeit den prägenden Namen „Fünf Türme". Durch ein verhältnismäßig breit gefächertes Angebot und eine gediegene Atmosphäre stand das Lokal besonders in den 1950er und 60er Jahren in gutem Ruf. Offensichtlich war der inzwischen zur HO-Gaststätte gewandelte Betrieb „nach umfangreichen Rekonstruktions- und Modernisierungsarbeiten" im Jahre 1981 bestrebt, mit „Wildessen", „Schlachtefest und Schwarzem Bock" oder „Weinabenden mit Tanz im Paulusviertel" an den Glanz vergangener Tage anzuknüpfen.[57] Nach Privatisierung

---

52 Schultze-Galléra: S. 186.
53 MNN Nr. 87 vom 10./11. April 1976; LDZ Nr. 195 vom 20. August 1981; DNW Nr. 220 vom 18./19. September 1982.
54 Hallesches Tageblatt Nr. 45 vom 22. Februar 1995.
55 LDZ Nr. 83 vom 9. April 1955.
56 MZ Nr. 208 vom 6. September 1991.
57 MNN Nr. 292 vom 12./13. Dezember 1981; Der Neue Weg Nr. 249 vom 23. Oktober 1981; Freiheit Nr. 190 vom 13. August 1981.

Blick in den Innenraum des Restaurants „Fünf Türme". Foto, Karl August Harnisch, um 1965.

und Marktwirtschaft begrüßt hier heute ein asiatisches Restaurant recht herzlich seine Gäste.

In Richtung Steintor vorbei am Haus Nr. 74, wo vor 1990 die PGH Dampfkesselbau dem Kalkstein zu Leibe rückte[58] und heute in Windeseile der Pizza-Hunger schwinden soll, umgibt über einem trapezförmigen Grundriss in markanter Ecklage zur Carl-von-Ossietzky-Straße (vor 1945 Bismarckstraße) und Lessingstraße eine mit Polygonal- und Kastenerkern reich stuckierte Fassade das Grundstück Nr. 75. Nach Merkur-Drogerie[59] (um 1920) und Parfümhandlung (um 1960) hielt 1990 ein Bistro „reichhaltig Imbiß und Getränke in gemütlicher Atmosphäre" bereit, ehe ein Betreiber mit einem gelungenen Kneipen-Konzept ins 21. Jahrhundert starten konnte. Über das Straßeneinmündungsareal hinweg bot zu DDR-Zeiten in der Hausnummer 76 ein HO-Lebensmittel-Selbstbedienungs-Geschäft seine Waren feil. Zuvor erfreuten Schaumweine der 1884 gegründeten Firma Pfeiffer & Haase ein breites Publikum.[60] Heute residiert hier im nach 1990 errichteten Neubau eine Versicherungsgesellschaft. Der Mündungsbereich dieser Straßen bildet, korrespondierend mit der gegenüberliegenden Straßenseite, den höchsten Punkt des Straßenzuges. Weiter südlich

zieht mit Hausnummer 79 ein in seiner spätklassizistischen Formensprache und Reinheit wohl selten anzutreffender Gebäudetyp die Blicke auf sich. Nebenan finden wir mit Nr. 81 das Institut für Agrartechnik und Landeskultur. Alte Industriebauten im Hof geben Zeugnis von der hier einst ansässigen, 1878 gegründeten Eisenbahnschienenfabrik Hingst und Scheller.[61] Über die heute zum Landwirtschaftlichen Institut zählenden Grundstücke 82 bis 85 erstreckte sich im Südosten der Straße ursprünglich der Restaurationsgarten der Halleschen Aktienbierbrauerei.

Das von der Ludwig-Wucherer-Straße, der Dessauer Straße und der Lessingstraße eingegrenzte Areal nutzte zunächst die 1872 gegründete Hallesche Bierbrauerei E. Michaelis und Co. Kommanditgesellschaft auf Aktien. Der Brauereibetrieb begann mit etwa 30 bis 40 Arbeitskräften. 1887 folgte die Anschaffung der ersten Eismaschine, geliefert von der renommierten hallischen Maschinenbau-Firma Wegelin & Hübner. Wenige Jahre später wurde die Gesellschaft in die „Hallesche Aktienbierbrauerei" mit einem Gründungskapital von 450 000 Mark umgewandelt. Den neuen Aufsichtsrat führte zeitweise der noch vielen Hallensern dem Namen nach geläufige Kaufmann Aßmann. Der Ausstoß betrug damals ca. 52 000 Hektoliter. Im Jahre 1900 wurden Zweigniederlassungen (Niederlagen) in Leipzig und Merseburg eingerichtet und 1904 eine Brauerei in Querfurt erworben. In den stetigen Bestrebungen, im Konkurrenzkampf zu bestehen, folgte 1906 der Erwerb der „Aktienbrauerei zum Feldschlößchen", die ihren Brauereibetrieb auf dem Böllberger Weg besaß. Dorthin verlegte die Hallesche Aktienbierbrauerei im selben Jahr den Braubetrieb

---

58 Freiheit Nr. 183 vom 7. August 1985.
59 StAH, Häuserarchiv Nr. 157.
60 Saale-Zeitung Nr. 298 vom 21. Dezember 1934.
61 StAH, Häuserarchiv Nr. 157.

und verkaufte das Gelände in der Dessauer Straße mit Ausnahme der Gastwirtschaft. 1919 fusionierte die Gesellschaft mit der Engelhardt-Brauerei AG Berlin.[62]

Heute finden wir auf dem Areal einen weiteren Gebäudekomplex des Landwirtschaftlichen Instituts. Ein nördlich gelegener, separater Zugang führt zu Veranstaltungsräumen des 1972 noch unter Schirmherrschaft der FDJ gegründeten ältesten Studentenklubs von Halle – des „Bauernclubs".

Vor dem im Süd-West-Winkel zurückversetzten Baukörper ziert eine aus zwei Bronze-Figuren bestehende Denkmalgruppe das begrünte Platzareal. Einen Professor und einen Studenten darstellend, schuf der Bildhauer Heinz Beberniß die Skulpturen im Auftrag der Universität 1963 unter dem Titel: „Lehren und Lernen".[63] Der Südflügel stellt im weiteren Straßenverlauf die nach Westen vorgerückte Fluchtlinie zu den Nachbarhäusern wieder her. Nach Süden hin sich platzartig ausweitend findet die Straßenbebauung mit den angrenzenden Gebäuden Nr. 86 und 87 ihren markanten Abschluss. Die großzügige viergeschossige Eckbebauung über einem hufeisenförmigen Grundriss mit großen Zwerchgiebeln prägt zugleich das Ensemble der Bebauung des Platzes Am Steintor. Erbauer des sich heute teilweise in desolatem Zustand befindenden Wohn- und Geschäftshauses waren 1910/12 die Architekten Hugo Kießling und Paul Schmidt. Die exponierte Lage ließ den Gebäudekomplex auch für den Gaststättenbetrieb attraktiv erscheinen. Ab 1917 lockten die „Deutschen Bierstuben" Gäste an. Nach dem zweiten Weltkrieg wurde das Haus zunächst Eigentum des Landes Sachsen-Anhalt und von der AG Bergberufsschulen verwaltet. Als damaliger Sitz des Landesvorstandes der Industriegewerkschaft Lehrer und Erzieher erhielt es den Namen des progressiv beleumdeten Pädagogen Friedrich Adolf Wilhelm Diesterweg (1790–1866). Diese Bezeichnung übernahmen auch die alten Bierstuben, nachdem sie im Januar 1953 als HO-Gaststätte wieder ihre Pforten öffneten. Das „Diesterweghaus" avancierte in den folgenden Jahren zu einem „bekannten Verkehrslokal des Nordens", das täglich Unterhaltungsmusik und dreimal in der Woche Tanz bot, während sonntags ab 11 Uhr ein Frühschoppenkonzert für Abwechslung sorgte. Auf der Tageskarte standen vor allem Eierspeisen, Geflügel und Fischgerichte. Ende März 1958 konnte eine umfassende Renovierung abgeschlossen werden, die mit neuer Beleuchtung, Deckengestaltung und modernem Gestühl für Atmosphäre sorgte, zumal neben dem Speiseraum ein gemütliches Weinzimmer die Gäste einlud.[64] Leider hielt sich über die Jahrzehnte nicht viel von der Pracht. Wurde trotz Sanierungsbedarfs noch 1989 zu „Spezialitäten-Essen" geladen, führten die nach 1990 sattsam bekannten „ungeklärten Eigentumsverhältnisse" schnell zum Verfall. Auch Aufsehen erregende Kunstprojekte[65] brachten bisher keine grundlegende Verbesserung. Dennoch wird zur Zeit weiter mit großem Engagement versucht, über eine eigenwillige Symbiose von Kunst und Kommerz („Hühner-Manhattan") dem Raum eine Perspektive zu verschaffen.

---

62 Willi Naundorf: Chronik der Mitteldeutschen Engelhardt-Brauerei A.G. Halle. S. 23, unveröffentlichtes Manuskript, Stadtmuseum Halle, BN I.
63 LDZ Nr. 97 vom 26. April 1963.
64 LDZ Nr. 16 vom 20. Januar 1988.
65 „Kunst als (Im)mobilie – (Im)mobilie als Kunst" – das Diesterweghaus, MZ Nr. 156 vom 8. Juli 1999.

Joachim Wussow

Das Julius-Kühn-Denkmal

In der Ludwig-Wucherer-Straße befindet sich das straßenbildprägende, lang gestreckte Gebäude der *Landwirtschaftlichen Fakultät der Martin-Luther-Universität*, unweit des Steintors. Es gehört zu dem fast drei Hektar großen Campusgelände dieser universitären Einrichtung, das sich bis zur Adam-Kuckhoff-Straße erstreckt. Die Entwicklung dieser ältesten landwirtschaftlichen Lehr- und Forschungseinrichtung an einer deutschen Universität ist untrennbar mit dem ersten Lehrstuhlinhaber Professor Dr. Julius Kühn (1825–1910) verbunden. Am 30. April 1862 vollzog der preußische König die Bestallung zum ordentlichen Professor. Nach der 1863 erfolgten Institutsgründung verfolgte Kühn mit seltener Beharrlichkeit seine Vision von einer modern ausgerichteten und auf naturwissenschaftlichen Erkenntnissen fußenden Wissensdisziplin. Dazu begann er neben der bisher üblichen ein-

Ehrengäste und Chargierte der hallischen Korporation bei der Denkmalsweihe am 30. Oktober 1925. Foto, Fritz Möller.

Kühn-Denkmal am Tag der Denkmalsweihe. Foto, Fritz Möller.

seitigen theoretischen Ausbildung sowohl für Pflanzen als auch für Tiere, Demonstrations- und Versuchsmöglichkeiten zu schaffen. Zu diesem Areal gehörte schon ein großer park-ähnlich gestalteter Garten mit einem alten Baumbestand, der sich hinter dem Hauptgebäude parallel zur Ludwig-Wucherer-Straße befand. Dieser östliche Teil des Grundstücks gehörte früher dem Botanikprofessor Dr. Kaulfuß, während der übrige Besitz von den Wuchererschen Erben erworben werden konnte.

Nachdem schon 1914 anlässlich der 50. Jahrfeier des *Landwirtschaftlichen Institutes* zwei Stelen mit Bronzebüsten der berühmten Landwirte Wilhelm Rimpau (1842–1903) und Albrecht Thaer (1752–1828) gestiftet und feierlich übergeben worden waren, wurde aus Anlass des 100. Geburtstages von Prof. Dr. Kühn eine weitere Stele, das Kühn-Denkmal, im Rahmen einer mit großer Beteiligung erfolgten Feierlichkeit übergeben. Diese Ehrung fand in der Gartenanlage des Institutes statt. In einem weiten Viereck umstanden die Chargierten der hallischen Korporationen mit ihren Fahnen ein Rasenstück. Eine große Anzahl von Ehrengästen nahm an dieser Denkmalsweihe teil. Der Kultusminister und Vertreter des *Landwirtschaftsministeriums*, der Rektor der *Landwirtschaftlichen Hochschule von Berlin*, der Rektor der Universität Halle und eine große Anzahl Professoren der Universität, Vertreter des Magistrates und der Stadtverordneten von Halle waren der Einladung gefolgt. Das Denkmal wurde mit dem Wunsch übergeben, dass es noch lange Zeuge von der Blüte der Landwirtschaftlichen Fakultät an der Universität sein möge.

Im Anschluss an diese Festveranstaltung fand ein weiterer feierlicher Akt statt. Die *Deutsche Gesellschaft für Züchtungskunde*, die 1905 mit Befürwortung des fast 80-jährigen Kühns und unter seinem Ehrenvorsitz unter dem damaligen Namen „*Biologische Gesellschaft für Tierzucht*" gegründet worden war, stiftete für ihr Ehrenmitglied eine Reliefplatte. Diese wurde am Giebel des damaligen Karakulstalles angebracht, da Kühn den Haustiergarten als erste öffentliche Stätte für die systematische Tierforschung mit eigenen Mitteln zu errichten begann.

Die Porträtbüste aus Bronze von Julius Kühn wurde von der namhaften Bildhauerin Luise Federn-Staudinger (1879–1967) geschaffen, die durch Kleinplastiken, Terrakotten und Grabdenkmäler bekannt geworden ist. Das Kühn-Denkmal besteht aus einer Sandsteinstele mit der aufgesetzten Büste. Neben dem Namen des Gewürdigten mit dem Geburts- und Sterbejahr ist am Fuße der Stele eine Tafel angebracht: „Dem Begründer des Landwirtschaftlichen Universitätsstudiums von Schülern und Freunden, errichtet 23. Oktober 1925". Die Büste enthält auf der linken Seite den

Namen der *Gießerei Aktien-Gesellschaft Gladenbeck* in Berlin-Friedrichshagen und auf der rechten Seite den Namen der Künstlerin Luise Federn-Staudinger.

Eine zweite identische Büste befindet sich auf einem kleinen Wandsockel in dem 1960/65 errichteten Lehrgebäude. Diese wurde nach Fertigstellung des als „Julius-Kühn-Haus" bezeichneten Neubaues, der vis à vis der historischen Gebäudezeile mit dem alten Hörsaal liegt, hier angebracht.

Im Auftrag des Fördervereins *„Gesellschaft der Freunde der Landwirtschaftlichen Fakultät"* wurden 1995 die Büsten restauriert.

Die Künstlerin gestaltete außerdem – aus gleichem Anlass – die genannte Reliefplatte mit dem Profil des Geehrten und folgender Aufschrift: „Julius Kühn, dem Begründer des Haustiergartens – gewidmet von der *Deutschen Gesellschaft für Züchtungskunde* 23. Oktober 1925." Anfang der siebziger Jahre bekam diese Platte – bedingt durch bauliche Veränderungen an diesem ehemaligen Stallgebäude – an der gleichen Giebelwand einen sehr viel höher gelegenen Standort. Bei dieser Gelegenheit wurde sie vergoldet.

Schon 1906 hatte Luise Federn-Staudinger zwei Porträtplatten geschaffen, die auf dunklem Eichenholz befestigt wurden. Während die vergoldete sich im Besitz der Universitätskunstsammlung befindet, ist die brünierte Bronzeplatte heute im Museum für Haustierkunde „Julius Kühn" ausgestellt.

Professor Kühn hat in seinem Leben eine Vielzahl von Ehrungen erfahren – von wissenschaftlichen Gesellschaften im In- und Ausland, landwirtschaftlichen Vereinen und Gesellschaften, aber auch staatliche Anerkennungen in Form von Titel- und Ordensverleihungen. Die Stadt Halle verlieh ihrem großen Sohn 1895 die Ehrenbürgerschaft und 1905 bekam die Straße zum Versuchsfeld, an der sich die Universitätsnervenklinik befindet, seinen Namen. Dass die

Reliefplatte am Tag der Denkmalsweihe. Foto, Fritz Möller.

von ihm gegründete *Landwirtschaftliche Fakultät* ihn nicht nur durch die erwähnten Plastiken und Reliefplatten ehrte, erkennt man auch daran, dass seine Person durch einen vom preußischen Staatsministerium gestifteten Julius-Kühn-Preis (Plakette mit einem Geldpreis) für herausragende Promotionsarbeiten von 1925 bis 1944 gewürdigt wurde. Seit 1980 wird eine vom Rektor der Martin-Luther-Universität gestiftete Julius-Kühn-Medaille an verdienstvolle Wissenschaftler und Mitarbeiter der *Landwirtschaftlichen Fakultät* verliehen.

Ein besonderes Zeichen der Verehrung für ihren akademischen Lehrer ist Kühn schon viel früher durch die Studierenden der Landwirtschaft zuteil geworden. Sie stifteten zur Feier des 15-jährigen Bestehens des *Landwirtschaftlichen Instituts* ein gemauertes „Geologisches Profil", das 1883 eingeweiht wurde. Damit wurde ein langgehegter mit öffentlichen Mitteln nicht finanzierbarer Wunsch von Kühn erfüllt. Der Gesamtaufwand dafür betrug 12 616 Mark. In der Mitte dieser 30 Meter langen und etwa zwei Meter hohen Wand befand sich ein von Max Landsberg (1850–1906) geschaffenes Kühn-Relief. Die Gebirgswand wurde 1952 abgerissen.

Julius Kühn fand seine letzte Ruhestätte auf dem Nordfriedhof in einer Familiengrabanlage.

ARBEITSBERICHTE

Johann Justinus Gebauer (1710–1772). Kupferstich.

Marcus Conrad

Der Geschäftsverkehr des hallischen Buchhändlers Johann Justinus Gebauer in der Zeit zwischen 1750 und 1765

Der deutsche Buchhandel um die Mitte des 18. Jahrhunderts

In der hier herausgehobenen relativ kurzen, jedoch von wichtigen politischen Ereignissen und ökonomischen Entwicklungen gekennzeichneten Zeitspanne war es durchaus noch üblich, dass der Buchhändler, der in der Regel zugleich Verleger und häufig auch Buchdrucker war, mit seinen Druckerzeugnissen die Messen bereiste und sie dort gegen die ihm von anderen Buchhändlern angebotenen ballenweise tauschte. Daneben pflegte man, mit steigender Tendenz, Handelsformen, bei denen Mittelsmänner die Abwicklung der Geschäfte übernahmen. Auf diese Weise war es möglich, ein weitgespanntes Vertriebsnetz aufzubauen, was die wichtige Funktion des Briefverkehrs und der Verlagskorrespondenz für den Buchhandel des 18. Jahrhunderts verständlich macht.

Wollte man ein Buch kaufen, dann musste dieses zumeist vorbestellt werden, um es dann über einen in der Nähe ansässigen Geschäftspartner des jeweiligen Verlegers beziehen zu können. In manchen Fällen wurde der Preis im Voraus bezahlt, in anderen verpflichtete man sich lediglich zur Abnahme und bezahlte das Geld erst dann, wenn man das Buch bekam. Diese Verfahren werden als Pränumeration bzw. Subskription bezeichnet und minimierten das Geschäftsrisiko des Verlegers, der seine mit einem gewissen Kostenaufwand produzierten Bücher in jedem Fall absetzen und den Gewinn im Voraus kalkulieren konnte.[1]

Der hallische Buchhandel

Der hallische Buchhandel erlebte in der ersten Hälfte des 18. Jahrhunderts einen rapiden Aufschwung, was zum einen mit der 1694 erfolgten Universitätsgründung und der damit verbundenen geistig-kulturellen Bedeutung der Stadt und zum anderen mit der räumlichen Nähe zu Leipzig, dem Zentrum des europäischen Buchhandels, zusammenhing.

Die Leipziger Messe entwickelte sich zu Beginn des 18. Jahrhunderts zum wichtigsten Umschlagplatz für Literatur und erfreute sich gegenüber Frankfurt am Main einer ständig wachsenden Bedeutung. Als Erklärung für das wachsende Übergewicht Leipzigs im Vergleich zu Frankfurt, das als Handelsplatz und Messezentrum im 16. und 17. Jahrhundert den Vorrang hatte, sind mehrere Faktoren zu nennen, u. a. die häufigeren und günstigeren Messetermine (Ostern, Michaelis, Neujahr), die gegenreformatorische Zensurtätigkeit der kaiserlichen Bücherkommission in Frankfurt und vor allem die Verlagerung des Hauptgewichtes der Literaturproduktion auf den nordostdeutschen Raum, dessen Anteil nach 1730 auf 80 Prozent gegenüber 20 Prozent des südwestdeutschen Raums stieg, während im 17. Jahrhundert annähernd gleiche Verhält-

---

1 Vgl. zu diesem Thema Helmuth Kiesel, Paul Münch: Gesellschaft und Literatur im 18. Jahrhundert. Voraussetzungen und Entstehung des literarischen Markts in Deutschland. München 1977; Reinhard Wittmann: Geschichte des deutschen Buchhandels. Ein Überblick. München 1991.

nisse bei einem leichten Übergewicht des südwestdeutschen Territoriums geherrscht hatten.[2]

Gemessen an der Zahl der in den Messekatalogen verzeichneten Verlagsartikel nahm Halle zwischen 1730 und 1739 mit 725 Verlagsartikeln die dritte Stelle hinter Leipzig (2719) und Nürnberg (766) ein, gefolgt von Jena (653), Hamburg (583), Dresden (538) und Frankfurt am Main (487). An etwa der gleichen Position ist Halle auch im weiteren Verlauf des Jahrhunderts zu finden, wobei nun vor allem Berlin und Wien eine Steigerung der dortigen Verlagsproduktion verzeichnen konnten.

Dieser Aufschwung verdankt sich in erster Linie – wie erwähnt – der hallischen Universität und wird von den in Halle ansässigen Buchhandelsfirmen getragen, allen voran die Firmen Hemmerde, Gebauer, die Waisenhausbuchhandlung, Renger und Hendel. Legt man die Anzahl der in den Leipziger Messekatalogen des Jahres 1760 verzeichneten Verlagsartikel zugrunde, dann erscheint Halle an vierter Position hinter Leipzig, Berlin und Frankfurt am Main. Unter den hallischen Firmen liegen Gebauer und Hemmerde mit je 13 Titeln an der Spitze.[3]

Der 1710 in Waltershausen in Thüringen geborene Johann Justinus Gebauer kam nach einer Buchdruckerlehre in Jena 1732 nach Halle und erwarb im folgenden Jahr die am Rannischen Tor gelegene Druckerei der Witwe Orban, in der er zuvor als Faktor gearbeitet hatte. Wenige Jahre später trat er als Verleger in Erscheinung. Ab 1740 erschienen in seinem Verlag *Dr. Martin Luthers Sämtliche Schriften*, die von Johann Georg Walch herausgegeben wurden, nachdem dieser im Verlag Gebauer bereits kleinere Luthereditionen publiziert hatte. Neben weiteren wichtigen Produktionen erschien im Verlag Gebauer ab 1744 eine von dem Theologen Sigmund Jacob Baumgarten herausgegebene und mit Anmerkungen beglei-

Großer Berlin. Foto, Fritz Möller, um 1910.

tete Übersetzung des englischsprachigen Geschichtswerks *Universal History* unter dem deutschen Titel *Allgemeine Welthistorie*. Diese beiden mehrbändigen Werke bildeten über längere Zeit den Schwerpunkt des Gebauerschen Geschäftsbetriebes.

Im Jahr 1744 kaufte Gebauer das Haus und Grundstück Großer Berlin Nr. 14, in dem fortan die Offizin untergebracht war, woran heute eine Gedenktafel am Haus erinnert.

Die Firma Gebauer 1750 bis 1765

Die Lutherausgabe brachte es auf 24 Bände, deren letzter 1753 erschien, wogegen die Publikation der *Allgemeinen Welthistorie* einen zuvor unabsehbaren Verlauf nahm, sich in verschiedene Richtungen entwickelte und schließlich bis 1814 in mehr als 100 Bänden unter diesem Titel ein komplexes Werk hervorbrachte, das die Anfangskonzeption weit hinter sich ließ. In der Zeit von 1757, dem Todesjahr Baumgartens, bis 1765 besorgte Johann Salomo Semler die Herausgabe nach dem Vorbild Baumgartens bis Teil 30. Daneben erschienen im Verlag Gebauer zahlreiche weitere Schriften, die vor allem historische Stoffe beinhalten,

---

2 Hierzu sowie zu den folgenden statistischen Angaben Kiesel, Münch: S. 128 f., S. 182 ff.
3 Die hier herangezogene Statistik findet sich in: Archiv für Geschichte des Buchwesens, Bd. 48. Frankfurt/M. 1997, S. 12.

theologische Schriften Baumgartens und Semlers und erbauliche Literatur, die sich in der ersten Hälfte des 18. Jahrhunderts einer hohen Nachfrage erfreute. Außerdem verlegte Gebauer *Moralische Wochenschriften*, einen Vorläufer der heutigen Zeitschrift, die ebenso periodisch erschienen, von 1748 bis 1750 unter dem Titel *Der Gesellige*, 1751 bis 1756 *Der Mensch*, 1757 bis 1762 *Das Reich der Natur und der Sitten* und ab 1763 *Der Glückselige*. Diese Wochenschriften wurden herausgegeben von dem Philosophen Georg Friedrich Meier und dem Dichter Samuel Gotthold Lange, der nicht zuletzt durch Lessings Kritik an einer von ihm besorgten Übersetzung der Oden des Horaz und der sich hieraus entwickelnden Kontroverse in das kulturelle Gedächtnis eingegangen ist.

In den meisten der Briefe an Gebauer geht es um Titel, die über dessen Firma zu beziehen waren. Das sind nicht nur solche aus dem Gebauerschen Verlagsprogramm, sondern auch Produkte anderer Verlage. Ein großer Teil der an Gebauer gerichteten Aufträge und Anfragen wurden ihm aus weiter entfernten Regionen zugestellt. So liegen neben zahlreichen Briefen aus Leipzig und Berlin auch viele aus Südwestdeutschland vor, besonders aus Frankfurt am Main und Bayern, aus den östlichen Gebieten Preußens, vor allem aus Breslau, Danzig und Königsberg, oder aus Norddeutschland, dort vor allem aus Hamburg, Bremen und Rostock. Die Bestellungen kamen in der Regel aus Städten, in denen größere Buchhandelsfirmen ansässig waren, die regelmäßig von Gebauer beliefert wurden, denn in diesen Fällen bestanden günstige Transportmöglichkeiten.

Aus Stockholm ging im März 1750 ein Brief des dortigen Buchhändlers Gottfried Kiesewetter ein, in dem dieser die von Gebauer verlegten *Heilsamen Betrachtungen über die Sonn- und Festtags-Evangelia* von Adam Struensee, mehrere Schriften Baumgartens und den neunten Teil und dritten Supplementband der *Allgemeinen Welthistorie* bestellte.[4] Kiesewetter erbittet sich die Lieferung über den Verleger und Buchhändler Bernhard Christoph Breitkopf in Leipzig, mit dem Gebauer geschäftlich sehr eng verbunden war. Die Bezahlung sollte ebenfalls durch Vermittlung Breitkopfs erfolgen.

Kiesewetter in Stockholm und Gebauer pflegten offenbar intensiveren Geschäftsverkehr, da weitere an Gebauer gerichtete Briefe anderer Jahrgänge von ihm vorliegen. Am 15. August 1753 schreibt Kiesewetter, der den Vertrieb der Wochenschrift *Der Mensch* in Stockholm besorgte, über die Nachfrage unter seinen Landsleuten: „Die deutschen Wochenblätter werden bey der Schwedischen Sprache nicht begehrt." Im selben Brief schreibt er zu einer erwarteten Lieferung, Gebauer solle sich erinnern, dass er „in Stockholm wohne, und daher desto accurater muß bedient werden. Dißmahl ist der 13te. Theil Welthistorie gar zurück geblieben."[5] Offenbar funktionierte der Verkehr zwischen Halle und Stockholm nicht ganz reibungslos. Die wechselseitigen Geschäfte wurden natürlich nicht nur per Brief vermittelt, sondern vor allem auch im persönlichen Messeverkehr.

Neben der Korrespondenz mit Geschäftspartnern und Abnehmern ist durch den Firmennachlass im Stadtarchiv Halle auch der Schriftverkehr mit den Autoren, beteiligten Wissenschaftlern, Illustratoren etc. der bei Gebauer erscheinenden Werke gut dokumentiert.

Die bereits erwähnte *Moralische Wochenschrift*, die allerdings nicht wöchentlich erschien, sondern vielmehr monatlich, und

---

4 Stadtarchiv Halle (StAH) Firmennachlass Gebauer-Schwetschke, Signatur Nr. 2082.
5 Ebd. Nr. 5462.

zunächst unter dem Titel *Der Gesellige* publiziert wurde, hieß später *Der Mensch*. Diese Änderung betraf jedoch in erster Linie den Titel, die Herausgeber und das Programm blieben vorerst dieselben.

Am 19. Februar 1751 übersendet Samuel Gotthold Lange „zum Menschen das Aprill Stück, welches einen gantzen Bogen ausmacht", und fragt Gebauer nach seiner Meinung zu einem von ihm ausgearbeiteten Beitrag: „Wie gefällt Ihnen meine Coboldshistorie?"[6]

Am 3. Dezember desselben Jahres schreibt er zur Konzeption des Blattes und über die Rollenverteilung mit seinem Mitstreiter Georg Friedrich Meier: „H. P. Meyer muß etwas munteres ausarbeiten, mein Geist ist jetzo gantz ernsthaft, und ich sehe noch viel wichtigen Innhalt, da man ernsthaft schreiben muß."[7]

Als Kaufmann dürften solche Fragen für Gebauer besonders unter dem Aspekt der Absatzchancen von Interesse gewesen sein, als Verleger musste er sich an den Interessen der Leser orientieren und sich mit dem Inhalt der Manuskripte und den Ideen der Autoren auseinandersetzen.

Anfang der 1750er Jahre geht die Luther-Werkausgabe ihrem Ende zu. In einem Brief vom 16. Juli 1751 dankt der Herausgeber Johann Georg Walch für die Übersendung zweier Exemplare des 24. Teils, während er noch mit der Ausarbeitung der Vorrede zum 23. Teil beschäftigt ist, der zur Ostermesse 1752 ausgeliefert werden soll.[8]

Die Vertriebsmaschinerie für die erwarteten letzten Bände ist bereits im vollen Gange, wobei es offenbar Irritationen gibt. Der Geschäftspartner Thomas Johann Schreiber in Danzig, der dort die Einwerbung von Pränumerationsgeldern betrieb, teilt im Brief vom 21. Juli 1751 mit, seine Abnehmer wollten nicht auf den letzten Teil pränumerieren, sondern beriefen sich auf eine Anzeige, die besage,

„'daß der letztere Band für den Anfangs darauf gezahlten 1 Rthlr. ohne Entgeld soll ausgeliefert werden'. Da meynen sie, er wird gratis gegeben. Ich sage aber, pränumerirt erst auf den 24sten Theil, und wann dann der Theil kommt, so soll nichts mehr nachgezahlt werden. Hierauf erwarte eine kleine Information, oder ein ganz klein gedrucktes Avertissement. Ferner, so stehet auf der letzen Seite <u>Ende des 24sten Theils</u>, und unter der Columne allemahl 23ster Theil, und in dem gedruckten Catal. stehet, der noch zu liefern 23ste Theil, welcher Ostermesse 1752 erfolgt, enthält das Real-Register. Und dann sind bey diesem Theile wohl Luthers und Walchs Titel gedruckt, aber nicht der ordent. Titel, welcher 23ster Theil soll heissen."[9]

Tatsächlich war bereits 1750 ein Band mit einer von Walch verfassten *Ausführlichen Nachricht von D. Martin Luthero* und einer *Vergleichung der Hallischen Ausgabe der sämtlichen Schriften Lutheri mit denen verschiedenen Sammlungen dieser Werke* erschienen, der allerdings etwas aus dem Rahmen fällt und nicht sofort als Teil der Gesamtausgabe erscheint, jedoch nachträglich als Teil 24 der Werkausgabe gekennzeichnet wurde, während Teil 23 mit dem Hauptregister erst 1753 publiziert wurde, was die Verwirrung und Verunsicherung der Pränumeranten erklärt.

Von der *Allgemeinen Welthistorie* sollten gemäß der Vorgabe Gebauers pro Jahr zwei Bände erscheinen, jeweils zur Leipziger Oster- und Michaelismesse. Das gelang nicht ganz, aber doch annähernd, so dass man 1751 bei Teil 11 angelangt war. Dem Geschäftsbericht des Faktors Christoph Erasmus Nuding vom 7. Mai 1752 an Gebauer in Leipzig, wo dieser sich gerade zur Ostermesse aufhält, kann

---

6   Ebd. Nr. 5480.
7   Ebd. Nr. 5481.
8   Ebd. Nr. 2553.
9   Ebd. Nr. 2730.

man entnehmen, welche Schriften in welcher Anzahl von Halle aus nach Leipzig transportiert werden, wo sie Gebauer für Messegeschäfte benötigt. Neben 75 Exemplaren des elften Teils der *Allgemeinen Welthistorie*, der zuletzt erschienen war, und 150 Druckbogen mit der Kennzeichnung H vom *Menschen*, an dessen Fortsetzung gerade gearbeitet wird, werden 108 Exemplare der Kirchenhistorie des Claude Fleury, 180 Exemplare der Chronologischen Tabellen des Nicolas Lenglet du Fresnoy, 20 Exemplare von Baumgartens *Auslegung der Epistel St. Pauli an die Römer*, 5 Exemplare von Luthers *Hauspostille* und 140 Exemplare der Sammlung von Baumgartens homiletischen Schriften über die Evangelia geliefert.[10]

Der zwölfte Teil der *Allgemeinen Welthistorie* ist zu diesem Zeitpunkt gerade in Arbeit, allerdings wird Baumgarten durch gesundheitliche Probleme bei der Ausarbeitung aufgehalten. Nuding schreibt dazu: „Der H. D. B. [Herr Doctor Baumgarten] hat sich gestern noch sehr schlecht befunden, doch etwas besser, und ist wenig aus dem Bette gekomen. Auf heutige Erkundigung vernehme, daß es ganz erleidlich mit ihm sey, und daß ein starker Husten sich eingefunden. Zur W. Hist. und Liefl. Chronik habe noch keine Hoffnung bald Mst. [Manuskript] zu bekommen."[11] Drei Tage später berichtet Nuding: „Von H. D. Baumgarten habe jetzt Nachricht erhalten, daß derselbe sich gantz wohlbefinde und heute mit Lesen seiner Collegien continuiren werde. Exemplar zur Welthistorie habe gestern wieder von demselben erhalten".[12]

Ein Jahr später, zur Ostermesse 1753, erscheint der dreizehnte Teil, für den vierzehnten Teil werden Pränumerationen angenommen. Dieser Rhythmus setzt sich in etwa fort, der vierzehnte Teil erscheint 1754, der fünfzehnte 1755 und der sechzehnte 1756. In Baumgartens Vorreden zu den einzelnen Bänden ist wiederholt von Gesundheitsproblemen und verschiedenen anderen Hinderungsgründen die Rede.

Bei der Zusicherung gegenüber den Pränumeranten, pro Jahr zwei Bände bzw. Teile der *Allgemeinen Welthistorie* fertigzustellen, hatte man offenbar anders kalkuliert, da es sich lediglich um eine Übersetzung mit kritischen Anmerkungen handeln sollte. Dennoch waren die Übersetzung, kritische Bearbeitung und Herstellung von jährlich zwei Bänden im Quartformat mit je rund 700 Seiten, wobei parallel dazu noch zahlreiche weitere Werke verlegt und hergestellt werden mussten, eine starke Belastung für sämtliche Beteiligte. Aus der Druckerei-Hauptrechnung von Dezember 1753 bis April 1754 wird ersichtlich, dass in dieser Zeit neben der *Allgemeinen Welthistorie* noch an rund 40 weiteren mehr oder weniger umfangreichen Schriften gearbeitet wurde, hinzu kommen Einblattdrucke wie Carmina und Avertissements.

Im Jahr 1757, dem Todesjahr Baumgartens, erschien gar kein Band der *Allgemeinen Welthistorie*, wofür allerdings noch weitere Ursachen genannt werden müssen.

Am 29. August 1756 war preußisches Militär in Sachsen eingerückt, was die politischen Spannungen, die sich im Vorfeld ständig vermehrt hatten, zur Eskalation brachte. In der Folge kam es zu kriegerischen Auseinandersetzungen, in die nahezu sämtliche europäische Nationen, in erster Linie Preußen, Österreich, Frankreich, England, Russland und eben Sachsen verwickelt wurden.

1756 machte sich diese Entwicklung im Geschäftsverkehr Gebauers noch kaum bemerkbar. Allerdings hatten die Spannungen zwischen Preußen und Sachsen Gebauer

---

10 Ebd. Nr. 2821.
11 Ebd.
12 Ebd. Nr. 2822.

bereits Ende Mai 1755 dazu veranlasst, ein Schreiben an die Königlich Preußische Kriegs- und Domänenkammer in Magdeburg zu richten, in welchem er Friedrich den Großen darum ersuchte, trotz des verhängten Verbots Papier aus Sachsen einführen zu dürfen, da das im Gebiet um Halle produzierte für den Bedarf nicht ausreiche: „Ew. Königl. Majestaet muß ich allerunterthänigst hiermit vorstellen, wie daß ich zu meiner in sieben gangbahren Preßen bestehenden Buchdruckerey bishero das meiste Pappier aus dem Sächßischen anschaffen müßen, weilen in hiesiger Gegend nur eine einzige Pappier-Mühle zu Cröllwitz ist, diese aber nicht einmahl im Stande ist dem hiesigen Waysen-hauße so viel Pappier zu liefern als selbiges zu seiner eigenen Bedürfniß nöthig hat. Nun habe ich mich allzeit im Winter mit dem nöthigen Pappiere aus denen Sächß. Pappier-Mühlen versorget, wie ich dann auch den vergangenen Winter über hundert Ballen daher verschrieben und bereits baar bezahlet habe; es hat mir aber solches umb deswillen bis jetzo noch nicht geliefert werden können, weilen bey dem vergangenen harten Winter die Mühlen eingefrohren gewesent. Da ich nun in Zeit von einigen Wochen etliche starcke Lieferung Pappier aus dem Sächß. zu hoffen habe, und inmittelst die Einbringung Sachß.r Waaren verbothen worden, so habe mich dieserhalb bey dem Herrn Krieges-Rath Lamprecht alhier gemeldet und angesucht, daß Er dem Eingang des verschriebenen und bereits bezahlten Pappieres gestatten möchte."[13]

Das Papier hatte Gebauer bis dahin häufig aus dem Erzgebirge bzw. aus dem Vogtland bezogen.

Die Ereignisse des 1756 begonnenen Krieges beeinträchtigten den Buchhandel in den darauf folgenden Jahren mehr und mehr und werden in der Verlagskorrespondenz ab 1757 verstärkt spürbar.

Der Gymnasialrektor und Schriftsteller Johann Gottfried Arndt aus Riga, dessen *Liefländische Chronik* ab 1747 im Verlag Gebauer erschien, übersendet am 10. Mai 1757 das Manuskript des Professors Lütke zu dessen *Physicalischem System* und schreibt dazu: „Nach den Absichten des Hn. Lütke sollte es in Königsberg oder Danzig gedruckt werden; die Unruhen aber verhindern es, und nehme mir die Ehre solches deswegen Ew. Hoched. zum Druck zu offeriren."[14]

Offenbar war die Lage in Halle zu diesem Zeitpunkt weniger prekär als in den nordöstlichen Gebieten.

Jedoch schreibt Ende desselben Jahres J. C. Gründler aus Küstrin, der dort das Einwerben von Pränumerationen auf die *Allgemeine Welthistorie* betreibt, er habe das Geld bisher noch nicht übersandt aufgrund von Bedenken wegen der „durch die Franzosen in dortiger Gegend verursachten Unsicherheiten."[15]

Gefragt ist nun auch Literatur zum Krieg. Im August 1758 meldet sich erneut Arndt aus Riga mit folgender Anfrage: „2. Ich bitte nur das *Bauerngespräch über gegenwärtigen Krieg*, es sey roh, gebunden, oder alt, wenns mög. etliche mal. / 3. Meine neuesten Sachen sind noch nicht hier. Mir wärs lieb, wenn etliche kleine Piecen hätte, die entweder Satyren oder sonst Gedancken über den gegenwärtigen Krieg enthalten, damit doch den Liebhabern was neues weisen könne."[16]

Manche Leser scheinen dem Krieg einen gewissen Unterhaltungswert abgewinnen zu können, jedoch treten nun immer mehr die damit verbundenen Belastungen ins Bewusstsein. Am 30. Dezember desselben Jahres

---

13 Ebd. Nr. 3460.
14 Ebd. Nr. 3718.
15 Ebd. Nr. 3761.
16 Ebd. Nr. 3851.

schreibt Gebauers Geschäftspartner Ambrosius Apelt aus Nürnberg: „Inzwischen wünsche von Herzen, daß mit dem Ende des Jahres auch Gott ein Ende des Land und Leut verderbl. Krieges machen möge, wozu es Gott sey danck ziemlich wahrscheinl. schliesen läst, da verschiedene Reichs-Stände müde werden, auf so vielfältige Art ihre Länder aussaugen zu lassen."[17] Diese Rechnung ging allerdings nicht auf, der Krieg dauerte bekanntlich bis 1763 an.

Immer öfter wird in den Briefen an Gebauer von Plünderungen berichtet. So schreibt etwa C. A. Consentius am 23. September 1758: „Wir haben hier in Cotbus den General Landon mit ein Korps von 15 000 Mann gehabt, welcher ganzer 9 Tage hier gestanden, und Dörffer und Stadt meist ausgeplündert."[18]

Von den Plünderungen und Brandschatzungen waren häufig größere Privat- und Kirchenbibliotheken betroffen.

Das Kriegsgeschehen stellte eine große Belastung für den Buchhandel dar. Heinrich Gottlob Fuchs aus Stargard schreibt Ende 1758: „Wie oben schon gemeldet der Einfall der Russen hat verursachet daß das Bücher Commercium gänzlich aufhörte und sich keine Competenten zu den Pränumerationes gemeldet, als ein einiger Prediger aus Pohlen 12. Meilen von hier".[19]

Nicht nur die Lieferung und die Kaufbereitschaft wurden negativ beeinträchtigt, sondern bisweilen auch unmittelbar die Buchherstellung. Während von der *Allgemeinen Welthistorie* die von Semler herausgegebenen Teile 19 und 20 planmäßig 1759 publiziert wurden, erschien der bereits seit 1758 erwartete Teil 18 mit erheblicher Verspätung.

Die kaufbereiten Interessenten richteten wiederholt verunsicherte Anfragen an Gebauer, die zu erwartenden ungeduldigen Reaktionen hielten sich jedoch bis auf wenige Ausnahmen in Grenzen, was daran gelegen haben mag, dass die *Allgemeine Welthistorie* ab Teil

Titelblatt von Teil 18 der Allgemeinen Welthistorie, erschienen 1760.

19 neben dem fortlaufenden Titel zugleich mit einem anderen Titel erschien, der den Beginn eines neuen Werkes suggeriert. Man nahm eine sachlich-chronologische Einteilung in alte und neue Historie vor, weshalb der neunzehnte Teil zugleich mit einem veränderten Titelblatt als *Allgemeine Welthistorie der Neuern Zeiten/ Erster Theil* erschien, was in den späteren Bänden beibehalten wurde, so dass jeweils zwei identische Ausgaben mit unterschiedlichem Titelblatt existieren.

Der lange erwartete Teil 18, der noch der alten Historie zugehört, erschien schließlich 1760. In der vom 16. April datierenden Vorrede erklärt Semler die Verzögerung: „Der Abdruck des noch übrigen eigentlichen Stücks der alten Geschichte, bis zum Ende des langobardischen Reichs, ist schon über Jahr und Tag

---

17 Ebd. Nr. 3856 b.
18 Ebd. Nr. 3914.
19 Ebd. Nr. 3944.

fertig gewesen, vornemlich aber dadurch die fernere Vollendung des Bandes gehindert worden, daß bey mehrmaligen hiesigen Unruhen durch feindliche Parteien, der englische Text des chronologischen Verzeichnisses so sorgfältig verlegt worden, dass man viele Monate nachher sich nicht wieder besinnen können, wo man ihn wieder aufsuchen sollte. Da es unmöglich war, ein ganz englisch Exemplar der Ausgabe in Folio oder nur dieses noch übrigen Stücks wieder aufzutreiben: so muste, so unangenem diese Notwendigkeit auch war, der Abdruck gar liegen bleiben; bis man endlich ganz unverhoft das englische Stück wieder entdeckte."[20]

Besonders hart traf das Gewerbe die von den Buchhändlern heftig beklagte Münzverwirrung, die infolge des Siebenjährigen Krieges zum akuten Problem wurde und auch nach dem Friedensschluss von Hubertusburg am 15. Februar 1763 andauerte.

Der Buchhändler David Siegert aus Liegnitz in Schlesien schildert die Situation im Schreiben vom 29. März 1763 wie folgt: "Wir haben und sehen keinen anderen Geld, als Berenb. Müntze und neue August d'ors, u. dem ohngeachtet sollen und müßen wir doch auf die hiesige Post und andere Königl. Aemter alles in Preuß. alten couranten Müntze bezahlen, welche harte Bedrängnüß uns vollends das Blutt aus den Adern sauget. Die Theuerung haben wir auch noch, und fast stärker als mitten im Kriege […]. Unsere Geld Sorten wollen die Ausländer nicht mehr annehmen, und in unserm Lande selbsten, wird uns was die Handlung anbetrifft, follends alles abgeschnitten und gesperret."[21]

Insbesondere das Wechselverhältnis zwischen preußischem und sächsischem Geld und diversen anderen Münzsorten belastete den Geschäftsverkehr. Die damit verbundene Problematik ist in der Korrespondenz ab 1763 allgegenwärtig.

Die Münzverwirrung verstärkte das für den Buchhandel seit jeher bestehende Problem unvereinbarer geschäftlicher Gepflogenheiten wie des eingangs erwähnten Nebeneinanders von Barverkehr und Tauschhandel.

Der Leipziger Buchhändler Philipp Erasmus Reich schreibt dazu in einem Geschäftsbrief an Gebauer vom 20. Mai 1763: "Doch ist es schon ein altes Unglück, daß viele unserer Herren Collegen weder ein System kennen, noch annehmen wollen", und klagt über den "Betrug und Verdruß […], der unß so öffters trifft, und der mir manche Stunde raubet, die ich gerne angenehmer anwenden mögte."[22]

Unter Reichs Regie sollte sich zwei Jahre später der deutsche Buchhandel erstmals in einer "Buchhandelsgesellschaft" standesmäßig organisieren, und es wurden Reformen eingeleitet, die den angesprochenen Mißständen entgegenwirkten und damit entscheidende Schritte auf dem Weg zur Entstehung des modernen literarischen Marktes darstellen.[23]

---
20 Allgemeine Welthistorie, Teil 18. Halle 1760, Vorrede, S. 3 f.
21 Ebd. Nr. 8111.
22 Ebd. Nr. 8188.
23 Wittmann: S. 118 ff.

JUBILÄEN

Marktplatz, Blick nach Westen, um 1850, Stahlstich von Johann Poppel, gezeichnet von Carl Würbs, Ausschnitt.

Sabine Meinel

500 Jahre Roter Turm

„Blickte er von seiner Amtsstube hinaus auf den Marktplatz, so bot sich ihm freilich das schönste städtebauliche Bild dar. Der weite Markt mit seinen fünf Türmen war ein stolzer Anblick. Die viertürmige Marktkirche und dicht daneben der frei stehende Rote Turm hatten in ihrer Gesamtwirkung nirgends ihresgleichen. Der Glockenturm, nach hundertjähriger Bauzeit im Jahre 1506 beendet und heute noch das schönste Bauwerk der Stadt, hatte es in seiner stolzen Isolierung und unvergleichlichen Formenpracht dem Oberbürgermeister angetan."[1]

Nicht nur für Richard Robert Rive war der Turm das schönste Bauwerk Halles, sondern auch für Max Sauerlandt, der ihn zudem zu einem „der schönsten spätmittelalterlichen Bauwerke Deutschlands"[2] zählte.

Viele Künstler inspirierte der hallische Marktplatz. Zu den bekanntesten Bildern zählen der „Nächtliche Hafen"[3] von Caspar David Friedrich, auf dem die Silhouette der fünf Türme in einer Hafenstadt erscheint, der „Marktplatz zu Halle"[4] von Ernst Ludwig Kirchner und die Gemälde Lyonel Feiningers. Dessen Halle-Zyklus entstand zwischen 1929 und 1931 und umfasste 11 Bilder und 29 Zeichnungen.[5] Drei der Arbeiten, „Roter Turm I",[6] „Roter Turm II"[7] und „Die Türme über der Stadt",[8] zeigen den mächtigen Campanile, auf den Bildern zur Marktkirche ist er teilweise zu sehen.

Am 24. Juli 2006 jährt sich zum 500. Mal die Fertigstellung des ca. 82 Meter hohen Turmes, der „zum Lobe des allmächtigen Gottes,

Blick aus dem Rathaus, Foto.

---

1 Richard Robert Rive: Lebenserinnerungen eines deutschen Oberbürgermeisters. Stuttgart 1960, S. 83.
2 Stätten der Kultur, Bd. 30, Halle a. S., Leipzig 1928, S. 53.
3 1820, Eremitage, St. Petersburg.
4 1915, Folkwang-Museum Essen.
5 Weiterführend: Lyonel Feininger: Die Halle-Bilder. München 1991.
6 1930. Das Bild galt als verschollen und ist erst vor kurzem wieder entdeckt worden. Es soll in das Verzeichnis national wertvollen Kulturguts aufgenommen werden.
7 1930, Städtisches Museum, Mühlheim a. d. Ruhr.
8 1931, Museum Ludwig, Köln.

der ganz unbefleckten Jungfrau Maria und aller Himmelsbewohner sowie zur Zierde der hochberühmten Stadt Halle und ihrer ganzen Gemeinheit und sogar der Region"[9] errichtet wurde.

Ein Grund zurückzublicken auf die lange Baugeschichte des Turmes und sein Schicksal in den folgenden Jahrhunderten. Der Baubeginn wird nach einer Inschrift für 1418 angenommen. Der Schöpfer dieses grandiosen Bauwerkes ist allerdings nicht bekannt. Lediglich der Name des Zimmermanns Hans Wulkensteyn, der nach 1500 den hohen Helm geschaffen hat, ist überliefert. Eine weitere Inschrift nennt Johann Rod, wobei unklar bleibt, ob es sich bei ihm um einen Werkmeister oder einen Stifter handelt.

Seit dem 16. Jahrhundert wird das Bauwerk schon als Roter Turm bezeichnet, vorher hieß es der „Neue Turm" und „Unser Lieben Frauen Turm". Die Bezeichnung Roter Turm findet sich in den Quellen erstmals 1553[10] und hat sich bis heute gehalten. Ob es die ursprünglich rote Kupferdeckung des Helmes war, wie Johann Christoph von Dreyhaupt vermutete,[11] oder die Farbe der später wohl gestrichenen Dachdeckung,[12] oder ob er doch mit dem unter dem Roland tagenden „Blutgericht" in der Nähe des Turmes[13] in Verbindung zu bringen ist, muss wie so vieles offen bleiben. Vielleicht wurde er auch nach dem inschriftlich benannten Johann Rod bezeichnet. Eine Zeichnung im Stadtarchiv Halle, allerdings erst des späten 19. Jahrhunderts, nennt ihn „der Rode Thurm".

So wie zum Namen sind auch die Meinungen zur Funktion recht breit gefächert. Während Hans-Joachim Mrusek ihn als Bau der Bürgerschaft ansah,[14] ist er für Hans-Joachim Krause der Glockenturm der Mariengemeinde und damit Zeichen frommen Bürgersinns[15] und für Angela Dolgner/Dieter Dolgner/Erika Kunath ist er sowohl ein sakrales Bauwerk als auch gleichzeitig Zeichen städtischer Repräsentation.[16]

Der Werksteinbau aus Sandsteinen hat eine Grundfläche von 14,5 Metern x 9,5 Metern. Über dem massigen hohen Untergeschoss, das in sich vier Geschosse birgt, erheben sich leicht die zwei achteckigen, in der Gesamthöhe dem Untergeschoss vergleichbaren Glockengeschosse mit den Maßwerkfenstern. Nach oben schließt das Dach mit seinen vier kleinen Türmchen und dem mittigen hohen spitzen Turm ab.

Auf einer lateinischen Inschrift[17] an der Westseite des Turmes in ca. 4,5 Metern Höhe ist die Zahl 1418 angegeben, der vermutete Baubeginn. In einem ersten Bauabschnitt wurden die beiden unteren Geschosse, d. h. etwa die halbe Höhe des rechteckigen Teils des Turmes errichtet. An der nordwestlichen und der südwestlichen Turmkante hat man dabei ca. 1,7 Meter hohe Nischen eingearbeitet, die

---

9 Stadtarchiv Halle, Urkunde 302a; gedruckt: Jo(hann) Gottfr(ied) Olearius: Halygraphia aucta & continuata, Orts- und Zeitbeschreibung der Stadt Hall in Sachsen […], Halle 1679, S. 221–224; Johann Christoph von Dreyhaupt: Pagus Neletici et Nudzici oder Ausführliche diplomatisch-historische Beschreibung des […] Saal-Kreyses […]. Halle 1749, 1. Teil, S. 1015–1016.
10 Halle, Marienbibliothek Hs. 245, Kirchenrechnungen von St. Marien, Bd. 3.
11 Dreyhaupt: 1.Teil, S. 1015.
12 Hans-Joachim Krause, Gotthard Voß: Der Rote Turm in Halle. In: Denkmale in Sachsen-Anhalt. Weimar 1986, S. 291, Fußnote 21.
13 Angela Dolgner, Dieter Dolgner, Erika Kunath: Der historische Marktplatz der Stadt Halle/Saale. Halle 2001, S. 28.
14 Hans-Joachim Mrusek: Halle/Saale. 3. Aufl., Leipzig 1976, S. 58.
15 Hans-Joachim Krause: Die Marktkirche zu Halle. Der Neubau und seine geschichtliche Bedeutung. In: Hartmut Boockmann u.a. (Hg.): Literatur, Musik und Kunst im Übergang vom Mittelalter zur Neuzeit. Göttingen 1995, S. 396.
16 Dolgner, Dolgner, Kunath: S. 30.
17 Inschrift: „Anno domini m° cccc° xviii est ista turris incepta" – Im Jahre des Herrn 1418 ist dieser Turm angefangen worden. Nach: Krause, Voß: S. 290.

Marktplatz, Blick nach Westen, Foto um 1968.

sicherlich früher von Baldachinen gekrönt waren und in denen möglicherweise Figuren standen.

Langsam nur wuchs das Bauwerk, das im Erdgeschoss fast 4 Meter dicke Mauern hat. Verfolgt man die Inschriften weiter nach oben, so gibt eine nächste[18] in ca. elf Metern Höhe das Jahr 1446 an. Die Steinmetzzeichen verraten, dass andere Handwerker den Bau fortsetzten, u. a. auch Steinmetze, die am Bau der Moritzkirche beteiligt waren.[19] In gut 20 Metern Höhe verjüngt sich der Turm über einem Gurtgesims zum Achteck. Zwischen 1455 und 1460 wurde das untere Glockengeschoss beendet. Darin hängte man eine Läut- und Betglocke aus der Marienkirche und eine Sturmglocke auf und man schloss den Raum nach oben zunächst provisorisch mit einer flachen Decke. Nach einem weiteren Jahrzehnt wurde das obere Glockengeschoss aufgesetzt und dort wie Gustav Schönermark schreibt,[20] die größte hallische Glocke untergebracht. Eine Inschrift[21] unter dem südlichen Fenster des letzten Geschosses besagt: „Im Jahre des Herrn 1470 ist dieser Stein durch Johann Rod gelegt worden."

Nun dauerte es noch über drei Jahrzehnte bis zur Vollendung des Turmbauwerkes 1506, das dann sein überaus stattlicher Helm krönte.

Auf Ratskosten wurde bereits 1508 eine Uhr eingebaut, die zunächst nur zwei Zifferblätter, eins nach Osten und eins nach Westen, hatte. Schon 1580/81 erneuerte man die Uhr, nunmehr mit vier Weisern.

Es sind verschiedene Reparaturen vor allem am Helm des Turmes bekannt. So berichtet Johann Gottfried Olearius zum Jahr 1535, dass die Spitze „[…] von neuem müssen gesetzt werden".[22] Sturmschäden, so u. a. 1660,[23] machten immer wieder Ausbesserungsarbeiten erforderlich. 1825 wurde bei Instandsetzungen der mit 246 fußlangen Spitzen besetzte Bekrönungsknopf geöffnet, der eine Urkunde aus dem Jahr 1659, einige Reliquienpartikel und die Schlussurkunde des Baues von 1506 enthielt.

1824 erhielt der Bauinspektor Johann Justus Peter Schulze von der Stadt den Auftrag, Pläne „zur Erbauung einer neuen Hauptwache und neuer Läden am Roten Turm"[24] vorzulegen. Diese sollte die den Turm umdrängenden

---

18 Inschrift: „Anno domini Millesimo cccc° xlvi° locatus est lapis iste" – Im Jahr des Herrn 1446 ist dieser Stein gelegt worden. Nach: Krause, Voß: S. 291.
19 Ebd. S. 283.
20 Gustav Schönermark: Beschreibende Darstellung der älteren Bau- und Kunstdenkmäler der Stadt Halle und des Saalkreises. Halle 1886, S. 289.
21 „Anno do(mi)ni M° cccc lxx° locatus est lapis iste p(er) joh(annem) rod." Kürzungen in Klammern aufgelöst. Nach: Krause, Voß: S. 291.
22 Olearius: S. 246.
23 Schönermark: S. 289.
24 Dolgner, Dolgner, Kunath: S. 118.

Bildnisbüste vom Glockengeschoss, Westseite, Foto.

Büdchen und Bauten, die auf zahlreichen älteren Abbildungen zu sehen sind, ablösen. 1826 wurde dann nach seinem Entwurf eine Umbauung in neogotischer Formensprache errichtet.

Im zweiten Weltkrieg erlitt der Rote Turm die größten Schäden in seiner Geschichte, als es am 16. April 1945 durch Artilleriebeschuss zu einem Brand kam, der den Turmhelm, die Glockengeschosse im Inneren und auch die Umbauung zerstörte. Letztere entfernte man bereits 1946. Der nunmehr fehlende Zugang zu der Wendeltreppe im ersten Obergeschoss

Bildnisbüste vom Glockengeschoss, Westseite, Foto.

der Südseite in ca. 4,60 Metern Höhe wurde durch eine Verlängerung der vorhandenen Wendeltreppe nach unten ins Erdgeschoss geschaffen. Der schon seit 1939 eingemauerte Roland war unversehrt geblieben und wurde unmittelbar am Turm an der Ostseite aufgestellt. 1948 versah man den Turm zunächst mit einem flachen Notdach und in der Folge erneuerte man die stark geschädigten Maßwerke der Fenster in den Glockengeschossen umfänglich. Dabei ersetzte man die beiden Bildnisbüsten[25] im Maßwerk des Westfensters durch Steinabgüsse, die allerdings bei ihrer Neuaufstellung vertauscht worden sind. Umstritten ist bis heute, wen diese Darstellungen eines Mannes und einer Frau zeigen. Handelt es sich um den in der Inschrift benannten Johann Rod, den Kurt Gerstenberg[26] als Werkmeister sieht, und dessen Frau, so dass es sich um ein Baumeisterbildnis handelt? Oder war Rod, wie Krause zu bedenken gibt, Mitglied einer „[…] alten halleschen Patrizierfamilie gleichen Namens […]"[27] und die beiden Büsten stellen Repräsentanten des städtischen Patriziats dar? Fragen, die offen bleiben.

Eine weitere im Maßwerk des Ostfensters vorgefundene Bildnismaske wurde damals demontiert, aber nicht durch eine Kopie ersetzt. Sie gilt heute als verschollen. Ein Fabeltier am oberen Südfenster wurde dagegen an Ort und Stelle belassen.

Anlass für die erneute Einrüstung des Turmes im Jahr 1969 war das Ausbrechen eines Werksteines aus dem Kranzgesims. In den Jahren 1971/72 wurden die teils gravierenden Schäden am Mauerwerk behoben[28] und im An-

---

25 Sie befinden sich heute in der Stiftung Moritzburg, Landeskunstmuseum Sachsen-Anhalt.
26 Kurt Gerstenberg: Die deutschen Baumeisterbildnisse des Mittelalters. Berlin 1966, S. 137.
27 Krause, Voß: S. 288.
28 Weiterführend: Ebd. S. 282.

Marktplatz von Westen, Foto vor 1980.

neuen Umbauung in Stahl, Kupfer und Glas, nach einem Entwurf von Gerhard Kröber und Joachim Schönduve, versehen und an deren Ostseite stellte man den Roland vor einer sandsteinverblendeten Wand auf.

Die erst 2005 wieder vorgenommene Freistellung des Turmes machte den hohen Reparaturbedarf vor allem an der Oberfläche des Bauwerkes deutlich. Erst nach der Entfernung der Stahl-Glas-Konstruktion wurden die großen Schäden am Mauerwerk, vor allem im Bereich des ehemaligen Daches der Umbauung des 19. Jahrhunderts sichtbar. Der Sandstein ist dort durch die starke Hitzeentwicklung während des Brandes 1945 im Dachraum in starkem Maße an der Oberfläche geschädigt.

Vorbereitende Untersuchungen für die Instandsetzung haben bereits begonnen, so wurden z. B. Reinigungsproben für die verschmutzte Oberfläche an der Südseite angelegt. Mit der Instandsetzung 2007 soll der Turm wieder zur „Zierde der Stadt" werden.

schluss die Rekonstruktion des Turmhelms[29] geplant. Im Frühjahr 1976, nunmehr vor 30 Jahren, erhielt die Stadt mit dem komplett erstandenen Turm eines ihrer Wahrzeichen zurück. Im selben Jahr wurde er mit einer

---

29 Weiterführend: Klaus Betzner, Gotthard Voß: Die Rekonstruktion des Turmhelmes auf dem Roten Turm in Halle. In: Denkmalpflege in der DDR (1), 1976, S. 9–22.

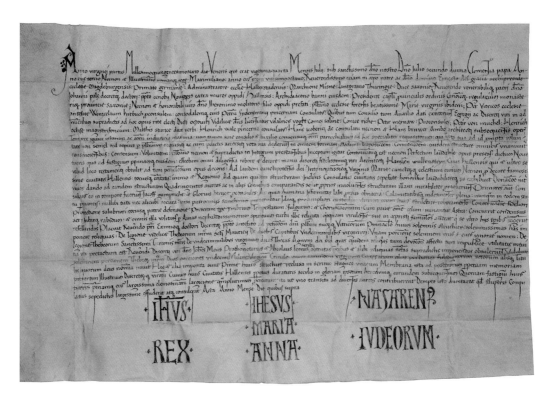

Pergamenturkunde vom 24. Juli 1506, die über den Abschluss der Bauarbeiten am Roten Turm ebenso Auskunft gibt wie über die Reliquien, die zu diesem Anlass im Turmknopf deponiert wurden. Foto, Thomas Ziegler.

Klaus Krüger

Ein kleines Hallisches Heiltum
Die Reliquien aus der Spitze des Roten Turms in Halle

Berühmt ist das Georg Spalatin gegenüber geäußerte Diktum Martin Luthers vom „Abgott zu Halle".[1] Es bezieht sich auf das große Hallische Heiltum, eine Reliquiensammlung, die durch Erzbischof Ernst von Wettin (1476–1513) angelegt und durch seinen Nachfolger Kardinal Albrecht von Brandenburg (1513–1545) erheblich erweitert wurde.[2] Seit deren Weihe 1514 in der Maria-Magdalenen-Kapelle auf der Moritzburg,[3] seit 1518 im neuen Domstift verwahrt, war das Hallische Heiltum schließlich mit etwa 30 000 Heiligenpartikeln die größte derartige Sammlung auf deutschem Boden.[4] Jährlich einmal wurde der Schatz einer großen Zahl Gläubiger zur andächtigen Betrachtung zugänglich gemacht.[5] Der Gesamtablass, der dafür zugesichert wurde, betrug am Ende über 39 Millionen Jahre: Um diese Frist sollte nach dem Tode das Leiden im Fegefeuer

---

1 Aus der umfangreichen Literatur zur unmittelbaren Vorgeschichte der Reformation in Halle sei nur genannt: Michael Scholz: Residenz, Hof und Verwaltung der Erzbischöfe von Magdeburg in Halle in der ersten Hälfte des 16. Jahrhunderts. (Residenzenforschung, 7), Sigmaringen 1998; Andreas Tacke (Hg.): Kontinuität und Zäsur. Ernst von Wettin und Albrecht von Brandenburg. (Schriftenreihe der Stiftung Moritzburg, 1: Vorträge der I. Moritzburg-Tagung (Halle/Saale) vom 23. bis 25. Mai 2003), Göttingen 2005.
2 Die Literatur zum Hallischen Heiltumsschatz setzt früh ein und ist heute überaus umfangreich; Wolfgang Franzius: Historische Erzählung der beyden Heyligthuemen, nemblich eines, so in der Schlosskirchen zu Wittenberg im Anfang der Reformation [...] vorhanden gewesen: das ander, so zu Hall [...] nach der angefangenen Reformation [...] vollkommentlicher gemacht worden. Wittenberg 1618; Paul Redlich: Cardinal Albrecht von Brandenburg und das Neue Stift zu Halle 1520–1541. Eine kirchen- und kunstgeschichtliche Studie. Mainz 1900; Jörg Rasmussen: Untersuchungen zum Halleschen Heiltum des Kardinals Albrecht von Brandenburg. In: Münchener Jahrbuch der bildenden Kunst, 3. Folge 27, 1976, S. 59–118; Andreas Tacke: Das Hallenser Stift Albrechts von Brandenburg. Überlegungen zu gegenreformatorischen Kunstwerken vor dem Tridentinum. In: Friedhelm Jürgensmeier (Hg.): Erzbischof Albrecht von Brandenburg (1490–1545). Ein Kirchen- und Reichsfürst der Frühen Neuzeit. (Beiträge zur Mainzer Kirchengeschichte, 3), Frankfurt/M. 1991, S. 357–380; Kerstin Merkel: Die Reliquien von Halle und Wittenberg. In: Cranach 1994, S. 37–50. – Neuerdings: Andreas Tacke (Hg.): „Ich armer sundiger mensch". Heiligen- und Reliquienkult am Übergang zum konfessionellen Zeitalter. (Schriftenreihe der Stiftung Moritzburg, Kunstmuseum des Landes Sachsen-Anhalt, 2: Vorträge der II. Moritzburg-Tagung (Halle/Saale) vom 8. bis 10. Oktober 2004), Göttingen 2006.
3 Irene Roch: Die Maria-Magdalenen-Kapelle der Moritzburg zu Halle als Heiltumskirche. In: Burgen und Schlösser in Sachsen-Anhalt 4, 1995, S. 51–55.
4 Die Hallische Heiltumssammlung und das gleichzeitige Wittenberger Heiltum Friedrichs des Weisen werden als die „wohl größten Reliquiensammlungen, die es außerhalb des Vatikans gab," eingeschätzt. Hans K. Schulze: Heiligenverehrung und Reliquienkult in Mitteldeutschland. In: Walter Schlesinger (Hg.): Zur Geschichte und Volkskunde Mitteldeutschlands (FS Friedrich von Zahn, 1 = Mitteldeutsche Forschungen, 50/I), Köln – Graz 1968, S. 294–312, Zitat S. 297. Renate Kroos spricht vom Hallischen Heiltum gar als vom „bedeutendsten Reliquienschatz vorreformatorischer Zeit". Renate Kroos: Vom Umgang mit Reliquien. In: Anton Legner (Hg.): Ornamenta Ecclesiae. Kunst und Künstler der Romanik (Kat. zur Ausstellung des Schnütgen-Museums Köln), 3 Bände, Köln 1985, III, S. 25–49, Zitat S. 27.
5 Zum Ablauf einer solchen Heiltumsweisung Enno Bünz: Zur Geschichte des Wittenberger Heiltums. Johannes Nuhn als Reliquienjäger in Helmarshausen und Hersfeld. In: Zeitschrift des Vereins für Thüringische Geschichte 52, 1998, S. 135–158, hier S. 153 ff. mit weiterer Literatur.

verkürzt sein.⁶ Zur Werbung für diese religiöse Sehenswürdigkeit erschien 1520 ein gedrucktes Verzeichnis der Sammlung⁷ mit einer großen Zahl an Holzschnitten, auf denen einzelne Partikel, besonders aber auch die kostbaren Reliquiare, in denen diese verwahrt wurden, bildlich dargestellt sind.⁸ In der Zeit der Reformation waren das Heiltum und dessen öffentliche Präsentation ein Ansatzpunkt heftiger Kritik von Seiten Luthers, der hierin den von ihm verabscheuten Ablasshandel in seinen schlimmsten Auswirkungen verkörpert sah. Als Kardinal Albrecht die Stadt 1541 wegen der Reformation verlassen musste, konnte er offenbar nur einen Teil des Reliquienschatzes mit sich nach Mainz nehmen, wo dessen Reste zweieinhalb Jahrhunderte später durch französische Revolutionstruppen endgültig verstreut wurden. Damit ist einer der einstmals größten Kunstschätze der Stadt Halle unwiederbringlich verloren.

Reformation, Aufklärung und Pietismus mögen dafür gesorgt haben, dass es in der Stadt des großen Hallischen Heiltums heute so gut wie keine mittelalterlichen Reliquien mehr gibt. In der Marienbibliothek werden zwei Kreuzreliquiare aus dem 14. Jahrhundert aufbewahrt, von denen eines noch Holzreste, das andere Stoffreste in altrosa Farbe enthält;⁹ ob es sich dabei um eine Berührungsreliquie oder um einstiges Verpackungsmaterial für einzelne Partikel handelt, ist unklar.¹⁰ Allem Anschein nach hat nur eine einzige zeitgenössische Sammlung spätmittelalterlicher Reliquien die Zeiten überdauert. Ihre Erhaltung wurde begünstigt durch die Umstände ihrer Aufbewahrung, denn obwohl ihre Existenz nie ganz unbekannt war, waren sie dem Zugriff für viereinhalb Jahrhunderte entzogen, bis sie unter dramatischen Umständen wieder ans Tageslicht gelangten.

Als kurz vor Ende des zweiten Weltkriegs im April 1945 amerikanische Truppen die Übergabe der Stadt Halle verlangten, verliehen sie dieser Forderung durch Artilleriebeschuss des Stadtzentrums Nachdruck. Dadurch geriet der Rote Turm auf dem Marktplatz in Brand und stürzte schließlich ein.¹¹ Dabei wurde der

---

6 Scholz: S. 213 ff.
7 Vortzeichnus vnd zceigung des hoch lobwirdigen heiligthumbs der Stifftkirchen der heiligen Sanct Moritz und Marien Magdalenen zu Halle. (Halle, ULB, Pon. Yb 3520). Dieses Hallische Heiltumsbuch ist wiederholt nachgedruckt worden, wobei das Interesse meist auf den Illustrationen lag, die häufig Lucas Cranach zugeschrieben werden: Georg Hirth (Hg.): Hallisches Heiligthumsbuch vom Jahre 1520. (Liebhaber-Bibliothek alter Illustratoren in Facsimile-Reproduction, 13), München 1889 (enthält nur die Abb.); Richard Muther (Hg.): Hallisches Heiligthumsbuch vom Jahre 1520. München 1923 (enthält nur die Abb.); Philipp Maria Halm, Rudolf Berliner (Hg.): Das Hallesche Heiltum. Man. Aschaffenb. 14 (Jahresgabe des Deutschen Vereins für Kunstwissenschaft 1931), Berlin 1931 (enthält nur die Abb.); Heinrich L. Nickel (Hg.): Das Hallesche Heiltumbuch von 1520. Nachdruck zum 450. Gründungsjubiläum der Marienbibliothek. Halle/S. 2001. – Vgl. die Edition der 1526 angefertigten Aschaffenburger Manuskript-Fassung: Das Halle'sche Heiltum. Reliquienkult und Goldschmiedekunst der Frührenaissance in Deutschland. Hg. v. Haus der Bayerischen Geschichte und der Hofbibliothek Aschaffenburg. CD-ROM, Stuttgart 2002.
8 Zum Hallischen Heiltumsbuch: Gabriel von Térey: Cardinal Albrecht von Brandenburg und das Halle'sche Heiligthumsbuch von 1520. Eine kunsthistorische Studie (Phil. Diss. Straßburg 1891), Straßburg 1892; Horst Reber: Albrecht von Brandenburg. Kurfürst, Erzkanzler, Kardinal, 1490–1545. Kat. zur Ausstellung Landesmuseum Mainz 1990. Mainz 1990, S. 152–172 und Abb. 20–25; Heinrich L. Nickel: Zur Wirkungsgeschichte des Hallischen Heiltumbuches von 1520. In: Beiträge zur Renaissance zwischen 1520 und 1570. Marburg 1991, S. 235–244.
9 Heinrich L. Nickel: Der Kunstbesitz. In: Ders. (Hg.): 450 Jahre Marienbibliothek zu Halle an der Saale. Kostbarkeiten und Raritäten einer alten Büchersammlung. Halle an der Saale 2002, S. 201–209, bes. S. 202 f. und ebd., Kat.-Nr. 219–220, S. 268.
10 Für diesen wie für andere Hinweise bin ich Michael Ruprecht (Halle) zu Dank verpflichtet.
11 Mehrere schriftliche Augenzeugenberichte zum Kriegsende in Halle, offenbar nach einem entsprechenden Aufruf im Frühjahr 1948 der Stadtverwaltung überlassen, finden sich im Stadtarchiv. Vgl. besonders: Hans Naundorf: Der Brand des Roten Turmes (16. April 1945). Sammlungsmappe Abt. I, Nr. 9 (beiliegender hs. Brief datiert Halle, 12. Juni 1948); Alois Marx: o. T. (betr. Brand des Roten Turmes). Ebd.; Alois Marx: Der Brand des Roten Turmes am 15. [!] 4.1945. Ebd. (beiliegender hs. Brief datiert Halle, 18. März 1948).

vergoldete Turmknopf auf der höchsten Spitze aufgesprengt und gab seinen Inhalt frei: ein Kästchen aus Blei,[12] das zunächst gewaltsam geöffnet wurde, dann aber den Weg ins Stadtarchiv fand.[13] Hier werden diese Kapsel und ihr Inhalt – eine kleine Reliquiensammlung, vier Pergamenturkunden und einige weitere Schriftstücke[14] – bis heute verwahrt.

Die Sammlung geht im Kern bis auf die Fertigstellung des Roten Turms zurück, die sich 2006 zum 500. Mal jährt.[15] Gottfried Olearius berichtet – mit 160 Jahren Abstand und protestantischer Skepsis – über dieses Ereignis: „1506 ist die hohe Spitze auff dem rothen Thurm am Marckte sampt dem Knopff am Abend Jacobi[16] auffgesetzt, darein etlich vermeintes Heiligthumb geleget worden, welches der Pfarr mit den Schülern, so das Te Deum laudamus dabey gesungen, vor den Thurm gebracht und hinauff getragen."[17] Auf diesen Tag, den 24. Juli 1506, ist auch die bekannte Pergamenturkunde datiert, die über den Abschluss der Bauarbeiten ebenso Auskunft gibt wie über die Reliquien, die zu diesem Anlass im Turmknopf deponiert wurden. Zusammen mit diesen wurde die Urkunde in dem Kästchen eingeschlossen, welches im Text ebenfalls erwähnt wird.[18]

In den vergangenen 500 Jahren ist der Turmknopf mehrfach geöffnet und sein Inhalt untersucht, beschrieben und ergänzt worden. Olearius berichtet, im Jahre 1614 habe ein Dachdecker den beschädigten Knopf reparieren sollen und dabei ein Blatt Papier hineingesteckt, das die Namen der beiden damals regierenden Ratsmeister verzeichnete. Reste dieses Papiers fanden sich offenbar bei einer erneuten Öffnung im Frühjahr 1659, als die Vergoldung des Turmknopfes erneuert wurde.[19] Bei dieser Gelegenheit wurde das Bleikästchen erstmals wieder geöffnet und zwei handschriftliche Pergamenturkunden in lateinischer Sprache hineingelegt, die beide auf den 28. April 1659 datieren.[20] Nach dem erneuten Verlöten der Kapsel wurde deren Oberfläche mit mehreren lateinischen Inschriften versehen, die diesen Vorgang und die beteiligten Personen dokumentieren. Zum zweiten Mal wurden Knopf und Kästchen im September 1825 geöffnet. Der Chronist Christian Gottlieb August Runde berichtet, man habe zwei in Papier und Leinwand eingeschlagene Päck-

---

12 In der Urkunde von 1506 wird das Kästchen als *scrini(um) stagne(um)* bezeichnet; Erich Neuß: Denk- und Merkwürdigkeiten des Roten Turmes zu Halle a. d. Saale. (Rote-Turm-Fibel, Schriftenreihe der Bauhütte Roter Turm, 2), Halle 1947, übersetzt das als „Kapsel aus Werkblei", also legiertem Rohblei.

13 Wann und auf welchem Wege der Inhalt des Turmknopfes ins Stadtarchiv gelangte, wird möglicherweise nicht mehr zu klären sein. Für – wenn auch letztlich vergebliche – Nachforschungen in dieser Frage danke ich dem Stadtarchivar, Herrn Ralf Jacob.

14 Von den unten aufgeführten spätmittelalterlichen und frühneuzeitlichen Objekten abgesehen, fanden sich noch folgende Schriftstücke im Turmknopf: Ein Baubericht, dat. 1. Oktober 1845. – Ein Exemplar der Extra-Beilage zur Nr. 229 des Couriers, dat. 1. Oktober 1845. – Ein Bericht von Johann Gottfried Tischmeyer, dat. 2. Oktober 1845. – Ein Baubericht, verfasst von Ludwig Albert Keil, dat. 2. Oktober 1845. – Eine fragmentarische Karte von Halle und seiner Umgebung. Sie wurden anlässlich der Neuvergoldung aller Turmknöpfe im Oktober 1845 eingebracht, als das Kästchen zum dritten Mal geöffnet wurde.

15 Ein roter Turm wird erstmals bereits 1386 am *sente ghertrude kerchove*, dem Friedhof der St. Gertrudenkirche, erwähnt. Zur Baugeschichte des heutigen Bauwerks seit 1418: Erich Neuß: Die Baugeschichte des Roten Turmes zu Halle an der Saale. (Schriftenreihe der Bauhütte Roter Turm, 1), Halle 1946. Vgl. auch die – nicht ganz vollständige – Zusammenstellung der Reparatur- und Instandsetzungsarbeiten bei: Erich Neuß: Rote-Turm-Fibel, S. 6–11.

16 Der Tag des Apostels Jacobus ist der 25. Juli; der *Abend* (= Vortag) *Jacobi* also der 24. Juli.

17 Gottfried Olearius: Halygraphia Topo-Chronologica, Das ist: Ort- und Zeit-Beschreibung der Stadt Hall in Sachsen […]. Leipzig 1667, S. 221.

18 Die Urkunde im Stadtarchiv Halle ist, obwohl vielfach zitiert, bis heute nicht ediert; Eine deutsche Übersetzung, die allerdings nicht ganz zuverlässig ist, findet sich bei: Neuß: Rote-Turm-Fibel, S. 11–14.

19 Olearius: S. 358, S. 470 f.

20 Auch zu diesen beiden Urkunden, die die Amtspersonen sowie die Stifter von Renovierung und Vergoldung aufführen, gibt es deutsche Übersetzungen bei: Neuß: Rote-Turm-Fibel, S. 15 f.

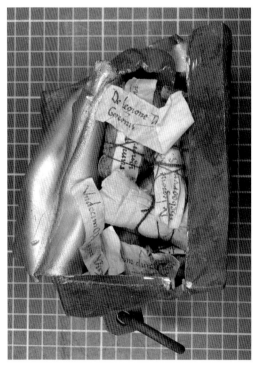

Reliquienkästchen. (1 Quadrat auf der Unterlage entspricht 1 cm².)

chen vorgefunden, von denen eines die Urkunde von 1506, das andere die beiden Schriftstücke von 1659 enthielt.[21] Auch bei dieser Gelegenheit wurde eine Pergamenturkunde[22] in deutscher Sprache hinzugelegt,[23] weiterhin sechs aktuelle Münzen, die im Gegensatz zu den Schriftstücken nicht erhalten zu sein scheinen.

Obwohl alle Berichte über die genannten Untersuchungen stets genaue Auskunft zu den vorgefundenen Schriftstücken geben, findet sich bis 1825 darin kein Hinweis auf die Reliquien.[24] Dies scheint der protestantischen Gesinnung der jeweiligen Zeitgenossen geschuldet zu sein, die die in ihren Augen vom Aberglauben einer überwundenen Epoche zeugenden Gegenstände immerhin stets wieder an ihren Platz zurücklegten. Dass die Reliquien von Anfang an zum Inhalt der Kapsel gehörten, geht aus der ersten Urkunde vom Juli 1506 hervor, denn hier werden sie sämtlich aufgeführt. Für einige Partikel wird sogar angegeben, woher sie in den Schatz gelangten. Runde berichtet 1825 von zehn einzelnen Päckchen in der Sammlung; davon finden sich heute noch acht, deren Inhalt jeweils in ein seidenes Tuch eingeschlagen und mit einem oder mehreren dünnen Fäden verschnürt ist. Jedem Päckchen ist eine *cedula* beigegeben, ein schmaler Pergamentstreifen mit einer Authentik. Dies ist ein kurzer lateinischer Text in spätgotischer Minuskel mit Versalien, der über den jeweiligen Inhalt Auskunft gibt. Allerdings scheint heute der Inhalt von mindestens drei weiteren Päckchen zu fehlen, denn es finden sich in der Kapsel noch drei rechteckig zugeschnittene Seidentücher, drei lose Zettel und vier einzelne Fäden, die keinem der vorhandenen Päckchen zugeordnet werden können.[25]

Im Folgenden sind die erhaltenen Gegenstände, die als ursprünglicher Inhalt des Turmknopfes angesehen werden können, einzeln aufgeführt und den Angaben der Urkunde von 1506 gegenübergestellt.

---

21 Rundes Chronik der Stadt Halle 1750–1835. Thüringisch-Sächsischer Geschichtsverein [Hg.], Bernhard Weißenborn (Bearb.), Halle/S. 1933, S. 47 f.
22 Pergament war zwar zu dieser Zeit für die Anfertigung von Schriftstücken seit langem nicht mehr in Gebrauch; Für das Einschließen in einer Turmspitze, wo es sehr hohen Temperaturen ausgesetzt wird, ist es aber wesentlich besser geeignet als Papier.
23 Deutsche Übersetzung bei: Neuß: Rote-Turm-Fibel, S. 16 f.
24 Runde berichtet: „zehn Portionen Heiligthümer […] in 10 Päckchen von der Größe eines Mannsdaumen ungefähr, fanden sich noch auf den Boden des Kästchens. […] Jede Portion war besonders in rothen, blauen, violetten Zindeltafft eingewickelt und der Inhalt darauf geschrieben. Die Farben hatten sich trefflich erhalten."
25 Es fällt auf, dass ein Teil der Päckchen sorgfältig verschnürt, teilweise sogar vernäht worden ist, wogegen andere lediglich mit Faden umwickelt wurden. Möglicherweise sind letztere nach dem Auffinden geöffnet und dann unsachgemäß wieder verschlossen worden.

		Text der Zettel	Urkunde 1506
1	Reliquienkästchen. Blei, 14,5 (H) x 9,0 x 8,5 cm. Oben mit einem Ring versehen. Trägt oben und an einer Seite gravierte Inschriften, die nach 1659 datieren. – Schwer beschädigt und gewaltsam geöffnet: die untere Ecke flachgedrückt; aufgeschnitten und regelrecht aufgeschält.		*reclusa in scrinio stagneo*
2	Reliquienpäckchen, ca. 6 x 2 cm, die *cedula* deutlich länger. Rotbraunes Tuch, umwickelt mit rotem Faden. Inhalt lt. Beschriftung: „von der Legion der heiligen Thebäischen Märtyrer des Heiligen Mauritius".	Verblasste Beschriftung: *De legione S(an)ctorum m(a)r(tiru)m/Thebeorvm S(ancti) mauricij :*	*De legione videlicet Thebeorum martirum sancti Mauricii*
3	Reliquienpäckchen, ca. 6 x 3 cm. Innen rotbraunes, außen weißes Tuch, umwickelt mit blauem Faden. Inhalt lt. Beschriftung: „von den Thebäischen Märtyrern".	*Thebeorvm martirum*	*solemnem porcionem Thebeorum martirum Duas porciones*
4	Einzelner Zettel, ca. 8 x 2 cm. Ehemaliger Inhalt lt. Beschriftung: „von der Legion der Thebäischen Märtyrer des Heiligen Gereon".	*De legione Thebeor(um) m(a)r(tiru)m S(an)ct(i)/ Gereonis*	*De legione Thebeorum Sanctissimi Gereonis martiris*
5	Reliquienpäckchen, ca. 5,5 x 2,5 cm. Rotbraunes Tuch, vernäht mit rotem und umwickelt mit blauem Faden. Inhalt lt. Beschriftung: „von zwei Köpfen der heiligen elftausend Jungfrauen".	*De duobus capitibus s(an)c(t)aru(m)/Vndecim Milibus virginv(m)*	*De duobus Capitibus Vndecim milibvs virginum*
6	Reliquienpäckchen, ca. 3,5 x 3 cm. Innen schwarzes, außen rotbraunes Tuch, verschnürt mit blauem Faden. Inhalt lt. Beschriftung: „bemerkenswerte Stücke der elftausend Jungfrauen".	*Notab(i)les porc(i)ones de Vndeci(m)/Milibvs Virginum*	*De undecim milibus virginum duas Thecas*
7	Einzelner Zettel, ca. 8 x 1,5 cm. Ehemaliger Inhalt lt. Beschriftung: „von den elftausend Jungfrauen".	*Vndecim Milium Virginv(m)*	siehe Zeile 6, letzte Spalte
8	Großes Päckchen, ca. 7 x 3,5 cm. Innen braunes, außen rotbraunes Tuch, verschnürt mit schwarzem Faden. Inhalt lt. Beschriftung: „Haarschmuck einer der elftausend Jungfrauen".	Stark verblasste Beschriftung: *Crinale vnivs virginis de/vndecim Milibus*	*undecim Milium Virginum Crinale unius earundem virginum*
9	Einzelne *cedula*, oben stark eingerissen, ca. 7 x 3 cm. Inhalt lt. Beschriftung: „Lamm Gottes mit verschiedenen namenlosen Reliquien".[26]	*Agnvs dei cvm diversis/ reliqvijs absq(ue) nom(in)ibus*	*Agnum dei*
10	Kleines Päckchen, ca. 2,5 x 2 cm. Rotbraunes Tuch, umwickelt mit blauem Faden. Inhalt lt. Beschriftung: „ein bemerkenswertes Stück von einem Heiligen, dessen Name nicht bekannt ist".	*Porcio notab(i)lis vnivs sancti/cui(us) nomen ignoratvr*	*Unam porcione solemnem unius sancti cuius ignoratur nomen*
11	Großes Päckchen, ca. 6.5 x 3,5 cm, aus rotbraunem Tuch, umwickelt mit blauem Faden. Inhalt lt. Beschriftung: „von Heiligen, deren Namen nicht bekannt sind, aber echte Reliquien".	*Sanctorum quorum n(o)m(in)a/ignorantvr sed vere reliq(ui)e*	*alias portiones fidedignorum sanctorum absque Titulis quorum deus nomina novit*
12	Reliquienpäckchen, ca. 5 x 3 cm. Rotbraunes Tuch, umwickelt mit blauem Faden. Inhalt lt. Beschriftung: „von Heiligen, deren Namen nicht bekannt sind".	*Sanctorum quorum n(o)m(in)a/ignorantvr*	siehe Zeile 11, letzte Spalte
13	Drei lose Seiden-Tücher (zwei purpurn, eines blauviolett, letzteres mit roten Fadenresten), das größte ca. 14 x 12 cm sowie vier lose Fäden (weiß, grau, blau, rot) zur Verschnürung. Eingerissen und durchlöchert.		
14	Drei Kupferbänder und ein kürzeres Fragment, ca. 0,5 cm breit, mit Ziernieten und anhängenden Blechplättchen. Haben offenbar ursprünglich drei einzelne Päckchen umschlossen.		

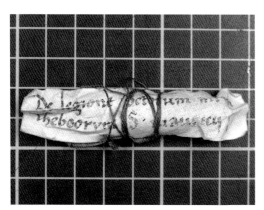

Reliquienpäckchen Nr. 2 „von der Legion der heiligen Thebäischen Märtyrer des Heiligen Mauritius".

Reliquienpäckchen Nr. 11 „von Heiligen, deren Namen nicht bekannt sind".

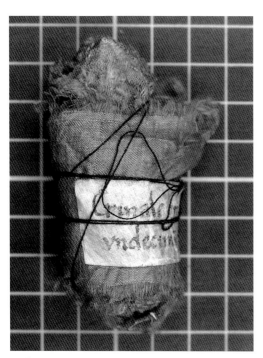

Reliquienpäckchen Nr. 8 „Haarschmuck einer der elftausend Jungfrauen".

Als der kleine Reliquienschatz etwa ein Jahrzehnt vor Ausbruch der Reformation im obersten Turmknopf deponiert wurde, war dieser Brauch alles andere als ungewöhnlich.[27] Im ausgehenden Mittelalter waren die Überreste der Heiligen im Alltag allgegenwärtig. Nicht nur in den Altären der Kirchen und Kapellen fanden sie sich, sondern überall im öffentlichen und auch im privaten Raum: Reliquien wurden in Gebäudenischen vermauert, in Insignien und Amuletten getragen; sie wurden andächtig verehrt, inbrünstig geküsst und wie medizinische Hilfsmittel in vielen Lebenslagen, etwa bei Krankheit oder Geburt, zur Anwendung gebracht.[28] Obwohl sie nach kirchlicher Lehre den jeweiligen Heiligen repräsentierten, von dem sie stammten, wurden Reliquien im alltäglichen Leben wie Privateigentum behandelt:

26 Als Agnus dei bezeichnete man im Mittelalter geweihte Wachsmedaillons mit dem Gotteslamm, die aus den Resten der Osterkerzen geformt wurden. Im späten Mittelalter hatten sie im Volksglauben einen den Reliquien vergleichbaren Wert und wurden wie Amulette zur Abwehr des Unheils eingesetzt.

27 Zur mittelalterlichen Reliquienverehrung insgesamt: Arnold Angenendt: Heilige und Reliquien. Die Geschichte ihres Kultes vom frühen Christentum bis zur Gegenwart. München 1994; Anton Legner: Reliquien in Kunst und Kult zwischen Antike und Aufklärung. Darmstadt 1995. – Zur Mentalitätsgeschichte der unmittelbar vorreformatorischen Zeit: Bernd Moeller: Frömmigkeit in Deutschland um 1500. In: Archiv für Reformationsgeschichte 56, 1965, S. 5–31.

28 Kroos: mit zahlreichen Nachweisen; Klaus Krüger: Elisabeth von Thüringen und Maria Magdalena. Reliquien als Geburtshelfer im späten Mittelalter. In: Zeitschrift des Vereins für Thüringische Geschichte 54, 2000, S. 75–108.

sie wurden gesammelt,[29] verkauft, verschenkt, eingetauscht und geraubt. Auch die Einbringung in Turmknäufe ist andernorts belegt.

Über die Motivation, die hinter diesem Brauch steht, gibt die Einweihungsurkunde von 1506 genaue Auskunft: Da der Mensch in seiner Schwäche ständig vom Unglück bedroht und seines Lebens nirgends sicher sei, „wenn es nicht dem Schutz der Heiligen anvertraut werde, und auch zur besseren Bewahrung und zur Festigung dieses Gebäudes, zur Bewahrung der Gläubigen, zum Schutz der Gesunden und zur Verteidigung des gesamten Vaterlandes, besonders in Zeiten der Regengüsse, Stürme, Gewitter und des wilden Aufruhrs, die den ganzen Himmel erschrecken",[30] und da auch die Kraft der Diener Christi nicht ausreiche, sich diesen Stürmen entgegenzustemmen, „gefiel es dem vorgenannten Ehrwürdigen Vater und hervorragenden Doktor der Rechte [Johannes Pals, Propst des Klosters Neuwerk] auf Bitten des Herrn Pfarrers und der Verwalter der Kirchenkasse [von St. Marien] in die Spitze dieses heiligen Bauwerks folgende Reliquien höchst feierlich einzulegen:[31] [es folgt die o. g. Liste, Nr. 2, 5, 10, 4, 6, 7, 9]. Zu den genannten Reliquien wurden aus Frömmigkeit wie auch im Blick auf das vorgenannte Wohl der Stadt durch die ehrwürdigen und vornehmen Männer, Herrn Johannes Mews, Ratssyndikus, und Nicolaus Leonis, Stadtschreiber, noch weitere Kostbarkeiten und Reliquien der oben genannten Heiligen hinzugefügt, nämlich […]"[32] [es folgt die o. g. Liste, Nr. 3, 8, 11, 12]. Offenbar stammt der größere Teil der Partikel also aus dem Kloster Neuwerk, andere aber aus Privatbesitz. Ihre Aufgabe sollte darin bestehen, das für Stadt und Bürgerschaft so symbolträchtige Gebäude, den Roten Turm, vor den Unbilden der Zeit zu schützen. Inwieweit die angedeuteten Bedrohungen nicht nur meteorologisch, sondern auch politisch gedeutet werden können, muss dahingestellt bleiben.[33]

Zur Auswahl der Reliquien im Roten Turm ist allerdings zu konstatieren, dass hier keine besonders exklusiven Heiligen zusammengetragen worden sind. Zwar gibt es die Partikel eines Märtyrers aus der dem heiligen Mauritius, dem Stadtpatron Halles, unterstehenden Einheit der Thebäischen Legion (Nr. 2). Alle Übrigen aber scheinen recht beliebig zusammengesucht zu sein und ihr Bezug zu Halle wirkt willkürlich. Die Märtyrer aus Gereons Abteilung der Thebäer (Nr. 4) verweisen ebenso wie die elftausend Jungfrauen der heiligen Ursula (Nr. 5–8) auf Köln, wo sie der Legende nach bestattet worden waren und von wo aus sich im späten Mittelalter ein schwunghafter Handel mit diesen Partikeln über halb

---

29 Auch nichtfürstliche Laien sammelten Reliquien in großem Stil; dazu neuerdings Enno Bünz: Die Heiltumssammlung des Degenhart Pfeffinger. In: Andreas Tacke (Hg.): „Ich armer sundiger mensch", S. 125–169.

30 *[…] nisi patrociniis sanctorum preservetur Ideoque pro ampliori custodia ulteriori eciam huius structure roboramento Conservacione fideliori protectione salubriori tociusque patrie defensione Presertim tempore ymbrium Tempestatum fulgurum et Chorus caconum Cum pavent omne celum […].*

31 *[…] Placuit Reverendo patri Eximioque doctori Decretorum praepositem antefato ad peticonem domini plebani suorumque Vitricorum Pinnaculo huius solemnis structure solemnissimas has imponere reliquas.*

32 *Ad quas quidem reliquias tum devocionis affectu tum reipublice utilitatis intuitu uti pretactum est Reverendi Discreti viri dominus Johannes Meus Prothonotarius et Nicolaus leonis scriba obtentas precibus et alibi reliquias sanctas supradictis imponendas obtulerunt Videlicet […].*

33 Zu den Konflikten der Stadt mit ihrem Stadtherrn zu Beginn des 16. Jahrhunderts: Scholz: Residenz, S. 147 ff.; Generell zu Halle in der frühen Neuzeit: Werner Freitag, Michael Hecht, Andrea Thiele: Die Residenz- und Salzstadt (1503–1680). In: Werner Freitag, Andreas Ranft (Hg., unter Mitarbeit von Katrin Minner): Geschichte der Stadt Halle. 2 Bde., Halle 2006; Michael Wiemers: Kunstschätze und neue Stadttopografie. Die Zeit des Kardinals Albrecht von Brandenburg.

Europa erstreckte.³⁴ Ein Drittel der vorliegenden Reliquien schließlich stammt von Heiligen, deren Namen schon 1506 nicht mehr bekannt waren (Nr. 9–12), die auch den Zeitgenossen schon dubios erscheinen mochten. Die Aufschrift auf Nr. 11 versichert denn auch, es handele sich um echte Reliquien und in der Urkunde ist zum selben Stück die Rede von glaubwürdigen Heiligen, deren Namen (nur) Gott bekannt seien.

Der Versuch einer Identifizierung einzelner Partikel mit Reliquien, die aus anderen Zusammenhängen bekannt sind, ist reizvoll, aber spekulativ. Wir wissen, dass der hallische Ratsmeister und Pfänner Hans von Waltheym 1474 eine Pilgerreise in die Provence unternahm und eine ganze Reihe Sekundär- und Berührungsreliquien mit sich nach Hause brachte.³⁵ Das wertvollste Stück stellte ein Röhrenknochen dar, der aus einem damals gerade entdeckten Massengrab in Solothurn stammte. Die hier gefundenen 37 Körper wurden der Thebäischen Legion des heiligen Ursus zugeschrieben und Waltheym konnte nach tagelangem Verhandeln mit Stadt und Domkapitel das Stück einer Armröhre für sich erlangen. Kaum zurück in Halle, musste er die Stadt allerdings wegen der Entmachtung der Pfänner verlassen; er ging nach Leipzig, wo er wenige Jahre später starb. Was mit den mitgebrachten Heiltümern geschah, ist unbekannt. Ein Parteigänger und Schwiegersohn Waltheyms, Peter von Müchel, erscheint in der Urkunde von 1506 als amtierender Oberbornmeister.³⁶ Dass der Solothurner Knochen zwanzig Jahre nach Waltheyms Rückkehr über diesen in den Knopf des Roten Turms gelangt sein könnte, ist möglich, bleibt allerdings reine Spekulation.³⁷

Doch auch wenn die Herkunft der einzelnen Partikel nicht mehr festzustellen ist, bleibt festzuhalten, dass mit dem zwar kleinen, aber bemerkenswerten Reliquienhort im Stadtarchiv die einzige erhaltene derartige Sammlung in Halle verwahrt wird. Sie ist geeignet, über den gelebten Glauben wie über die Konflikte der unruhigen Zeit vor 500 Jahren Auskunft zu geben.

---

34 Reinhild Stephan-Maaser: Jungfrauen auf Reisen. Reliquienhandel und Translationen entlang der Strecke Brügge – Novgorod. In: Transit Brügge – Novgorod. Eine Straße durch die europäische Geschichte. Ferdinand Seibt, Ulrich Borsdorf, Heinrich Theodor Grütter (Hg.). Ausstellung des Ruhrlandmuseums Essen 1997. Bottrop – Essen 1997, S. 216–223.

35 Sein Reisebericht liegt ediert vor: Friedrich Emil Welti (Hg.): Die Pilgerfahrt des Hans von Waltheym im Jahre 1474. Bern 1925. Vgl. dazu: Werner Paravicini: Hans von Waltheym, pèlerin et voyageur. In: Deux voyageurs allemands en Provence au XVe siècle. (Provence Historique 41, fasc. 166), 1991, S. 433–464; Krüger: Elisabeth; Frank Meier: Hans von Waltheym auf Pilgerfahrt und Bildungsreise. Mobilität als didaktischer Zugang zur mittelalterlichen Geschichte. (Studien zur Geschichtsforschung des Mittelalters, 18), Hamburg 2003.

36 Zu Müchel vgl. Julius Opel (Bearb.): Denkwürdigkeiten des Hallischen Rathsmeisters Spittendorff. (Geschichtsquellen der Provinz Sachsen, 11), Halle 1880, S. 201 f. et passim.

37 Infrage käme lediglich das Päckchen Nr. 3, das nach der Beschriftung der *cedula* unbestimmte Partikel *Thebeorvm martirum* enthält. Die beiden anderen Heiltümer aus dem Umfeld der Thebäer sind durch die Verweise auf die heiligen Mauritius (Nr. 2) und Gereon (Nr. 4) anders lokalisiert: Sie können demnach nicht aus der Schweiz stammen.

Ralf-Torsten Speler

Der hallische Universitätszeichenlehrer und Kunstpädagoge Christian Friedrich Prange (1756–1836)
Zum 250. Geburtstag

Christian Friedrich Prange wurde am 21. April 1756 in Halle als Sohn eines Kammerdieners und Pedells der Universität geboren und zwei Tage später in der Marktkirche getauft. Er besuchte seit 1762 die Latina der Franckeschen Stiftungen und beendete die Schule 1772 „Finitis studiis meis scholasticis in Orphanotropheo Halensi". Am 7. Mai 1772 trug er sich in die Matrikel der Universität ein, „quae a iuris studio ad mathematicae disciplinas litterasque elegantiores in delineatione primis consistentes […]", wie Prange es später in seinem Lebenslauf bemerkt. 1777 schloss er mit dem akademischen Grad eines Magisters der Weltweisheit und freien Künste ab. Schon ein Jahr später, am 12. März 1778, schrieb er an den Rektor Johann Ludwig Schultze als „Juris et Philosophiae candidatus" ein lateinisch verfasstes Promotionsgesuch. Am 16. März 1778 leitete der Rektor Pranges Antrag mit dem eines weiteren Promovenden an die Fakultät weiter, indem er folgendes zum Verfahren bemerkte: „Herr Heumann wird sich in den bevorstehenden Ferien durch eine Disputation unter meinem Praesidio habilitieren. Herr Prange aber bittet um Dispensation von dieser Pflicht, da er die ersten Bogen einer von ihm ausgearbeiteten Anleitung zu den bildenden Künsten (in diesem Fache gedenket er vornehmlich zu arbeiten) Speciminis loco übergeben hat. Er bittet zugleich die 6 f. pro redimenda [Promotionsgebühren, d. Verf.] ihm zu einiger Erleichterung geneigt zu erlassen, da er die übrig Jura, so auch Herr Heumann, bereits erleget hat". Des weiteren äußert der Rektor, dass er der Bitte zustimmt und den beiden Kandidaten auch erlaubt, nach der Verteidigung ihre Vorlesungen in den Lectionibus Catalogo (Vorlesungsverzeichnis) anzuzeigen. Als Examenstag und Ort schlägt der Rektor Sonnabend, den 21. März 1778, um 15 Uhr, in seinem Haus vor. Die fünf Vertreter der Philosophischen Fakultät (Johann August Eberhardt, Johann Friedrich Gottlieb Goldhagen, Johann Thunmann, Christian Gottfried Schütz und ein namentlich nicht lesbarer Professorenname) haben anhänglich schriftlich dazu Stellung genommen.

Christian Friedrich Prange, Scherenschnitt.

Matrikeleintrag, Nr. 199, Christian Friedrich Pranges. Halle, 7. Mai 1772.

Bei dem oben genannten vorgelegten Druckbogen Pranges handelt es sich um seinen kurz vor dem Erscheinen stehenden „Entwurf einer Akademie der bildenden Künste", der im Mai 1778 bei Renger in Halle erschien. Im gleichen Jahr veröffentlichte Prange noch die zweibändige „Geschichte der bildenden Künste". Beide Werke bildeten die Grundlage für seine Lehrveranstaltungen. Ab Sommersemester 1778 hielt er ein Vierteljahrhundert Vorlesungen über die allgemeinbildende Kunstpraxis mit großem Erfolg. So nahmen 1802 beispielsweise 40 Zuhörer an seinen Seminaren teil. Seit 1782 veranstaltete Prange auch Ausstellungen, in denen er der Öffentlichkeit die künstlerischen Ergebnisse seiner Schüler vorstellte, die er in freier Zeichenkunst, Architekturzeichnen, Arithmetik und Geometrie unterrichtete. Am 8. März 1787 wurde Prange schließlich vom preußischen Kultusminister Karl Abraham Freiherr von Zedlitz (1731–1792) zum Extraordinarius für die „Theorie der bildenden Künste namentlich für das Zeichnen" ernannt, um „die dort studierende Jugend sowohl publ. als privatim docendo et disputando fleißig zu unterrichten, […]". Das offizielle Schreiben des preußischen Königs Friedrich Wilhelm II. (1744/1786 bis 1797) erhielt die Philosophische Fakultät am 1. April 1787. Der tatkräftige Prange hatte neben seiner universitären Tätigkeit noch eine private „Kunst- und Bauhandwerksschule" ins Leben gerufen. In der von Christian Gottlieb August Runde verfassten Chronik der Stadt Halle, 1750 bis 1835, steht dazu folgendes: „Im Jahr 1781 zu Ostern errichtete Johann Christian Prange, jetzt Professor auf hiesiger Universität, aus eigenen Mitteln eine Lehranstalt für Privat-Unterricht im Zeichnen. Der damalige Kanzler von Hoffmann, als ein eifriger Verehrer der Kunst, brachte es bei den König Friedrich Wilhelm den zweiten dahin, dass diese Anstalt 1791 mit der Königlichen Accademie der Künste in Berlin vereinigt wurde, und welche bis jetzt noch unter den Namen einer Königlichen Kunst- und Bauhandwerksschule unter Direction des Gründers fort besteht. Vom Jahr 1791 bis 1803 zählte die Kunstschule 511 Schüler." Über die Anbindung dieser Privatkunstschule an die Kgl. Akademie der bildenden Künste und mechanischen Wissenschaften zu Berlin findet man weitere zeitgenössische Auskünfte im Patriotischen Wochenblatt, Jahrgang 4, 1802/03, S. 929. Die Gründung dieser Lehranstalt erklärt sich auch daraus, dass zu Pranges Vorlesungszeit parallel an der Universität weitere drei Zeichenmeister angestellt waren, die ebenfalls kunstpraktische aber auch kunsttheoretische Aufgaben tätigten. Pranges Nachfolger im Amt wurde schließlich Adam Immanuel Weise (1776–1850) aus Weimar, der als außerordentlicher Professor für Theorie und Ausübung der Mal- und Zeichenkunst im Jahre „1820 mit Bewilligung des Hohen Ministeriums" auf der Grundlage seiner privaten Graphiksammlung das „Kupferstichkabinett der Universität Halle-Wittenberg" gegründet hat. Prange führte mindestens bis 1830 seine private Kunstschule weiter und konnte auf eine reiche Publikationstätigkeit zurückschauen. Er veröffentlichte unter anderem Arbeiten über „Des Ritters Anton Raphael Mengs, ersten Mahlers Karl III. Königs in Spanien hinterlassne Werke Halle 1786", übersetzte aus dem Französischen „Bouvier's vollständige Anweisung zur Öhlmahlerei für Künstler und Kunstfreunde: nebst einem Anhang über die geheimnisvolle Kunst, alte Gemälde zu restauriren Halle 1828", schrieb eine „Encyklopädie der alten Gesch., Götterlehre, Fabeln und Allegorien […]: in alphabet. Ordnung Halle 1783" und gab das „Magazin der Alterthümer, oder Abbildungen von den vornehmsten geschnittenen Steinen, Statuen, Grouppen, erhabenen und vertieften Arbeiten, Gemählden, Vasen und anderen Geräthschaften" in Halle 1783 bis 1784 heraus, von dem es im Thieme-Becker-Künstlerlexikon heißt, dass Prange damit der Editor der ältesten deutschen archäologischen Zeitschrift sei. Prange starb am 12. Oktober 1836 in seiner Heimatstadt Halle. Der zu Unrecht vergessene hallische Kunstpädagoge und Kunsttheoretiker Christian Friedrich Prange prägte den Kunstsinn von Generationen von Studenten um 1800. In seiner privaten Kunstschule, einem Vorgänger der zu Beginn des 20. Jahrhunderts in der Burg Giebichenstein gegründeten Kunstgewerbeschule, hatte er zu Unterrichtszwecken eine Sammlung von Zeichnungen, Kupferstichen, Gipsabgüssen und Architekturmodellen angelegt, die, im Gegensatz zu den akademischen Lehrsammlungen der Universität, uns nicht mehr überliefert ist. Im heutigen Bestand des Kupferstichkabinetts der Universität gibt es auch keine Hinterlassenschaften des Zeichners Prange.

Die beiden praktischen Künstler Christian Friedrich Prange und Adam Immanuel Weise leiteten mit ihren kunsttheoretischen und kunsthistorischen Publikationen von der Kunstpraxis zur Kunstgeschichte als spätere selbständige Disziplin mit einer angegliederten Beispielsammlung über. Im 19. Jahrhundert trennte man die Praxis von der Theorie. Die Kunstgeschichte wurde nun von Wissenschaftlern übernommen, deren Instituten die Sammlungen angegliedert wurden. Der Universitätsmaler und -zeichenlehrer übernahm nur noch kunstpraktische Aufgaben für die Kunst- und Naturwissenschaften. Diese traditionelle künstlerische Planstelle wurde schließlich 1993 abgeschafft.

Wilhelm Dittenberger, Foto 1906.

Hans-Dieter Zimmermann

Wilhelm Dittenberger (1840–1906)
Zum 100. Todestag eines bedeutenden Gelehrten und engagierten Kommunalpolitikers

Wenn der Hallenser den Namen Dittenberger hört, denkt er zunächst an die nach ihm benannte Straße. Nur wenige wissen, dass mit dieser Benennung vom Jahre 1910 ein langjähriger Stadtverordnetenvorsteher geehrt wurde, der von Haus aus ein berühmter Altphilologe an der alma mater Halensis war und dessen Namen die Altertumswissenschaftler auf der ganzen Welt noch heute kennen.

Wilhelm Dittenberger[1] wurde am 31. August 1840 in Heidelberg geboren, wo sein Vater als Pfarrer wirkte, aber bald zum ordentlichen Professor an die Heidelberger Universität berufen wurde. Bis zum Ende seines Lebens soll man Dittenberger seine Herkunft aus der fröhlichen Pfalz angemerkt haben, wie seine Freunde überliefert haben. Dazu gehörte eine Abneigung gegen Engstirnigkeit und Bürokratie. Als die Reaktion dem Vater, der zu den führenden Vertretern der liberalen süddeutschen Richtung der protestantischen Theologie gehörte, das Leben schwer machte, nahm er 1852 einen Ruf als Oberhofprediger nach Weimar an. Dort besuchte Wilhelm das Gymnasium, das unter Leitung des Altphilologen Hermann Sauppe stand, der seinen Lebensweg entscheidend prägen sollte. Dieser verband in seiner Person die beiden Hauptrichtungen der Philologie des 19. Jahrhunderts, die kritische exegetische Untersuchung der Texte und die Erforschung der realen Fakten der Antike. Beide sollten auch für Dittenberger maßgebend werden. Schon als Schüler hatte er darüber hinaus eine Vorliebe für die Mathematik sowie für die Philosophie und Politik.

1859 bestand er in glänzender Weise sein Abitur und begann, in Jena zu studieren. Nach einem gewissen Schwanken zwischen der Mathematik und der Altphilologie entschied er sich für die letztere. Zwei Jahre später wechselte er an die Universität Göttingen, wo inzwischen Sauppe einen Lehrstuhl erhalten hatte, der nun sein Mentor wurde. Daneben beeindruckte ihn besonders Ernst Curtius, der Verfasser einer viel gelesenen griechischen Geschichte und spätere Ausgräber von Olympia. Auf Sauppes Anregung sammelte Dittenberger die Inschriften über die athenischen Epheben (Jünglinge in der Militärausbildung) und verfasste 1863 darüber eine Doktordissertation. Anschließend erwarb er die Berechtigung zum höheren Schuldienst in den Fächern alte Sprachen und Geschichte. Im folgenden Jahr konnte er sich mit einer kritischen Analyse der Schriften des römischen Historikers Sallust habilitieren. Aus wirtschaftlichen Erwägungen gab er zunächst seine akademische Laufbahn auf und trat am Joachimsthalschen Gymnasium in Berlin eine Lehrerstelle an. Durch die Neuausgabe einer viel benutzten kommentier-

---

[1] Vgl. über ihn: Georg Wissowa: In: Biographisches Jahrbuch für die Altertumswissenschaft 31 (1908), S. 1–52, mit einem Verzeichnis seiner Schriften; Otto Kern: In: Mitteldeutsche Lebensbilder, Bd. 3, Magdeburg 1928, S. 522–538. Dazu die Personalakte im Archiv der Martin-Luther-Universität: PA 5421, und schließlich die Protokolle der Stadtverordnetenversammlungen im Stadtarchiv Halle.

ten Schulausgabe von Caesars Gallischem Krieg machte er auf sich aufmerksam; diese Ausgabe sollte bis 1898 insgesamt elf Auflagen erleben und zeugte ständig von seiner intensiven Weiterbeschäftigung mit diesem Werk. Bald wechselte er an das Gymnasium in Rudolstadt, wo er seine spätere Frau kennen lernte, und sechs Jahre später schließlich nach Quedlinburg. Doch hier erreichte ihn schon bald die Anfrage des preußischen Kultusministeriums, ob er bereit sei, die neu geschaffene dritte ordentliche Professur der klassischen Philologie an der Universität Halle anzunehmen. Damit war er am Ziel seines geheimen Strebens. Am 16. März 1874 erfolgte die Berufung.

Die Universität Halle nahm seit dem Wirken von Friedrich August Wolf eine führende Stellung in der Ausbildung der Altphilologen in Preußen ein, deshalb hatte man sich entschlossen, hier ein drittes Ordinariat einzurichten. Dittenberger trat seinen Lehrstuhl mit einem Jahresgehalt von 5800 Mark an, das durch Wohnungsgeld, Kolleghonorare und sonstige Remunerationen auf fast 8300 Mark anstieg. Mit seinen späteren Fachkollegen der Altertumswissenschaften, Heinrich Heydemann, Carl Robert, Friedrich Blass, Eduard Meyer, Ulrich Wilcken und Georg Wissowa sowie dem Sprachwissenschaftler Friedrich Bechtel, verband ihn bald eine enge Freundschaft. 33 Jahre sollte seine erfolgreiche Lehrtätigkeit an der hallischen Fridericiana dauern. Qualifiziert hatte er sich für seine Berufung vor allem mit seinen Studien zu den griechischen Inschriften, die auch weiterhin den Hauptanteil seiner Forschungen ausmachen sollten. Sie erfuhren die höchste Anerkennung, als ihm die Preußische Akademie der Wissenschaften die Edition der athenischen Inschriften aus der römischen Kaiserzeit für das monumentale Corpus der Inscriptiones Graecae übertrug. Es folgten die Bände über Nordgriechenland und die mittelgriechischen Landschaften. Desgleichen bearbeitete er die in Olympia gefundenen Inschriften für die deutsche Ausgrabungspublikation. Durch diese Veröffentlichungen wurde er einer der bekanntesten Epigraphiker, obwohl er griechischen Boden nie betreten hat. Für den Handgebrauch bereitete er eine Ausgabe der wichtigsten griechischen Inschriften mit lateinischen Kommentaren vor, die 1872 zunächst in zwei Bänden herauskam und schnell überall Anerkennung fand; ihre dritte Auflage erschien erst nach Dittenbergers Tode und wird noch heute viel benutzt und oft als der „Dittenberger" benannt.[2] Eine zweibändige Ausgabe der Inschriften aus dem Osten der griechischen Welt erschien 1903/05 als Ergänzung.[3]

Es war für Dittenberger ein Bedürfnis, mit den Fachkollegen in Halle in einen wissenschaftlichen Austausch zu treten; so traf man sich während des Semesters wöchentlich einmal, um antike griechische Texte zu lesen und darüber zu diskutieren, und gab sich den Namen „Graeca Halensis". Im Jahre 1890 bildete der Althistoriker Eduard Meyer einen Kreis aus zwölf jüngeren Ordinarien aus der philosophischen, theologischen und juristischen Fakultät, der sich jeden Monat einmal traf, um wissenschaftliche Vorträge zu halten und diese dann zu besprechen.[4] Darüber hinaus sollte dieser Vortragskreis die Interessen der jüngeren Professoren vertreten. Auch der damals bereits fünfzigjährige Dittenberger wurde aufgenommen und wurde der Sprecher dieses Kreises, dem später der Name „Spirituskreis" zugelegt wurde. Die Mitglieder dieses Kreises gewannen immer stärkeren Einfluss

---

2 Sylloge Inscriptionum Graecarum. 3. Aufl., 3 Bände und ein Indexband, Leipzig 1915–24.
3 Orientis Graeci Inscriptiones Selectae. 2 Bände, Leipzig 1903–05.
4 Günter Mühlpfordt, Günter Schenk: Der Spirituskreis. Eine Gelehrtengesellschaft in neuhumanistischer Tradition. 2 Bände, Halle 2001–2004.

Blick in den Sitzungssaal der Stadtverordnetenversammlung. Foto, Ernst von Brauchitsch, 1894.

auf die Leitung der Universität und wurden oft zum Rektor oder zu Senatoren gewählt. Dittenberger war übrigens selbst 1886/87 zum Rektor gewählt worden, während ihm nach den damals gültigen Statuten das Amt des Dekans erst später zugänglich wurde, weil es den neun dienstältesten Professoren seiner Fakultät vorbehalten war. Im Spirituskreis sprach er vorwiegend über Themen der alten Geschichte und der Inschriftenkunde. Wie eng die Kollegen dieser beiden Diskussionsrunden zusammenhielten, davon gibt der Briefwechsel zwischen Eduard Meyer, der 1902 den Lehrstuhl Theodor Mommsens in Berlin übernommen hatte, und dem hallischen Latinisten Georg Wissowa viele Zeugnisse.[5] Es tat der Freundschaft auch keinen Abbruch, dass Dittenberger im Gegensatz zu seinen mehr oder weniger konservativen Kollegen einen liberalen Standpunkt vertrat und zu den führenden hallischen Vertretern der Fortschritts- oder Freisinnigen Partei gehörte.

1888 war Dittenberger in die Stadtverordnetenversammlung von Halle gewählt worden. Als preußischer Beamter benötigte er übrigens für jedes Mandat die Genehmigung seines Ministers. Die Politik hatte ihn schon in seiner Jugend interessiert und seine allseits gerühmte Rednergabe und sein ausgleichender Charakter sowie sein Gerechtigkeitssinn erwarben

---

5 Gert Audring (Hg.): Gelehrtenalltag. Der Briefwechsel zwischen Eduard Meyer und Georg Wissowa (1890–1927). Hildesheim 2000.

ihm im Stadtparlament ein solches Ansehen, dass man ihm 1894 den Vorsitz übertrug, welches Amt er bis zu seinem Tode innehatte. Wegen der oft divergierenden Ansichten war es keine leichte Position. Da die Versammlung immerhin über 40 Mal im Jahr zusammentrat, soll man auch den Zeitaufwand nicht unerwähnt lassen.

Halle zählte seit 1890 mit mehr als 100 000 Einwohnern zu den Großstädten. Die wachsende Industrialisierung und die starke Zunahme der Arbeiterschaft unter der Bevölkerung brachte eine Vielzahl von Problemen auch für die Stadtverordneten, die über alle Maßnahmen des Magistrats zu befinden hatten. Dazu kam, dass die Einwohnerschaft recht unterschiedlich repräsentiert wurde. Das Stadtparlament wurde nämlich noch nach dem Dreiklassenwahlrecht gewählt. Nach den Steuern wurde die Bürgerschaft in drei Abteilungen gegliedert. Je höher die Abgaben, desto geringer war die Zahl derjenigen, die in der gleichen Abteilung abstimmen konnten, wobei jede dieselbe Anzahl von Stadtverordneten stellte. Bei der Wahl der Stadtverordneten vom Jahre 1905 sah das in Halle so aus, dass in der ersten Abteilung 172 wahlberechtigte Bürger abstimmten, in der zweiten 1906 und in der dritten 23 828.[6] So kam es, dass die Sozialdemokraten bei dieser Wahl zwar 25% der Stimmen erhielten, aber nur 5 der 66 Stadtverordneten stellen konnten. Ein Frauenstimmrecht gab es nicht.

Die erste von Dittenberger geleitete Sitzung fand übrigens im Sitzungssaal des neu erbauten Stadthauses statt. Die Zusammenarbeit zwischen dem Stadtparlament und dem Magistrat gestaltete sich recht schwierig, weil die aufblühende Großstadt zwar vieler neuer Einrichtungen bedurfte, die Mehrheit der Stadtverordneten, von denen oft 70% Haus- und Grundbesitzer waren, sich gern gegen höhere Steuern zu wehren suchte. Viele nützliche Einrichtungen konnten nur geschaffen werden, weil sich Dittenberger mit Macht dafür einsetzte. Einer der liberalen Parteifreunde unter den Stadtverordneten, der sich besonders um Verbesserungen im Gesundheits- und Sozialwesen sorgte, war Ernst Kohlschütter, den er nach Kräften unterstützte.[7] Als Arzt und unbesoldeter außerordentlicher Professor der Medizin kannte er die Not der kleinen Leute besonders gut. Seine Bemühungen um eine Verbesserung der Wasserversorgung und Kanalisation, um Volksküchen, die Stadtbibliothek, um Ferienaufenthalte von bedürftigen Kindern usw. waren beispielgebend. Als Mitglied und dann Vorsitzender der Freisinnigen Partei Halles hatte er aber unter den Konservativen viele Gegner. Man kreidete es ihm besonders an, dass durch eine Empfehlung an seine Parteifreunde bei der Stichwahl zur Reichstagswahl 1890 der sozialdemokratische Abgeordnete Fritz Kunert das Mandat gewann. Er hatte dies aber nur aus taktischen Gründen getan und war sonst kein Verbündeter der Sozialdemokraten. Doch man legte es so aus, als ob er sich durch diese Empfehlung als Umstürzler erwiesen habe. Dem Minister wurde nahe gelegt, Kohlschütter deshalb nicht auf eine besoldete Professur zu befördern. Dittenberger sollte dies noch ziemlichen Ärger bereiten.

1885 hatte man Dittenberger noch die Professur der Eloquenz übertragen. Damit hatte er die Aufgabe, bei feierlichen Anlässen wie dem Geburtstag des Kaisers die lateinischen Reden zu halten, offizielle Glückwunschadressen vor-

---

6 Saale-Zeitung Nr. 426 vom 11. September 1905, 1. Beiblatt.
7 Vgl. zu Kohlschütter seine Personalakte im Archiv der Martin-Luther-Universität: PA 9249, und seine Akte im Stadtarchiv: Familienarchiv FA 12444, sowie Horst Heindorf, Heinz Schwabe: Ernst Kohlschütter und die soziale Frage. In: Wiss. Zts. d. Univ. Halle 16 (1967), Math.-Nat. R., S. 329–347.

zubereiten und die jährlich erscheinenden Universitätschroniken zu verfassen. Für diese hatte er auch die Nachrufe zu schreiben. 1905 war Kohlschütter verstorben und in der Würdigung für ihn erwähnte Dittenberger auch, dass ihm wegen seiner politischen Betätigung eine weitere Universitätskarriere verwehrt worden war. Obwohl dies den Tatsachen entsprach, verlangte der Universitätskurator, dass die bereits gedruckte und teilweise auch schon ausgelieferte Chronik zurückgefordert wurde und dass er die Seite änderte.

Das wissenschaftliche Leben Dittenbergers verlief recht erfolgreich. 1882 wurde er zum Korrespondierenden Mitglied der Preußischen Akademie der Wissenschaften gewählt, wurde Mitglied des Deutschen Archäologischen Institutes und Ehrenmitglied der Griechischen Archäologischen Gesellschaft. 1894 wurde er zum Geheimen Regierungsrat ernannt und 1903 leitete er als Präsident die Deutsche Philologenversammlung in Halle. Den preußischen Kronenorden III. Klasse bekam er 1901. Ehrenvolle Berufungen erhielt er nach Straßburg und Heidelberg, die er trotz der erheblichen Steigerung seines Gehaltes ablehnte, um Halle die Treue zu halten, was ihm besonders seine Studenten hoch anrechneten.

Privat liebte er seine Familie über alles. Doch blieb er gerade hier von Schicksalsschlägen nicht verschont. Zwei seiner drei Söhne starben, der eine als Kind, der andere als erfolgreicher junger Physiker. Kurz vor seinem Tode konnte er sich dagegen noch über ein Enkelkind freuen, das aus der Ehe seiner jüngsten Tochter mit dem um die Entwicklung der hallischen Musikwissenschaft verdienten Privatdozenten Hermann Abert stammte.

Da traf ihn Weihnachten 1906 plötzlich ein Schlaganfall, nachdem er eine Woche vorher noch in gewohnter Weise die Stadtverordnetensitzung souverän geleitet hatte. Diesem folgte am 29. Dezember ein zweiter, den er nicht überlebte. „Ein starker Freigeist, erfüllt von Wahrheits- und Menschliebe […]", heißt es im offiziellen Nachruf der Stadt.[8] „Weit höher aber denn als Gelehrter steht uns Dittenberger als Mensch, als Bürger. In ihm schien das Endziel klassischer Bildung aufs schönste verkörpert", schrieb die Hallesche Allgemeine Zeitung. Selbst im Volksblatt wurde seiner lobend gedacht: „Auch wir Sozialdemokraten können ihm gern das Zeugnis ausstellen, dass er sein Amt als Vorsteher mit einer wohltuend abstechenden Unparteilichkeit und Umsicht geführt hat." Besonders hervorgehoben wurde hier weiter, dass er es erst jüngst mit Beharrlichkeit durchgesetzt hatte, dass die vorher stets geübte Praxis, niemals sozialdemokratische Stadtverordnete zu Mitgliedern von Ausschüssen oder Deputationen zu wählen, abgeschafft wurde.

Mit großer Anteilnahme der Behörden, der Universität und der Bürger wurde Wilhelm Dittenberger auf dem Nordfriedhof zu Grabe getragen, wo sein schlichtes Grab am Hauptweg nahe dem Eingang bis heute erhalten ist.

---

8 Hierzu noch eine Richtigstellung: Richard Robert Rive hat in seinen Memoiren (Lebenserinnerungen eines deutschen Oberbürgermeisters. Stuttgart 1960, S. 166 f.) heftige Kritik an einem namentlich nicht genannten Stadtverordnetenvorsteher und Professor geübt, der sich dem Ausbau des heutigen Riveufers widersetzt hat. Im Register ist dieser als Dittenberger identifiziert worden, obwohl der 1912 schon sechs Jahre tot war. Es handelt sich dagegen um den Medizinprofessor Hermann Schmidt-Rimpler; Erich Neuß: Die hallische Stadtverwaltung 1906–1927. Halle 1931, S. 76 f.

Ansicht des 1825/26 erbauten städtischen Hospitals St. Cyriaci et Antonii an der Glauchaer Straße von der Gartenseite. Foto, Fritz Möller, um 1910.

TAGUNGSBERICHTE

Schola medicorum halensis. Medizinische Schule am Domplatz von der Gartenseite. Gezeichnet von Franz Wilhelm Schiertz, lithographiert von Ludwig Eduard Lütke. Druck des Königlich lithografischen Instituts zu Berlin, vor 1850.

Karin Stukenbrock

„Stadt und Gesundheit. Soziale Fürsorge in Halle vom 18. bis zum 20. Jahrhundert"

Tagungsbericht zum 6. Tag der hallischen Stadtgeschichte am 3. Dezember 2005

Gesundheit und soziale Fürsorge lassen sich in städtischen Gemeinwesen nicht voneinander trennen: Auf der einen Seite gehören die Sorge für die Gesundheit der Bevölkerung und die Verhinderung der Ausbreitung ansteckender Krankheiten zu den kommunalen Aufgaben. Andererseits ist Gesundheitsfürsorge immer auch soziale Fürsorge, denn oft sind ärmere Bevölkerungsgruppen von Krankheiten häufiger und schwerer betroffen als die wohlhabenden Schichten. Die kommunalen (meist präventiven) Fürsorgemaßnahmen sowie der Umgang mit Krankheiten und sozialem Elend sind eingebettet in die politischen, wirtschaftlichen und strukturellen Bedingungen der jeweiligen Zeit. Im Rahmen des Tages der Stadtgeschichte sollten die Rahmenbedingungen und Strategien zur Bewältigung dieser Probleme seit Beginn des 18. Jahrhunderts in der sich verändernden Stadt Halle dargestellt werden.

Die Thematik legte eine Aufteilung in drei Sektionen nahe. Eingeleitet wurden die Sektionen jeweils durch einen Überblicksvortrag, der (ohne Halle speziell in den Blick zu nehmen) über allgemeine Tendenzen der sozialen Fürsorge und des Gesundheitsschutzes informierte. Vor diesem Hintergrund wurden dann die konkreten Beispiele aus Halle betrachtet und diskutiert.

Die einleitende 1. Sektion beschäftigte sich mit dem 18. und dem frühen 19. Jahrhundert. Eva Brinkschulte (Magdeburg) zeigte in ihrem Einführungsvortrag, wie Nutzen, Gemeinwohl und Eigenverantwortung auch im Hinblick auf Gesundheit seit dem 18. Jahrhundert diskutiert wurden. Man entwickelte private Initiativen und gründete Vereine, insbesondere um die unverschuldet in Armut geratenen Menschen wieder zu nützlichen Mitgliedern der Gesellschaft zu machen. Die Armensprechstunde der Franckeschen Anstalten (Jürgen Helm, Halle), die städtischen Soziabilitäten (Holger Zaunstöck, Halle) und die „Gesellschaft freiwilliger Armenfreunde" (Claus Veltmann, Halle) zeugen in Halle davon.

In der 2. Sektion richtete sich der Blick auf die Zeit der Urbanisierung. Dies ist die Zeit, in der auch Halle zur Großstadt wurde. Jörg Vögele (Düsseldorf) beleuchtete die Probleme, die dies mit sich brachte: ein hohes Bevölkerungswachstum und Wohnungsnot, mangelhafte Ernährung und hohe Kinder- und Säuglingssterblichkeit sowie die Ausbreitung von Mangelkrankheiten wie beispielsweise Tuberkulose. In den beiden Vorträgen über Halle ging es darum, wie man in der Stadt auf diese Probleme reagierte. Regina Vollmer (Thale) stellte den Umgang mit dem konkreten Problem der Säuglingssterblichkeit dar, und Claudia Jandt (Halle) sprach über das Amt der Stadtschwester. Die Einrichtung dieses Amtes zeigt die Ausweitung der Sozial- und Gesundheitsfürsorge auf der Ebene der städtischen Verwaltung.

In der abschließenden 3. Sektion wurde die Zeit des Nationalsozialismus dargestellt und diskutiert. Astrid Ley (Sachsenhausen/Berlin) erläuterte, wie das öffentliche Gesundheitswe-

Das Paul-Riebeck-Stift, erbaut von 1894 bis 1896 nach Entwürfen der Berliner Architekten Alfred Grenander (1863–1931) und Otto Wilhelm Spalding (1863–1945). Foto, Ernst von Brauchitsch, 1897.

sen in das nationalsozialistische Konzept von „Auslese" und „Ausmerze" eingebunden wurde. Der Nutzen des Einzelnen wurde auch in dieser Zeit gemessen am Nutzen für das Gemeinwesen, allerdings jetzt im Hinblick auf einen gesunden „Volkskörper". Den theoretischen Überbau für dieses Konzept lieferte die Rassenhygiene. Bei der Umsetzung dieser Programmatik spielten die Amtsärzte eine erhebliche Rolle. Frank Hirschinger (Halle) zeigte dies an Beispielen der im Stadtgesundheitsamt Halle tätigen Ärzte.

Dem Thema „soziale Fürsorge" entsprechend, fand die Tagung in den Räumen der Paul-Riebeck-Stiftung statt. Die Räumlichkeiten trugen sehr zur angenehmen Atmosphäre der Veranstaltung bei.

Der Tagungsband wird zum nächsten Tag der hallischen Stadtgeschichte im Dezember 2006 erscheinen.

REZENSIONEN

Christof Römer (Hg.): Mitteldeutsches Jahrbuch für Kultur und Geschichte. Hg. im Auftrag der Stiftung Mitteldeutscher Kulturrat Band 8 und 9 Böhlau Verlag, Köln, Weimar und Wien 2001 und 2002, Band 10, 11 und 12 Verlag Janos Stekovics, Dößel (Saalkreis) 2003, 2004, 2005; 372 bis 464 Seiten, zahlreiche SW- und Farb-Abb., 19,80 Euro je Band.

Im Schatten der sich vertiefenden Teilung Deutschlands riefen am 6. März 1955 der Wirtschaftswissenschaftler Dr. Walter Hoffmann, der Landeskonservator von Niedersachsen Dr. Oskar Karpa, der Rektor Alfred Langenstädt, der Lehrer Carl Friedrich Maass, der Oberstudiendirektor Dr. Herbert Pönicke, der Reichsverbandsdirektor Dr. Karl Sachse und der Oberstudienrat Ernst Zahnow den Verein Mitteldeutscher Kulturrat in Hannover ins Leben, der die Bundeshauptstadt Bonn zum Sitz wählte. Alle Genannten entstammten dem Gebiet der damaligen DDR und hatten sich zuvor als Kulturreferenten in verschiedenen Landsmannschaften Mitteldeutschlands engagiert. Mittels Vortragsveranstaltungen und Publikationen war es das Bestreben der Vereinsgründer, der wachsenden Unkenntnis über Mitteldeutschland im damaligen Bundesgebiet entgegenzuwirken, ein objektives Bild Mitteldeutschlands zu zeichnen sowie Kultur und Geschichte dieses Raumes zu pflegen. Aus diesem Ansatz heraus resultierte das vom heutigen Verständnis des Begriffes Mitteldeutschland (Sachsen, Sachsen-Anhalt und Thüringen) abweichende Forschungsgebiet des Vereins, welches auch Berlin, Brandenburg und Mecklenburg-Vorpommern mit umschloss. Von 1958 bis 1993 wurden als Periodikum die „Gedenktage des Mitteldeutschen Raumes" herausgegeben, als Dokumentation der Vortragstätigkeit erschienen bis 1973 die „Mitteldeutschen Vorträge". Weitere Publikationsreihen waren die „Mitteldeutschen Lebensbilder" (bereits 1926 bis 1930 in fünf Bänden erschienen), die „Mitteldeutschen Hochschulen", „Aus der Geschichte Mitteldeutscher Schulen", „Aus Deutschlands Mitte" sowie die fünfbändige „Historische Landeskunde Mitteldeutschlands" (1985 bis 1991).

Durch Beitritte von Universitätswissenschaftlern wuchs in den sechziger Jahren des 20. Jahrhunderts die Mitgliederzahl auf ca. 40 und pendelte sich bei dieser Zahl ein. Am 1. Januar 1976 wurde der Verein in eine rechtsfähige Stiftung des privaten Rechts umgewandelt. Die Vereinigung Deutschlands ermöglichte der Stiftung nun auch ein Wirken vor Ort in Gestalt von öffentlichen Veranstaltungen wie 1991 zum Thema „Stadterneuerung" in Halle, Vortragsreihen, Wettbewerbe und Symposien sowie neue Publikationsformen wie „Kulturspiegel" und „Kulturreport".

Im Jahre 1994 trat an die Stelle der „Gedenktage des Mitteldeutschen Raumes" das „Mitteldeutsche Jahrbuch für Kultur und Geschichte" ins Leben, als dessen Herausgeber der Vizepräsident der Stiftung, Dr. Christof Römer, Braunschweig, in Zusammenarbeit mit den beiden anderen Redakteuren Harro Kieser, Bad Homburg (Vorsitzender des Stiftungsrates), und Dr. Gerlinde Schlenker, Bennstedt (Beiratsmitglied), fungiert. Ziel des neuen Projekts war die Zusammenfassung mehrerer kleinerer Monographien zu bildender Kunst, Musik und Geschichte mit der bewährten Form der Gedenktage und einem Überblick über das aktuelle künstlerische, literarische und wissenschaftliche Leben in dem nun „Neue Bundesländer" genannten Territorium. Die Bände eins bis neun erschienen im Verlag Böhlau (Köln Weimar Wien), seit 2003 erfolgt die verlegerische Betreuung des Projekts durch den Verlag Janos Stekovics in Dößel bei Halle. Die drucktechnische Herstellung besorgte zunächst die Druckerei Altenburg, seit dem Band sechs das Druckhaus Thomas Müntzer in Bad Langensalza. Für wissenschaftliche Periodika ungewöhnlich, doch für den Leser reizvoll, kommt jeder Jahresband in einem anderen Farbton daher, verbunden mit einem Foto, welches auf einen Beitrag des Bandes hinweist und durch Anna von Holleben gestaltet wird.

Eine beeindruckende Liste der etwa 70 Autoren mit Herkunftsorten aus dem gesamten Bundesgebiet und einem weit gespannten fachlichen Spektrum eröffnet jeden Band. Inhaltlicher Hauptbestandteil sind jeweils zehn bis zwölf Aufsätze, deren Thematik räumlich wie sachlich breit gefächert ist.

Der Gedenktage-Teil, Ausgangspunkt der Publikationsreihe, ist nun differenziert in die drei Rubriken „Zum Gedenken" (ein bis vier Aufsätze zu prägnanten Personen oder Ereignissen aus der mitteldeutschen Kulturgeschichte), „Gedenkjahre und Gedenktage" (hier wird eine chronologische Übersicht vorangestellt, aus deren Inhalt einzelne Daten anschließend in ein- bis dreiseitigen Artikeln näher erläutert werden – es erfolgt darin eine weitere Untergliederung in Gedenkjahre und Gedenktage, sofern die Möglichkeit besteht, ein historisches Ereignis an einem bestimmten Datum festzumachen) und schließlich „Nachrufe" für in den zurückliegenden zwei bis vier Jahren verstorbene Persönlichkeiten aus dem mitteldeutschen Kulturleben. Die folgende Abteilung „Berichte" bringt Beiträge zu Kongressen, Ausstellungen oder anderen herausgenden Ereignissen aus der Region. Es schließt sich der Blick in die aktuelle Literatur an, wobei wiederum eine Untergliederung erfolgt. Vorangestellt wird eine Literaturschau, in der stets mehrere neue Titel zu einem bestimmten Sachthema zusammengefasst werden. Es folgt der eigentliche Rezensionsteil, in dem zwischen 20 und 35 Monographien oder Beiträge aus Schriftenreihen besprochen werden. Die Fülle der hier behandelten Literatur lässt eine gewisse innere Ordnung der Rezensionen (z. B. chronologisch oder thematisch) wünschenswert erscheinen, welche jedoch nicht erkennbar ist.

Trotz des weit gefassten Territoriums, dem sich das Jahrbuch widmet, erfreut die große Zahl der Beiträge mit die Stadt Halle und das nahe umliegende Gebiet betreffendem Inhalt. Diese sind in allen oben vorgestellten Abteilungen vertreten und bieten einer bundesweiten Lesergemeinde die Möglichkeit, das kulturelle und wissenschaftliche Leben in Halle zu verfolgen und nachzuvollziehen. So bringt beispielsweise Band 8 des Jahrbuchs (2001) einen Aufsatz des hallischen Architekten Andreas Huth zum Fund zweier Säulen mit Adlerkapitellen aus der Stauferzeit, welche 1993 bei den Sanierungsarbeiten im Schleiermacherhaus (Große Märkerstaße 21/22) entdeckt wurden. Eine Würdigung des Lebens und Schaffens des hallischen Malers Albert Ebert unternimmt die Kunsthistorikerin Dorit Litt in Band 9 des Jahrbuchs von 2002.

Vor allem die Gedenktagen gewidmeten Rubriken der Jahrbücher bieten immer wieder Gelegenheit zur Würdigung von Persönlichkeiten aus Kunst und Wissenschaft, die ihren Wirkungsmittelpunkt in der Stadt an der Saale hatten. Dies gilt neben anderen für Samuel Scheidt, dessen 350. Todestag 2004 Anlass zur Erinnerung an sein Werk bot. Beim Blättern in diesem elften Band des Mitteldeutschen Jahrbuches stößt der Leser weiter auch auf Beiträge zu Johann Anastasius Freylinghausen, Christian Wolff, Dorothea Erxleben, August Hermann Niemeyer, der Glasgestalterin Ilse Scharge-Nebel und dem Merseburger Schriftsteller Walter Bauer. Die jüngste Ausgabe des Jahrbuches (Band 12, 2005) begrüßt den Leser mit einem Porträt des hallischen Juristen und Frühaufklärers Christian Thomasius, an dessen 350. Geburtstag ein Beitrag von Rechtswissenschaftler Rolf Lieberwirth erinnert. Größere Aufsätze widmen sich in diesem Band ferner dem Schaffen des Philosophen und Mathematikers Christian Wolff und Hermann Heidels Händeldenkmal auf dem hallischen Marktplatz. Würdigungen erfahren ferner der Reformator Justus Jonas, erster evangelischer Prediger an der Marktkirche, der Sanitätsrat und Experte der historischen Salzforschung Karl Riehm sowie der 2004 unter tragischen Umständen ums Leben gekommene hallische Kunsthistoriker Heinrich Leopold Nickel.

Die Rubrik Berichte bietet Raum u. a. für Beiträge zu Ausstellungen und Kongressen in Halle. Genannt seien hier Artikel zu den Ausstellungen „Wilhelm Nauhaus – Bucheinbände aus sechs Jahrzehnten" in der Galerie Moritzburg (Band 8, 2001), „Emporium. 500 Jahre Universität Halle-Wittenberg" (Band 9, 2002) und eine Vorschau auf den Kongress „Christian Wolff und die Europäische Aufklärung" im April 2004 (Band 11, 2004).

Durch die Vielzahl der Autoren aus unterschiedlichsten Fachgebieten ist der Herausgeber bestrebt, ein möglichst facettenreiches Bild mitteldeutscher Kultur zu präsentieren und hierdurch die Identität der Bürger mit den wieder begründeten neuen Bundesländern zu stärken sowie noch vorhandenen Tendenzen geistiger Spaltung in Deutschland entgegenzutreten.

Roland Kuhne, Morl

Dirk Schaal: Rübenzuckerindustrie und regionale Industrialisierung. Der Industrialisierungsprozess im mitteldeutschen Raum 1799–1930. Forschungen zur Neuesten Geschichte, Bd. 4. Hermann-Josef Rupieper und Peter Hertner (Hg.)
LIT-Verlag, Münster 2005, 238 S., 1 CD-Rom, 29,90 Euro.

Der Reihe „Forschungen zur Neuesten Geschichte" verdanken wir neben Studien zum 17. Juni und der Zwangsvereinigung von SPD und KPD (Schmidt) bereits eine Untersuchung zu den elektrochemischen Werken Bitterfeld (Hackenholz). Daran schließt nun eine weitere wirtschaftshistorische Arbeit an, die 2004 am Lehrstuhl für Wirtschafts- und Sozialgeschichte der Martin-Luther-Universität als Dissertation vorgelegt wurde. Bewusst stellt man sich dabei in die Wissenschaftstradition Gustav Aubins, von 1919 bis 1934 Ordinarius für wirtschaftliche Staatswissenschaft in Halle.

Ziel der Arbeit von Dirk Schaal ist es, spezifische Faktoren regionaler Industrialisierungsprozesse zu identifizieren. Untersuchungsraum ist das mitteldeutsche Rübenanbaugebiet, das sich weitgehend mit dem Lössbodenvorkommen zwischen Haldensleben und Zeitz, Mansfeld und Köthen deckt. Die Studie umfasst den Zeitraum zwischen der Gründung der ersten Zuckerfabriken ab 1799 und der Stagnation der Branche um 1930. Quellengrundlagen sind betriebliche und behördliche Archivalien, Statistiken und zeitgenössische Fachpublikationen. Der auf dieser Basis zusammengetragene Datenbestand umfasst 309 Zuckerfabriken und 33 Raffinerien in der Provinz Sachen, Anhalt und anliegenden Kleinstaaten. Dieses Material wird zwar nicht vorgelegt, der Leser erhält aber auf einer beigegebenen CD-Rom umfassende Nachweise zu den Diagrammen im Text, Statistiken und 25 Karten an die Hand gegeben, die auch die historisch-geographische Forschung dankbar zur Kenntnis nehmen wird.

Systematisch sondiert der Verfasser die allgemeinen Entwicklungslinien der deutschen Zuckerindustrie, um sich eingehend deren Genese in der preußischen Provinz Sachsen und Anhalt zuzuwenden. Diese gliedert er in ein Vierphasenmodell. Mit drei Fabrikgründungen setzt eine Pionierphase (1799–1825) noch experimenteller Rübenzuckergewinnung in der Region bereits Ende des 18. Jahrhunderts ein, die während der Kontinentalsperre eine kleine Blüte erlebt. Unter dem Schutz hoher Einfuhrzölle auf Kolonialzucker folgt, nach Schaal, eine „Expansionsphase" (1826–1874) mit einer Fülle von Unternehmensgründungen besonders in der Zeit 1841 bis 1860. Gegen Ende dieser Phase erreicht die Zahl der Zuckerfabriken im Untersuchungsgebiet mit 155 ihren Höhepunkt. Verbunden ist diese Entwicklung mit dem Wandel vom Nebengewerbs- zum entwickelten Industriebetrieb, neuen Verarbeitungsverfahren und einem deutlichen Anstieg der Produktion. Zugleich befördern steuerliche Vorteile den Einstieg ins europäische Exportgeschäft, was wiederum die Gründung von Raffinerien nach sich zieht. Nahm die mitteldeutsche Rübenanbauregion bis dahin im Deutschen Reich eine weitgehend unangefochtene Spitzenstellung ein, nivellieren sich die Verhältnisse durch die Aufnahme des Zuckerrübenanbaus in anderen Teilen des Reiches. Konzentrationsprozesse kommen in Gang, die während der vom Verfasser als „Ausreifungsphase" beschriebenen Zeit von 1875 bis 1914 eine Abflachung der Entwicklungsdynamik nicht verhindern können. Diese Tendenz setzt sich in der „Stagnationsphase" (1915–1930) fort.

Die Rübenzuckerindustrie war ein früher und zweifellos maßgeblicher Impulsgeber für die Industrialisierung der Region mit unmittelbaren Auswirkungen auf die Investitionsgüterproduktion, den Bergbau, den Kapital- und Arbeitsmarkt sowie das Transport- und Baugewerbe. Die Interdependenzen zwischen diesen Sektoren werden als Kopplungseffekte beschrieben, die anhand von Lieferströmen über eine Input-Output-Analyse nachzuweisen wären. Dies lässt die Quellenlage in unserem Fall indes nicht zu. Gleichwohl verfolgt der Verfasser im Ansatz diesen Weg, „um zumindest das Bestehen der Lieferströme und Abhängigkeiten zwischen Branchen nachzuweisen und damit Einflussfaktoren bei der Wirtschaftsstruktur in der Untersuchungsregion im 19. Jahrhundert zu ermitteln" (179 f.). Dabei stehen die Braunkohle und der Maschinenbau im Mittelpunkt des Interesses.

Für den Zuckerrübenanbau waren Bodengüte und Klima, für den Standort einer Zuckerfabrik die Verfügbarkeit von Kohle, Kalk und Wasser, schließlich die Verkehrsanbindung bedeutend. Als ideal kann die Verbindung von Lössboden und Braunkohlenlagerstätte gelten.

Immerhin lag der Kohleverbrauch bei 33 bis 50 % der verarbeiteten Rübenmenge. Oft wurden daher mit der Fabrik auch Gruben angelegt. Rein statistisch verhalten sich Rübenverarbeitung und Braunkohlenförderung bis Ende der 1880er Jahre durchaus konkordant. Erst dann führen neue Verfahren der Braunkohleveredelung oder -verwertung zu einem sprunghaften Anstieg der Fördermengen. Inwieweit die Zuckerrübenindustrie jenseits lokaler Impulse als maßgebliche Stimulans für den Braunkohlebergbau insgesamt gewirkt hat, entzieht sich einer generalisierenden

Beurteilung. Nach Abnahme differenzierte Absatzstatistiken sind nicht überliefert. Schaal kann jedoch chronologisch und teilräumlich spezifische Wirkungen der Zuckerindustrie auf die Braunkohlenförderung darstellen. So trat deren stimulierende Wirkung im Norden des Bearbeitungsgebietes klarer hervor als im Raum um Halle mit seinen andersartigen bergrechtlichen Verhältnissen und Verwertungsbedingungen der Braunkohle.

Seit Mitte des 19. Jahrhunderts führten sowohl die vermehrte Gründung von Zuckerfabriken wie deren verbesserte technische Ausstattung zu einer Gründungswelle von Maschinenfabriken, die sich z. T. auf diesen Sektor spezialisierten. Einige wurden darüber zu weltweiten Marktführern.

Gerade für den hallischen Maschinenbau bedeutete die Zuckerindustrie einen entscheidenden Gründungsimpuls. Zum Nachweis konkreter Lieferbeziehungen kann der Verfasser jedoch nur für die Zuckerfabrik Döbeln ein vollständiges Lieferverzeichnis der technischen Ausstattung vorlegen (A44a). Dort treten denn neben regionalen Zulieferern (Halle, Magdeburg) u. a. Betriebe aus Chemnitz und Braunschweig als wichtige Lieferanten hervor. Eine Kartierung (K23) der Ausrüster der mitteldeutschen Zuckerindustrie für die Zeit 1840–1880 scheint die zeitgenössischen Verhältnisse nur in ihren regionalen Kernstrukturen wiederzugeben und zieht an auswärtigen Zulieferern allein Berlin in Betracht.

Ferner untersucht der Verfasser den Einfluss der Rübenzuckerindustrie auf die Zucker verarbeitenden Branchen, die Landwirtschaft, den Arbeitsmarkt und das Bankenwesen.

Im Ergebnis werden „von ihr ausgehende Wachstumseffekte auf die Entstehung dieser Industrien und Sektoren tatsächlich festgestellt" (S. 232).

Es ist das Verdienst der vorgelegten Arbeit, die Rolle der Zuckerindustrie als bestimmendes Element im Industrialisierungsprozess des mitteldeutschen Wirtschaftsraumes herausgearbeitet zu haben. Ihre spezifische Struktur erhielt die Rübenzuckerindustrie dieser Region durch eine Vielzahl ländlicher Industriestandorte in unmittelbarer Nähe der Anbauflächen, Braunkohlengruben und zentral gelegener Raffinerien. Im Verbund mit Braunkohlenbergbau und Kaliindustrie gab sie der Region das, was Aubin deren „charakteristische Eigenprägung" nennt. Ihr frühes Auftreten und die Rasanz ihres Wachstums ließen die Zuckerindustrie über zahlreiche Kopplungseffekte zu einem maßgeblichen Motor der Industrialisierung in Mitteldeutschland werden. Ob allerdings der Befund so weit reicht, von einem „besonderen Industrialisierungstyp" zu sprechen, dass müssen, räumt der Verfasser ein, Vergleichsstudien erweisen.

Interessant scheint abschließend die Frage, wie sich die Erfolgsgeschichte des mitteldeutschen Rübenanbaugebiets ohne die Verfügbarkeit regional verfügbarer Energieträger ausgenommen hätte. Zweifellos hätte dies insbesondere den elb- und saalenahen Standorten mit günstigem Zugang zur englischen oder böhmischen Braunkohle Vorteile gebracht. Ähnliches gilt für Fabriken in den frühzeitig an die Eisenbahn angeschlossenen Städten. Zu einer flächendeckenden Agglomeration, wie eingetreten, wäre es vermutlich nicht gekommen. Manche der vom Verfasser ermittelten Kopplungseffekte hätten sich unter diesen Bedingungen nicht, in geringerer Evidenz oder möglicherweise verspätet eingestellt. Die Braunkohle dagegen hätte auch ohne den Zucker ihren Weg gemacht.

Christian Hirte, Halle

Reinhold Hoyer: Jedichte un Brosa uff althall'sch. Mit einem Nachwort und einem Wortregister hg. von Manfred Lemmer fliegenkopf verlag, Halle 2005, 188 S., mit Abbildungen nach Zeichnungen von Hans von Volkmann und Heinrich Kopp, 18,00 Euro.

Rechtzeitig zur 1200-Jahrfeier der Stadt Halle hat Manfred Lemmer, Germanist und bekannter hallischer Mundartforscher, eine Sammlung höchst vergnüglicher Prosastücke und Gedichte des Lokaldichters und Humoristen Reinhold Hoyer (1846–1928) herausgegeben und kommentiert.

Rezensentin erinnert sich, als Kind Texte wie „Der Erlkönig", „Der Taucher" und „Ludwig der Springer" irgendwann einmal gehört zu haben, ohne den Urheber zu kennen. Vielleicht geht es „eingeborenen" Hallensern ebenso und sie sind erfreut, mehr von und über den Autor zu erfahren, der, obwohl kein gebürtiger Hallenser, als Friseurmeister zuerst am Trödel, dann in der Zwingerstraße an der Grenze zu der damals nicht gerade gut beleumdeten Vorstadt Glaucha genügend Gelegenheit hatte, dem Volk, in diesem Falle dem „glauch'schen Adel", aufs Maul zu schauen.

Betrachten wir die Auslagen der Buchhandlungen, so stellt man fest, dass zurzeit an Texten in hallischer Mundart kein Mangel besteht dank der Bemühungen der „Dilpsche" und „Schnatzjer" sowie anderer Autoren, die Erinnerung an die althallische Lokalsprache, die in Vergessenheit zu geraten droht, wach zu halten. Gibt es heute überhaupt noch jemanden, der, außer in Mundart-Vereinen, das echte unverfälschte Hallisch spricht? Wer sagt denn heute noch „Huppe ins Maium", wenn er jemanden auffordert, ins Wasser zu springen, wer spricht heute noch von „Wärchel", von „Scheeks und Ische", wer betitelt sein Gegenüber mit Ausdrücken wie „Fättwäste" oder „Schleppschackett"? In der Nietlebener Volksschule, die die Rezensentin seit 1937 besuchte, sprachen die Kinder wirklich noch so. Im Elternhaus dagegen wurde das Althallische nicht gesprochen, sondern vermittelt durch die Sammlung von Robert Moritz „Halloren-Geschichten" (1907 u. ö., Neudruck mit Beiheft von Manfred Lemmer: Zur Sprache der Halloren-Geschichten mit Wort- und Sacherklärungen. Halle 1997/1999; Schriften und Quellen zur Kulturgeschichte des Salzes, Bd. VIII).

Vergleicht man die althallischen Texte miteinander, so stellt man fest, dass jeder Autor seine eigene Auffassung von der einzig echten hallischen Mundart hat. Tatsächlich gab es, wie Manfred Lemmer in seinem Nachwort darlegt, innerhalb der Lokalsprache Varianten (vgl. dazu seinen Beitrag „Hallisch – gestern und heute" im Protokollband des Kolloquiums zum 100. Geburtstag von Erich Neuß (1999). In: Beiträge zur Regional- und Landeskultur Sachsen-Anhalts, Heft 15. Halle 2000, S. 192–206). Die Halloren sprachen noch am mundartnächsten, Giebichenstein und Trotha wiesen einige sprachliche Eigenheiten auf, in der hallischen Altstadt und in Glaucha hörte man den Soziolekt, den Hoyer bietet, jenen „Lattcherschmus", von dem sich nicht nur der Hallore Robert Moritz distanzierte, sondern alle, die in der Stadt für gebildet gehalten werden wollten.

Ein hervorstechendes Merkmal dieses althallischen Jargons ist ein hoher Anteil an Wörtern aus dem so genannten Rotwelschen, einer im Mittelalter entstandenen Geheimsprache der gesellschaftlich Randständigen, d. h. Menschen, deren Heimat die Straße war, Menschen ohne örtliches Wohnrecht (ambulante Händler, Handwerker und Gelegenheitsarbeiter, Musikanten, Gaukler, Söldner, Salbader, Bettler, Diebe, Dirnen). Es ist verdienstvoll, dass der Herausgeber den Hoyerschen Texten ein Wörterverzeichnis (40 Seiten mit Hinweisen auf gaunersprachliche Herkunft zahlreicher Ausdrücke) beigefügt hat; ohne ein solches wäre vieles an Hoyers „Lattcherschmus" heute unverständlich.

Nach diesen allgemeinen Betrachtungen, die vielleicht besser in einem Vor- als in einem Nachwort Platz gefunden hätten, sollte der Leser beherzt eintauchen in das Sammelsurium von Gelegenheitsgedichten, Sagen, Anekdoten, Klassikerparodien, humoristischen Vorträgen und Szenen, die uns der alte Hoyer in seinem ihm eigenen anschaulichen, treffsicheren und farbigen Jargon hinterlassen hat und die er zu seiner Zeit im Eigenverlag in Gestalt von fliegenden Blättern zu einem Groschen das Stück unter die Leute brachte.

Es ist ein Büchlein zum Schmunzeln und zum herzhaften Lachen und bietet ergötzliche Einblicke in das hallische Volksleben zu einer Zeit, als durch die rasante Industrialisierung die Bodenständigkeit und die Traditionen bereits im Dahinschwinden waren.

Elisabeth Schwarze-Neuß, Halle

Veronika Albrecht-Birkner: Francke in Glaucha. Kehrseiten eines Klischees (1692–1704) (Hallesche Forschungen, 15)
Max-Niemeyer-Verlag, Tübingen 2004, 148 S., 26,00 Euro.

Der an Halles Geschichte Interessierte kennt die Episode, der Pietismusforscher kommt nicht an ihr vorbei: August Hermann Francke, Hauptvertreter des Hallischen Pietismus, wird 1692 zum Pfarrer in Glaucha, einer von sozial und moralisch verwahrlosten Einwohnern bevölkerten hallischen Vorstadt, berufen, der er binnen weniger Jahre seinen religiös-moralischen Stempel aufdrückt und diesen Erfolg mit der Gründung der „Glauchaschen Anstalten" krönt.

Veronika Albrecht-Birkner geht der „– man möchte sagen –‚wunderbare[n]' Besserung der Glauchaer Einwohner zwischen 1692 und 1700" (S. 5) auf den Grund und zieht dafür einen gewaltigen sowie – wie man angesichts der großen kirchengeschichtlichen Forschungstradition erstaunt liest – ungenutzten Quellenkorpus zu ihrer Überprüfung heran.[1] Sie verfolgt dabei das Ziel, sich in die Forschungen einzureihen, die begonnen haben, das starre Bild der lutherischen Spätorthodoxie und ihrer Begegnung mit dem Pietismus zu differenzieren.

Um es vorweg zu nehmen: Beiden Ansprüchen wird die Verfasserin gerecht. In einer in neun übersichtliche Kapitel gegliederten Darstellung, die sich weitgehend chronologisch an Konflikten zwischen Francke und seiner Gemeinde orientieren, wird nicht nur vieles, was bereits bekannt ist – etwa die Kontroversen um die Einführung Freylinghausens als

---

1 Aus der hohen Quellennähe resultiert ein stilistischer Kritikpunkt: Die Verfasserin schiebt neben zahlreichen wörtlichen Quellenpassagen, die in ihrer zeitspezifischen Argumentation erhellend wirken, unentwegt Zitate in die Darstellung ein, deren öfter indirekte oder abstrahierte Wiedergabe den Lesefluss sicher verbessern würde.

Adjunkt (1695/96) oder das Bündnis mit dem Berliner Hof als Franckes Erfolgsgarantie –[2], in neuer Detailfülle und die Sicht aller Beteiligter berücksichtigender Differenziertheit ausgebreitet. Letztlich erweist sich das schlechte Image Glauchas als „Negativfolie für die von Francke begonnene Geschichtsschreibung der Franckeschen Stiftungen" (S. 115). Seine Konflikte mit der Gemeinde, welche mit der Grundsteinlegung des Waisenhauses 1698 nicht etwa beendet waren, erscheinen in einem neuen Licht.

Das Buch stellt ein gelungenes Beispiel für die fruchtbare Interdisziplinarität der jüngeren Pietismusforschung dar. Die Betrachtung der pietistischen Kirchenzucht- und Frömmigkeitsreformen in der lutherischen, 1680 an Kurbrandenburg gefallenen Amtsstadt und der daraus resultierenden Konflikte wird unterfüttert durch die komparatistische und quellenmäßige Rekonstruktion der kirchlichen und sozioökonomischen Verhältnisse. Sie wird fernerhin flankiert durch eine mikrogeschichtliche Methode, die die Konfliktpartner Franckes prosopographisch fasst. Dabei zeigt sich, dass bereits vor 1692 das „kirchliche und schulische Leben Glauchas funktionierte" (S. 112) und die sittlich-moralischen Zustände hier keineswegs verkommener waren als in den anderen Vorstädten; die aktive Rolle der Gemeinde bei der Berufung Franckes (S. 14 ff.) ist das wohl schlagendste Argument dafür. Signifikant anders waren hier lediglich die Wahrnehmung der Geistlichkeit und ihre Maßnahmen zur Laiendisziplinierung: die – kirchenrechtlich teils gar nicht gedeckte – Intensität der Kirchenzucht mit ihren Schwerpunkten Parochialzwang und Kleiner Bann, die in unzähligen Fällen zu Begräbnissen ohne Absolution und Zeremonien führten, die Abschaffung hier traditioneller liturgischer Elemente wie des Exorzismus und der Messgewänder. Hinsichtlich der Bemühungen, der Gemeinde pietistischen Erweckungsenthusiasmus einzupflanzen und sie zur aktiven *praxis pietatis* anzuleiten, sind die (beiderseits) theologisch fundierten und mit schwankendem Erfolg geführten Auseinandersetzungen Franckes mit dem Glauchaer Schneider Martin Weidner besonders erhellend (S. 41 f., 101 ff.).

Für die Internalisierung normierter Frömmigkeit sind – so das Credo der Verfasserin – neben dem obrigkeitlichen Zwang die mit ihm im Wechselspiel stehenden, lebensweltlichen Glaubens- und Anfechtungserfahrungen innerhalb lokal gegebener, kultureller und sozialer Strukturen zu betrachten: Die Resistenz der Glauchaer hielt letztlich länger an, als aufgrund von Franckes Suggestion (S. 4 f.) angenommen. Sie waren aber nicht einfach „böse" und wurden gut gemacht, sondern besaßen, wie schon die Amtsenthebung von Franckes Vorgänger zeigte, „einen hohen Anspruch [...] an sich selbst und ihre Verantwortungsträger in weltlicher und geistlicher Hinsicht" (S. 15). Jedoch stand die unterentwickelte Erwerbsstruktur der Stadt der Erfüllung einer verschärften Sozialdisziplin (als Voraussetzung für Buße und Abendmahl) entgegen (hier sind Sonntagsarbeit und -ausschank hervorzuheben; vgl. etwa S. 21 f. u. 59 ff.). Außerdem war die kirchlich-liturgische Tradition so stark verankert, dass die Glauchaer auch zwölf Jahre nach Franckes Einführung dessen Kirchenzucht als „gefährdend für ihre Gemeindepraxis ansehen" (S. 116) mussten. Vor diesem Hin-

---

2 Helmut Obst und Paul Raabe: Die Franckeschen Stiftungen zu Halle (Saale). Geschichte und Gegenwart. Halle 2000, S. 26; Gustav Kramer: August Hermann Francke. Ein Lebensbild, Bd. 1. Halle 1880, S. 139 ff.; Die Artikel von Udo Sträter und Arno Sames in: Vier Thaler und sechzehn Groschen. August Hermann Francke – Der Stifter und sein Werk (Ausstellungskatalog). Halle 1998; Thomas Müller-Bahlke (Hg.): Gott zur Ehr und zu des Landes Besten. Die Franckeschen Stiftungen und Preußen: Aspekte einer alten Allianz (Ausstellungskatalog). Halle 2001.

tergrund wertet die Verfasserin auch die durch lange, bisher übrigens wenig beachtete Konflikte um den Bauplatz begleitete Gründung des Waisenhauses als (letztes) Mittel zu einer in hohem Maße von Habitualisierung geprägten Durchsetzung von Franckes Vorstellungen. Diese gelang vor allem mithilfe der von Spener mitgetragenen Verbindung zum Berliner Hof, welche aber, wie das Reskript von 1704 zeigt, das den Ausschluss von Abendmahl und Beichte zum Gewissenszwang untersagte, nicht beliebig belastbar war. Mit dem Waisenhaus entstand dann der „Repräsentativbau einer Schulstadt, in der er [Francke, d. Verf.] sich vornehmen konnte, Menschen wesentlich uneingeschränkter zu formen" (S. 58).

Nicht zuletzt erhält das Bild Franckes selbst durch Albrecht-Birkner eine weitere, bei aller Wertschätzung seiner Leistungen doch notwendige Korrektur: Beachtung verdient nicht nur sein selbst bei Spener auf Ablehnung stoßender (S. 28 f. u. 69 f.) Zuchtrigorismus, verbunden mit dem Anspruch, „zwischen richtiger und falscher Reue unterscheiden zu können" (S. 93) und der Ignorierung kirchlicher Instanzenwege und Verfahren (Übergehung des Konsistoriums, Beseitigung gemeindlicher Beschwerdemöglichkeiten, Einfluss auf Visitationen durch mittels Selektion und Anwesenheit manipulierte Gemeindegliederbefragung), die auf die Entmündigung der Gemeinde hinausliefen. Die Auswertung der Briefwechsel zwischen Francke, der Gemeinde, der Landesregierung, dem Konsistorium, Spener, Berliner Ministern und dem Kurfürsten erweist eine abgeklärte Verhandlungstaktik Franckes, die „eine simplifizierte, pauschalisierte und teilweise falsche Darstellung des Sachverhalts einschließt" (S. 76!).

So weit die Ergebnisse des durch ein Personenregister erschlossenen und einen Quellenanhang ergänzten 15. Bandes einer Reihe, die das Motto des diesjährigen Themenjahres „Die Welt statt der Provinz. Die internationale Dimension Halles" – hier mit einer Fallstudie von einigem kirchen- und sozialgeschichtlichen Wert – wissenschaftlich umzusetzen weiß.

Jan Brademann, Münster

Werner Freitag: Halle 806 bis 1806. Salz, Residenz und Universität. Eine Einführung in die Stadtgeschichte. Unter Mitarbeit von Andrea Thiele
Mitteldeutscher Verlag, Halle 2006, 200 S., mit Abb., 20,00 Euro.

Die 1200-Jahrfeier von Halle 2006 hat bereits in den letzten Jahren zur Belebung der Stadtgeschichtsforschung beigetragen, wie an mehreren neueren Sammelbänden ablesbar ist. Umfassend angelegte Darstellungen der Geschichte Halles sind zuletzt 1889 und 1941 erschienen. Während die umfassende neue Stadtgeschichte, die noch in diesem Jahr unter der Herausgeberschaft von Werner Freitag und Andreas Ranft erscheinen soll, das Gemeinschaftswerk zahlreicher Autoren ist, hat Freitag vorab eine kurze Stadtgeschichte aus einem Guss vorgelegt, die das Jahrtausend vom frühen Mittelalter bis zum Ende des Alten Reiches umfasst. Eine stringente Stadtgeschichte auf dem beschränkten Raum von 200 Druckseiten zu veröffentlichen, kann nur unter starker thematischer Beschränkung gelingen. Freitags Darstellung folgt vordergründig einem chronologischen Erzählmuster, das aber überzeugend in eine an der Stadttypologie orientierte Analyse eingebettet wird: Salzstadt, Residenzstadt, Universitätsstadt. Entsprechend ist das Buch gegliedert.

Im ersten Kapitel „Kastell und Salz" werden die siedlungsgeschichtlichen Grundlagen und die ersten Spuren städtischen Lebens im frühen und hohen Mittelalter behandelt. „Am Anfang war das Salz", das sich dank des Soleauftriebs und des hohen Kochsalzanteils in Halle besonders leicht gewinnen ließ. Diese geologischen Grundlagen der späteren Stadtgeschichte lassen sich weitaus sicherer skizzieren als die Anfänge des „locus, qui vocatur Halla", der erstmals 806 in den Fränkischen Reichsannalen erwähnt wird. Erst 961 fällt mit der Erwähnung des Giebichenstein und der Salzquelle durch die Magdeburger Überlieferung weiteres Licht auf die vorstädtische Entwicklung. Der Verfasser erörtert die frühen Siedlungsschwerpunkte und die Siedlungsverdichtung und -verlagerung, die sich wohl im Laufe des Hochmittelalters vollzogen hat.

Der „Salzstadt des Spätmittelalters" ist das zweite Kapitel gewidmet, das jedoch weit in das 12. Jahrhundert zurückgreift, als die hallische Stadtentwicklung überlieferungsbedingt deutlichere Konturen gewinnt. Nun entwickelt sich die kommunal verfasste und durch besondere Produktionsbedingungen geprägte Salzstadt unter der Herrschaft der Magdeburger Erzbischöfe. Markt und Kirche, vor allem das Neuwerkstift, sind die frühen Pole der Stadtentwicklung. Die Entwicklung der Stadtverfassung und der sozialen Gruppen in der Stadt (Pfänner) wird vom Verfasser eingehend gewürdigt. Rathaus, Waage und Roter Turm werden als Symbole städtischer Autonomie Halles hervorgehoben, das im späten Mittelalter als „Freie Landstadt" (Eberhard Holtz) bezeichnet werden kann. Die Stadtgeschichte ist seit 1427/28 von innerstädtischen Konflikten gezeichnet, die in die Zäsur von 1478 einmünden, als Halle vom Magdeburger Erzbischof Ernst von Sachsen unterworfen wird.

Im Mittelpunkt des dritten Kapitels steht „Die Residenz- und Salzstadt" von 1503 bis 1680. Während der Typus „Salzstadt" die prägende wirtschaftliche und soziale Bedeutung der Salzproduktion für Halle hervorhebt, verweist der Typus „Residenzstadt" darauf, dass nach 1478 als weiterer bestimmender Faktor die Residenzfunktion hinzukam. Mit der gewaltsamen Integration Halles in den Fürstenstaat geht ein Elitenaustausch einher, der, freilich, wie der Verfasser betont, nicht zu einem grundstürzenden Wandel der Herrschaftsverhältnisse geführt hat (S. 105). Vor allem die Magdeburger Erzbischöfe Ernst von Sachsen und Albrecht von Brandenburg haben der Stadt bis in die Topographie ihren Stempel aufgedrückt. Gewiss ist es richtig, dass die Magdeburger Erzbischöfe – wie andere Bischöfe ihrer Zeit – mit Halle eine Ausweichresidenz außerhalb ihrer Bischofsstadt ausbauten, aber es wäre auch zu erwägen, inwieweit Ernst von Sachsen mit dem Bau der Moritzburg in Halle dem Vorbild der Mainzer Erzbischöfe folgte, denn die Beziehungen der Wettiner zur Bischofsstadt am Rhein waren zu dieser Zeit eng. Nach der Unterwerfung der Freien Stadt Mainz in der Mainzer Stiftsfehde begann Diether von Isenburg 1478 in der Bischofsstadt, die Martinsburg zu errichten. Als dessen Koadjutor amtierte seit 1481 Albert von Sachsen, der dritte Sohn Kurfürst Ernsts und jüngere Bruder des gleichnamigen Magdeburger Erzbischofs. Die Präsenz der Erzbischöfe in Halle trug zum lang gestreckten Verlauf der Reformation bei, weshalb der Verfasser von der „aufgeschobenen Reformation" in Halle spricht. Nach dem Weggang Albrechts von Brandenburg wurde Halle zum Sitz evangelischer Administratoren, bis die Stadt 1680 schließlich ihre Residenzfunktion vollends verlor. Hervorgehoben sei noch, dass zwei Abschnitte dieses Kapitels über die Stadt nach dem Weggang Kardinal Albrechts und Halle in der Zeit Augusts von Sachsen-Weißenfels von Andrea Thiele beigesteuert wurden.

Der „Universitätsstadt an der preußischen Peripherie" wendet sich der Autor dann im letzten Kapitel zu, das mit der Integration des

Erzstiftes Magdeburg in das brandenburgisch-preußische Staatswesen einsetzt. Halle verlor 1680 seine Funktion als Residenz. Wie die gescheiterte Manufakturansiedlung zeigt, misslang der Versuch, neue Gewerbestrukturen in Halle anzusiedeln. Neben die Funktion als Salzstadt – auch hier sind in der preußischen Zeit tiefgreifende Veränderungen in den Produktionsbedingungen bei der Salzgewinnung zu verzeichnen – traten nun die Garnison und die Universität als neue stadtprägende Elemente. Auch auf die Franckeschen Stiftungen, die allerdings eher am Rande thematisiert werden, ist hinzuweisen.

Werner Freitag ist es insgesamt gelungen, eine gut lesbare, zusammenfassende Stadtgeschichte Halles vom frühen Mittelalter bis zum Ende der Frühen Neuzeit vorzulegen. Die eingangs erwähnte Orientierung des Verfassers an der Stadttypologie in Verbindung mit seinem ausgeprägten Interesse an den herrschaftlichen, sozialen, wirtschaftlichen und auch kulturellen Entwicklungssträngen haben dazu beigetragen, dass die Darstellung klar konturiert, gut akzentuiert und übrigens auch chronologisch wohlausgewogen ist. Das Buch ist ansprechend bebildert und – das sei besonders hervorgehoben – mit einem recht umfangreichen Literaturverzeichnis ausgestattet, das der Kapiteleinteilung folgt.

„Halle, das war eine schöne Zeit", bekennt Werner Freitag am Schluss des Vorwortes, denn der Verfasser ist 2004 einem Ruf auf den Lehrstuhl für Westfälische Landesgeschichte an der Universität Münster gefolgt. Freitag hat nach den Jahrzehnten politisch gewünschter Stagnation der Landesgeschichte von 1996 bis 2004 als Professor für sachsen-anhaltische Landesgeschichte vieles in Halle bewirken können und der Stadtgeschichte durch neue Forschungsansätze mit vergleichenden Perspektiven fruchtbare Impulse gegeben. Davon kann Halle im Jubiläumsjahr 2006 profitieren.

Enno Bünz, Leipzig

Zu den 2005 durch das Stadtarchiv übernommenen Beständen gehörte das Archiv der Gottfried Lindner AG mit mehr als 2000 Originalfotografien.
Blick in eine Werkhalle mit Dachkonstruktion für einen Eisenbahnwaggon. Foto, um 1930.

INFORMATIONEN

Jahresbericht des Stadtarchivs Halle für das Jahr 2005

Im Jahre 2005 waren die Benutzer und Gäste des Stadtarchivs erstmals ganzjährig in der erfreulichen Lage, die durch die Modernisierung und Erweiterung des Archivgebäudes in der Rathausstraße 1 verbesserten Arbeitsbedingungen zu nutzen sowie durch wechselnde Ausstellungen einen Einblick in die im Stadtarchiv verwahrten Quellen zu gewinnen.

Die im zweiten Halbjahr 2004 verstärkt wieder aufgenommenen Übernahmen von Schriftgut aus den kommunalen Dienststellen wurden im Verlaufe des Jahres 2005 kontinuierlich fortgesetzt. So wurden vom Fachbereich Oberbürgermeister Vorlagen und Niederschriften der Beigeordnetenkonferenzen der Jahrgänge 2001 bis 2003 im Umfang von zwei lfm im Februar, Dokumente des Puppentheaters Halle im Umfang von 3,5 lfm im August und von der Direktion der Händelfestspiele Dokumente zu Veranstaltungen und Verträge mit gastierenden Künstlern dem Stadtarchiv übergeben. Seit dem Juli 2005 lieferte der Fachbereich 61 Stadtentwicklung und Planung in drei Etappen verkehrsplanerische Studien sowie Bebauungspläne für das Gebiet Heide-Süd im Umfang von insgesamt 10,2 lfm ab, wobei weitere Dokumentationen im Jahr 2006 zu erwarten sind. Seit dem November 2005 läuft die Übernahme von im Zeitraum zwischen 1985 und 1995 entstandenen Bauakten in alphabetischer Reihenfolge aus dem Fachbereich 63 Bauordnung und Denkmalschutz. Beginnend mit einer ersten Lieferung im Umfang von 10,0 lfm werden diese Ablieferungen im Verlaufe des Jahres 2006 fortgesetzt und quantitativ den Hauptanteil weiterer Übernahmen darstellen. Kleinere Übergaben erfolgten durch den Fachbereich 20 Finanzservice sowie den Fachbereich 53 Gesundheit und Veterinärwesen.

Eine Ergänzung der vorhandenen Baudokumentation des Volksparks konnte durch die Übernahme von Akten aus der Verwahrung der Außenstelle Halle der Behörde der Bundesbeauftragten für die Unterlagen des Staatssicherheitsdienstes der ehemaligen DDR erreicht werden.

Durch die Übergabe von Schriftgut und Fotos des Firmenarchivs des Betriebs Halle des ehemaligen Volksbuchhandels der DDR im Umfang von 5,2 lfm konnte die im Stadtarchiv vorhandene Dokumentation des hallischen Wirtschaftslebens weiter abgerundet und erweitert werden. Im September 2005 gelang dem Stadtarchiv die Übernahme des historischen Werksarchivs des Werks Ammendorf der Bombardier Transportation GmbH (ehemals Gottfried Lindner AG, VEB Waggonbau Ammendorf) bestehend aus Geschäftsbüchern, Maschinentaxen, mehreren Tausend Fotoplatten sowie Fotoalben und Zeichnungen von Produkten des Unternehmens im Umfang von insgesamt 21 lfm. Durch Herrn Hubert Mahlig wurden dem Stadtarchiv schließlich weitere Dokumente (Urkunden, Fotoalben und Bücher) zur Geschichte des hallischen Schützenwesens übergeben.

Auf dem Gebiet der archivalischen Sammlungen gelangen eine Reihe wertvoller Neuerwerbungen zur Abrundung der Dokumentation der hallischen Stadtgeschichte. So kamen sieben historische Halle-Grafiken in den Besitz des Stadtarchivs, darunter eine Porträtzeichnung eines hallischen Bürgers von Ernst-Sigmund von Sallwürk (1874–1944), eine Stadtansicht Halles um 1740 von Johann Christoph Haffner und eine Promotionsurkunde der Vereinigten Friedrichs-Universität Halle-Wittenberg von 1826. Die Medaillensammlung wurde u. a. erweitert durch den Erwerb eines Konvoluts von acht Porträtmedaillen von Musikern, darunter Georg Friedrich Händel und Alessandro Scarlatti. Autographen des Komponisten Robert Franz und des Bibliographen Johann Samuel Ersch konnten angekauft werden, ebenso eine Mappe mit Drucken landesherrlicher Edikte und Einblattdrucken aus dem Zeitraum von 1736 bis 1814 sowie eine thematisch vielfältige Hallensia-Sammlung aus Fotos, Karten, Schulzeugnissen, Büchern, Postkarten und Zeitschriftenheften. Die bisher 71 Stücke umfassende Sammlung von Aktien regionaler Unternehmen wurde erweitert durch je eine Aktie der Merseburger Überlandbahn AG, Caesar & Loretz und Wilhelm Kathe AG (Drogerieprodukte) sowie der Halle-Hettstedter Eisenbahn-Gesellschaft, die Plakatsammlung durch den Ankauf eines Konvoluts von 31 Plakaten aus den Jahren 1933 bzw. 1942, die dann in der Restaurierungswerkstatt konservatorisch gesichert und in einem Plakatbuch abgelegt wurden.

Ferner wurden vorbereitende Arbeiten für die Restaurierung von 13 Porträts von Mitgliedern der Buchhändlerfamilien Gebauer und Schwetschke in der Restaurierungswerkstatt durchgeführt sowie Ansichten, Porträts, Stammbücher, Fotos und Karten aus den Sammlungen des Stadtarchivs restauratorisch bearbeitet.

Die Archivbibliothek konnte u. a. den Neuzugang der 22-bändigen Edition „Dokumente zur Deutschlandpolitik", der ersten beiden Bände des Projekts „Enzyklopädie der Neuzeit", der ersten drei Bände des auf zehn Bände ausgelegten „Pfarrerbuch der Kirchenprovinz Sachsen", der zweibändigen Forschungsstudie „Höfe und Residenzen im spätmittelalterlichen/mittelalterlichen Reich" sowie einer Reihe weiterer historiografischer und archivwissenschaftlicher Monografien verzeichnen.

Die Erschließung und Verzeichnung des Archivgutes wurde mit folgenden Beständen fortgeführt: Bauakten (Gebäudeakten der Straßennamen S bis Z von 1950 bis 1990), Besatzungsamt (Aktenlaufzeit 1945 bis 1950), Hauptauftraggeber Komplexer Wohnungsbau Halle (HAG, 1963 bis 1990), Kultur (1946 bis 1990), Oberbürgermeister (1952 bis 1990), Schulverwaltungsamt (1820 bis 1983), Stadtplankommission (1952 bis 1990), Umweltschutz und Wasserwirtschaft (1934 bis 1990), Wirtschaftsförderung (1990 bis 2002) und Protokolle der Beigeordnetenkonferenzen der Jahre 2001 bis 2003.

Durch Honorarkräfte konnten die Siegel- und Siegelstempelsammlung und die Erschließung des Firmennachlasses des Verlages Gebauer-Schwetschke fortgeführt werden.

Die Verfilmung von Archivgut wurde 2005 fortgesetzt mit der Sicherung der Ratsbeschlüsse und Ratsprotokolle der Räte der Stadtbezirke von Halle sowie der Protokolle der Tagungen der Stadtbezirksversammlungen (1953 bis 1990) auf Mikrofilm.

Im Mittelpunkt des öffentlichen Interesses stand im ersten Halbjahr 2005 der 60. Jahrestag des Kriegsendes in Europa – Anlass auch für das Stadtarchiv, die regionale und lokale Dimension dieses Ereignisses auszuloten und die Wirkung des Kriegsgeschehens auf das Alltagsleben der Menschen in unserer Stadt darzustellen. Gemeinsam mit dem Institut für Geschichte und der Zentralen Kustodie der Martin-Luther-Universität gestaltete das Stadtarchiv unter

Aktie der Wilhelm Kathe A.-G. über 1000 Mark vom 22. Dezember 1922.

Nutzung zahlreicher Sammlungen und Bestände die Ausstellung „Kriegskinder – Halle und der Zweite Weltkrieg", welche am 4. Mai durch den Rektor der Universität, Prof. Dr. Wilfried Grecksch, im Löwengebäude eröffnet wurde, dort bis zum 12. Juni zu sehen war und eine überregionale Resonanz fand. Begleitet wurde die Ausstellung durch ein Werkstattgespräch zu dem Hörbuch „Kriegskinder in Mitteldeutschland – ein multimediales Projekt des MDR" sowie durch eine Lesung von Erlebnisberichten hallischer Kinder zum Kriegsende, dargeboten von Schülern der KGS „Wilhelm von Humboldt".

Am 24. Oktober 2005 rief das Stadtarchiv mit der Eröffnung der Ausstellung „Wege zu Hannes Miehlich. Architektur und Leben eines hallischen Baukünstlers" eine auf zehn Jahre konzipierte Reihe unter dem Thema „Annäherung" ins Leben mit dem Ziel, wenig bekannte oder zu Unrecht in Vergessenheit geratene Persönlichkeiten des kulturellen Lebens der Stadt Halle wieder ins Licht der Öffentlichkeit zu bringen. So konnte das Stadtarchiv einen Nachlass des Künstlers aus seiner Lebens- und Schaffenszeit (1887–1929) auswerten, welcher im Jahre 2003 durch die Tochter Hannes Miehlichs, Frau Susanna Altmeyer, dem Archiv übergeben wurde und die Mitwirkung Miehlichs an zahlreichen öffentlichen, Geschäfts- und Privatbauten überwiegend in Halle dokumentiert.

Nach durch Bautätigkeit und Ausweichquartier verursachter dreijähriger Pause öffnete das Stadtarchiv zur 6. Hallischen Museumsnacht am 21./22. Mai 2005 wieder seine Räumlichkeiten interessierten Bürgern. Aus diesem Anlass präsentierte das Stadtarchiv neben Neuerwerbungen der jüngsten Vergangenheit eine Vitrine mit Dokumenten zum Leben und Wirken des hallischen Musikers Leo Schönbach (1892–1945), der durch die Verfolgung des NS-Regimes zur Emigration nach Shanghai gezwungen wurde und sich dort den Ruf eines „Königs der Operette" erwarb. Die angebotenen Führungen erfreuten sich eines regen Zuspruchs.

Im Rahmen des katholischen Weltjugendtages in Köln besuchten am 12. August zwei Gruppen Jugendlicher aus Litauen das Stadtarchiv und konnten sich über seine Bestände und Arbeitsaufgaben informieren.

Vortragsraum und Seminarraum des Archivs wurden für eine breite Palette von Veranstaltungen genutzt, hierzu zählten Archiveinführungen für Schüler und Studenten sowie für stadt- und regionalgeschichtlich engagierte Bürger und Vereine sowie Buchpräsentationen von Neuerscheinungen stadthistorischer Literatur. Auf zwei Antiquariatstagen boten Buchhändler und Galeristen bibliophile Raritäten u. a. mit regionaler Thematik an. Wachsenden Zuspruch fanden die Räume des Stadtarchivs auch als Tagungsort für Beratungen von Institutionen der Stadtverwaltung sowie von überregionalen Körperschaften.

Das Stadtarchiv unterstützte mit Leihgaben weitere Projekte verschiedenster Partner, z. B. das Stadtmuseum mit seiner Ausstellung zum 120. Stiftungsjubiläum der hallischen Freimaurerloge „Zu den fünf Türmen am Salzquell", welche unter dem Motto „Zeichen, Griffe und Worte – Geheimnisvolle Symbole entschlüsselt" seit dem 20. Oktober 2005 im Christian-Wolff-Haus zu sehen war und zahlreiche Dokumente aus dem Logenbestand des Stadtarchivs beinhaltete. Desgleichen wurden für die vom Stadtmuseum in Zusammenarbeit mit dem Museum Stadt Hildesheim, der Kulturfabrik Hildesheim und dem Radio Corax gestaltete Ausstellung „Perlon und Parolen", einem Vergleich des Alltagslebens in Halle und Hildesheim in den fünfziger Jahren, aussagefähige Fotos zur Verfügung gestellt.

Im Rahmen der im Landesmuseum für Vorgeschichte laufenden Ausstellung „Saladin und

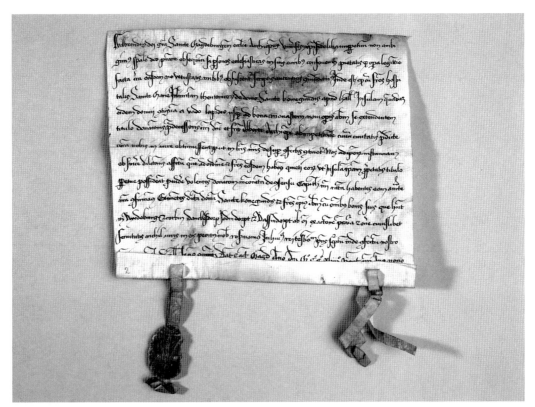

Erzbischof Wilbrand von Magdeburg bestätigt den Brüdern des Deutschen Ordens zu Halle die Schenkung eines Werders vor dem Steinwege bis zu den Gütern des Klosters Neuwerk und gewährt ihnen für ihre Güter in Reideburg, Zscherben, Angersdorf, Jüdendorf und Passendorf Steuerfreiheit. Magdeburg, 1244.

die Kreuzfahrer", welche im Jahre 2006 auch im Landesmuseum für Natur und Mensch in Oldenburg zu sehen war, wurde die Urkunde des Erzbischofs Wilbrand von Magdeburg betreffend die Schenkung eines Werders vor dem Klaustor an den Deutschen Orden vom Jahre 1244 ausgeliehen. Zur Jubiläumsausstellung „Magdeburg 1200" im Kulturhistorischen Museum wurde aus der Handschriftenabteilung des Stadtarchivs das Alte Rothe Buch, ein Kopialbuch mit Abschriften rechtswirksamer Dokumente aus dem Zeitraum von 1458 bis 1650, als Leihgabe zur Verfügung gestellt. Durch Leihgaben wurden ferner die Ausstellungen „Fridericiana Halensis – Die Musteruniversität der Aufklärung und ihre Kunstsammlungen im 18. Jahrhundert", „Max Beckmann seiner Liebsten" im Kunstmuseum Moritzburg, „Unterm Strich. Karikaturen und politische Zeichnungen in der DDR" des Zeitgeschichtlichen Forums Leipzig sowie die Eichendorff-Ausstellung im Historischen Museum Köthen unterstützt. Zur künstlerischen Gestaltung des neuen Riebeckplatzes stellte das Stadtarchiv dem Graphiker Helmut Brade 46 Porträts historischer hallischer Persönlichkeiten als Originalvorlagen zur Verfügung.

Mit Unterstützung des Stadtarchivs entstanden im Jahre 2005 wissenschaftliche Publikationen wie die Geschichte der hallischen Freimaurerloge „Zu den fünf Türmen am Salzquell" von Guntram Seidler, Erich Scherers „Friedrich

Kuhnt 1836–1927. Baumeister – Freimaurer – Mäzen", Erika Tophovens Arbeit „Becketts Berlin", die Chronik des Ortes Mötzlich von Albert Osterloh, Siegfried Schroeders Schrift „Reideburg in den Jahren 1815 bis 1920. Die Pfarrkirche St. Gertraud" sowie eine Jubiläumsschrift zum 450-jährigen Bestehen der Löwenapotheke.

Abschließend sei auch den Sponsoren des Stadtarchivs für ihre teilweise bereits über Jahre hinweg bewiesene Unterstützung durch Geld- oder Sachspenden gedankt. So konnte 2005 die erweiterte Auflage des städtebaulich orientierten Buches „Halle (Saale) – Die Stadt verändert sich" mit großer Unterstützung der in der Region aktiven Wirtschaftsunternehmen im *fliegenkopf verlag* veröffentlicht werden. Durch eine private Geldspende über 2000 Euro gelang die Restaurierung von einem Gemälde des Solbades Wittekind und eines weiteren Gemäldes mit der Darstellung des Stadtwappens. Aber auch großzügige Sachspenden ergänzten unsere Bestände, darunter Briefe des Dichters Johannes Schlaf (1862–1941) von Dr. Peter Witte, Berlin, oder zwei hallische Aktien von Klaus Liebetanz, Maintal.

Ralf Jacob
Stadtarchivar

Autorenverzeichnis

Jan Brademann, M. A., Westfälische Wilhelms-Universität Münster

Marcus Conrad, M. A., Martin-Luther-Universität Halle-Wittenberg, Institut für Germanistik, Halle (Saale)

Gerrit Deutschländer, M. A., Martin-Luther-Universität Halle-Wittenberg, Institut für Geschichte, Halle (Saale)

Prof. Dr. Dieter Dolgner, Kunsthistoriker, Halle (Saale)

Dr. Christian Hirte, Direktor, Hallesche Museen, Halle (Saale)

PD Dr. Klaus Krüger, Martin-Luther-Universität Halle-Wittenberg, Institut für Geschichte, Halle (Saale)

Roland Kuhne, wissenschaftlicher Mitarbeiter, Stadtarchiv Halle (Saale), Morl

Uwe Lammers, M. A., Historiker, Braunschweig

Sabine Meinel, Landesamt für Denkmalpflege und Archäologie Sachsen-Anhalt, Halle (Saale)

Erik Neumann, wissenschaftlicher Mitarbeiter, Hallesche Museen, Halle (Saale)

Dr. Werner Piechocki (†), Oberarchivrat

Dr. Elisabeth Schwarze-Neuß, wissenschaftliche Archivarin, Halle (Saale)

Dr. Karin Stukenbrock, M. A., Martin-Luther-Universität Halle-Wittenberg, Institut für Geschichte der Medizin, Halle (Saale)

Dr. Petra Weigel, Friedrich-Schiller-Universität Jena, Historisches Institut

Dr. Ute Willer, Kunsthistorikerin, Halle (Saale)

Dr. Joachim Wussow, Martin-Luther-Universität Halle-Wittenberg, Institut für Tierzucht und Tierhaltung, Halle (Saale)

Dr. Holger Zaunstöck, Martin-Luther-Universität Halle-Wittenberg, Institut für Geschichte, Halle (Saale)

Dr. Hans-Dieter Zimmermann, Althistoriker, Halle (Saale)

Abbildungsverzeichnis

S. 13, 18
Vorlage: Hans-Joachim Mrusek, 1976; Entwurf: Petra Weigel; Zeichnung: Alexander Fink

S. 29, 36, 43
Hofbibliothek Aschaffenburg

S. 64
Herzogin Anna Amalia Bibliothek Weimar

S. 82
Marienbibliothek Halle (Saale)

S. 115
Landesarchiv Berlin

S. 151
Dr. Arndt Ziemke, Kiel

S. 214
Pastor Rudolf Hille, Brake in Lippe

S. 243
Universitäts- und Landesbibliothek Sachsen-Anhalt, Halle (Saale)

S. 250
Landesamt für Denkmalpflege und Archäologie Sachsen-Anhalt

S. 262
Universitätsarchiv Halle

Alle weiteren Abbildungen:
Stadtarchiv Halle (Saale)

KUNSTFORUM
BERNBURGER STRASSE

ÖFFNUNGSZEITEN
Dienstag bis Freitag von 14.00 bis 19.00 Uhr
Samstag, Sonntag, Feiertage von 11.00 bis 17.00 Uhr

AUSSTELLUNGEN
Aktuelle Informationen unter www.kunstforum-halle.de

Den Menschen der Region verpflichtet, hat die Stadt- und Saalkreissparkasse Halle mit dem Kunstforum in der Bernburger Straße einen kulturellen Treffpunkt geschaffen. Hier bietet die Stiftung der Stadt- und Saalkreissparkasse Halle ein breites Spektrum an Ausstellungen und Veranstaltungen. Mit speziellen Vorträgen und Führungen für Schulklassen sollen auch jüngere Generationen für künstlerische Themen interessiert werden. Unter einem Jahresthema vereint, erwarten Sie drei bis vier hochkarätige Ausstellungen im Jahr. Dabei wird es keine Spezialisierung auf eine bestimmte stilistische Kunstrichtung, sondern vielmehr eine breite Palette an künstlerischen Arbeiten und Ausdrucksformen zu sehen geben. Neben den Ausstellungsthemen der Bildenden Kunst wird künftig auch das Schaffen national und international bekannter Künstler aus den Bereichen Design, Architektur und Medienkunst beleuchtet, die mit ihren Arbeiten im Kunstforum zu sehen sein werden. Parallel zu den Ausstellungen erwarten Sie Konzerte, Lesungen und Vortragsreihen, mit denen wir jede Ausstellung thematisch begleiten und zu denen wir Sie an dieser Stelle herzlich einladen. **Wir freuen uns auf Ihren Besuch!**

PAUL RIEBECK STIFTUNG

Da will ich leben!

Altenhilfe
- Altenpflegeheime im Akazienhof und Riebeckpark
- Altenpflegeheim „Hausgemeinschaften für Menschen mit Demenz"
- Altenpflegeheim im „Haus der Generationen" in den Franckeschen Stiftungen zu Halle *(neu eröffnet!)*
- Altengerechte Wohnungen
- Ambulanter Pflegedienst
- Tagespflegen
- Kurzzeitpflege
- Begegnungsstätte

Behindertenhilfe
- Wohnheim, Tagesstätte und Intensiv Betreutes Wohnen für Menschen mit seelischer Behinderung
- Förderwohnheim und Betreutes Wohnen für Menschen mit geistiger Behinderung

Paul-Riebeck-Stiftung zu Halle an der Saale
Kantstraße 1
06110 Halle (Saale)
Telefon 0345/1510-0
Telefax 0345/1510-155
www.paul-riebeck-stiftung.de

Zu Hause am Fluss

Mehr Betreuung, mehr Service, mehr Sicherheit

Frühstück am Bett, ein Spaziergang an der Saale, ein Konzert in netter Gesellschaft – **Genießen Sie Ihr Leben im Alter**. Wir kümmern uns um Sie. Rund um die Uhr.

Altersgerechte Wohnungen im Herzen von Halle, direkt an der Saale. Hier leben Sie selbstbestimmt, ohne dass es Ihnen an der Sicherheit fehlt, die man im Alter braucht.

Vertrauen Sie auf unsere Erfahrung. Seit 665 Jahren werden im Hospital St. Cyriaci et Antonii ältere Menschen gepflegt und betreut.

Rufen Sie uns an, wir freuen uns über Ihr Interesse:
(0345) 2 19 90

Wohnstift im Hospital St. Cyriaci et Antonii
Glauchaer Straße 68
06110 Halle (Saale)

Cyriaci
ET ANTONII
Das Altenpflegeheim mit Tradition

Besuchen Sie unser Schokoladenmuseum mit Gläserner Produktion und unserem einzigartigen Schokoladenzimmer!

Gern begrüßen wir Sie auch in unseren Filialen:

- Alter Markt 25 • Marktschlösschen Marktplatz 13 • Obere Leipziger Straße 66 •
- Bahnhof Halle • Nova Eventis (Günthersdorf) • Neustadt Center am Bruchsee •

• Halloren Schokoladenfabrik GmbH • Delitzscher Str. 70 • 06112 Halle •
www.halloren.de

Technologiepark

weinberg campus
GERMANY HALLE (SAALE)

lernen | Studieren an wissenschaftlichen Instituten der Martin-Luther-Universität Halle-Wittenberg

forschen | Wissenschaftliche Einrichtungen und private Unternehmen forschen in den verschiedensten Bereichen

gründen | Viel Raum für Ideen in den Zukunftstechnologien und innovative Unternehmen

leben | Wohnraum umgeben von einer Vielzahl von Freizeitangeboten

HWG – größter Stadtsanierer

Seit 1990 investierte die Hallesche Wohnungsgesellschaft HWG über 600 Millionen Euro in die Modernisierung ihrer Wohnungen. Die HWG ist damit größter Stadtsanierer der Saalestadt, standortprägendes Wirtschaftsunternehmen und stärkster Motor des städtischen Wirtschaftskreislaufs. Sie bewirtschaftet rund 22.400 Wohnungen. Als kommunales Unternehmen leistet die HWG ab 2006 mit Zahlungen in Höhe von 26,5 Millionen Euro einen erheblichen Beitrag zur Konsolidierung des städtischen Haushaltes. Das soziale, kulturelle und sportliche Engagement der HWG sowie die Quartiersentwicklung sind unabdingbar für die Vermögenssicherung, -entwicklung und Stadtqualität Halles.

Hallesche
Wohnungsgesellschaft
mbh
Magdeburger Straße 36
06112 Halle
Telefon: 0345/52 70
Fax: 0345/5 27 20 30
hwg@hwgmbh.de

STADTARCHIV HALLE (SAALE)
Rathausstraße 1 / 06100 Halle (Saale)

Das Stadtarchiv Halle sichert das Archivgut aller städtischer Einrichtungen und sammelt für die Geschichte und Gegenwart der Stadt bedeutsame Dokumente, Fotos, Karten, Pläne, Postkarten und anderes. Einzelheiten der Archivnutzung durch die Öffentlichkeit regelt die Archivordnung.

Serviceleistungen
- Allgemeine und thematische Führungen
- Förderung historischer Initiativen von hallischen Gruppen und Vereinen
- Rechercheleistungen
- Digitalisierung von Bild- und Textvorlagen
- Unterrichtsangebote für alle Jahrgangsstufen
- Erstellen von Geburtstags- oder Jubiläumszeitungen
- Bereitstellung von Seminar- und Vortragsräumen für außerarchivische Zwecke

Öffnungszeiten:
Montag 10.00 bis 15.00 Uhr
Dienstag, Mittwoch, Donnerstag 10.00 bis 18.00 Uhr
Freitag auf Anfrage

Telefon: (0345) 221 33 00 (Lesesaalauskunft)
Telefax: (0345) 221 33 30
E-Mail: stadtarchiv@halle.de
Internet: www.halle.de